Peter Köster SJ

Das Matthäus-Evangelium

Peter Köster SJ

Das Matthäus-Evangelium

Eine geistliche Auslegung auf fachexegetischer Grundlage

eos

Titelmotiv: Eberhard Münch, ohne Titel, Mischtechnik, 28,5 x 38 cm, 2016
© bene! Verlag, in der Verlagsgruppe Droemer Knaur, München

1. Auflage 2022

mail@eos-verlag.de
www.eos-verlag.de

ISBN 978-3-8306-8129-8

Bibliografische Information der Deutschen Bibliothek
Die Deutsche Bibliothek verzeichnet diese Publikation
in der Deutschen Nationalbibliografie;
detaillierte bibliografische Angaben sind im Internet
unter http://dnb.ddb.de abrufbar.

Druck und Bindung:
Pustet Verlag und Druck, Regensburg

nur wenn du ihn von innen spürst
folgst du wirklich seinen spuren

Andreas Knapp

Inhaltsverzeichnis

Vorwort

Lange habe ich gezögert, bis ich mich dazu entschließen konnte, das Matthäus-Evangelium zu kommentieren. Nach der Publikation der Kommentare zu den beiden synoptischen Evangelien Markus (^{2}2010) und Lukas (^{2}2017) und zum Johannes-Evangelium (^{2}2020) hat P. Dr. Cyrill Schäfer OSB, der Leiter des EOS-Verlages, wiederholt versucht, mich dafür zu motivieren, auch das noch ausstehende Evangelium zu bearbeiten. Ich habe den Zeit- und Arbeitsaufwand gescheut, den dieser längste aller Evangelientexte erfordern würde. Doch dann hat die Corona-Pandemie mir unerwartet die Möglichkeit geboten, mich der umfangreichsten und theologisch durchkomponierten Neufassung der Jesustradition nach Matthäus mit ganzer Aufmerksamkeit zu widmen.

Vom Matthäus-Evangelium hat vielleicht die Bergpredigt außerhalb des Christentums die meiste Resonanz und Bewunderung ausgelöst. Mahatma Gandhi (1869-1948) sagt von sich, dass die Bergpredigt ihm das Herz angerührt habe. Auch wenn er zeitlebens gegenüber dem Christentum auf Distanz blieb, erklärt er, dass er nicht zögern würde, sich als Christen zu bezeichnen, wenn er nur der Bergpredigt und seiner eigenen Auslegung davon gegenüberstünde. Die Auswirkung von Gandhis Programm des gewaltfreien Widerstands gegenüber der englischen Kolonialmacht auf die schwarze Bevölkerung in den USA um Gleichberechtigung unter Martin Luther King (1929-1968) war sehr stark.

Bei jüdischen Autoren wie Joseph Klausner, David Flusser, Schalom Ben Chorin, Pinchas Lapide und Günter Bernd Ginzel wird übereinstimmend die Meinung vertreten, dass die Verkündigung Jesu, wie sie v.a. in der Bergpredigt ihren Niederschlag gefunden hat, ganz vom Geist des Judentums geprägt sei. Martin Buber wird von seinem Schüler Ben Chorin mit den Worten zitiert, dass er Jesus von Jugend auf als seinen großen Bruder empfunden habe, der durch seine Existenz, seine Lehre und Verhaltensweise für uns exemplarisch werden kann. Ben Chorin sieht im Schicksal des leidenden und verhöhnt am Kreuz sterbenden Jesus das Schicksal des jüdischen Volkes vorgezeichnet. Freilich bleibt bei diesen Autoren eine messianische Deutung Jesu und ein trinitarisches Gottesverständnis ausgeschlossen.

Amy-Jill Levine, Professorin für Neues Testament an der Vanderbilt University in Nashville (Tennessee), sagt von sich als Jüdin, dass sie manchmal stolz auf Jesus sei. Sie verehre ihn nicht im religiösen Sinn, denn ihr Herz sei ganz und gar mit ihrer eigenen jüdischen Tradition erfüllt, aber sie finde seine Lehren oft tiefgründig und inspirierend. Dabei habe sie den Eindruck, er sei einer von ihnen.

Für Menschen, die heute in einem mehrheitlich nachchristlich geprägten Umfeld leben, scheint mir wegweisend zu sein, wie Matthäus nach der Katastrophe von 70 n. Chr. mit der Zerstörung des Tempels, als dem zentralen Ort jüdischen Glaubens, durch sein Evangelium eine neue identitätsstiftende Grundlage geschaffen und so seiner Gemeinde neue Lebens- und Glaubensorientierung ermöglicht hat.

Bei der Lektüre des Evangeliums ist zentral, dass wir der Person Jesu so unmittelbar, wie nur möglich, begegnen, unbeschwert von den Bildern und Vorstellungen, in die Gläubige und Theologen sie im Lauf der Jahrhunderte eingekleidet haben. „Seine Freundschaft erwartet dich unterwegs zwischen Nazareth und Jerusalem" (Andreas Knapp). Das Geheimnis seiner Freundschaft liegt in der Einladung, seinen Weg aufs Neue zu beginnen.

Ich verstehe meine Auslegung als einen Versuch, den Leser/die Leserin an die im Text verborgene Einladung heranzuführen – in der Hoffnung, sich von ihr berühren und ergreifen zu lassen.

Meine Übertragung versucht, möglichst nah am griechischen Urtext zu bleiben und, soweit möglich, sprachliche Härten zu vermeiden.

Da ich nicht davon ausgehen kann, dass der Kommentar von vorne bis hinten in einem Zug gelesen wird, waren Wiederholungen zum besseren Verständnis der jeweiligen Kapitel und Perikopen (Abschnitte) nicht zu vermeiden. Aus stilistischen Gründen habe ich auf inklusive Sprache verzichtet.

Für die kritische Durchsicht des Manuskripts gilt mein besonderer Dank meinem Mitbruder, dem Neutestamentler Johannes Beutler (Frankfurt, Sankt Georgen, und Rom, Gregoriana), und dem Würzburger Gewerkschaftsjuristen Klaus Franz, mit dem ich seit vielen Jahren verbunden bin. Nicht zuletzt danke ich P. Schäfer OSB für seine Geduld und Beharrlichkeit, sodass dieser Kommentar doch noch im EOS-Verlag erscheinen konnte.

Frankfurt, am Fest des hl. Matthäus 2021
Peter Köster SJ

Einleitung in das Matthäus-Evangelium

Die Jesustradition kommt uns in vierfacher Gestalt entgegen, jeweils mit dem Namen eines anderen Verfassers und unterschiedlichen Akzenten, die in eine konkrete Situation hineingesprochen sind. Wie der Lichtstrahl in einem Glasprisma „durch die Brechung an Streuweite und Farbigkeit hinzugewinnt, so auch das Evangelium Jesu an situations-bezogener Farbigkeit und sachlich-inhaltlicher Variationsbreite" (Edward Schillebeeckx). Das kann unsere Aufmerksamkeit auch für die Eigenart der Verkündigung schärfen, wie sie uns im Matthäus-Evangelium vorliegt.

1. Verfasser und Adressaten

Die Überschrift „Das Evangelium *nach Matthäus*" wurde erst im 2. Jh. hinzugefügt, als christliche Gemeinden bereits mehrere Evangelienschriften besaßen, um sie voneinander zu unterscheiden. Der tatsächliche Autor ist unbekannt. Die neuere Forschung sieht in ihm einen Judenchristen bzw. einen christusgläubigen Juden der zweiten Generation, der mit den heiligen Schriften Israels, dem später sog. Alten Testament (AT), sehr vertraut ist und sich in jüdischen Traditionen und Argumentationsweisen gut auskennt (z.B. Mt 12,5-7.11f.; 13,52). Er beherrscht die griechische Sprache und verfügt über eine beachtliche literarische Kompetenz, die sich auch in seiner Kompositionskunst zeigt, z.B. im Aufbau des Stammbaums Jesu (Mt 1,1-17) oder in der konzentrischen Struktur einiger Erzählungen, z.B. der von den Sterndeutern (Mt 2,1-12) und der Ablehnung Jesu in seinem Heimatort (Mt 13,54-58). Nicht zuletzt seine Hochschätzung der Tora und ihre bleibende Geltung deuten darauf hin, dass der Autor des Matthäus-Evangeliums ein Schriftgelehrter war, der in Jesus von Nazareth den Messias und Gottessohn sieht, in dem die Verheißungen JHWHs an Israel sich erfüllen. Seine profunde Kenntnis der Heiligen Schrift und seine literarischen Fähigkeiten scheinen es nahezulegen, dass ein so umfangreicher durchkomponierter und theologisch anspruchsvoller Text sich nicht nur *einem* Autor verdankt, sondern ein Kreis von Schriftgelehrten daran beteiligt war, die zum Glauben an Christus gefunden hatten. Der Einfachheit halber nenne ich ihn weiter Matthäus (Mt) oder den Evangelisten.

Die Verwurzelung im Judentum gilt nicht nur für die Verfasserschaft, sondern auch für die Adressaten des Evangeliums. Wir können davon ausgehen, dass es sich hier wohl um den Zusammenschluss mehrerer (Haus-) Gemeinden handelt, die mehrheitlich jüdisch geprägt waren und Heidenchristen unter ihnen eine Minderheit bildeten. Das könnten ehemals Proselyten gewesen sein, d.h. Heiden, die zum Judentum konvertiert sind, oder Gottesfürchtige, die sich von dem jüdischen Ein-Gott-Glauben angezogen fühlten, ohne jedoch durch die Beschneidung den Übertritt zu vollziehen. Ob unter den Heidenchristen auch Einzelne waren, die noch keinen Kontakt zur Synagoge hatten und direkt zum Glauben an Jesus als Messias und Gottesssohn gefunden haben, entzieht sich unserer Kenntnis, ist aber eher unwahrscheinlich. Auch wenn das Judentum das primäre Lebensmilieu der matthäischen (mt) Gemeinden bildet, so zeigt das Evangelium von Anfang an, dass Heiden eine Rolle in Gottes Heilsplan spielen und zum Glauben finden. Auch der heidnische Hauptmann von Kapharnaum (Mt 8,5-13) und die kanaanäische Frau aus der Gegend von Tyrus und Sidon (Mt 15,21-28) werden als vorbildlich für gläubige Menschen dargestellt. Nicht zuletzt zeigt der universal ausgerichtete Aussendungsbefehl am Ende des Evangeliums (Mt 28,18-20), dass Mt die Völkermission eindeutig als Aufgabe der Gemeinde sieht.

2. Entstehung: Ort und Zeit der Abfassung

Auch wenn das Mattthäus-Evangelium keinen klaren Hinweis dafür gibt, wo es entstanden ist, so gibt es Indizien. die darauf hindeuten, dass dafür ein städtisches Lebensumfeld im Großraum Syrien in Frage kommt, wo vor allem nach der Zerstörung Jerusalems ein bedeutender jüdischer Bevölkerungsanteil sich angesiedelt hat. Als möglicher Entstehungsort wird häufig die syrische Metropole Antiochien genannt, die dort ein wichtiger Mittelpunkt des entstehenden Christentums war. Es können aber auch andere Städte, wie z.B. Damaskus im Süden Syriens, gewesen sein.

Nach der Katastrophe von 70 n. Chr. mit der Zerstörung des Tempels als zentralen Ort des jüdischen Glaubenslebens hat von den jüdischen Autoritäten praktisch nur die Partei der Pharisäer überlebt und nach und nach die Führung in dem sich neu konstituierenden Synagogenverband übernommen. Nach dem von den römischen Truppen unter Titus ausgelösten Trauma ging es jetzt für alle jüdischen Gruppen vor allem darum, wer das authentische Erbe Israels für sich beanspruchen kann. Die Auseinandersetzung zwischen den pharisäisch dominierten Synagogen und der christusgläubigen Gemeinde des Mt wurde mit großer Heftigkeit und polemischer Schärfe ausgetragen. Dabei überlagern sich die Ebenen des Wirkens Jesu und die des etwa fünfzig Jahre später argumentierenden Evangelisten und fließen immer wieder ineinander. Die häufigen Anspielungen und Rückverweise auf die hl. Schriften sollen die christusgläubigen Adressaten davon überzeugen, dass die Gemeinde des Mt die authentische Sachwalterin der theologischen Traditionen Israels ist. Vor allem die sechs

Antithesen der Bergpredigt (Mt 5,21-48) und die sieben Wehe-Rufe gegen die Schriftgelehrten und Pharisäer (Mt 23) lassen daran zweifeln, dass die matthäische Gemeinde noch eine Gruppe innerhalb des Synagogenverbandes ist. Schließlich legt der Ruf in der Passionsgeschichte: „Sein Blut komme über uns und unsere Kinder" (Mt 27,25), bei dem die Volksmengen als Opfer politischer und religiöser Manipulation erscheinen, die Annahme nahe, dass die Gemeinde den Bruch mit der Synagoge vollzogen hat. Ihr Maß ist voll (Mt 23,31), das Reich Gottes wird ihnen genommen und einem Volk gegeben, das die erwarteten Früchte bringt (Mt 21,43). Wohl gemerkt: Die scharfen Attacken richten sich gegen die Führungsschicht der Konfliktgegner. Die unversöhnliche Kritik dient einmal dazu, die noch nicht konsolidierte Gemeinde nach innen und außen zu stärken und scheint zugleich als ein dramatischer Appell an die noch Suchenden und Unentschlossenen gerichtet zu sein.

Die Trennung von der Synagoge war ein längerer Prozess, der je nach Gemeinde zu unterschiedlichen Zeiten erfolgte. Er kann erst als abgeschlossen betrachtet werden, nachdem das pharisäische Judentum sich als normativ überall, auch in der Diaspora, durchgesetzt hat. Dazu kam es schließlich im 3. Jh.

Folgende Eckdaten helfen, die Abfassungszeit des Evangeliums einzugrenzen: Nach Mt 22,7; 23,38f. und 27,25 setzt er die Zerstörung Jerusalems und seines Tempels im Jahr 70 n. Chr. voraus. Frühchristliche Schriften wie die Didache und Briefe der Apostolischen Väter (ab etwa 95/100 n. Chr.) beziehen sich bereits auf das Mt-Evangelium. So kann man mit einer gewissen Wahrscheinlichkeit annehmen, dass das Mt-Evangelium etwa zwischen 80 und 85 n. Chr. entstanden ist.

3. Quellen

Matthäus hat neben dem Markus-Evangelium die sog. Logienquelle (Q) benutzt, die nicht erhalten ist. Sie lässt sich von dem Stoff, den Mt und Lukas über Markus hinaus gemeinsam haben, ihrem Umfang und Wortlaut nach nicht exakt rekonstruieren. Aber sie bleibt als Hypothese die plausibelste Lösung. Darüber hinaus stand dem Evangelisten ein vielfältiges Sondergut zur Verfügung, das vermutlich z.T. aus mündlich tradierter Jesusüberlieferung in Umlauf war. Mt stand dem Markus-Evangelium, das in einem anderen Kontext entstanden war und anders geprägte Adressaten hatte, durchaus kritisch gegenüber. Vor allem waren ihm die davidische Messianität Jesu und ein strenges Tora-Verstandnis wichtig. Auch zeichnet er ein weniger kritisches Bild der Jünger als sein Vorgänger. Zu den Quellen muss man in einem weiteren Sinn die Schriften des Alten Testaments (AT) rechnen. Das Evangelium dürfte in einem längeren Reflexionsprozess mit den alttestamentlichen (atl.) Schriften in einem Kreis von Schriftgelehrten um Mt seine Endgestalt gefunden haben. Diese Gruppe war sicherlich in das gemeindliche und gottesdienstliche Leben vor Ort eingebunden. Für diese Gemeinde wurde das Evangelium als identitätsstiftende Grundlage, als Lebens- und Glaubensorientierung niedergeschrieben. Mt erzählt sein Evangelium so, dass darin die Erfahrungen der Gemeinde transparent werden und ihre Situation sich in vielfältiger Weise widerspiegelt. Das bezieht sich vor allem auf den *Kleinglauben der Jünger*, die Schärfe, mit der die *Auseinandersetzung mit der pharisäisch dominierten Synagoge* und der Abgrenzung davon ausgetragen wird, insbesondere aber auf *drei der großen Reden*: die Bergpredigt mit ihrer Unterweisung für ein Leben nach dem Willen Gottes (Mt 5-7); die Aussendungsrede mit ihrem missionarischen Auftrag und den zu erwartenden Widerständen (Mt 10); und das in der Gemeinde geltende Ethos für ihren inneren Zusammenhalt und ihre Ausstrahlung (Mt 18).

4. Aufbau

Das Evangelium ist eine theologische Erzählung, mit der Mt Jesus als den verheißenen Messias nach den heiligen Schriften Israels darstellen möchte. Er verdeutlicht sein Anliegen auch durch den Aufbau und die Gliederung des Textes. Da Rede- und Erzählabschnitte aber miteinander verwoben sind und zentrale Themen, wie z.B. Gerechtigkeit, Nachfolge und die Auseinandersetzung mit den religiös-politischen Autoritäten, immer wieder aufgegriffen werden, muss sich die Gliederung an der Erzählung orientieren. Es gibt zwei gleichlautende Formulierungen: „*Von da an begann Jesus* zu verkünden ..." (Mt 4,17) und „V*on da an begann Jesus*, seinen Jüngern aufzuzeigen ..." (Mt 16,21), die als grundlegende Gliederungsmerkmale jeweils einen Neuanfang kennzeichnen und das Evangelium grob in drei Teile gliedern:

Der erste Teil (Mt 1,1-4,16) ist eine Art Präludium, das uns Jesus von seinem Ursprung bis zum Beginn seines öffentlichen Wirkens vorstellt. *Der 1. Abschnitt* (Mt 1,1-2,23) enthält die „Kindheitsgeschichte", die vom Stammbaum Jesu, seiner Geburt und Gefährdung bis zur Rückkehr aus Ägypten nach Nazareth handelt. *Der 2. Abschnitt* (Mt 3,1-4,16) erzählt (etwa dreißig Jahre später) vom Wirken und Ende Johannes' des Täufers, sowie von der Taufe Jesu und seiner dreimaligen Versuchung bis zu seiner Rückkehr nach Galiläa, um von Kapharnaum aus sein öffentliches Wirken zu beginnen. Auf der Ebene der Erzählung stellt Mt hier den Kernpunkt der Identität Jesu dar: seine Beziehung zu Gott und den Menschen: Gott ist mit uns (Mt 1,23). Auf der theologischen Ebene verbinden die Erfüllungszitate die Geschichte Jesu mit den heiligen Schriften Israels und verdeutlichen so, dass er der verheißene Messias ist.

Nachdem Jesus bei der Taufe und in der Versuchungsgeschichte sich als gehorsamer Sohn des himmlischen Vaters erwiesen hat, erzählt *der zweite Teil* (Mt 4,17-16,20) vom Wirken des Messias in Galiläa. Jesus beginnt im *1. Abschnitt* (Mt 4,17-11,1) seine öffentliche Tätigkeit mit dem Ruf zur Umkehr, der Proklamation der Gottesherrschaft (Mt: des Himmelreiches) und der exemplarischen Berufung der ersten Jünger. Nach der programmatischen Bergpredigt (Mt 5,1-7,29) und seinem vollmächtigen Handeln mit vielen Heilungen (Mt 8,1-9,35) erhalten die Jünger Vollmacht, sein Evangelium und sein barmherziges Handeln bei den „verlorenen Schafen des Hauses Israel" fortzusetzen (Mt 9,36-11,1). Das Wirken Jesu und das seiner Jünger unterstreichen die Bedeutung Israels für die barmherzige Zuwendung JHWHs zu seinem Volk in der Person und im messianischen Handeln Jesu. *Der 2. Abschnitt* (Mt 11,2-16,20) thematisiert mit der einleitenden Frage des Täufers (Mt 11,2f.) das entscheidende Problem in der Auseinandersetzung um die Messianität des Mannes aus Nazareth und führt zu weiteren Polarisierungen mit der religiös-politischen Führungselite (Mt 11,16-19; 12,1-14.24-45; 15,1-14; 16,1-12). Die Volksmengen werden herausgefordert, sich für die Nachfolge zu entscheiden (Mt 11,7-30; 12,43-45). Die Differenz zwischen ihnen und den Jüngern wird deutlicher und durch die Gleichnisrede in Kap 13 weiter vorangetrieben. Nach dem Seesturm sind die Jünger zur Erkenntnis der Gottessohnschaft Jesu durchgedrungen und haben ihn angebetet (Mt 14,33). Mit dem Petrusbekenntnis (Mt 16,16) kommt die Ausgangsfrage im Erzähltext zum Abschluss.

Der dritte Teil (Mt 16,21-28,20) gibt auf die im zweiten Teil gestellte Frage nach der Messianität Jesu eine vertiefende Antwort: Jesus ist der ausgelieferte, gekreuzigte und als Weltenrichter eingesetzte Menschensohn. *Der 1. Abschnitt* (Mt 16,21-25,46) ist vorwiegend von Jüngerunterweisungen und -geschichten bestimmt und durch die drei Ankündigungen von Leiden, Tod und Auferweckung (Mt 16,21; 17,22f.; 20,17-19) strukturiert. Sie bilden das theologische Leitmotiv des Weges Jesu mit den Jüngern nach Jerusalem. Die Rede über das Zusammenleben in der Gemeinde (Mt 18) verlangt die Solidarität vor allem mit den „Kleinen" und einen angemessenen Umgang mit den Sündern, sowie die Bewahrung und Stärkung der Gemeinschaft im Blick auf den Leidensweg Jesu. Sein feierlicher Einzug in Jerusalem, die Tempelreinigung, die Heilung von Blinden und Lahmen und seine Lehrtätigkeit im Tempel rufen noch einmal die religiös-politischen Gegner auf den Plan. Mit einer kaum zu überbietenden Schärfe geht er mit ihnen ins Gericht und attackiert sie mit sieben Wehe-Rufen (Mt 23,13-36). Nach dieser letzten heftigen Auseinandersetzung verlässt er endgültig den Tempel und geht mit seinen Jüngern auf den Ölberg. Im Blick auf die prachtvolle Tempelanlage hält Jesus seine letzte große Rede (Mt 24,3-25,46). *Der 2. Abschnitt* (Mt 26,1-28,20) erzählt in einer zusammenhängenden Abfolge von Ereignissen die Passion Jesu, seine Auslieferung, seinen Tod am Kreuz, seine Auferweckung und endet mit dem universalen Sendungsauftrag an seine Jünger (Mt 28,20). Der letzte Satz: „und siehe, *ich bin bei euch alle Tage* bis zum Ende der Welt" (Mt 28,20b) knüpft eine kunstvolle Klammer (Inklusion) zum Anfang des Evangeliums mit dem Erfüllungszitat: „Sie werden ihm den Namen Immanuel geben, das heißt übersetzt: *Gott ist mit uns*" (Mt 1,23).

5. Gliederung

Die folgende Gliederung kann eine erste schematische Übersicht über das Mt-Evangelium vermitteln:

Überschrift: Mt 1,1

1. Teil: Die Vorgeschichte oder das Präludium: Mt 1,2-4,16

1. Abschnitt: Der Ursprung von Jesus, dem Messias und Gottessohn: Mt 1,2-2,23

2. Abschnitt: Vom Auftreten Johannes' des Täufers bis zur Rückkehr Jesu nach Galiläa: Mt 3,1-4,16

2. Teil: Vom Auftreten Jesu in Israel und den unterschiedlichen Reaktionen auf sein Wirken: Mt 4,17-16,21

1. Abschnitt: Das vollmächtige Reden und Handeln Jesu und der Sendungsauftrag an seine Jünger: Mt 4,17-11,1

Erste große Rede*: die Bergpredigt: Mt 5-7

Zweite große Rede: Aussendung der Jünger: Mt 10

2. Abschnitt: Reaktionen auf das Wirken Jesu: zwischen Ablehnung und Feindschaft der religiös-politischen Führungselite und dem Bekenntnis der Jünger zu Jesus als Messias und Gottessohn. Dazwischen die noch unentschlossenen Volksmengen: Mt 11,2-16,20

Dritte Große Rede: Gleichnisrede: Mt 13

3. Teil: Passion, Tod und Auferweckung Jesu und seine Einsetzung als Weltenrichter: Mt 16,21-28,20

1. Abschnitt: Der Weg Jesu nach Jerusalem und sein Einzug in den Tempel, sein Wirken und seine letzten Auseinandersetzungen dort mit seinen Gegnern: Mt 16,21-25,46

* Die fünf großen Reden sind kein Gliederungsmerkmal. Sie passen sich gut in den Gesamtzusammenhang des Erzählverlaufs ein.

Vierte große Rede: Die Solidarität und der innere Zusammenhalt der Gemeinde: Mt 18

Fünfte große Rede: Die Endereignisse und das Gericht über die Völker: Mt 24-25

2. Abschnitt: Passion, Tod und Auferweckung Jesu und der universale Sendungsauftrag an seine Jünger: Mt 26,1-28,20

6. Theologische Schwerpunkte und Leitlinien

Auf dem Hintergrund einer überwiegend jüdischen Gemeinde innerhalb eines von der pharisäisch dominierten Synagoge bestimmten jüdischen Milieus und einem mehrheitlich von römisch-hellenistischer Kultur und Zivilisation beherrschten Umfeld sind die *theologischen Schwerpunkte und Leitlinien* des Mt zu verstehen. Einerseits versucht er, möglichst viel vom überkommenen jüdischen Erbe festzuhalten: Nicht der kleinste Buchstabe der Tora soll aufgegeben werden (Mt 5,19). Andererseits will er in seinem Evangelium möglichst viel von der ihm zugänglichen Jesustradition aufnehmen und bewahren.

Für ihn ist Jesus der verheißene davidische Messias, in dem die Zuwendung JHWHs zu seinem Volk Wirklichkeit geworden ist. Der Gott, den Jesus verkündet, ist der Gott Abrahams, Isaaks und Jakobs, d.h. der Gott Israels von seinem Ursprung an. Als „Sohn Abrahams" ist er genealogisch eingebunden in die Geschichte Israels und lässt zugleich auf der Basis des Völkersegens von Gen 12,3 die universale Ausrichtung der Heilszuwendung Gottes anklingen. Diesen Gedanken verstärkt er noch mit den vier Namen von nichtjüdischen Frauen Tamar, Rahab, Rut und Bathseba im Stammbaum Jesu, die also nach eigener jüdischer Tradition einen Platz in Gottes Heilsplan haben. Die Erzählung von den Sterndeutern aus dem Osten zeigt, dass orientalische Heiden sich auf den Weg zum „neugeborenen König der Juden" machen und zum Glauben an ihn finden, während die Hohepriester und Schriftgelehrten des jüdischen Volkes nicht nach Bethlehem gehen und nicht an den verheißenen Fürsten und Hirten Israels glauben (Mt 2,1-12). Diese Linie setzt sich fort in dem exemplarischen Glauben des heidnischen Hauptmanns (Mt 8,5-13) und der heidnischen Frau (Mt 15,21-27), schließlich in dem Aussendungsbefehl des Auferstandenen zu allen Völkern am Ende des Evangeliums. Dagegen prophezeit Jesus im Gleichnis von den bösen Winzern, dass den religiös-politischen jüdischen Autoritäten das Reich Gottes weggenommen und denen gegeben wird, die an ihn glauben (Mt 21,43). Dem Gleichnis vom königlichen Hochzeitsmahl fügt er an die gleichen Adressaten noch hinzu: „Das Hochzeitsmahl ist bereitet, aber die Geladenen waren es nicht wert (Mt 22,8). Der

Evangelist bereitet also die im Judentum verwurzelte Gemeinde behutsam darauf vor, umzudenken und sich in der veränderten Diasporasituation auf Neues einzulassen, d.h. sich auf die Heilszuwendung JHWHs für alle Menschen und Völker einzustimmen und sie gemeinsam zu verantworten.

Mt sieht in Jesus den lebendig gegenwärtigen Herrn, der seine Gemeinde auf neue und ungewohnte Weise führt und begleitet. Deshalb kann er je nach Situation und Fassbarkeit der Gläubigen die ihm überkommene Jesustradition mit den Schriften Israels in Verbindung zu bringen und neu akzentuieren. Das ist für ihn als jüdischen Schriftgelehrten nichts Außergewöhnliches. Auch die Tora, die Weisung (oder das „Gesetz") JHWHs, wurde je nach Notwendigkeit neu ausgelegt, ohne auf Substanzielles zu verzichten. So gilt auch für heute, die großen Traditionen des Glaubens schöpferisch weiter zu entwickeln, um sie zu bewahren und mit ihrer Hilfe neue Herausforderungen zu bestehen. Es gehört auch zur guten Tradition des Judentums, wenn Mt in seinem Evangelium unterschiedlich gewichtete Aussagen neben einander stehen lässt. Auch spannungsvolle Pole können zu seiner Vitalität, Dynamik und Stärke beitragen. Die sog. Antithesen der Bergpredigt (Mt 5,21-48) und die Einladung an alle, die sich täglich mit der Last pharisäischer Tora-Auslegung herumplagen (Mt 11,28-30) *oder die* Frage des Petrus nach einer Grenze für die Vergebungsbereitschaft (Mt 18,21-35) und die Wehe-Rufe über die Schriftgelehrten und Pharisäer in Mt 23 sind Beispiele für diese Art mt Schriftauslegung und Weitergabe der Jesusüberlieferung.

Der das öffentliche Wirken Jesu fast ständig begleitende *Konflikt mit den religiös-politischen Autoritäten* wurde bereits genannt. Dieser bedeutende Strang klingt bereits am Anfang des Evangeliums an, als die Hohepriester und Schriftgelehrten des Volkes selbst nicht nach Bethlehem gehen, um wie die Sterndeuter dem „neugeborenen König der Juden" zu huldigen (Mt 2). Auch die Reaktion der Volksmengen auf die Bergpredigt, dass Jesus kraftvoll und überzeugend redet, nicht wie die Schriftgelehrten (Mt 7,28) sowie auf die Heilung des Taubstummen, dass man eine so machtvolle Tat in Israel noch nicht gesehen hat (Mt 9,33), alarmiert die gegnerische Seite, bis die Pharisäer nach den Auseinandersetzungen wegen der Sabbatruhe (Mt 12,1-14) schon den Beschluss fassen, Jesus zu töten (V. 14). Aus Gegnern sind ihm unversöhnliche Feinde geworden. Der Riss ist nicht mehr zu flicken (Mt 9,16). Die Schärfe der Konfrontation mit ihnen setzt sich u.a. über die Frage nach seiner Identität und der Interpretation seines Wirkens (Mt 12,22-34), sowie über die Frage nach dem, was vor Gott „rein" oder „unrein" ist (Mt 15,1-20), fort. Auch die beiden Zeichenforderungen seiner Gegner (Mt 12,33-45;16,1-4) und die drei Ankündigungen Jesu von seinem Leiden, seinem Tod und seiner Auferweckung auf dem Weg nach Jerusalem (Mt 16,21-20,34) deuten an, bis in welche theologische Tiefendimension dieser unversöhnliche Konflikt reicht. Mit den sieben Wehe-Rufen über die Schriftgelehrten und Pharisäer (Mt 23,13-36) und der Ankündigung des Gerichts (Mt 23,37-39) im Tempel von Jerusalem beendet Jesus seine Abrechnung mit ihnen. Ihr Maß ist voll. Sie können dem Gericht nicht mehr entkommen.

Die Passionsgeschichte und die Auferstehungsberichte (Mt 26-28) zeigen die ganze abgründige Choreografie seiner Hauptgegner. Zunächst offenbart der Todesbeschluss des Hohen Rates ihre böse Absicht (Mt 26,4). Nachdem sie dann Jesus durch Verrat in ihre Gewalt bekommen haben, machen sie ihm den Prozess, dessen Urteil bereits feststeht (Mt 26.4.59). Ihre Prozessstrategie scheitert jedoch, bis Jesus sein Schweigen beendet, sich indirekt zu seiner Messianität bekennt und auf seine künftige Rolle als Herrscher und Richter der Welt verweist. Daraufhin fassen die Ratsmitglieder den formellen Todesbeschluss und lassen ihren bisher unterdrückten Aggressionen gegen ihn freien Lauf (Mt 26,59-68). Während des öffentlichen Prozesses vor dem römischen Statthalter gelingt es den jüdischen Autoritäten die Volksmenge so zu manipulieren, dass Jesus schließlich dem grausamen Ritual römischer Kreuzigung unterworfen wird. Selbst als sie ihr Ziel erreicht haben, können sie nicht davon lassen, ihn auch noch zu verspotten (Mt 27,41-43). Nach seinem Tod erwirken die Hohepriester und Pharisäer noch eine dreitägige Grabwache bei Pilatus. Bis zuletzt geht es ihnen um Macht und Einfluss und damit auch um die Deutungshoheit über die Tora.

Gegenüber dieser dunklen Linie bietet das Thema „*Anbetung*“ einen hellen Kontrast. Dieser leuchtende Faden im Gewebe des Textes beginnt ebenfalls schon am *Anfang* des Evangeliums mit der Erzählung von den Sterndeutern aus dem Osten, die vor dem „neugeborenen König der Juden“ in Bethlehem niederfallen und ihn anbeten (Mt 2,13). In der *Mitte* des Evangeliums nach der Speisung der Fünftausend und den Erfahrungen von Einsamkeit, existenzieller Bedrohung und Angst erschließt ihnen die Begegnung mit dem Kyrios die unbegreifliche Gegenwart Gottes in Jesus und führt sie zur Anbetung: Sie fallen vor ihm nieder und bekennen ihn als Sohn Gottes (Mt 14,32). Es wird sie viel kosten, bis sie erkennen, dass zum Heilsplan Gottes auch seine Passion und sein Sterben von Menschenhand gehören, ein Schicksal, in das sie mit hineingenommen werden. Am *Ende* begegnet der Auferstandene den beiden Frauen auf ihrem Weg vom leeren Grab zu den Jüngern. Auch sie fallen vor ihm nieder und beten an (Mt 28,9). Im letzten Abschnitt des Evangeliums, als die Jünger auf dem Berg in Galiläa angekommen sind, gibt sich der Auferstandene ihnen zu erkennen. Sie fallen nieder und beten an (Mt 28,17). Offenbar ist es nach Mt das Ziel seines Evangeliums, dass wir in der Person und dem Wirken Jesu das Geheimnis der unbegreiflichen Zuwendung Gottes zu uns erkennen und zu einer lebendigen Begegnung und Beziehung mit dem Auferstandenen finden, die uns zur Anbetung führt.

Ein weiteres Thema, das sich von Anfang an durchzieht, ist das des *Gehorsams.* Dabei ist zentral, dass jemand sich einbinden lässt in Gottes Heilsplan und so Teil der Heilsgeschichte wird. In der Kindheitsgeschichte ist es Josef, „der Sohn Davids“, der nicht nur nach den Weisungen der Tora lebt, sondern in seiner lauteren Achtsamkeit offen ist für Gottes aktuellen Willen (Mt 1,24; 2,13f. 19-21), ebenso die Sterndeuter aus dem Morgenland (Mt 2,12). Auf den Widerstand des Johannes, Jesus im Jordan zu taufen, fordert dieser ihn auf, sich mit ihm ganz unter den Willen Gottes zu stellen (Mt 3.13-15); und indem beide gehorchen, öffnet sich der Himmel. Mt stellt den einzigartigen Gehorsam Jesu und die Antwort Gottes ganz bewusst an den Anfang seines Evangeliums. Ebenso bildet der radikale Gehorsam der erstberufenen Brüderpaare den Anfang der Jesusbewegung (Mt 4,18-22). In der Bergpredigt sagt Jesus ausdrücklich, dass nur jemand Zugang zur Gottesherrschaft (bei Matthäus: „Himmelreich“) hat, der den Willen des himmlischen Vaters erfüllt (Mt 7,21). Die Berufung und der Gehorsam des Zöllners Matthäus folgen dem Muster der erstberufenen Jünger (Mt 9,9). Als nach der ersten Zeichenforderung der Schriftgelehrten und Pharisäer jemand ihn darauf aufmerksam macht, dass seine Mutter und seine Brüder ihn sprechen wollen, antwortet Jesus, dass nur die zu seiner Familie gehören, die den Willen seines himmlischen Vaters tun (Mt 12,48-50).

Auf dem Weg nach Jerusalem setzt er das Thema mit den Ankündigungen von seinem Leiden, seinem Tod und seiner Auferweckung sowie den Nachfolgebedingungen fort. Das göttliche „muss“ (*dei*) umschreibt die Zwangsläufigkeit, mit der Jesus seinen Weg in die Passion geht, nicht: weil es Gott so will, sondern weil es Menschen gibt, die es nicht ertragen können, dass Jesus seine Freiheit aus Gott lebt und anderen diese Freiheit ermöglicht (Mt 16,21-25; 17,12.22f.; 20,17-27). Seinen Höhepunkt findet dieser theologische Leitgedanke im Garten von Gethsemani, als Jesus in letzter Einsamkeit mit dem Willen des Vaters ringt, um auch diese schwerste Stunde in die Grundhaltung seines ganzen Lebens einzubringen (Mt 26,39.42.43).

Im Zusammenhang mit dieser durchgehenden Linie zeigt sich der *Kleinglaube der Jünger* und ihr Versagen. Während Markus sogar von der Verstockung (*porosis tes kardías*) der Jünger spricht und sie damit in eine gefährliche Nähe zu den Feinden Jesu stellt, nennt Jesus sie bei der ersten Erzählung vom Sturm auf dem See „Kleingläubige“ (Mt 8,26). So bezeichnet er auch Petrus, als dieser beim zweiten Seesturm über die Wasser auf Jesus zugeht, plötzlich aber wieder von alten Ängsten und Zweifeln eingeholt und überwältigt wird (Mt 14,30). Immer wieder hat er sie mit diesem Wort kritisiert, wenn sie in bestimmten Situationen aus Angst um ihr Leben das Vertrauen in die helfende Gegenwart Gottes verloren (Mt 6,25-30; 16,5-12). Als nach der Heilung des mondsüchtigen Jungen die Jünger Jesus fragen, warum sie den Kranken nicht heilen konnten, entgegnet ihnen Jesus unmissverständlich, das liege einzig und allein an ihrem Kleinglauben (Mt 17,20). Immer wieder hatten sie dann erfahren, dass in der Vergewisserung seiner machtvollen Nähe ihr Kleinglaube überwunden wurde und sie neu Vertrauen fassen konnten.

Schließlich kommt es nach der Verhaftung Jesu dazu, dass alle Jünger ihn im Stich lassen und Petrus während der Verhandlung vor dem Hohen Rat dreimal leugnet, ihn überhaupt zu kennen. Doch sie glauben der Auferstehungsbotchaft der Frauen und gehen nach Galiläa, um den universalen Auftrag des Auferstandenen in alle Welt zu tragen und die Menschen für eine persönliche Beziehung zu Christus zu gewinnen (Mt 28,16-20).

Weitere Schwerpunkte und Leitlinien matthäischer Theologie werden sich beim aufmerksamen Betrachten des Evangeliums und beim Lesen des Kommentars erschließen.

Auslegung

Gliederung des Evangeliums im Einzelnen

Die Vorgeschichte oder das Präludium: Mt 1,1-4,16

Der Stammbaum Jesu Christi: Mt 1,1-17
Die Ankündigung der Geburt Jesu: Mt 1,18-25
Die Suche nach dem „König der Juden“: Mt 2,1-12
Die Gefährdung des Jesuskindes, seine Flucht nach Ägypten und die Rückkehr nach Nazareth: Mt 2,13-23

Das Auftreten des Täufers: Mt 3,1-12
Die Taufe und Versuchung Jesu und die Rückkehr nach Galiläa: Mt 3,13-4,16

Der Anfang des öffentlichen Wirkens Jesu in Galiläa: Mt 4,17-25

Die Bergpredigt: Die programmatische Rede Jesu: Mt 5,1-7,29

Die Seligpreisungen: Mt 5,1-12
Die Jünger als Salz der Erde und als Licht der Welt: Mt 5,13-16
Die Erfüllung der Weisung (Tora) Gottes: Mt 5,17-20

Die Antithesen: Mt 5,21-48

Die erste Antithese: Vom Morden: Mt 5,21-26
Die zweite Antithese: Vom Ehebruch: Mt 5,27-30
Die dritte Antithese: Von der Ehescheidung: Mt 5,31-32
Die vierte Antithese: Vom Schwören: Mt 5,33-37
Die fünfte Antithese: Vom Verzicht auf Vergeltung: Mt 5,38-42
Die sechste Antithese: Von der Feindesliebe: Mt 5,43-48

Von der rechten Einstellung, um die „größere Gerechtigkeit“ der Antithesen zu erfüllen: Mt 6,1-7,27

Vom Almosengeben: Mt 6,1-4
Vom rechten Beten: Mt 6,5-15
Vom rechten Fasten: Mt 6,16-18
Vom Verhältnis der Jünger zum Besitz
und die Sorge um die materielle Sicherung ihrer Existenz: Mt 6,19-34
Vom Richten, vom Missbrauch des Heiligen und Kostbaren und vom Vertrauen beim Beten: Mt 7,1-12
Abschließende Mahnungen: Mt 7,13-27

Die Reaktion der Volksmengen auf die Rede Jesu: Mt 7,28-29

Das vollmächtige Handeln Jesu: Mt 8,1-9,35

Die Heilung des Aussätzigen: Mt 8,1-4
Der Glaube des Hauptmanns von Kapharnaum: Mt 8,5-13
Die Heilung der Schwiegermutter des Petrus und vieler Kranker: Mt 8,14-17
Der Ernst der Nachfolge und das Seebeben bei der Überfahrt ans andere Ufer: Mt 8,18-27
Die Heilung der zwei Besessenen von Gadara: Mt 8,28-9,1
Die Heilung eines Gelähmten: Mt 9,1-8
Die Berufung des Zöllners Matthäus und das Mahl mit den Zöllnern und Sündern: Mt 9,9-13
Die Fastenfrage und die Unvereinbarkeit des Neuen mit dem Alten: Mt 9,14-17
Die Heilung der blutflüssigen Frau und die Auferweckung der Tochter eines Vorstehers: 9,18-26
Die Heilung von zwei Blinden und eines Taubstummen: Mt 9,27-34
Abschließendes Summarium: 9,35

Der Sendungsauftrag an die Jünger: Mt 9,36-11,1

Von der Not des Volkes, der großen Ernte und den wenigen Arbeitern: Mt 9,36-38
Die Berufung der Zwölf: Mt 10,1-4
Die Aussendung der Zwölf: Mt 10,5-15
Gefährdung und Ermutigung der Jünger: Mt 10,16-25
Aufforderung zu furchtlosem Bekenntnis: Mt 10,26-11,1

Ablehnung und Widerstand wachsen: Mt 11,2-30

Die Frage des Täufers und ihre Bedeutung: Mt 11,2-19
Die Wehe-Rufe Jesu über drei galiläische Städte: Mt 11,20-24
Der Lobpreis Jesu und seine Einladung an die Unmündigen: Mt 11,25-30

Die Verschärfung des Konflikts mit den Pharisäern: Mt 12,1-50

Die Auseinandersetzungen wegen der Sabbatruhe: Mt 12,1-14
Jesus – der heilende Gottesknecht als Hoffnung für die Völker: Mt 12,15-21
Scharfe Konfrontation mit den Pharisäern wegen der Frage nach der Identität Jesu und der Interpretation seines Wirkens: Mt 12,22-37
Die Zeichenforderung der „bösen Generation“: Mt 12,38-45
Die wahre Familie Jesu: Mt 12,46-50

Die Gleichnisrede: Mt 13,1-53

Das Gleichnis vom Sämann: 13,1-23
Das Gleichnis vom Unkraut unter dem Weizen: Mt 13,24-30
Das Gleichnis vom Senfkorn und vom Sauerteig: Mt 13,31-35
Die Fortsetzung der Rede vor den Jüngern mit der Deutung des Gleichnisses vom Unkraut unter dem Weizen: Mt 13,36-43
Die Gleichnisse vom Schatz im Acker und von der kostbaren Perle: Mt 13,44-46
Das Gleichnis vom Fischnetz: Mt 13,47-50
Das Bild vom Hausvater und der Abschluss der Rede: Mt 13,51-53

Gegensätzliche Reaktionen auf Jesus und sein Wirken: Mt 13,54-16,20

Die Ablehnung Jesu in seinem Heimatort: Mt 13.54-58
Der Tod Johannes' des Täufers: Mt 14,1-12
Die Speisung der Fünftausend: Mt 14,13-21
Jesus begegnet den Jüngern auf dem See: Mt 14,22-33
Heilungen in Gennesareth: Mt 14,34-36
Auseinandersetzung mit den Pharisäern und Schriftgelehrten über „rein'" und „unrein": Mt 15,1-20
Der Glaube der heidnischen Frau: Mt 15,21-28
Viele Heilungen und die Speisung der Viertausend: Mt 15,29-39
Die zweite Zeichenforderung und die Warnung der Jünger vor der Lehre der Pharisäer und Sadduzäer: Mt 16,1-12
Das zweite Gottessohnbekenntnis in der Gegend von Casarea Philippi und die Verheißung an Petrus: Mt 16,13-20

Der Weg nach Jerusalem: Mt 16,21-20,34

Die erste Ankündigung von Leiden, Tod und Auferweckung Jesu und seine Nachfolgebedingungen: Mt 16,21-28
Die Verklärung Jesu: Mt 17,1-13
Die Heilung des mondsüchtigen Jungen und der Kleinglaube der Jünger: Mt 17,14-20
Die zweite Ankündigung von Leiden, Tod und Auferweckung Jesu: Mt 17,22-23
Von der Freiheit der Söhne und der Pflicht zur Tempelsteuer: Mt 17,24-27

Die vierte Rede Jesu im Blick auf seinen Weg nach Jerusalem: Mt 18,1-35

Wer ist der Größte im Himmelreich? Oder die Umkehr zum Niedrigsein: Mt 18,1-5
Warnungen, keinen Anlass zum Bösen zu geben: Mt 18,6-10

Das Gleichnis vom verirrten Schaf: Mt 18,12-14
Vom Umgang mit einem sündigen Gemeindemitglied: Mt 18,15-20
Gibt es für Vergebung eine Grenze?: Mt 18,21-35

Ehe, Ehescheidung und Ehelosigkeit: Mt 19,1-12
Die Segnung der Kinder: Mt 19,13-15
Die Frage des reichen jungen Mannes und die Frage des Petrus: Mt 19,16-30
Das Gleichnis vom gleichen Lohn: Mt 20,1-16
Die dritte Ankündigung von Leiden, Tod und Auferweckung: Mt 20,17-19
Vom Dienen und Herrschen: Mt 20,20-28
Die Heilung von zwei Blinden bei Jericho: Mt 20,29-34

Das Wirken Jesu in Jerusalem: Mt 21,1-25,46

Der Einzug Jesu in Jerusalem und sein erstes Wirken im Tempel: Mt 21,1-17
Die Verfluchung des Feigenbaums und die anschließende Jüngerbelehrung: Mt 21,18-22
Die Frage nach der Vollmacht Jesu und das Gleichnis von den beiden ungleichen Söhnen: Mt 21,23-32
Das Gleichnis von den Winzern: Mt 21,33-46
Das Gleichnis von dem königlichen Hochzeitsmahl: Mt 22,1-14
Die Frage nach der kaiserlichen Steuer: Mt 22,15-22
Die Frage nach der Auferweckung der Toten: Mt 22,23-33
Die Frage nach dem größten Gebot: Mt 22,34-40
Die Frage nach der Sohnschaft des Messias: Mt 22,41-46

Die Rede gegen die Schriftgelehrten und Pharisäer: Mt 23,1-39

Anspruch und Wirklichkeit: Mt 23,1-12
Die sieben Wehe-Rufe: Mt 23,13-36
Jesu Weissagung über Jerusalem: Mt 23,37-39

Die große endzeitliche Rede: Mt 24,1-25,46

Die Ereignisse bis zur Ankunft des Menschensohnes: Mt 24,1-31
Der unbekannt nahe Zeitpunkt seines Kommens und die Mahnung zur Wachsamkeit: Mt 24,32-42
Die beiden Gleichnisse von Hausherrn und vom guten und bösen Knecht: Mt 24,42-51
Das Gleichnis von den zehn Jungfrauen: Mt 25,1-13
Das Gleichnis von den anvertrauten Talenten: Mt 25,14-30
Das Weltgericht: Mt 25,31-46

Passion, Tod und Auferstehung: Mt 26,1-28,20

Die Einleitung zur Passion: Mt 26,1-16
Das letzte Pessachmahl: Mt 26,17-29
Gethsemani: Mt 26,30-56
Das Bekenntnis Jesu vor dem Hohen Rat: Mt 26,57-74
Die Übergabe an Pilatus und das Ende des Judas: Mt 17,1-10
Der Prozess vor dem römischen Statthalter und die Verspottung durch römische Soldaten: Mt 27,11-31
Der Weg nach Golgotha, die Kreuzigung und Verspottung Jesu: Mt 27,32-44
Der Tod Jesu: Mt 27,45-56
Die Grablegung Jesu und Bewachung seines Grabes: Mt 27,57-66

Die Frauen am leeren Grab und die Erscheinung des Auferstandenen: Mt 28,1-10
Der Betrug der Hohepriester: Mt 28,11-15
Der Auftrag des Auferstandenen: Mt 28,16-20

Die Vorgeschichte oder das Präludium: Mt 1,1-4,16

Das Matthäus-Evangelium (Mtev) wird mit einer Vorgeschichte bzw. einem ausführlichen Präludium eingeleitet, bevor mit Mt 4,17 das öffentliche Wirken Jesu beginnt. Das Präludium umfasst die programmatische Überschrift (Mt 1,1), den Stammbaum Jesu (Mt 1,2-17), eine zusammenhängende Erzählung über die Ankündigung der Geburt und die Namensgebung des Jesuskindes (Mt 1,18-25) sowie die Verehrung des „Königs der Juden" durch die Magier aus dem Osten (Mt 2,1-12), die Gefährdung des Kindes mit der Flucht nach Ägypten und seine Rückkehr nach Nazareth (Mt 2,13-23): Zu der Hinführung und Vorbereitung auf das öffentliche Wirken Jesu gehört auch (ca. 30 Jahre später) das Wirken des Täufers in der Wüste Juda (Mt 3,1-12), die Taufe Jesu im Jordan und seine Proklamation als Sohn Gottes (Mt 3,13-17), sowie seine dreimalige Versuchung (Mt 4,1-11). Nach der Gefangennahme des Täufers kehrt Jesus schließlich nach Galiläa zurück und zieht von Nazareth nach Kafarnaum am Meer (Mt 4,11-16).

Im Präludium werden auffällig viele Erfüllungszitate aus dem Alten Testament (AT) verwendet: Mt 1,22f; 2,15.17.23; 4,14-16. Sie weisen auf Grundthemen des mt Christusverständnisses hin, die für das ganze Evangelium von Bedeutung sind und die man bei der Lektüre des Evangeliums im Auge behalten sollte. Der Weg Jesu, wie er in Mt 1,18-4,16 vom Evangelisten erzählt wird, deutet bereits den Weg des Evangeliums von Israel zu den Heiden an. Das Leben Jesu entspricht von Anfang an dem Heilsplan Gottes, den Jesus im Gehorsam zur Erfüllung und Vollendung bringt. Wie Jesus durch sein Leben die prophetischen Weisungen erfüllt hat, so hat er vor allem durch seinen Gehorsam „das Gesetz und die Propheten" umfassend und programmatisch gelebt. Im Christusgeschehen wird also die Schrift erfüllt.

Die Schriftzitate stehen jeweils wie eine Zusammenfassung oder wie ein abschließender Kommentar am Ende eines Abschnitts. Sie werden durch eine feste Formel eingeleitet, bestätigen das Ereignis aufgrund der heiligen Schriften Israels und deuten es als ihre Erfüllung. Für Mt sind die heiligen Schriften gleichsam der Horizont, vor dem er das Christusgeschehen interpretiert. So deutet alles darauf hin, dass mit dem Kommen Jesu eine ganz neue Phase der Heilsgeschichte beginnt.

Der Stammbaum Jesu Christi: Mt 1,1-17

1 Buch des Ursprungs (génesis) Jesu Christi,
des Sohnes Davids, des Sohnes Abrahams.
2 Abraham war der Vater von* Isaak, Isaak von Jakob,

* Wörtlich: „zeugte".

Jakob von Juda und seinen Brüdern.
[3]Juda war der Vater von Perez und Serach, ihre Mutter war Tamar.
Perez war der Vater von Hezron, Hezron von Aram.
[4] Aram von Amminadab, Amminadab von Nachschon, Nachschon von Salmon.
[5] Salmon war der Vater von Boas; dessen Mutter war Rahab.
Boas war der Vater von Obed; dessen Mutter war Rut.
Obed war der Vater von Isai.
[6] Isai war der Vater des Königs David.

David war der Vater von Salomo, dessen Mutter die Frau des Urija war.
[7] Salomo war der Vater von Rehabeam,
Rehabeam von Abija, Abija von Asa,
[8] Asa von Joschafat, Joschafat von Joram, Joram von Usija.
[9] Usija war der Vater von Jotam, Jotam von Ahas, Ahas von Hiskija,
[10] Hiskija von Manasse, Manasse von Amos, Amos von Joschija.
[11]Joschija war der Vater von Jojachin und seinen Brüdern;
Das war zur Zeit der Babylonischen Gefangenschaft.

[12] Nach der Babylonischen Gefangenschaft war Jojachin der Vater von Schealtiel, Schealtiel von Serubbabel,
[13] Serubbabel von Abihud, Abihud von Eljakim, Eljakim von Azor.
[14] Azor war der Vater von Zadok, Zadok von Achim, Achim von Eliud.
[15] Eliud von Eleasar, Eleasar von Mattan, Mattan von Jakob.
[16] Jakob war der Vater von Josef, dem Mann Marias;
von ihr wurde Jesus geboren, der der Christus genannt wird.

[17] Im Ganzen sind es also von Abraham bis David vierzehn Generationen,
von David bis zur Babylonischen Gefangenschaft vierzehn Generationen
und von der Babylonischen Gefangenschaft bis zu Christus vierzehn Generationen.

1. Die Überschrift: Mt 1,1

Das Mtev beginnt programmatisch: Mit der Formulierung „Buch des Ursprungs (*génesis*)“ greift der Evangelist eine biblische Wendung auf (Gen 2,4 LXX* und Gen 5,1 LXX**) und stellt damit die Geschichte Jesu in den Kontext der biblischen Erzählwelt. Zugleich markiert er vor diesem Schöpfungshintergrund den epochalen Neuanfang, der mit dem Auftreten Jesu Christi sich ereignet hat.

Nicht weniger programmatisch ist, dass Jesus Christus näherhin als „Sohn Davids“ und als „Sohn Abrahams“ (in dieser Reihenfolge!) bezeichnet wird. Bei Mt ist die davidische Messianität Jesu ein christologisches Leitmotiv. Es betont die Zuwendung JHWHs zu Israel und die Erfüllung seiner Verheißungen an das Gottesvolk. Abraham ist nach der Priesterschrift (6. Jh. v. Chr.)

* Buch des Ursprungs von Himmel und Erde.
** Buch des Ursprungs der Menschen.

der Stammvater Israels. Durch ihn sollen alle Völker der Erde Segen erlangen (Gen 12,3; 18,18; 22,18; 26,4). Abraham hat „nur" eine Zukunft, wenn er sich aus seiner bisherigen Lebenswelt löst und sein Exodus anderen zum Segen wird. Er soll eine Quelle des Segens werden für alle, die mit ihm in Berührung kommen (Gen 12,1-3). Das gleiche gilt für Israel. So ist also die universale Weite des Heils und die Erwählungsgeschichte Israels bei Mt zusammenzusehen. In Jesus erfüllen sich die Heilsverheißungen für Israel und für die Völker. Dieses Nebeneinander zeigt sich in der auf Israel ausgerichteten Sendung der Jünger (Mt 10,5f.) und ihr universaler Missionsauftrag in Mt 28,19. Die Reihenfolge „Sohn Davids" und „Sohn Abrahams" signalisiert also, dass erst mit dem Tod Jesu und seiner Auferstehung die im Abrahamssohn Jesus angelegte Universalität des Heils zur vollen Geltung kommt. Sie bleibt an die Erwählungsgeschichte Israels rückgebunden. So findet die mit Abraham beginnende Erwählungsgeschichte in der für die Völker offenen Gemeinde der Christusgläubigen ihre genuine Fortsetzung.

In die mit Abraham gegebene Programmatik gehört auch, dass JHWH mit Abraham einen unauflöslichen Bund geschlossen hat, der auf Seiten des Menschen an keine Bedingungen geknüpft ist. Er beruht nicht auf Gegenseitigkeit (Gen 15,7-21). Deshalb kann sich späteren Generationen – so auch uns – im Rückgriff auf diesen Gnadenbund trotz aller Aussichtslosigkeit eine neue Zukunft eröffnen. Der Glaube an JHWHs unbedingte Treue, die sich nicht von menschlichen Leistungen abhängig macht, ist als Chance zu verstehen, Gottes Lebensmöglichkeiten tiefer zu verstehen und anzunehmen.

2. Der erste Teil des Stammbaums: Mt 1,2-6

„Das Buch des Ursprungs Jesu Christi" beginnt mit der Zeit der Erzväter: Abraham, Isaak und Jakob, der Juda und seine Brüder zeugt. Es fällt auf, dass ihre Frauen: Sara, Rebecca, Rachel und Lea ebenso wenig genannt werden wie der älteste Sohn Abrahams, Ismael, und dessen Mutter Hagar. Die Geschichte des Ursprungs geht nach Abraham weiter mit Isaak, der den Jakob zeugt. Auch hier kommt der älteste Bruder Esau überhaupt nicht vor. In Fortsetzung dieser Ursprungsgeschichte wird von den Söhnen Jakobs Juda herausgegriffen und nicht Josef, der das Überleben der Jakobssippe in Ägypten ermöglicht hat. Es sieht so aus, als wolle Mt auf dem Hintergrund alttestamentlicher (atl.) Vorstellungen Gottes souveräne Handlungsweise und unableitbare Güte gleich zu Anfang der Vorgeschichte Jesu betonen, der selbst mit „Zöllnern und Sündern" Tischgemeinschaft hielt (Mt 9,10) und einen von ihnen in seine Nachfolge berief (Mt 9,9). Gott lässt sich offenbar nicht von menschlichem Verdienst leiten.

Nicht viel anders verhält es sich mit der Ahnenreihe von Juda bis König David. Hier werden vier Frauen genannt, die ebenso wie die Männer zur Abstammungslinie Jesu gehören. Die Auswahl der Frauen ist ebenso erstaunlich wie die der vielen Männer. *Tamar* (Gen 38), die kanaanäische Schwiegertochter des Juda, war nach dem Tod ihres ersten und zweiten Mannes, beides Söhne Judas, kinderlos geblieben. Als Juda seiner Pflicht nicht nachkam, sie mit seinem dritten Sohn Schela zu verheiraten, verkleidete sich Tamar als Prostituierte und verführte ihn. Erst als er mit der Schwangerschaft Tamars konfrontiert wurde, offenbarte sie ihm, dass er der Vater sei. So musste er zugeben, dass sie ihm gegenüber im Recht war und gegenüber dem Gesetz Gottes treuer als er selbst. Als nächste in der Ahnenreihe wird die Kanaaniterin *Rahab* genannt. Sie war eine Prostituierte, die den Kundschaftern Israels Schutz gewährte und so bei der Eroberung Jerichos ihr Leben und das ihrer Familie vor dem Untergang rettete (Jos 2-6). Auch Rut (Rut 1-11) gehörte nicht zum Volk Israel. Sie war eine Moabiterin, die mit ihrer Schwiegermutter Noomi nach der Hungersnot und dem Tod ihres Mannes nach Bethlehem zurückkehrte. Sie wurde schließlich die Frau des Boas. Ihr gemeinsamer Sohn Obed war der Großvater von König David. Die letzte der alttestamentlichen Frauen, die Mt im Stammbaum Jesu aufführt, ist Batseba, die Frau des Hetiters Urija, den David auf dem Gewissen hat (2 Sam 11 und 12). Die leidenschaftliche Affäre mit dem König blieb nicht folgenlos, aber das Kind ihrer Liebe musste sterben. Das hielt sie jedoch nicht davon ab, dafür zu sorgen, das ihr gemeinsamer zweiter Sohn Salomon David auf dem Thron folgen konnte.

Alle diese Frauen waren Ausländerinnen und hatten aktiven Anteil am Zustandekommen der Ursprungsgeschichte des Messias. Sie sind ein Hinweis auf die Universalität des Heils, die mit dem Ursprung der auf Jesus zulaufenden Geschichte bereits angelegt ist.

Die erste Epoche des Stammbaums Jesu, die mit der Erwählung Abrahams beginnt, reicht bis zu David. Er hatte gegenüber den späteren Königen den Vorzug, dank göttlicher Hilfe das Doppelreich Israel-Juda zu regieren. Von JHWH war er dazu bestimmt, als König Anwalt der Armen zu sein und die Grundrechte des Einzelnen zu schützen. Doch seine Faszination und Leidenschaft für die Frau des Urija brachte ihn dazu, Gottes Wort zu missachten (Ex 20,13f; Dtn 5,17f.) und vor Mord und Ehebruch nicht zurückzuschrecken. Damit hat er das persönliche Vertrauensverhältnis zerstört, das Gott mit ihm eingegangen ist, und seine Berufung verwirkt. Er konnte seinem Volk nicht mehr „Segen“ sein.

Es ist schon erstaunlich, mit welch schonungsloser Offenheit die Schrift von der Sünde Davids spricht, von dem großen und gefeierten König, dem Vorbild des Messias. Sie konnte das nur, weil das Vertrauen in Gottes Barmherzigkeit größer war als die schmerzliche Gewissheit menschlicher Abgründigkeit und Schuld. Als David seine Schuld erkennt und sich zu ihr bekennt, liefert er sich Gott aus – und Gott vergibt ihm. Er braucht nicht zu sterben. In freier ungeschuldeter Initiative stellt JHWH das ursprüngliche Vertrauensverhältnis wieder her, auch wenn Davids Vergehen wegen seiner sozialen Dimension nicht ohne Folgen bleibt (2 Sam 12,14).

David erhielt wie Abraham eine Verheißung von heilsgeschichtlicher Bedeutung. Ein Nachkomme aus seinem Geschlecht wird den Thron einer ewigen Herrschaft erlangen (2 Sam 7,12-16; 1 Chr 17,11f.). Beide Verheißungen sind in der Charakterisierung Jesu als Sohn Davids und als Sohn Abrahams lebendig. In ihm wurden beide Verheißungen erfüllt.

3. Der zweite Teil des Stammbaums: Mt 1,6-11

Dieser Teil der Genealogie zeigt den allmählichen Niedergang des Königtums von David bis zur „Babylonischen Gefangenschaft." Von den dort genannten Königen gab es nur zwei, Hiskija und Joschija, die nach den Weisungen JHWHs lebten. Einige führten ein Leben, das dem Herrn missfiel. Sie starben z.T. eines ehrlosen Todes. Zidkija, ein Sohn Joschijas, der letzte König auf dem Thron Jerusalems, wurde von Nebukadnezzar eingesetzt. Er war eine schwache Persönlichkeit und ein glückloser Herrscher. Nach der Aufkündigung seiner Gefolgschaftstreue wurde Jerusalem ein zweites Mal von den Neubabyloniern erobert, er selbst auf der Flucht bei Jericho gefasst und vor den Großkönig nach Ribla gebracht. Dort musste er mitansehen, wie seine Söhne und seine führenden Leute hingerichtet wurden. Anschließend wurde Zidkija geblendet und mit einem Großteil der Bevölkerung gefesselt nach Babylon gebracht. Über sein weiteres Schicksal ist nichts bekannt.

Der Tempel JHWHs und der königliche Palast wurden in Schutt und Asche gelegt, die Stadt mit ihren Wehranlagen zerstört. Damit war die staatliche Ordnung zusammengebrochen und das geistige und religiöse Fundament Israels zutiefst erschüttert. Das Exil war der tiefste Einschnitt und der folgenschwerste Umbruch in der Geschichte Israels. Aber das alles führte nicht zum Ende seiner Geschichte und seines JHWH-Glaubens, sondern zur grundlegenden Erneuerung seines Glaubens und seiner Identität. Der Bruch mit der Vergangenheit führte zu einer neuen Kontinuität und Zukunft. Es kam zu einer Transformation der eigenen Traditionen*.

4. Der dritte Teil des Stammbaums: Mt 1,12-16

Dieser letzte Teil von der Babylonischen Gefangenschaft bis zu Jesus nennt außer Schealtiel und Serubbabel am Anfang der Reihe lauter unbekannte

* Ausführlich: Barbara Schmitz, Geschichte Israels, Paderborn 2011.

Namen. Serubbabel, der Sohn Schealtiels, war nach Esra 2,2 einer der Anführer der Juden, die aus dem baybylonischen Exil nach Jerusalem und Juda zurückkehrten. Mit seinem Namen ist u.a. auch die Wiedererrichtung des Opferaltares (Esra 3,2-6) und der Wiederaufbau des Tempels verbunden (Esra 3,8-4,3; 5,2). Bei den weitgehend unbekannten Gestalten dieser Reihe sind viele, die im AT gleichlautende Namen haben, die mit dem Priestertum und dem Tempel in Verbindung stehen, wie Abihud (1 Chr 5,29), Eljakim (Neh 12,41), Zadok (2 Sam 15,29; 1 Chr 5,34.38. u.ö.) und Eleasar (1 Chr 24,1-4). Vermutlich wollte Mt dem königlichen Aspekt des Stammbaums durch einen priesterlichen ergänzen. Der Evangelist verfolgt offenbar mit dem Stammbaum vor allem theologische Absichten. Damit stimmt überein, dass Jesus nach Mt 1,21 die „priesterliche" Aufgabe zukommt, sein „Volk von seinen Sünden zu retten".

Ein theologisches Verständnis betont auch der letzte Vers der Generationenfolge (Mt 1,16), der Josef als Nachfahre Davids und als Ehemann Marias vorstellt, nicht aber als den natürlichen Vater Jesu. Die Passivform „aus ihr (Maria) wurde gezeugt: Jesus, der Christus (Messias) genannt wird", verweist auf Gott selbst. Jesus wurde dadurch zum „Sohn Davids", dass Josef dem Sohn Marias, die nicht aus dem Geschlecht Davids stammte, den Namen Jesus gibt und so sein gesetzlicher Vater wird.

5. Zusammenfassung: Mt 1,17

Der letzte Vers suggeriert in allen drei Generationslisten die gleiche Zahl von 14 und legt damit den Gedanken nahe, dass die mit der Berufung Abrahams eingesetzte Heilgeschichte zielgerichtet auf Jesus zuläuft. Wenn man aber genau nachzählt, entdeckt man, dass David und die Zeit des babylonischen Exils doppelt gezählt werden, sodass man auf die symbolisch aufgeladene Zahl 40 kommt (siehe Gen 7,4.17; Ex 16,35; 24,18; 1 Kön 19,8 u.a.). Der Stammbaum Jesu würde dann mit den 40 Generationen bis Josef signalisieren, dass die mit Abraham begonnene Heilgeschichte zur Vollendung gelangt ist und mit Jesus etwas radikal Neues beginnt.

Die Ankündigung der Geburt Jesu und seine Namensgebung: Mt 1,18-25

**1[18] Mit dem Ursprung (génesis) Jesu Christi war es so: Maria, seine Mutter,
war mit Josef verlobt; noch bevor sie zusammengekommen waren, zeigte sich,
dass sie schwanger war – durch das Wirken des Heiligen Geistes. [19] Josef aber,
ihr Mann, der gerecht war und sie nicht bloßstellen wollte, beschloss, sie in
aller Stille zu entlassen. [20] Während er noch darüber nachdachte, siehe, da
erschien ihm ein Engel des Herrn im Traum und sagte: Josef, Sohn Davids,
fürchte dich nicht, Maria als deine Frau zu dir zu nehmen; denn das Kind,
das sie erwartet, ist vom Heiligen Geist. [21] Sie wird einen Sohn gebären; ihm
sollst du den Namen Jesus geben, denn er wird sein Volk von seinen Sünden
erlösen. [22] Dies alles ist geschehen, damit erfüllt würde, was vom Herrn durch
die Propheten gesagt wurde: [23] Siehe: Die Jungfrau wird schwanger sein und
einen Sohn gebären und sie werden ihm den Namen Immanuel geben – das
heißt übersetzt: Gott mit uns. [24] Als Josef erwachte, tat er, was der Engel des
Herrn ihm befohlen hatte, und nahm seine Frau zu sich. [25] Und er erkannte sie
nicht, bis sie einen Sohn gebar. Und er gab ihm den Namen Jesus.**

Zusammenhang: In den Kindheitserzählungen des Mt gibt es keine Verkündigung an Maria. Sie bleibt im Hintergrund. Der Stammbaum Jesu hebt König David in besonderer Weise hervor. Er wird als einziger fünfmal genannt (Mt 1,1,6.17). Die Ankündigung der Geburt Jesu greift das Thema wieder auf. Sie richtet sich an „Josef, den Sohn Davids."

1. Mt 1,18f.: Die Erzählung vom „Ursprung Jesu Christi" beginnt bei Mt damit, dass Maria noch vor dem Zusammenleben mit ihrem Verlobten* Josef vom Heiligen Geist schwanger war. Wie am Anfang der Schöpfung (Gen 1,2) und bei der Wiederbelebung des Volkes Israel nach dem Exil (Ez 37,1-11) beginnt durch das schöpferische Wirken des Heiligen Geistes etwas ganz Neues. Marias Schwangerschaft aber ließ nach menschlichem Ermessen nur den Schluss zu, dass sie Ehebruch begangen hatte. Nach rabbinischen Angaben galt das verlobte Mädchen bereits als „Gattin" (Dtn 20,7), die bei Ehebruch bestraft oder durch einen Scheidebrief entlassen werden konnte. Josef befand sich also in einer heiklen Situation.

Er wird als „gerecht" charakterisiert, d.h. er lebte nicht nur nach den Weisungen der Tora (Gesetz), sondern seine Haltung gegenüber dem Willen Gottes und den Bedürfnissen seiner Nächsten war von einer lauteren spirituellen Achtsamkeit geprägt. Als er sah, dass Maria schwanger war, wollte er sie nicht

* Das in Mt 1,18 verwendete Wort *mnesteúo wird mit „verlobt"* eigentlich nicht korrekt wiedergegeben. Es bedeutet einen formellen Vertrag vor Zeugen, der mit der Zustimmung der Eltern nach dem Ende der Pubertät des Mädchens geschlossen wurde. Die junge Frau lebte aber nach der Eheschließung noch eine Zeitlang bei den Eltern, bis der gemeinsame Lebensunterhalt gewährleistet war. In dieser Zeit war ehelicher Verkehr nicht statthaft.

bloßstellen, ihr nicht die Ehre nehmen, obwohl er im Tiefsten getroffen und enttäuscht war. Was er sah, war für ihn unerträglich. Er wollte sich trennen, ohne zu verletzen, ohne zu demütigen. In kritischen Situationen zeigt sich am ehesten, wie tragfähig eine Frömmigkeit ist.

2. Mt 1,20-25: Josef war in Kontakt mit den Tiefenschichten seines Wesens, mit der Welt der Träume, sodass er sich führen lassen konnte von Gott. Im Traum erkannte er, dass Gott in seiner tiefsten Enttäuschung am Werk ist. Josef glaubt dem, was er im Traum sieht und hört. Er gehorcht der inneren Stimme: Das bedeutet Wagnis, Risiko! Er nimmt Maria zur Frau und achtet das Leben, das in ihr heranwächst. Er gibt dem Neugeborenen den Namen Jesus und nimmt damit Jesus als seinen Sohn an. Die Identität Jesu als Sohn Davids ist Teil von Gottes Plan. Der Nachfolger des Mose, der Israel in die Freiheit, ins Gelobte Land führte, hieß auch Jesus (Jeshua). Die Knechtschaft besteht jetzt nicht mehr in der Abhängigkeit von Ägypten, sondern der Sünde, von der der neue Jeshua sein Volk erlösen wird. Dazu bedarf es noch einer höheren Identität: Immanuel, Gott mit uns. Auch diese Wirklichkeit wird dem Glauben Josefs zugemutet.

Josef ist ein von Gott bewegter und geführter Mensch. In der Kindheitsgeschichte bei Mt spricht der Engel des Herrn *dreimal* im Traum zu Josef und *dreimal* führt Josef aus, was ihm Gott durch den Engel aufträgt. Dabei weiß er nicht, was auf ihn zukommt. Er kennt nur den nächsten Schritt. Gott greift in sein Leben ein, und er lässt seinem Leben die Richtung geben, die Gott ihm weist. Enttäuschungen, Ängste und Strapazen bleiben ihm nicht erspart. Aber Josef bleibt offen für Gottes Wirken, die guten „Werke" zu tun, die Er ihm im Voraus bereitet hat. So lässt er sich einbinden in Gottes Heilsplan und wird so Teil der Heilsgeschichte.

Mit dem Kommen Jesu ist weder der Heilsplan Gottes für Israel noch für alle Menschen abgeschlossen. Wenn nach Mt Gott einen Heilsplan für uns, für jeden einzelnen Menschen hat, dann bin ich Teil des Heilsplanes Gottes. Würde es sich auf die Gestaltung meines Lebens auswirken, wenn ich mich als Teil des Heilsplanes Gottes verstehe? Welche Orientierung gibt mir das Beispiel Josefs?

Wer lange die Wesensimpulse aus seinem Innern überhört – unabhängig davon, ob sie uns über Träume oder auf anderem Weg erreichen –, wer lange den Wesensimpulsen aus seinem Innern nicht gefolgt ist, kann die Orientierung für sein Leben verlieren. Gott will, dass wir mit unserem Leben Heilsgeschichte schreiben – wie Josef, weil wir einen Platz in Gottes Heilsplan haben.

Die Suche nach dem „König der Juden": Mt 2,1-12

A 2[1] Als Jesus in Bethlehem in Juda in den Tagen des Königs Herodes geboren war, siehe, da kamen Sterndeuter aus dem Osten nach Jerusalem

B [2] und sagten: Wo ist der (neu)geborene König der Juden? Denn wir haben seinen Stern aufgehen sehen und sind gekommen, um ihm zu huldigen.

C [3] Als aber der König Herodes das hörte, erschrak er und ganz Jerusalem mit ihm.

D [4] und er versammelte alle Hohenpriester und Schriftgelehrten des Volkes und erkundigte sich bei ihnen, wo der Messias geboren werde. [5] Die aber sagten zu ihm: In Bethlehem in Juda. Denn so ist es geschrieben durch den Propheten:

E [6] *„Und du, Bethlehem, (im) Land Juda,*
keineswegs bist du die Kleinste unter den Fürsten(städten) Judas.
Denn aus dir wird hervorgehen ein Herrscher,
der mein Volk Israel weiden wird" (Micha 5,1.3)

D' [7]Da rief Herodes die Sterndeuter heimlich zu sich und erkundete von ihnen genau die Zeit, wann der Stern erschienen war [8] und er schickte sie nach Bethlehem und sagte: „Geht und forscht genau nach dem Kind! Sobald ihr es aber gefunden habt, meldet es mir mir, damit auch ich komme und ihm huldige."

C' [9] Nachdem sie aber das vom König gehört hatten, zogen sie hin. Und siehe, der Stern, den sie hatten aufgehen sehen, zog ihnen voraus, bis er über dem Ort stehen blieb, wo das Kind war.
[10] Als sie aber den Stern sahen, freuten sie sich mit überaus großer Freude.

B' [11] Und als sie in das Haus kamen, sahen sie das Kind mit Maria, seiner Mutter, und sie fielen nieder, huldigten ihm und öffneten ihre Schatzkästen und brachten ihm Geschenke, Gold, Weihrauch und Myrrhe.

A' [12] Und weil sie im Traum die Weisung erhalten hatten, nicht zu Herodes zurückzukehren, entwichen sie auf einem anderen Weg in ihr Land.

Hinführung: Die Erzählung hat eine konzentrische Struktur, in deren Mitte das frei zitierte Wort aus dem Propheten Micha seht:

„Und du, Bethlehem, (im) Land Juda,
keineswegs bist du die Kleinste unter den Fürsten(städten) Judas.
Denn aus dir wird hervorgehen ein Herrscher,
der mein Volk Israel weiden wird" (Micha 5,1.3).

Das ist die zentrale Botschaft des Textes in eine Welt hinein voller Unterdrückung, Ausbeutung und Gewalt. Misstrauisch gegenüber möglichen Rivalen aus dem jüdischen Volk und seiner eigenen Familie hatte Herodes seine Macht in Juda fintenreich und skrupellos behauptet.

1. „Aus dir, Bethlehem, wird hervorgehen ein Herrscher, der mein Volk *weiden* wird." Das Motiv des Hirten gewinnt in der Geschichte Israels, in der Exilszeit, besondere Aktualität: „JHWH – der gute Hirt seines Volkes" wird zur Sehnsucht der Menschen nach der Katastrophe, nach dem Scheitern der politischen und religiösen Elite und ihrer Deportation nach Babylon. Der Prophet sagt seinen Landsleuten im fernen Exil: JHWH selbst wird sich um seine Schafe sorgen und sich um sie kümmern. Das hebr. Wort für „sorgen“ (*darash*) bedeutet: dem einzelnen Menschen zu seiner Würde verhelfen, die ihm seit Beginn der Schöpfung als Ebenbild Gottes zukommt. Hirtensorge ist das aufrichtige Interesse am Menschen, an seinem Lebensweg und seiner Lebensgeschichte – ohne Hintergedanken und ohne Nebenabsichten.

Das Wort für „sich kümmern“ (*biqqer*) meint behutsame, sorgfältige Aufmerksamkeit für die Herde, dass kein Tier außen vor bleibt und keines verloren geht. In der sog. Damaskusschrift (CD), die man auch in den Felshöhlen bei Qumran am Toten Meer gefunden hat, wird der Hirte der Gemeinde mit den Worten charakterisiert: „Er soll Erbarmen mit ihnen haben, wie ein Vater mit seinen Kindern, und er soll sie in all ihrer Ermattung tragen wie ein Hirte seine Herde. Er soll alle Fesseln, die sie binden, lösen, damit kein Bedrücker und kein Gebrochener mehr in seiner Gemeinde sei“ (Dupont-Sommer) – kein Bedrücker und kein Gebrochener!

In diesem Motiv des guten Hirten sammelt sich die Sehnsucht der Menschen nach einem Leben in Würde, Frieden und Gerechtigkeit. Sie wollen, dass die Verantwortlichen in der Gesellschaft, in Politik und Wirtschaft, aber auch die religiösen Führer ihre Knie beugen vor allem verwundeten und geschundenen, vor allem prekären und gefährdeten Leben. Das würde die Welt verändern. Aber Bedrücker und Gebrochene gibt es auch im familiären Bereich und in dem, was davon übriggeblieben ist. Die Botschaft von dem neugeborenen „König der Juden“ gilt allen und ist für alle eine Herausforderung. Gott will dem Menschen in der Schwachheit, Armut und Anmut eines Kindes begegnen.

Die Erzählung von der Suche nach dem „König der Juden“ zeigt, wie die Menschen damals auf die Zumutung reagiert haben, dass Gott den Menschen in einem neugeborenen Kind nahe gekommen ist:

2. Von *Herodes* heißt es, dass ihn die Frage der Sterndeuter völlig aus der Fassung bringt. Er ist bestürzt und erschrocken „und ganz Jerusalem mit ihm.“ Damit ist wohl die religiöse Elite des Volkes gemeint: Die Hohenpriester und Schriftgelehrten, die mit dem verhassten König kollaborieren, um den Status quo zu erhalten. Herodes wittert in der Geburt des neuen Königs eine Gefährdung seiner Machtposition. Als Realpolitiker sucht er herauszufinden, wo das Kind sich aufhält und lässt deshalb die Hohenpriester und Schriftgelehrten als Expertengruppe zusammenrufen, um von ihnen den Geburtsort des Messiaskönigs zu erfahren. Die Antwort lässt nicht lange auf sich warten. Sie entspricht allen Erwartungen des messianischen Hoffnung Israels: *Das Kind ist in Bethlehem geboren und ist aus dem Geschlecht Davids.* Herodes gibt sich interessiert, täuscht die Sterndeuter, um – wie sich später zeigt – das Kind unschädlich zu machen.

Herodes wird als ein Mensch charakterisiert, dessen Inneres in den ständigen Auseinandersetzungen um Macht und Einfluss sich mit der Zeit so verhärtet und versiegelt hat, dass jede mögliche Alternative zu seiner bisherigen Lebenseinstellung keine Chance hat. Skrupellos bleibt er seinem Machttrieb ausgeliefert. So verfehlt er sich selbst und wird zur tödlichen Gefahr für andere.

3. Die *Hohenpriester und Schriftgelehrten* folgen der Aufforderung des Herodes und finden in der Schriftrolle des Propheten Micha die Antwort auf die Frage des Königs, aber auch die Antwort auf die Sehnsucht Israels und der Völkerwelt, die ihnen in der Suchbewegung der Sterndeuter aus dem fernen Osten entgegenkommt. Es wird immer rätselhaft bleiben, wie es möglich ist, dass Menschen die ganze Wahrheit ihres Lebens und ihrer Sehnsucht entdecken und dennoch nicht ihrer Einsicht folgen. Sie gehen nicht nach Bethlehem. Sie bleiben in Jerusalem und so bleibt für sie alles beim Alten. Sie leben in der richtigen Tradition und haben die richtige Lehre. Alles ist geregelt und ritualisiert, aber wie erstarrt. Wenn Traditionen und Strukturen, wenn Riten und Gebräuche aufgehört haben, Ausdruck der Sehnsucht nach dem lebendigen Gott zu sein, dann gibt es für einen Gott der Überraschungen keinen Platz mehr. So folgen die Hohenpriester eher der Aufforderung eines Despoten als der Botschaft des Propheten Micha. Es sieht so aus, als würden sie nicht mehr davon berührt oder als hätten sie Angst, das eine so bestürzende und umwerfende Nachricht ihr Leben verändert. Wer die Veränderung nicht will, der will auch nicht das Leben.

4. Die *Sterndeuter* aus dem fernen Land des Orients waren eines Tages gemeinsam aufgebrochen, um der Vision eines Sterns zu folgen. Lange Zeit hatten sie bei Nacht den Himmel beobachtet, bis sie einen Stern aufgehen sahen, der in ihnen die Sehnsucht nach „mehr", nach Größerem aufleben ließ. Diese unbekannten Weisen stehen für Menschen, die sich in ihrem „Land", in ihrem Leben noch nicht fest eingerichtet haben. Der Traum ihres Lebens ist noch nicht ausgeträumt. Sie spüren, dass noch etwas auf sie wartet, das ihrem Leben erst einen umfassenden Sinn und Erfüllung verheißt. Das Leuchten des neuen Sterns zeigt ihnen die Richtung, in die sie aufbrechen müssen, um das noch Ausstehende, das noch nicht Gelebte an sich geschehen zu lassen. Das noch nicht Erfahrene werden sie entdecken in dem, was ihnen fern ist – geografisch, kulturell und religiös.

Die Erzählung erinnert an die Geschichte mit dem Seher Bileam, der auch vom Osten, von Petor am Euphrat kam und einen Stern aus Jakob aufgehen sah:

„Spruch Bileams, des Sohnes Beors,
Spruch des Mannes mit geschlossenem Auge,
der die Gedanken des Höchsten kennt,
der eine Vision des Allmächtigen sieht,
der daliegt mit entschleierten Augen:
Ich sehe ihn, aber nicht jetzt,
ich erblicke ihn, aber nicht in der Nähe:
Ein Stern geht in Jakob auf, ein Zepter erhebt sich in Israel"
(Num 24,15-17).

Als die Weisen nach Jerusalem kommen, haben sie den Stern aus den Augen verloren. Auf einmal sind sie orientierungslos geworden, vielleicht weil sie das Großartige ihrer Vision verwechselt haben mit der Größe „Jerusalems". Wer wird schon in „Bethlehem", so klein unter den Städten Judas (Micha 5,1) das Ziel einer so langen Reise vermuten? Wer ahnt schon, dass der Traum seines Herzens sich erfüllen wird abseits von dem, was in den Augen der Menschen groß ist.

So fragen die Sterndeuter nach dem Ziel all ihrer Mühen und Strapazen: „Wo ist der neugeborene König der Juden? Wir haben seinen Stern aufgehen sehen und sind gekommen, ihm zu huldigen (*proskynein*)". Dreimal steht das Wort „huldigen" in diesem Abschnitt (V. 2, 8 und 11). Es sieht so aus, als habe Matthäus am Anfang seines Evangeliums damit andeuten wollen, dass alles menschliche Sehnen und Suchen in der Anbetung des Menschgewordenen zum Ziel kommt und seine Vollendung findet.

Auffällig ist in diesem Zusammenhang auch die Bezeichnung „König der Juden", dieselbe, die das Todesurteil über dem Gekreuzigten festschreibt (Mt 27,37). Der Schatten des gewaltsamen Endes liegt schon über dem kaum begonnenen Leben.

Als die Weisen durch Gottes Wort aus dem Propheten Micha sich wieder auf den Weg machen und in Richtung Bethlehem gehen, beginnt der Stern von Neuem aufzuleuchten. Wer es einmal an sich erfahren hat, wie nach Zeiten der Ungewissheit und Ratlosigkeit sich plötzlich im eigenen Herzen die Gewissheit wieder einstellt, mit seinem Leben auf der richtigen Spur zu sein, wird den Jubel verstehen, der die Weisen beim Anblick ihres Sterns erfasst: „Sie freuten sich mit überaus großer Freude".

Der Stern zieht vor ihnen her bis zu dem Ort, wo das Kind ist. Dort fallen sie vor ihm nieder und beten an. Am Ziel ihres langen Glaubensweges werden sie fähig, sich zu verschenken in den kostbaren Gaben, die sie mitgebracht haben. Anbetung und Hingabe gehören zusammen.

Die handelnden Personen, Herodes, die Hohenpriester und Schriftgelehrten sowie die Sterndeuter, reagieren sehr unterschiedlich auf die bestürzende Erkenntnis, dass an einem konkreten Ort in einem neugeborenen Kind Gott den Menschen auf unwiderrufliche Weise nahe gekommen ist. Wie reagiere ich auf diese Zumutung?

Die Gefährdung des Jesuskindes, seine Flucht nach Ägypten und die Rückkehr nach Nazareth: Mt 2,13-23

2[13] Als die Sterndeuter aber entwichen (anachoréo) waren, siehe: da erschien
ein Engel des Herrn dem Josef im Traum und sagte: Steh auf, nimm das Kind
und seine Mutter und flieh nach Ägypten; dort bleibe, bis ich es dir sage; denn
Herodes wird das Kind suchen, um es zu vernichten (apóllymi). [14] Das stand
Josef auf und floh mit dem Kind und seiner Mutter in der Nacht nach Ägypten.
[15] Dort blieb er bis zum Tod des Herodes. Denn es sollte sich erfüllen, was vom
Herrn durch den Propheten gesagt wurde: Aus Ägypten habe ich meinen Sohn
gerufen.

[16] Als Herodes merkte, dass ihn die Sterndeuter getäuscht hatten, wurde
er sehr zornig und er schickte aus und ließ in Bethlehem und in der ganzen
Umgebung alle Knaben bis zum Alter von zwei Jahren töten, genau der Zeit
entsprechend, die er von den Sterndeutern erfahren hatte. [17] Damals erfüllte
sich, was durch den Propheten Jeremia gesagt worden ist: [18] Ein Geschrei war
in Rama zu hören, viel Weinen und Wehklagen. Rachel weinte um ihre Kinder
und wollte sich nicht trösten lassen, denn sie waren nicht mehr.

[19] Als aber Herodes gestorben war, siehe: da erschien dem Josef in Ägypten
ein Engel des Herrn im Traum [20] und sagte: Steh auf, nimm das Kind und seine
Mutter und zieh in das Land Israel; denn alle, die dem Kind nach dem Leben
getrachtet haben, sind tot. [21] Da stand er auf und zog mit dem Kind und seiner
Mutter in das Land Israel. [22] Als er aber hörte, dass Archelaus in Judäa anstelle
seines Vaters Herodes regierte, fürchtete er sich, dorthin zu gehen. Und weil er
im Traum die Weisung erhalten hatte, zog er in das Gebiet von Galiläa [23] und
ließ sich in einer Stadt mit Namen Nazareth nieder. Denn es sollte sich erfüllen,
was durch die Propheten gesagt worden ist: Er wird Nazoräer genannt werden.

Hinführung: Der erste Abschnitt (Mt 2,13-15) und der dritte Abschnitt (Mt 2,19-23) sind parallel konstruiert. In beiden Abschnitten sind die Weisung des Engels im Traum und seine Ausführung durch Josef fast gleich formuliert. Sie rahmen und kontrastieren die Bosheit des Judenkönigs Herodes. Im Hintergrund steht die Geschichte des Mose, der vor dem Pharao, der ihm nach dem Leben trachtete, fliehen musste (Ex 2,15). So wie Gott einst Mose gerettet hat, bevor er ihm den Auftrag gab, sein Volk aus der Knechtschaft Ägyptens in die Freiheit des Gelobten Landes zu führen (Ex 3,1-12), so rettet er hier seinen Sohn, bevor er sein Volk aus der Knechtschaft der Sünde befreit (Mt 1,21).

1. Mt 2,13-15: Als die Sterndeuter wieder auf der Heimreise sind, beginnt durch göttliche Intervention die Flucht der jungen Familie nach Ägypten. Der Text ist wiederum nicht darauf angelegt, uns historische Fakten zu berichten. Er will uns vielmehr eine theologische Perspektive eröffnen, wie Heilsgeschichte trotz existenzieller Bedrohung möglich wird, und das auch in unserem eigenen Leben.

Am Ende des ersten Abschnitts steht ein Zitat aus dem AT, das uns als Schlüssel für die Deutung der Erzählung gegeben ist: „Aus Ägypten habe ich meinen Sohn gerufen." (Hos 11,1). Bei Hosea bezieht sich „mein Sohn" kollektiv auf Israel. Indem Mt das Wort auf Jesus überträgt, stellt er die Jesusgeschichte wieder in den Horizont der Geschichte JHWHs mit Israel (wie in Mt 1,1-17) und ruft den Exodus in Erinnerung. Jesus geht erneut den Weg, den Israel einmal gegangen ist. In seinem Leben wiederholen und vollenden sich die Grunderfahrungen und das Schicksal des Mose auf dem Weg, den er mit Israel in die Freiheit gegangen ist. Die vielen Stationen von tödlicher Bedrohung, von Anfechtung und Vergeblichkeit, von Mühsal und Enttäuschung eines oft endlos scheinenden Weges zu den Herzen der Menschen, werden Jesus nicht erspart bleiben. In seinem unter Gottes Führung stehenden Weg wiederholt sich gewissermaßen auch die Grunderfahrung Israels, dass JHWH ein verlässlicher, aber unverfügbarer Partner ist.

2. Mt 2,16-18: Es gibt immer wieder bis in unsere Zeit diese Pharaonen und Machtmenschen wie Herodes, die das Leben anderer zur Fron machen und neues Leben zerstören aus Angst um den eigenen Machtverlust. Es gab und gibt diese Macht der Tyrannei (politisch, gesellschaftlich, wirtschaftlich, auch religiös), in der die Hoffnung der Menschen, ihre Freiheit und Würde, ihre materielle Unabhängigkeit keinen Kurswert haben.

Für den Kindermord in Bethlehem gibt es keinen von Mt unabhängigen Beleg. Er ist vermutlich eine Fiktion, die an die auch historisch belegte Grausamkeit und Skrupellosigkeit des Herodes anknüpfte. Um seine Macht und seinen Einfluss zu sichern, ging er rigoros gegen potenziell mögliche Konkurrenten vor, wobei er selbst seine eigenen Söhne Alexander und Aristobul nicht verschonte. Auch seine Frau Mariamne und deren Mutter Alexandra, sowie drei Hohepriester ließ er aus dem Weg schaffen. Der Kindermord ist also durchaus etwas, das man König Herodes zugetraut hätte. Jedenfalls zeigt diese kurze Erzählung die Größe der Gefahr, aus der das Jesuskind entkommen ist.

Das Jeremia-Zitat (Jer 31,15) von der Mutter Rachel, der Lieblingsfrau des Erzvaters Jakob, die um ihre Kinder weint, bezieht sich ursprünglich auf das

Exil. Rama ist der Ort, wo nach Jer 40,1 die Verbannten aus Jerusalem und Judäa für die Deportation ins Babylonische Exil zusammengetrieben wurden. Nach Gen 35,19 und 48,7 liegt das Grab Rachels in der Nähe von Bethlehem. Vermutlich hat Mt aus diesem Grund Rachel erwähnt. Sie weint, weil Jesus ins Exil geht und als Folge davon so viele Kinder sterben müssen. Die Frage, warum unschuldige Kinder unter der brutalen Herrschaft des Herodes ihr Leben lassen müssen, während Gott das Leben des Jesuskindes rettet, – diese Frage liegt offenbar außerhalb der erzählerischen Intention des Evangelisten. Vielmehr scheint er hier die gewalttätige Ablehnung Jesu durch die jüdischen Autoritäten in der Passion andeuten zu wollen.

3. Mt 2,19–23: Und dennoch geschieht Heil: Israel erreicht das Gelobte Land und Jesus vollendet seinen Weg in die Freiheit, mit der er alle anstecken wollte: Für Mose gab es keinen Kompromiss zwischen JHWH und dem Pharao, für Jesus keinen Kompromiss zwischen Gottesfurcht und Menschenfurcht. So gibt es neben der Welt der Tyrannei und des Machtmissbrauchs mit ihren vielen Schattierungen und Grauzonen noch eine andere Welt, die oft nicht im Blick ist und an die zu glauben oft nicht leicht fällt. Darauf machen uns die beiden parallel formulierten Abschnitte (Mt 2,13-15 und Mt 2,19-23) aufmerksam, die zur Bosheit des Herodes einen starken Kontrast bilden: Gäbe es Menschen wie Josef nicht, die aus einer tiefgläubigen und achtsam gehorsamen Beziehung zu Gott leben, die seine Impulse und Zeichen auf ihrem Lebensweg erkennen und ihnen folgen, – gäbe es diese Menschen nicht, hätte das Heil in dieser Welt kaum eine Chance.

Nach dem Tod des Herodes erhält Josef wieder im Traum die Weisung, in das Land Israel zurückzukehren – so wie Mose nach dem Tod des Pharao auf Befehl JHWHs zu seinen Brüdern nach Ägypten zurückkehrt mit der etwa gleichlautenden Begründung: „denn alle, die dir nach dem Leben getrachtet haben, sind tot" (Ex 4,19). Der Sohn Davids und Abrahams (Mt 1,1) geht zurück in das Land zu dem Volk, dem seine zukünftige Sendung gilt. Da aber der Herodessohn Archelaos, der nach dem Tod seines Vaters (4 v. Chr.) die Herrschaft über Judäa, Samaria und Idumäa angetreten hatte, einen schlechteren Ruf als seine Brüder Herodes Antipas und Philippus hatte, fürchtete Josef sich, mit der Familie nach Bethlehem zu ziehen. Auch diesmal erfährt Josef, dass Gott auf seinen Wegen „mit ihm" ist, sodass er nach Galiläa in eine „Stadt" mit Namen Nazareth „entweicht", ein Wort, das Mt noch öfter verwendet, wenn Jesus sich gezwungen sieht, seinen Gegnern aus dem Weg zu gehen (Mt 12,15; 14,13; 15,21).

Das letzte Erfüllungszitat in Mt 2,23 „Er wird Nazoräer genannt werden", lässt sich in den Schriften des AT nicht verifizieren. Mt wiederholt die Bezeichnung „Nazoräer" für Jesus noch einmal in der Passionsgeschichte (Mt

26,71) und stellt damit zum wiederholten Mal eine Verbindung zur Passion Jesu her.

Das Wort „Nazoräer" ist im syrischen Raum, wo die mt Gemeinde wahrscheinlich zu lokalisieren ist, eine Bezeichnung für Christen. Das könnte ein Hinweis darauf sein, dass Jesus, indem er nach Nazareth kommt, ins „Galiläa der Heiden" (Mt 4,15), zum Nazoräer wird, auf den sich die christliche Gemeinde aus Juden und Heiden beruft.

Exkurs: Die Kindheitsgeschichten bei Matthäus und Lukas

Warum erzählen das Matthäus- und das Lukas-Evangelium von der Kindheit Jesu? Was hat die beiden Evangelisten veranlasst, eine Geschichte von Jesu Empfängnis, Geburt und Kindheit an den Anfang ihres Werkes zu stellen?

Keiner der beiden Evangelisten hat einfach ein Leben Jesu komponiert. Wenn seine Kindheit Bestandteil ihres Evangeliums werden sollte, dann musste sie eine *religiöse Botschaft* haben. Und genau das ist der Schlüssel zum Verständnis der Kindheitserzählungen.

Matthäus und Lukas erzählen Geschichten, die für den Glauben bedeutsam sind. Sie wählen eine literarische Form, die Haggada, die besonders im damaligen Judentum beheimatet war. Eine Haggada erzählt durchaus geschichtliche Ereignisse, aber der Erzähler ist an ihrer Geschichtlichkeit nur insoweit interessiert, als er damit etwas zum Ausdruck bringen kann, was für den Glauben von Belang ist, was ihn trägt und weiterführt. Die Geburt Jesu ist z.B. ein geschichtliches Ereignis. *Matthäus* wollte u.a. damit zeigen, in welche Welt Jesus, der „Sohn Davids" und der „Sohn Abrahams" hineingeboren wurde, welche Reaktion dieses Ereignis im machtpolitischen Geflecht und bei der religiösen Elite, vor allem aber bei unbekannten heidnischen Weisen aus dem Osten auslöste. *Lukas* wollte mit der Geburt Jesu nicht nur zeigen, dass das, was in Bethlehem geschah, im Zusammenhang mit Kaiser, Statthalter und Volkszählung ein Ereignis von weltgeschichtlicher Bedeutung ist, sondern auch, ähnlich wie Matthäus, aber anders, in was für eine Welt der Erlöser hineingeboren wurde. Rom und Bethlehem stehen für ganz verschiedene Programme von Macht und Gesellschaft. Für das Verständnis der ersten beiden Kapitel bei Matthäus und Lukas, sowie für ihr ganzes Evangelium ist es wichtig, sich mit dieser Art des Denkens, Redens und Schreibens vertraut zu machen.

Beide Evangelisten haben sehr unterschiedliche Geschichten von der Kindheit Jesu überliefert, Geschichten, die nur in wenigen Details übereinstimmen und in anderen Einzelheiten einander nahezu widersprechen. Aber es gibt eine auffallende Übereinstimmung in der *religiösen Botschaft*.

Wir müssen uns auch damit abfinden, dass wir nicht genau wissen, wie historisch die Kindheitserzählungen sind oder woher sie Matthäus und Lukas bezogen haben. Wenn wir uns zu sehr mit der Frage nach den historischen Details und den Informationsquellen beschäftigen, laufen wir Gefahr, den inspirierten Sinn des biblischen Textes, die *religiöse Botschaft* zu verfehlen, in der beide Evangelisten übereinstimmen. Diese Botschaft hat drei Schwerpunkte.

1. Jesus ist Sohn Davids und Sohn Gottes

- Beide Evangelisten sagen, Jesu Herkunft nehme genealogisch ihren Weg über Josef, der aus dem Hause Davids war. Nach dem jüdischen Gesetz wurde Josef durch seine Anerkennung Jesu zum gesetzlichen Vater des Kindes, ein Status, der nicht von der physischen Vaterschaft abhing. Damit war Jesus wirklich ein *Sohn Davids*, d.h. er ist ganz *Mensch.*
- Beide Evangelisten stimmen ferner darin überein, dass Maria Jesus nicht aufgrund sexueller Beziehungen mit Josef empfangen habe, sondern durch die Schöpferkraft des Heiligen Geistes. Somit war Jesus wirklich *Sohn Gottes*, d.h. er stammt von Gott.
- Bei beiden Evangelisten wird die Identität Jesu durch einen Engel, durch einen Gottesboten verkündet, d.h. das Wissen um die Identität Jesu *verdankt sich göttlicher Offenbarung* und nicht menschlicher Schlussfolgerung.
- Beide Evangelisten machen deutlich, dass die Identität Jesu *bald anderen mitgeteilt* wurde, dass sie kein Privatbesitz ist, sondern dass Gott will, dass andere sie erfahren und freudig aufnehmen, auch wenn diese anderen nicht die sind, die wir vielleicht erwartet haben.
- Beide Evangelisten berichten übereinstimmend, dass *nicht alle das Evangelium annehmen*, dass dieses Kind verfolgt und ein Zeichen des Widerspruchs sein wird. Mit anderen Worten: Auf das Kind fällt schon sehr früh *der Schatten des Kreuzes.* Das Evangelium ist eine Größe, die zur Entscheidung herausfordert. So enthält es neben der Freude auch ein Element der Trauer darüber, dass nicht alle glauben wollen.

So sind die Kindheitserzählungen *ein Evangelium im Kleinen*: Sie enthalten die grundlegende Offenbarung von der Identität Jesu und schildern, wie diese Identität unverzüglich anderen mitgeteilt wurde und wie sie bei den einen freudige Aufnahme und bei den anderen Ablehnung gefunden hat.

2. Als Sohn Davids ist Jesus der Erbe und die Verkörperung der Geschichte Israels

Matthäus hat – ähnlich wie Lukas – die Kindheitserzählungen als Überleitung von den Hl. Schriften, die später „Altes Testament" genannt wurden, zur Geschichte vom öffentlichen Wirken Jesu konzipiert.

Matthäus wählt – ähnlich wie Lukas – eine Darstellung, in der zugleich die Geschichte Israels und der Kindheit Jesu erzählt wird: Ohne eine solche Vorgeschichte hätte Jesus nicht richtig verstanden und gewürdigt werden können.

- Bei *Lukas* werden Zacharias und Elisabeth, die Eltern Johannes' des Täufers, ähnlich gezeichnet wie Abraham und Sara im Buch Genesis, dem ersten Buch der Tora.
- Der Bote der Offenbarung ist Gabriel, der Engel der Endzeit, der im Buch Daniel, dem letzten Buch der hebräischen Bibel, auftritt. So bringt der Evangelist die Bedeutung des Alten Testaments zur Geltung.
- Die Verheißungen der Geburt des Täufers und Jesu sind ein Echo auf alttestamentliche Geburtsverheißungen, z.B. an Hagar (Gen 16,7-12) und Abraham (Gen 17,15-19).
- Die Hymnen oder Cantica (Magnificat, Benedictus, Gloria, Der Lobpreis des greisen Simeon) sind ein Mosaik aus Erinnerungen an das Alte Testament. Fast jede Zeile hat ihre Parallele in einem Vers aus den Propheten oder den Psalmen.
- Wenn Maria Jesus in den Tempel bringt, um ihn dort dem Herrn zu weihen, dann ist dies das Echo auf das, was 1 Sam 1,24-28 erzählt, als Hanna ihren Sohn Samuel zum Haus des Herrn in Schilo brachte.
- In der Geschichte der Kindheit Jesu von seiner Beschneidung bis zu seinem Aufwachsen in Nazareth wiederholt sich wie ein Refrain die Versicherung, dass alles nach dem Gesetz des Herrn geschah, d.h. dass Jesus in einem gläubigen Milieu aufgewachsen ist.
- Für Lukas stellen die beiden Kapitel über die Kindheit Jesu die Brücke zwischen den jüdischen Schriften („Altes Testamen") und dem Evangelium Jesu dar – eine Brücke, auf der alttestamentliche Gestalten, wie Zacharias und Elisabeth, Simeon und Hanna, und Gestalten aus dem Evangelium, wie der Täufer, Maria und Jesus einander begegnen können.
- Bei *Matthäus* ist Jesus als *Sohn Davids* der Erbe und die Verkörperung der gesamten Geschichte Israels, die wie ein altes, übermaltes Gemälde im neuen Bild so anspielungsreich durchscheint und präsent ist. Die Abstammungslinie des Messias umfasst Sünder und Heilige, Gerissene und tief Fromme, unbekannte und bedeutende Namen, Männer und Frauen. Sie alle waren für den Fortgang der Genealogie Jesu bedeutsam. Wenn

das schon beim Stammbaum Jesu so war, ist damit zu rechnen, dass Gott sich noch immer der gleichen Mischung von Leuten bedient. Jesus berief Simon Petrus in seine Nachfolge, der ihn verleugnete, und Judas, der ihn für dreißig Silberlinge verriet.

Als *Sohn Gottes* verkörpert Jesus die Gnade, die alle Erwartungen übertrifft. Das wird besonders in seiner Hinwendung zu den „Niedrigen" und zu den Heiden deutlich.

3. Die Offenbarung Jesu als Sohn Gottes wird mit dem Augenblick seiner Empfängnis verknüpft

Das früheste Stadium der Evangelienbildung stand ganz im Zeichen von Tod und Auferstehung Jesu. So war denn auch die Leidensgeschichte mit der *Auferstehung* als Offenbarung von Jesus als Sohn Gottes der älteste Bestandteil der Evangelientradition.

Als die Aufmerksamkeit sich mehr auf die öffentliche Wirksamkeit Jesu mit seiner galiläischen Gottesreichverkündigung richtete, wurde deutlich, dass die ursprüngliche Sicht, die Offenbarung als Sohn Gottes mit der Auferstehung zu verbinden, der Kontinuität zwischen dem irdischen Jesus und dem auferstandenen Herrn nicht mehr gerecht wurde. So verschob sich für das älteste Evangelium die Offenbarung als Sohn Gottes von der Auferstehung zur *Taufe*, bei der Jesus durch göttliche Offenbarung als Sohn Gottes bezeichnet wird.

Die Entwicklung im Verständnis dieser Glaubenswirklichkeit, die immer schon gegeben war, wird durch die beiden Kindheitserzählungen von Matthäus und Lukas fortgesetzt. Sie stellen klar, dass Jesus vom Augenblick seiner Empfängnis an durch das Wirken des Heiligen Geistes Sohn Gottes war.

Die Gottessohnschaft, die zunächst mit der Auferstehung und dann mit der Taufe verknüpft wurde, wird in den Kindheitserzählungen durch einen „Engel des Herrn" mit der Empfängnis im Schoß der Jungfrau Maria festgeschrieben. Der „Engel des Herrn" ist das klassische alttestamentliche Bild für den (sich) offenbarenden Gott.

Das Auftreten des Täufers: Mt 3,1-12

3 1 In jenen Tagen trat Johannes der Täufer auf und verkündete in der Wüste
von Judäa: 2 Kehrt um! Denn nahe herbeigekommen ist das Himmelreich. 3
Dieser war es, von dem durch den Propheten Jesaja gesagt wurde:

Stimme eines Rufers in der Wüste:
Bereitet den Weg des Herrn!
Macht gerade seine Pfade!

[4] Johannes trug ein Gewand aus Kamelhaaren und einen ledernen Gürtel
um seine Hüften; Seine Nahrung waren Heuschrecken und wilder Honig. [5] Da
zogen zu ihm heraus Jerusalem und ganz Judäa und die ganze Umgebung des
Jordan; [6] sie ließen sich im Jordan von ihm taufen, wobei sie ihre Sünden
bekannten.

[7] Als aber Johannes sah, dass viele Pharisäer und Sadduzäer zur Taufe
kamen, sagte er zu ihnen: Schlangenbrut, wer hat euch gelehrt, dass ihr dem
kommenden Zorngericht entrinnen könnt? [8] Bringt also Frucht hervor, die der
Umkehr entspricht, [9] und meint nicht, ihr könntet bei euch sagen: Wir haben
Abraham zum Vater. Denn ich sage euch: Gott kann aus diesen Steinen dem
Abraham Kinder erwecken. [10] Schon ist die Axt an die Wurzel der Bäume gelegt; jeder Baum, der keine gute Frucht hervorbringt, wird abgehauen und ins
Feuer geworfen. [11] Ich taufe euch mit Wasser zur Umkehr. Der aber, der nach
mir kommt, ist stärker als ich, und ich bin es nicht wert, ihm die Sandalen
aufzuheben und nachzutragen. Er wird euch mit dem Heiligen Geist und mit
Feuer taufen. [12] Er hält die Worfschaufel in der Hand; und er wird seine Tenne
reinigen und den Weizen in seine Scheune sammeln; die Spreu aber wird er in
nie erlöschendem Feuer verbrennen.

Zusammenhang: Mit Mt 3,1 nimmt Mt den Markusfaden auf, gestaltet ihn aber eigenständig. Die Zeitangabe „in jenen Tagen“ kann als Hinweis verstanden werden, das der Evangelist die Kindheitsgeschichten mit dem etwa 30 Jahre späteren Auftreten des Täufers in Zusammenhang bringt und sie noch zur Vorgeschichte des öffentlichen Wirkens Jesu rechnet.

1. Mt 3,1-6: Johannes der Täufer beginnt sein Wirken in der Wüste Juda. Mit ihm wandelt sich die Wüste von Neuem in einen Ort des Lebens: Nahegekommen ist das Himmelreich! Kehrt um! Dieser Ruf löst eine elementare Sehnsucht in den Herzen der Menschen aus, die stärker ist als alles, was sie bisher bewegt und erfüllt hat. Ein Verlangen erwacht, den Kairós, die Chance von Lebenssinn und -erfüllung nicht zu verpassen. Wie ein Erdrutsch gerät alles in Bewegung. Scharen von Menschen aus Jerusalem, aus ganz Judäa und der Gegend am Jordan ziehen zu Johannes hinaus, um sich von ihm taufen zu lassen. In der reinigenden Kraft der Wüste finden sie zurück zu den Wurzeln ihres Glaubens und den Quellen ihres Lebens und bekennen ihre Sünden. Sie finden die Kraft zu einem neuen Anfang mit Gott: „Bereitet den Weg des Herrn, macht gerade seine Wege!“ Mt identifiziert den Täufer als den von Deuterojesaja angekündigten Rufer in der Wüste, der die Menschen auf das Kommen des Herrn vorbereitet (vgl. Jes 40,3f.). Er will sie aus dem Elend ihrer Gottesfinsternis herausholen. Das Auffüllen der Täler und das Abtragen der Berge und Hügel sind ebenso wie das Einebnen des Bodens und das Begradigen von unwegsamen Gelände Metaphern für einen geläuterten Lebenswandel vor Gott. „Kehrt um!" Die Menschen sollen diesen Wandel selbst in Angriff nehmen und alle Hindernisse beseitigen, die der Ankunft des Herrn in den Herzen der Menschen im Wege stehen.

Der Weg über den Jordan zurück in die Wüste zu Johannes erinnert daran, dass Israel einst aus der Wüste gekommen ist – nach einem 40-jährigen Läuterungsprozess, in dem es lernte, achtsam auf die Stimme JHWHs zu hören, in seine Sichtweise sich einzuüben und nach seinen Weisungen zu leben. Doch das Wirken des Täufers hat noch eine tiefere Bedeutung: Alle, die seit dem Auszug aus Ägypten in der Wüste geboren wurden, hatte man nicht beschnitten. Bevor nun die neue Generation das Gelobte Land in Besitz nehmen konnte, musste sie sich beschneiden lassen. Damit stellten sie sich in die Bundesverheißung, die einst Abraham (und Sara) zuteilwurde (Gen 17). Der Bund, den JHWH mit Abraham (und Sara) geschlossen hat, ist das unzerstörbare und unüberbietbare Fundament jeder freisetzenden Gottesbeziehung. Es beruht nicht auf Gegenseitigkeit und ist an keine Bedingungen geknüpft. So ist das Rufen des Täufers in der Wüste noch einmal ein Signal, dass die herbeiströmenden Menschen sich an diesen Bund, an JHWHs unerschütterliche Treue erinnern und dadurch ihre Herzen zu Gott bekehren. „Beschneidet Euch für den Herrn und entfernt die Vorhaut eures Herzens" (Jer 4,4).

Bis in seine äußere Erscheinung und Lebensweise ist zu spüren, dass Johannes – wie Elija – ein von JHWH Ergriffener ist. In seiner Anspruchslosigkeit ist er selbst ein Bild der Umkehr. Möglicherweise wird in seiner Gestalt auch die altisraelitische Erfahrung lebendig, nach der Kultur- und Weltverflochtenheit die Sensibilität für JHWHs Gegenwart und Wirken verkümmern oder gar verdunsten lässt. Vor lauter Aufmerksamkeit für die Sorgen und Anstrengungen des Alltäglichen geht das Gespür dafür verloren, wer wir sind und was in uns zum Leben kommen will.

Seiner asketischen Lebensweise entsprechend trug er ein Gewand aus Kamelhaaren und einen Ledergürtel um seine Hüften. Dieser Gürtel ist eine Anspielung auf die Kleidung des Elija (2 Kön 1,8), mit dem Mt den Täufer identifiziert (Mt 11,14 und 17,12). Das Wirken Elijas wird nach biblischer Tradition in der Nähe des Jordan bei Jericho lokalisiert (2 Kön 2,11), also dort, wo Johannes mit seinem Umkehrruf eine Massenbewegung ausgelöst hat. Hinter dem knapp berichteten Taufgeschehen verbirgt sich eine überwältigende innere Dramaturgie. Die Menschen, die sich von ihm im Jordan taufen lassen, sind bis ins Innerste von der Unordnung ihres Lebens erschüttert, und sie haben die Kraft, sich zu dem zu bekennen, was ihrem Wesen und ihrer JHWH-Beziehung zuwiderläuft.

2. Mt 3,7-12: Als aber Johannes bemerkt, dass auch viele zur Taufe kommen, die sich in ihrer religiös-aszetischen Welt und im Machtgefüge der politischen

Verhältnisse eingerichtet haben, geht er zur Konfrontation über und charakterisiert die innere Einstellung der etablierten Elite, die später Jesus immer wieder provozieren will (Mt 16,1; 19,3; 22,23; 22,34) und ihm nach dem Leben trachtet. Als Abrahamskinder sind sich die Pharisäer und Sadduzäer ihres Heils ganz sicher. Diese Heilsgewissheit stellt Johannes radikal in Frage, solange sie nicht Früchte bringen, die einer wirklichen Umkehr des Herzens entsprechen. Frucht bringen ist eines der Schlüsselworte der mt Theologie (Mt 7,16-20). Ohne substanzielle Umkehr bleibt die Gewissheit, die sie an ihre Zugehörigkeit zu Abraham knüpfen, eine Illusion und hat schlimme Folgen für sie.

Johannes stellt klar, dass seine Taufe allein ein Zeichen für vollzogene Umkehr ist. Er weiß sich als Vorläufer eines Stärkeren. Der endgültige Aufbruch aus der Gefangenschaft der Sünde (Mt 1,21) verlangt jedoch einen Stärkeren. Das Bild von Aufheben und Nachtragen der Sandalen veranschaulicht den gewaltigen Unterschied zu dem, der nach ihm kommt. Dieser ist allein fähig und bevollmächtigt, mit Heiligem Geist zu taufen. Zugleich aber weist sein Kommen auf die eschatologische Richterfunktion (Mt 25,31-46) hin, die er am Ende der Zeiten ausüben wird. Das Bild von der Worfschaufel in seiner Hand, vom Säubern der Tenne, vom Sammeln seines Weizens in die Scheune und vom Verbrennen der Spreu in unauslöschlichem Feuer veranschaulicht und unterstreicht noch einmal die Dringlichkeit des Rufers in der Wüste: „Kehrt um!" Der Anfang der Heilsbotschaft ist dort, wo die Sehnsucht nach Gott in unseren Herzen neu geweckt wird: „Nahe herbeigekommen ist das Himmelreich!"

Die Taufe und Versuchung Jesu und seine Rückkehr nach Galiläa: Mt 3,13-4,16

**3 13 Zu dieser Zeit kam Jesus von Galiläa an den Jordan zu Johannes, um sich
von ihm taufen zu lassen. 14 Johannes aber suchte ihn daran zu hindern und
sagte zu ihm: Ich müsste von dir getauft werden und du kommst zu mir? 15
Jesus antwortete ihm: Lass es nur zu! Denn so können wir alle Gerechtigkeit
erfüllen. Da ließ Johannes ihn. 16 Als Jesus getauft war, stieg er sogleich aus
dem Wasser herauf. Und siehe: da öffneten sich die Himmel und er sah den
Geist Gottes wie eine Taube herabkommen und auf sich kommen. 17 Und siehe:
eine Stimme aus den Himmeln sagte: Dieser ist mein geliebter Sohn, an dem
ich Wohlgefallen gefunden habe.**

**4 1 Dann wurde Jesus vom Geist in die Wüste geführt; dort sollte er vom
Teufel versucht werden. 2 Nachdem er vierzig Tage und vierzig Nächte gefastet
hatte, hungerte ihn. 3 Da trat der Versucher an ihn heran und sagte: Wenn du
der Sohn Gottes bist, so sage, dass aus diesen Steinen Brot wird. 4 Er aber ant-
wortete: Es steht geschrieben: Nicht vom Brot allein lebt der Mensch, sondern**

von jedem Wort, das aus Gottes Mund kommt. 5 Darauf nahm ihn der Teufel
mit in die Heilige Stadt, stellte ihn auf den höchsten Punkt des Tempels 6 und
sagte zu ihm: Wenn du der Sohn Gottes bist, so stürz dich hinab; denn es steht
geschrieben: Seinen Engeln befiehlt er um deinetwillen, und: Sie werden dich
auf ihren Händen tragen, damit dein Fuß nicht an einen Stein stößt. 7 Jesus
antwortete ihm: Es steht auch geschrieben: Du sollst den Herrn, deinen Gott,
nicht versuchen. 8 Wieder nahm ihn der Teufel mit und führte ihn auf einen
sehr hohen Berg; er zeigte ihm alle Reiche der Welt und ihre Herrlichkeit 9 und
sagte zu ihm: Das alles will ich dir geben, wenn du dich vor mir niederwirfst
und mich anbetest. 10 Da sagte Jesus zu ihm: Weg mit dir, Satan! Denn es steht
auch geschrieben: Den Herrn, deinen Gott, sollst du anbeten und ihm allein
dienen. 11 Da verließ ihn der Teufel und siehe: Engel kamen und dienten ihm.

12 Als Jesus aber hörte, dass Johannes ausgeliefert worden war, entwich er
nach Galiläa. 13 Er verließ Nazaret, um in Kafarnaum zu wohnen, das am Meer
liegt, im Gebiet von Sebulon und Naftali. 14 Denn es sollte sich erfüllen, was
durch den Propheten Jesaja gesagt worden ist (vgl. Jes 8,23-9,1):

15 Das Land Sebulon und das Land Naftali,
die Straße am Meer, das Gebiet jenseits des Jordan,
das Galiläa der Völker:
16 Das Volk, das im Finstern saß,
sah ein großes Licht;
denen, die im Land und Schatten des Todes saßen,
ging ein Licht auf.

Zusammenhang: Die Erzählung von der Taufe Jesu ist die Fortsetzung der vorausgehenden Szene mit dem Auftreten Johannes' des Täufers in der Wüste von Juda und bildet den eigentlichen Höhepunkt des Geschehens in der „Gegend am Jordan“,

1. Mt 3,13-17: Jesus kommt aus Galiläa zu Johannes an den Jordan, um sich als einer der vielen von ihm taufen zu lassen. Auf den Einwand des Täufers antwortet er, dass so „alle Gerechtigkeit *erfüllt* werden kann“. Das erste Wort, das Jesus hier im Evangelium spricht, hat Signalcharakter und weist schon auf Mt 5,17 hin. „Alle Gerechtigkeit *erfüllen*“ heißt: den Willen Gottes in einem umfassenden Sinn ohne Abstriche zu verwirklichen. Jesus fordert also Johannes auf, sich mit ihm ganz unter den Willen JHWHs zu stellen. Nur so kann er „sein Volk von seinen Sünden erlösen“ (Mt 1,21). Jesu Verhalten, seine Taufe im Jordan durch Johannes, ist von grundlegender Bedeutung, exemplarischer Ausdruck seines Gehorsams. Er verhält sich wie jemand, der dem Ruf des Täufers in die Wüste gefolgt ist, um Tora und Propheten zu erfüllen.

Und indem Jesus gehorcht, öffnet sich ihm der Himmel, und er wird in aller Öffentlichkeit von dort als „mein geliebter Sohn, an dem ich Gefallen gefunden habe", proklamiert. Matthäus stellt also den einzigartigen Gehorsam Jesu und die Antwort Gottes ganz bewusst an den Anfang seines Evangeliums. Gottes Zusage gilt allen, die den Weg des Gehorsams in der Nachfolge Jesu gehen. Dieser Gedanke wird in der folgenden Geschichte wiederholt.

2. Mt 4,1-4: Auf die Vision des geöffneten Himmels folgt als weitere Vorbereitung auf sein Wirken ein 40-tägiger Wüstenaufenthalt mit Fasten und am Ende die Versuchung durch den Teufel. Die Erzählung spielt an drei in der Tradition Israels symbolträchtigen Orten: Wüste, Tempel und Berg. Zunächst wird Jesus vom Geist in die *Wüste* geführt. Dort fastet er vierzig Tage und vierzig Nächte wie einst Mose (Ex 34,28; Dtn 9,9.18). Deutlich klingt hier auch Dtn 8,2-6 an: Gott führte Israel in die Wüste, um es zu erproben, ob es seinen Weisungen folgt, und um es zu lehren, dass der Mensch nicht allein vom Brot lebt, sondern auch von Gottes Wort. Am Ende seiner Wüstenzeit verspürt Jesus Hunger, Anlass für die erste Versuchung. Er macht also die gleiche Erfahrung wie Israel damals in der Wüste. In einem Zustand großer Erschöpfung ist es menschlich verständlich, wenn wir nach dem greifen, was uns augenblicklich Erleichterung verschafft, auch wenn wir damit unserem inneren Wesen zuwider handeln (vgl. Gen 25,29-34). Jesus hört die Stimme des Versuchers (*ho peirádzon*): „Wenn du der *Sohn Gottes* bist ..." Er hört die Aufforderung zu einer eigenmächtigen Machtdemonstration, die ihm als Sohn Gottes doch zukommt. Aber anders als Israel behauptet Jesus seine Identität als Sohn Gottes im Gehorsam gegenüber „jedem Wort, das aus dem Mund Gottes kommt" (vgl. Dtn 8,3) und besteht so seine Versuchung.

3. Mt 4,5-7: Danach nimmt der Teufel (*ho diábolos*) Jesus mit in die heilige Stadt und stellt ihn auf den höchsten Punkt (*pterýgion*) des *Tempels*. Wieder hört er die Stimme: „Wenn du der *Sohn Gottes* bist ...". Auf dem Tempel als dem symbolischen Ort der Gegenwart Gottes spürt Jesus die Versuchung, sein Vertrauen in Gottes Gegenwart zu missbrauchen und den Vater mutwillig zum rettenden Eingreifen herauszufordern. In Zeiten großer Erschöpfung, wenn wir leicht manipulierbar sind, ist es nur allzu menschlich, wenn wir den Erwartungen anderer entsprechen und einer Konfrontation ausweichen. Jesus behauptet seine Identität mit der Zurückweisung: „Du sollst den Herrn, deinen Gott, nicht versuchen." Die Worte aus Dtn 6,16 erinnern an die Erzählung von Massa und Meriba in der Wüste (Ex 17,17; Num 20,2-13), wo die Israeliten den Herrn mit der Frage auf die Probe stellen: „Ist der Herr in unserer Mitte oder nicht?" Jesu Antwort bezeugt sein tiefes, unerschütterliches Vertrauen in die Treue und Verlässlichkeit des Vaters und weist schon auf seinen Lebensgehorsam vor allem in der Passion hin (Mt 27,40.43).

4. Mt 4,8–11: Die dritte Szene bildet den Höhepunkt der Versuchung Jesu. „Auf einem sehr hohen *Berg*“ zeigt der Versucher ihm „alle Reiche der Welt und ihre Herrlichkeit“, ihren trügerischen Glanz. Der Berg ist von alters her ein symbolischer Ort der Begegnung zwischen Gott und Menschen (Ex 3,1; 19,20; 24,16). Am Gottesberg schloss Israel mit Jahwe einen Bund (Ex 24,1–11). Mit dem Fest um das goldene Stierbild am Fuße des Berges hat Israel diesen Bund wieder gebrochen und seine Beziehung zu JHWH in unglaublicher Weise pervertiert und zerstört: Das Volk hat sich vor dem Götzenbild niedergeworfen und es angebetet (Ex 32,1–14). „Niederfallen und anbeten“ verlangt der Teufel auch von Jesus, wenn er die Herrschaft über die ganze Welt ausüben will. Jesus spürt die Versuchung zur Macht, die Verlockung, seine Sendung als Herrschaft über andere zu missbrauchen. Die Versuchung, im Interesse einer guten Sache Macht und Einfluss für sich in Anspruch zu nehmen und auf subtile Weise die Freiheit anderer zu missachten, kann übermächtig sein. Jesus vertreibt den Satan (*satana*) mit einem Gotteswort aus Dtn 6,13, das im Zusammenhang mit dem Götzendienst steht: Es gibt nur *einen* Gott, vor dem man niederfallen und ihm dienen darf. Mit denselben Worten „Weg da (hypáge) ... Satan!“ wird später Petrus zurückgewiesen, der den Gottessohn vom Leiden abbringen will (Mt 16,23).

Die dritte Versuchung ist im Zusammenhang mit der Schlussszene am Ende des Evangeliums zu sehen (Mt 28,16–20), wo Jesus seinen Jüngern beim Abschied versichert, dass ihm alle Macht im Himmel und auf Erden gegeben ist. Erst nach seinem Leiden hat er diese Macht vom Vater übertragen bekommen.

Wüste, Tempel und Berg sind drei symbolische Orte für die Erfahrungen des Menschen mit Gott, aber auch für den Abfall von Gott. Die Zeit der Einsamkeit und des Fastens vor Beginn seines öffentlichen Wirkens hat Jesus sensibel gemacht für die Gefährdungen, denen er in seinem Menschsein, in seiner Gottesbeziehung, in seiner Berufung und Sendung ausgesetzt ist. Er war in allem uns gleich, außer der Sünde (vgl. Hebr 4,15). Die Taufe und die drei Versuchungen sind Schlüsselerlebnisse, die seinen weiteren Lebensweg prägen. Mit der Gestalt des Versuchers, des Teufels, des Satans wird deutlich, welche Macht das Böse über den Menschen haben kann. Das Beispiel Jesu zeigt aber, dass es möglich ist, die Macht und Eigendynamik der Versuchung aufzudecken und zu unterbinden, um nicht gegen sein innerstes Wesen zu handeln.

Der Abschnitt schließt mit den Worten: „und siehe: Engel kamen und dienten ihm.“ Nach den heftigen Anfechtungen auf seine Identität erfährt Jesus von Neuem die Nähe des Vaters und die Gewissheit, dass er sein geliebter Sohn ist.

5. Mt 4,12-16: Als das Wirken des Täufers ein gewaltsames Ende gefunden hat, zieht Jesus sich nach Galiläa zurück, um von Kapharnaum aus mit seiner Verkündigungstätigkeit am See Gennesaret zu beginnen. „Das Galiläa der Völker“ oder das heidnische Galiläa (Mt 4,15), nicht das orthodoxe Juda mit Jerusalem, ist die Landschaft, in der das Evangelium dem Volk, das in Finsternis sitzt und im Schatten des Todes (Mt 4,16), zuerst verkündet wird. Nach Galiläa wird der Auferstandene auch seinen „Brüdern“ vorausgehen. Dort werden sie ihn (wieder)sehen (Mt 28,7.10). Dieser Neuanfang wird die Impulse des ersten Anfangs wieder aufnehmen und gegen allen Widerstand zur Entfaltung bringen (Mt 13,3-9).

Matthäus sieht Jesus von seiner Vorgeschichte her als Sohn Davids (Mt 1,1), als Sohn Abrahams (Mt 1,1), als vom Heiligen Geist gezeugt (Mt 1,18), als Retter seines Volkes von seinen Sünden (Mt 1,21), als Gott mit uns (Mt 1,23), als Ziel der Heiden aus dem Morgenland (Mt 2,1-12), als Hirt seines Volkes Israel (Mt 2,6), als Sohn Gottes (Mt 2,15), als „Gegenbild“ zu Mose und Israel (Mt 2,13-23), als Kyrios (Mt 3,3) und schließlich als wahrer Sohn Gottes im Gegensatz zu Israel in der Wüste (Mt 4,1-11). In diesem Jesus, wie der Evangelist ihn charakterisiert, wird die Wirklichkeit Gottes, seine „Herrschaft“ erfahrbar.

Der Anfang des öffentlichen Wirkens Jesu in Galiläa: Mt 4,17-25

4 [17] Von da an begann Jesus zu verkünden: Kehrt um! Denn nahe herbeigekom-
men ist das Himmelreich.

[18] Als Jesus am Meer von Galiläa entlangging, sah er zwei Brüder, Simon,
genannt Petrus, und seinen Bruder Andreas; wie sie das Rundnetz ins Meer
auswarfen, denn sie waren Fischer. [19] Da sagte er zu ihnen: Hierher! Hinter
mich! Ich werde euch zu Menschenfischern machen. [20] Sofort ließen sie ihre
Netze liegen und folgten ihm nach. [21] Als er von dort weiterging, sah er zwei
andere Brüder, Jakobus, den Sohn des Zebedäus, und Johannes, seinen Bruder;
sie waren mit ihrem Vater Zebedäus im Boot und richteten ihre Netze her. Er
rief sie [22] und sofort verließen sie das Boot und ihren Vater und folgten Jesus
nach.

[23] Er zog umher in ganz Galiläa, lehrte in ihren Synagogen, verkündete
das Evangelium vom Reich und heilte alle Krankheiten und Schwächen im
Volk. [24] Und die Kunde davon verbreitete sich in ganz Syrien. Man brachte zu
ihm alle Kranken mit den verschiedensten Gebrechen und Leiden, Besessene,
Mondsüchtige und Gelähmte, und er heilte sie. [25] Es folgten ihm (nach) große
Volksmengen aus Galiläa, der Dekapolis, aus Jerusalem und Judäa und aus
dem Gebiet jenseits des Jordan.

Hinführung: Am Anfang steht ein ganz kurzes Summarium mit der Proklamation der Gottesherrschaft. Mt folgt mit der Berufung der ersten Jünger der Vorlage aus Mk 1,16-20. Durch die fast gleichgestaltete Wiederholung der ersten Jüngerberufung wird das Typische der Berufung deutlich. Anders als bei den Rabbinen geht die Initiative von Jesus aus.

1. Mt 4,17: Mit äußerst knappen Worten ist der Kern seiner Verkündigung zusammengefasst: „Kehrt um! Denn nahe gekommen ist die Herrschaft Gottes (wörtlich: das Reich, die Herrschaft der Himmel; „der Himmel" als Umschreibung für den Gottesnamen). Diese Formulierung stimmt wortwörtlich mit der Verkündigung Johannes' des Täufers überein (Mt 3,2). Damit unterstreicht und verschärft Jesus die Aktualität der mit seinem Auftreten gegebenen Nähe des „Himmelreiches". Das Umdenken, der Wandel, die Umkehr der inneren Einstellung verträgt keinen Aufschub mehr. War die Verkündigung des Täufers noch auf die nahe Zukunft hin ausgerichtet, so hat mit der Verkündigung Jesu die Gottesherrschaft begonnen. Wenn Menschen in der Person Jesu und in seinem Wirken der Gottesherrschaft so unmittelbar begegnen, wenn sie davon getroffen und überwältigt sind, vorbehaltlos von Ihm in Liebe angenommen zu sein, dann erfahren sie die Freiheit, umzukehren und den Weg mit ihm zu gehen. Dabei wird deutlich, dass Gottesherrschaft nichts mit Machtausübung und Unfreiheit zu tun hat. Es geht vielmehr darum, dass Menschen erfahren und dazu befähigt werden, wie sie sich und anderen zum Segen werden.

2. Mt 4,18-22: Als Jesus am galiläischen See entlang geht, sieht er die beiden Brüder Simon und Andreas, wie sie gerade ihr Rundnetz in den See werden. Sie sind Fischer und arbeiten nicht weit vom Ufer entfernt. Jesus sucht die Menschen in ihrem eigenen Umfeld auf. Er begegnet ihnen hier nicht in einer besonderen religiösen Atmosphäre, sondern mitten bei ihrer Alltagsbeschäftigung.

Was Umkehr im Blick auf die unmittelbare Nähe der Gottesherrschaft konkret ist, wird an der Berufung der ersten Jünger exemplarisch gezeigt. Jesus ruft die beiden Brüder von ihrer Arbeit weg: „Hierher! Hinter mich, und ich werde euch zu Menschenfischern machen!" Er stellt ihr Leben auf einmal in einen ganz neuen Sinnzusammenhang, auch wenn sie im Augenblick noch nicht ahnen, was das alles für sie bedeutet. Aber der Ruf vom Ufer her trifft sie mit einer nie gekannten Autorität und Vollmacht und zieht stärker als ein Netz voller Fische. Im Hintergrund dieser Begegnung stehen biblische Berufungsgeschichten, die in ihrer z.T. holzschnittartigen Knappheit vom radikalen Gehorsam der Gerufenen sprechen, z.B. die Berufung Abrahams (Gen 12,1-5) und die Berufung des Mose (Ex 3 und 4), die Berufung Samuels

(1 Sam 3), Jesajas (Jes 6) und des Jeremia (Jer 1). Sie alle gehen auf ein ausdrückliches Wort JHWHs zurück. Das ausdrückliche Wort Jesu an Simon und Andreas „Hierher! Hinter mich!" hat einen stark persönlichen Zug. Er ruft sie in seine Nähe, in eine tiefe Beziehung zu ihm. Sie ist das Prinzip und Fundament des „Menschenfischens". Von jetzt an gibt es für sie nur diesen Platz, von dem aus sich alles andere relativiert: „Sofort ließen sie ihre Netze liegen und folgten ihm nach." Es sieht so aus, als würden sie die Netze nicht einmal mehr an Land ziehen. So radikal ist die Umkehr, die Wende in ihrer Biographie. Ein solcher Schritt ist nur verantwortbar, wenn „Menschenfischen" ein mehr an Lebenssinn in sich birgt. Das Ziel ist, aus der Vertrautheit mit dem Herrn Menschen für die Aktualität der Gegenwart Gottes und seiner Herrschaft zu sensibilisieren, damit ihnen die Weite seiner Freiheit und seiner Möglichkeiten ins Herz geht.

Die zweite Berufungsszene ist parallel zur ersten aufgebaut, nur dass hier noch der Vater der beiden Brüder Jakobus und Johannes genannt wird. Auf Jesu Ruf hin lassen sie sofort nicht nur ihr Boot und ihre Netze zurück, sondern auch ihren Vater, d.h. ihre familiären Bindungen. Die parallelen Schlussworte der beiden Berufungsgeschichten: „Sofort ließen sie zurück ... und folgten ihm nach" zeigen, dass es Matthäus darauf ankommt, den radikalen Gehorsam der Erstberufenen an den Anfang der Jesusbewegung zu stellen.

Die wortwörtliche Übereinstimmung in der Verkündigung Jesu und des Täufers, sowie die wortwörtliche Übereinstimmung in der Reaktion der beiden Brüderpaare auf den Ruf Jesu lenkt den Blick auf das Wesentliche und betont, in welche Freiheit und Weite die Begegnung mit der Gottesherrschaft in der Person Jesu führt.

3. Mt 4,23-25: Nach der Berufung der ersten Jünger setzt Jesus sein Wirken „in *ganz* Galiläa" fort. In äußerst summarischer Form berichtet Matthäus, dass Jesus in *ihren* Synagogen lehrte, die Botschaft von der Herrschaft (Gottes) verkündete und *alle* Krankheiten und *alle* Schwächen (malakía) im Volk heilte (vgl. Mt 9,35; 11,1). Die Betonung „in *ihren* Synagogen" scheint darauf hinzudeuten, dass Jesus seine Auslegung der Tora ganz bewusst in die Auseinandersetzung mit den unterschiedlichen Interpretationen des „Gesetzes" innerhalb des Judentums einbringt. Darüber hinaus wird deutlich, dass Verkündigen und Heilen zusammen gehören. Hier erfüllt sich, was Gott Israel vor dem Einzug ins Gelobte Land verheißen hat, wenn es seinen Weisungen folgt: „Und der Herr wird fernhalten von dir jedes Gebrechen (Dtn 7,15). In der Tradition des Deuteronomiums ist wichtig, dass Gott *alle* Krankheiten und *alle* Gebrechen im Volk heilt. Die Heilungen Jesu machen Gottes barmherzige Zuwendung zu seinem geschundenen Volk sichtbar. Der Ruf Jesu, dass sich in seinem Wirken Gott als Arzt für sein Volk offenbart (Ex 15,26), verbreitet sich in *ganz* Syrien, sodass man *alle*, denen es schlecht geht, die an vielerlei Krankheiten und Schwächen leiden, zu ihm bringt. Alle macht er gesund.

Sein Wirken hat noch eine weitere Folge. Große Volksscharen aus Galiläa, aus dem Gebiet der zehn Städte, aus Jerusalem und Judäa und aus dem Gebiet von Jenseits des Jordan folgen ihm (*akolouthéo*). Mit diesen geografischen Namen umschreibt Matthäus die Siedlungsgebiete der jüdischen Stämme beim Einzug in das verheißene Land, „ganz Israel" von Dan bis Beerscheba. Er will damit sagen, dass Gott wie zur Zeit des Ursprungs sich jetzt in Jesus an ganz Israel wendet.

Es überrascht vielleicht, dass Matthäus hier auch von der „Nachfolge" der Volksmassen spricht. Aber diese Formulierung scheint bewusst gewählt. Der Evangelist deutet damit an, dass es im Wesen von Jüngerschaft liegt, sich zur Gemeinschaft der Glaubenden, zur Kirche zu weiten (vgl. Mt 28,19f.). Jesus stellt auch das Leben der Vielen, die ihm nachfolgen, in einen ganz neuen Sinnzusammenhang. Die Nähe, die ganz persönliche Beziehung zu ihm, ist auch hier das Prinzip und Fundament ihrer Berufung und Sendung, die sie *heute* in Taufe und Firmung empfangen und in der Eucharistie miteinander feiern.

Der letzte Abschnitt (V. 23-25) zeugt von einer atemberaubenden Vollmacht und Autorität Jesu: *ganz* Galiläa, *alle* Krankheiten und *alle* Gebrechen, *alle* Kranken, *ganz* Syrien, *viele Volksmassen*. Es sieht so aus, als würde hier die Gottesherrschaft in einer überwältigenden Dynamik entfacht. Das ist wie eine Vision, die alle, die sich davon erfassen lassen, in sich hinein verwandeln will.

Matthäus beginnt also in 4,17-25 mit einem sehr komprimierten Gesamtbild vom Wirken Jesu, das im Folgenden durch Einzelbeispiele entfaltet und konkretisiert wird.

Die Bergpredigt – die programmatische Rede Jesu: Mt 5,1-7,29

Die Bergpredigt ist die erste von fünf großen Reden Jesu im Mtev. Sie hat exemplarischen Charakter und zeigt in konzentrierter Weise, dass Jesus lehrte wie einer, der Vollmacht hat, in Abgrenzung zu den Schriftgelehrten. Das Verständnis und die praktische Umsetzung von Tora und Propheten sind Hauptthema der Bergpredigt. Ihr Zentrum ist das Vaterunser (Mt 6,9-13). Ihre Praxis will uns Menschen ins Gebet zum (himmlischen) Vater führen.

Eine kürzere Verson der Bergpredigt findet sich in der Feldrede bei Lukas (6,26-49). Beide basieren auf der Logienquelle Q.

Die Seligpreisungen: Mt 5,1-12

5 1 Als Jesus die Volksmengen sah, stieg er auf den Berg. Er setzte sich und sei-
ne Jünger traten zu ihm. 2 Und er öffnete seinen Mund, er lehrte sie und sagte:
3 Glückselig die Armen im Geist; denn ihnen gehört das Himmelreich. 4
Glückselig die Trauernden; denn sie werden getröstet werden. 5 Glückselig
die Sanftmütigen; denn sie werden das Land erben. 6 Glückselig, die hun-
gern und dürsten nach der Gerechtigkeit; denn sie werden gesättigt werden.
7 Glückselig die Barmherzigen; denn sie werden Barmherzigkeit erlangen. 8
Glückselig, die rein sind im Herzen; denn sie werden Gott schauen. 9 Glück-
selig, die Frieden stiften; denn sie werden Kinder Gottes genannt werden.
10 Glückselig, die verfolgt werden um der Gerechtigkeit willen; denn ihnen
gehört das Himmelreich. 11 Glückselig seid ihr, wenn man euch schmäht und
verfolgt und alles Böse über euch redet um meinetwillen. 12 Freut euch und
jubelt: Denn euer Lohn wird groß sein im Himmel. Denn so wurden schon vor
euch die Propheten verfolgt.

Zusammenhang: Der Text schließt unmittelbar an die „Nachfolge" der Volksmassen aus „ganz Israel" an (Mt 4,25). Als Jesus die vielen Menschen sieht, steigt er auf *den* Berg und beginnt seine erste programmatische Rede mit den neun Seligpreisungen. Sie thematisieren die zentralen Grundhaltungen und Verhaltensweisen des Christseins im Blick auf die angebrochene Heilszeit (Mt 4,17). Das Hinaufsteigen auf den Berg erinnert an den Aufstieg des Mose auf den Sinai (Ex 19,3.11; 24,15.20; 34,4), an die Urgeschichte Israels. Doch jetzt geht es nicht um eine neue Tora (Mt 5,17-20), sondern um ihre authentische Erfüllung (Mt 5,17). Der Hinweis, dass die Jünger zu Jesus kommen, deutet darauf hin, dass Volk und Jünger zusammengehören und seine „Lehre" allen gilt. Die durchkomponierte Struktur des Textes, der besondere Ort, die biblisch motivierte Szenerie unterstreichen die Lehrautorität Jesu und lassen darauf schließen, dass Mt die Bergpredigt als „magna charta" der Nachfolge, des Christseins versteht.

1. Mt 5,3-6: „*Glückselig die Armen im Geist*": Auf dem Hintergrund von Jes 61,1-3 und Psalm 34,19b (LXX) sind damit Menschen gemeint, die gesellschaftlich am Rand stehen, also nicht nur die materiell Armen, sondern auch Leute, die aufgrund ihrer Überzeugung oder durch Schicksalsschläge, vielleicht auch durch eigenes Verschulden in eine soziale Schieflage geraten sind, sich aber ein unerschütterliches Vertrauen in Gottes Beistand bewahrt haben und ihr Leben ganz auf ihn ausrichten. Es sind Menschen, die wirklich leiden und nicht aus eigener Kraft ihr Schicksal wenden können. Hier geht es also nicht um eine Idealisierung von Armut, auch nicht um eine Zusage, die sich erst irgendwann in der Zukunft erfüllt. Das Präsens (estín) weist darauf hin, dass diese Armen schon im Kraftfeld der Gottesherrschaft stehen, von ihm gehalten, und deshalb glücklich zu preisen sind.

„Glückselig die Trauernden". Dasselbe Wort findet sich auch im Buch Jesaja (Jes 60,20; 61,2; 66,10) und bezieht sich da auf die Trauernden Zions, d.h. auf die Menschen, die Trauer und Schmerz darüber empfinden, dass das von Gott zugesagte Heil immer noch aussteht. So sind mit der zweiten Seligpreisung nicht nur die angesprochen, die aktuell über einen erlittenen Verlust weinen, sondern alle, die darunter leiden, dass ihre Sehnsucht nach Heil und Erlösung der gesamten Schöpfung immer noch nicht erfüllt ist. Gott wird sie trösten und darin bestärken, der Vision ihres Herzens treu zu bleiben und wie einst Mose unterwegs zu bleiben zum Land der Verheißung.

„Glückselig die Sanftmütigen": Die dritte Seligpreisung erinnert daran, dass Jesus sich selbst als „sanftmütig und demütig von Herzen bezeichnet und seine Zuhörer auffordert, diese Haltung von ihm zu lernen (Mt 11,29). Darüber hinaus demonstriert er in Anlehnung an Sach 9,9 bei seinem Einzug in Jerusalem (Mt 21,5) das genaue Gegenbild zu einem Machthaber, der auf andere herunterherrscht. Sanftmut, Demut und Gewaltverzicht charakterisieren im Alten Testament die Armen, die Gerechten und Frommen in ihrem Vertrauen auf Gott. Mit gleichen Worten beschreibt Psalm 37 diese Haltung. Auch hier werden die Armen, die Sanftmütigen und Demütigen, alle, die ihr Vertrauen auf Gott setzen, das Land in Besitz nehmen (Ps 37,11). Die Umkehr der Verhältnisse resultiert am Ende aus dem Realismus ihrer gläubigen Einstellung, ihres Harrens auf Gott, wie einst bei Abraham, dem Jahwe das Land zusprach (Gen 17,8).

„Glückselig die hungern und dürsten nach Gerechtigkeit": Bei der vierten Seligpreisung nennt Matthäus mit der Gerechtigkeit (*diakaisýne*) einen Schlüsselbegriff seines Evangeliums. „Gerechtsein" bedeutet, den Willen Gottes ohne Abstriche zu verwirklichen, so wie Jesus vor Beginn seines öffentlichen Wirkens Johannes, den Täufer, auffordert, sich mit ihm ganz unter den Willen Jahwes zu stellen (Mt 3,15). Das „Hungern und Dürsten" meint sowohl die Sehnsucht nach Gerechtigkeit als auch das Mühen darum. Es umfasst die Beziehungen unter Menschen, die Machtverhältnisse in einem Staat, sowie zwischen den Völkern und Nationen. So utopisch eine solche Perspektive auch scheinen mag, Gott wird das Sehnen dieser Menschen erfüllen und ihr Mühen zur Vollendung bringen. Sie werden als Fremdlinge im eigenen Land leben und mit ihrem gläubigen Realismus unterwegs bleiben zu der „Stadt mit den festen Grundmauern, die Gott selbst geplant und gebaut hat" (Hebr 11,10).

2. Mt 5,7–10: *„Glückselig die Barmherzigen"*: „Barmherzigsein" meint zunächst eine Fähigkeit, eine Sensibilität, sich vom Geschick der „Armen" bis ins Innerste berühren zu lassen. Im Alten Testament wird Gott beschrieben als barmherzig und langmütig, reich an Güte und Treue (EX 34,6; Neh 9,17; Ps 86,15; Ps 103,8; Ps 145; Joel 2,13; Jona 4,2). Die Not und das Elend der Menschen gehen ihm zu Herzen. Es gibt für ihn auch keine Verstrickung in Sünde und Schuld – so tief, dass sie nicht von seinem Erbarmen umfangen und von seiner Vergebung eingeholt werden könnte. Gottes Barmherzigkeit soll aber auch in der Sensibilität und im Handeln der Menschen ihre Entsprechung finden (vgl. Hos 6,6; Spr 14,21). Für Jesus erfüllt sich im barmherzigen Tun Gottes Wille, der über allen Vorschriften der Tora und über allen kultischen Pflichten steht (Mt 9,13; 12,7). Barmherzigkeit ist ein zentraler Aspekt christlicher Existenz (vgl. bes. Mt 18,21-35; 25,31-46), eine Art von Gerechtigkeit in einer unbarmherzigen Welt, die nicht aufhört, Menschen zu „Armen“, zu Verlorenen zu machen.

„*Glückselig die ein reines Herz haben*“: Die Reinheit des Herzens meint die Lauterkeit der Gesinnung, wie sie im Sch^{e}ma Israel (Dtn 6,4-6) unüberbietbar zum Ausdruck kommt: „Höre, Israel! JHWH, unser Gott, Jahwe ist einzig. Darum sollst du den Herrn, deinen Gott, lieben aus ganzem Herzen, mit ganzer Seele und mit ganzer Kraft. Diese Worte, auf die ich dich heute verpflichte, sollen auf deinem Herzen geschrieben stehen“. Die Lauterkeit in der Beziehung zu Gott kann nicht ohne eine entsprechende Beziehung zu den Mitmenschen verwirklicht werden. Wer mit aufrichtigem, ungeteilten Herzen Gottes Nähe sucht, wird ihn schauen dürfen. Die Verheißung ist eine Ermutigung für uns, auch in einer Gott ferne scheinenden Umwelt, selbst in einem Gott feindlich gesinnten Milieu unbeirrt aus einer lauteren Beziehung zu Gott sein Bild und Gleichnis im Nächsten zu sehen und ihm mit Ehrfurcht zu begegnen.

„*Glückselig die Friedensstifter*“: Das hebr. Wort *shalom* meint nicht nur den Interessenausgleich und die Versöhnung zwischen Menschen, Familien und Völkern, sondern die Fülle des Heils, ein ganzheitliches Wohlergehen, das Gott den Menschen schenkt. Dazu gehören u.a. die Versöhnung mit der eigenen Biografie, der Verzicht auf Vergeltung, ein gewaltfreies und gerechtes Lösen von Konflikten, nicht zuletzt die Heilung der Beziehung mit Gott. Wer immer konkrete Schritte unternimmt, zwischenmenschliche Beziehungen zu heilen, und dazu beiträgt, dass Menschen sich mit Gott versöhnen lassen, erweist sich in der Nachfolge Jesu als Sohn oder Tochter Gottes. Eine nur friedfertige Einstellung zu den mannigfaltigen Konflikten und Friedlosigkeiten der Welt, in der wir leben, ist zu wenig.

„*Glückselig, die um der Gerechtigkeit willen verfolgt werden*“: In der achten Seligpreisung nimmt Matthäus den Schlüsselbegriff von der „Gerechtigkeit“ wieder auf und ergänzt die vierte Seligpreisung mit der Verfolgungssituation derer, die ihr Leben ganz unter den Willen Gottes stellen. Es sieht so aus, als wäre die Verfolgung nicht nur ein einmaliges Geschehen oder etwas, das sich gelegentlich wiederholt, sondern als charakterisiere sie einen Zustand, den das Leben von Christen bestimmt. Ihre Situation erinnert an die Propheten Jeremia und Elija, die mit leidenschaftlichem Eifer sich für die „Sache Gottes" eingesetzt haben und deshalb verfolgt und mit dem Tod bedroht wurden. Wie den Armen im Geist in der ersten Seligpreisung wird den um der Gerechtigkeit willen Verfolgten schon jetzt die Erfahrung der Gottesherrschaft zuteil.

3. Mt 5,11f.: „Glückselig seid *ihr* …": Die letzte Seligpreisung spricht die Jünger direkt an und preist sie glückselig, weil sie wegen ihrer Entscheidung für Jesus beschimpft und verfolgt werden, und weil man versucht, durch üble Nachrede ihre Glaubwürdigkeit zu untergraben. In der Person Jesu vereinen sich die Grundhaltungen und Verhaltensweisen der Seligpreisungen, insbesondere sein Mühen um Gerechtigkeit (vgl. Mt 3,15). Bei dieser Seligpreisung geht es nicht um eine Idealisierung von Leiden, auch nicht darum, Leidsituationen einfach hinzunehmen oder gar bewusst zu suchen. Vielmehr soll aufgrund ihrer Zugehörigkeit zu Jesus und des damit verbundenen Prophetenschicksals in der Tiefe ihres Herzens bewusst werden, dass Gott auf der Seite der Leidenden und Verfolgten steht und ihr Schicksal wenden wird. Der Grund zur Freude und des Jubels liegt in der Umkehr der bestehenden Verhältnisse.

Die Seligpreisungen richten sich allesamt an Menschen, die weit davon entfernt sind, sich glückselig zu fühlen. Sie verklären nicht das harte Schicksal der Leidenden und Verfolgten. Sie proklamieren einen radikalen und schockierenden Paradigmenwechsel: Statt den „Gewinnern des Lebens" werden am Ende die „Verlierer" als Hauptpersonen der Geschichte dastehen.

Die Jünger als Salz der Erde und als Licht der Welt: Mt 5,13–16

5 13 Ihr seid das Salz der Erde.
Wenn aber das Salz seinen Geschmack verliert, womit kann man es wieder
salzig machen? Es taugt zu nichts mehr, als dass man es hinauswirft und von
den Menschen zertreten wird. 14 Ihr seid das Licht der Welt.
Eine Stadt, die auf einem Berg liegt, kann nicht verborgen bleiben. 15 Man
lässt auch nicht eine Lampe brennen und stellt sie unter den Scheffel, sondern
auf den Leuchter; dann leuchtet sie allen im Haus.
16 So soll euer Licht vor den Menschen leuchten, damit sie eure guten Taten
sehen und euren Vater im Himmel preisen.

Zusammenhang: In diesem Abschnitt geht es um die unentbehrliche Rolle der Jüngergemeinschaft in der Welt. Der Text ist auf dem Hintergrund der Seligpreisungen zu lesen und verdeutlicht die exponierte Aufgabe, die sie in der Welt haben. Sie dürfen weder durch Anpassung (schal gewordenes Salz) noch durch Rückzug (Lampe unter dem Scheffel) sich dem Zeugnis für die Welt entziehen. So kann denen, die in Finsternis und im Schatten des Todes sitzen, ein Licht aufscheinen, damit auch sie fähig werden, „ihren Vater im Himmel zu preisen".

„Ihr seid das Salz der Erde." „Nichts ist nützlicher als das Salz und die Sonne" - nihil esse utilius sale et sole (Plinius der Ältere, † 79). Das Salz hat würzende, reinigende und erhaltende Kraft. Es bewahrt vor Fäulnis. Zu früheren Zeiten hat man neugeborene Kinder mit Salz eingerieben. Salz gehört zu den notwendigen Dingen des alltäglichen Lebens. Es ist unentbehrlich und unersetzlich wie das Licht, wie die Sonne für das Leben auf dieser Erde. Salz kann seine Würze nicht verlieren. Seine chemische Qualität bleibt. Wenn es hier heißt, dass das Salz seinen Geschmack verliert, dann sind darunter salzhaltige Steine zu verstehen, die zum Würzen mit in den Kochtopf gegeben und so lange verwendet wurden, bis das Salz sich heraus gelöst hatte und der Stein weggeworfen wurde. *Erde* bedeutet hier wie in Gen 11,1 die ganze Menschheit. Angesprochen sind dieselben Adressaten: die Verfolgten und Geschmähten, die vorher in der Bergpredigt „glückselig Gepriesenen". Sie sind für die ganze Menschheit unentbehrlich und unersetzlich. Solange es diese Demütigen und nach Gerechtigkeit Hungernden, die Barmherzigen und Friedensstifter, die Sanftmütigen und im Herzen Reinen gibt, solange verliert die Welt, die Menschheit nicht ihre Würze, ihre reinigende und erhaltende Kraft, ihre metaphysische Qualität.

„Ihr seid das Licht der Welt". Diese unscheinbaren und nicht beachteten Leute, diese Abgeschriebenen und Verachteten sind das Licht, das in der Finsternis leuchtet und der Welt das Leben gibt. Diese Weltbezogenheit und Weltverantwortung, diese Universalität ihrer Berufung und ihres Zeugnisses wird lebendig bleiben, solange sie aus der Nähe und Beziehung zu Jesus, aus dem Bewusstsein seines Mit-seins (Mt 1,23) leben. Mt hat Jesus als das Licht der Welt bezeichnet (Mt 4,16). Wenn die Jüngergemeinschaft hier als das Licht der Welt angeredet wird, dann hat sie Anteil an dem Licht, das durch Jesus in diese Welt gekommen ist.

Die kleine, unbedeutende und oft schikanierte Gruppe soll nicht für sich leben, sondern in der Welt Gottes Gegenwart bezeugen - selbstverständlich, unprätentiös, authentisch - ausgerichtet auf die Verherrlichung Gottes. Das kann nicht verborgen bleiben.

Salz der Erde, Stadt auf dem Berge und Licht, das einfach aufleuchtet im Handeln der Jünger und Jüngerinnen für die Menschen. Das Zeugnis ist ihre und unsere Berufung.

Die Erfüllung der Weisung (Tora) Gottes: Mt 5,17-19

5 17 Meint nicht, ich sei gekommen, um das Gesetz und die Propheten aufzu-
heben! Ich bin nicht gekommen, um aufzuheben, sondern um zu erfüllen. 18
Amen, ich sage euch: Bis Himmel und Erde vergehen, wird kein Jota und kein
Häkchen des Gesetzes vergehen, bevor nicht alles geschieht. 19 Wer auch nur
eines von den kleinsten Geboten aufhebt und die Menschen entsprechend lehrt,
der wird im Himmelreich der Kleinste genannt. Wer sie aber hält und halten
lehrt, der wird groß genannt werden im Himmelreich. 20 Darum sage ich euch:
Wenn eure Gerechtigkeit nicht weit größer ist als die der Schriftgelehrten und
der Pharisäer, werdet ihr nicht in das Himmelreich hineingehen.

Zusammenhang: Nachdem Mt die Aufgabe der Jünger mit Salz der Erde und Licht der Welt umrissen hat, zeigt er ihnen nun, dass sie dieser Aufgabe nur gerecht werden können, wenn sie sich daran orientieren, wie Jesus die Tora, das mosaische „Gesetz“, erfüllt hat. Der Text soll Missverständnisse ausräumen und das Verhältnis der mt Gemeinde zur Tora und damit zur Synagoge klären.

1. Mt 5,17-19: „Meint nicht ...“ Mit diesen Worten spricht Mt die Gemeinde direkt an. Sie hatte den Bruch mit der Synagoge schmerzlich erfahren und stand nun außerhalb des Judentums. Diese Worte werden aus einer Situation verständlich, in der über die Verbindlichkeit der einzelnen Gebote diskutiert wurde. Mit der beginnenden Heidenmission kam es zu Spannungen zwischen gesetzestreuen Judenchristen und einer liberaleren hellenistischen Richtung. Die Tora, das „Gesetz“, d.h. die fünf Bücher Mose *mit dem Dekalog in ihrer Mitte* werden hier als Ausdruck des göttlichen Willens und die Propheten als ihre Ausleger verstanden.

Der Bruch mit der Synagoge darf also auf keinen Fall als Bruch mit dem Erbe Israels gedeutet werden. Dann wäre die christliche Gemeinde wie ein Baum ohne Wurzeln. Während für die Rabbinen die Auslegung der Tora von den Propheten auf die Schriftgelehrten übergegangen ist, steht Jesus mit seiner Auslegung auf der Linie der Propheten und in deutlicher Abgrenzung zu den Schriftgelehrten. Das zeigt sich z.B., als er ihnen bei zwei Gelegenheiten (Mt 9,13 und 12,7) ein Wort aus dem Propheten Hosea entgegen hält: „Barmherzigkeit will ich, nicht Opfer“ (Hos 6,6).

Von der Tora als dem Ausdruck des Willens Gottes sagt Jesus hier, dass er nicht gekommen sei, sie außer Kraft zu setzen, sondern um sie zu erfüllen. Die Erfüllung der Tora liegt im Liebesgebot:

Du sollst lieben den Herrn, Deinen Gott,
mit Deinem ganzen Herzen,
mit Deiner ganzen Seele

und mit Deiner ganzen Vernunft
Das ist das erste und größte Gebot. Ein zweites ist ihm gleich:
Du sollst Deinen Nächsten lieben wie Dich selbst.

Und Jesus fügt hinzu:

An diesen zwei Geboten hängt die ganze Tora und die Propheten (Mt 22,37-40).

Bei der Auseinandersetzung innerhalb der Gemeinde macht Mt klar, dass die Verbindlichkeit der Tora sich an dieser Mitte des Dekalogs zu messen hat. Sie ist die Seele und die Erfüllung des göttlichen Willens, an der das Gesetz und die Propheten hängen. Deshalb darf die Erfüllung irgendeines Gebotes nach Jesus nie mit diesen beiden Geboten kollidieren.

Was bedeutet dann aber, dass nicht ein einziges Jota oder ein einziges Häkchen vom Gesetz vergehen wird, bis alles geschieht?

Jota ist der kleinste Buchstabe der hebräischen Quadratschrift und *Häkchen* meint wahrscheinlich das sorgfältige Ausziehen der Auf- und Abstriche beim Konsonantenalphabet, damit es keine Buschstaben-Verwechslungen gibt, wie es im Hebräischen leicht vorkommen kann.

Das Wort mit dem Jota und dem Häkchen meint also, dass die Mitte der Tora uneingeschränkte Gültigkeit für alle Einzelgebote hat, bis sie in ihrer Ganzheit zur Erfüllung gekommen ist, d.h. bis in der Begegnung mit dem Auferstandenen das Doppelgebot der Liebe in unseren Herzen angekommen ist.

Wenn Jesus (später) das Schwören und die Wiedervergeltung verbietet und sich damit ebenso wie mit dem Gebot der Feindesliebe im Widerspruch zur Tora stellt (5,33-48), kann man kaum davon ausgehen, dass er mit dem Jota und Häkchen die absolute Gültigkeit jedes Gesetzesbuchstabens verkündet.

Nach Paulus hat die Tora weder für Juden – noch für Heidenchristen eine konstitutive Bedeutung, wenngleich der ethische Kernbereich (z.B. der Dekalog) weiter in Geltung bleibt. Vermutlich verlor die streng judenchristliche Bewegung, die vehement für eine primär jüdische Identität eintrat und Paulus in seiner Missionsarbeit schwer zu schaffen machte, mit dem Untergang der Urgemeinde in Jerusalem an Einflussnahme.

2. Mt 5,20: „Wenn eure Gerechtigkeit nicht weit größer ist als die der Schriftgelehrten und Pharisäer ..." Die „Gerechtigkeit" dieser „frommen" und einflussreichen Gruppe reicht offenbar nicht, um ins „Himmelreich" zu kommen. In Mt 23,23 wirft Jesus ihnen vor, den Zehnten von Minze, Dill und Kümmel zu berechnen, also ein kleines Gebot genau zu beachten, aber das Wichtigste im „Gesetz" außer Acht zu lassen. Das wichtigste ist eine tiefe personale Beziehung zu Gott, die das ganze Herz, die ganze Seele und das ganze Denken des Menschen ausfüllt – wie es das Sch^{e}ma Israel sagt – und ihn zu „Recht, Barmherzigkeit und Treue" befähigt.

Hinter der kritisierten Haltung der Schriftgelehrten und Pharisäer steckt eine Mentalität von Legalismus, von Sicherheitsbedürfnis und Leistungsdenken gegenüber Gott. Diese Art von Beziehung ist berechnend und einfordernd. Sie legt sich wie Raureif auf alles, was im Menschen spirituell, d.h. in Beziehung zu Gott wachsen möchte. Jesus verlangt dagegen ein Gespür für das zu entwickeln, was jeweils mehr hilft, das zu tun, was dem Willen Gottes entspricht. Dieses „mehr" ist nicht aszetisch, aus einem Leistungsdenken heraus zu verstehen, sondern aus einer inneren Bewegung des Herzens, aus einem inneren Spüren, aus einer lauteren Motivation und Dynamik heraus.

3. Die Antithesen: 5,21-48

Die Antithesen lassen sich in zwei Dreier-Einheiten (Mt 5,21-32 und 5,33-48) gliedern. Beide Reihen beginnen mit der gleichen Einleitungsformel: „Ihr habt gehört, dass den Alten gesagt worden ist ..." Der Neuansatz in V. 33 ist durch das Adverb „wiederum" deutlich markiert.

Inhaltlich geht es in der ersten Einheit um das richtige Verständnis fundamentaler Forderungen aus der zweiten Tafel des Dekalogs, dem Verbot zu morden, dem Verbot, die Ehe zu brechen (Dtn 5,17 und 18; Ex 20,13 und 14) und dem Verbot eidlicher Falschaussage (Dtn 5,11; Ex 20,3-6). „Ihr habt gehört, dass zu den Alten gesagt worden ist" erinnert zunächst an die hinter der Tora stehende Autorität JHWHs. Nach Ex 20 ist der Dekalog direkte Rede an das aus der Sklaverei Ägyptens befreite Israel. Mit den Alten ist also die Sinaigeneration gemeint.

Das „Ihr habt gehört" kann sich aber auch auf die Vermittlung der Tora im Synagogengottesdienst beziehen und würde dann eine Relativierung in dem Sinn bedeuten: Ihr habt bei der Auslegung der Tora am Sabbat in der Synagoge gehört, dass zu den Alten gesagt worden ist. Dann würde die Auslegung Jesu des in der Tora geoffenbarten Willens Gottes: „Ich aber sage euch .." gegen die Auslegung der Schriftgelehrten und Pharisäer stehen.

Außerdem ist in diesem Kontext die Aussage von V. 20 für die folgende Interpretation zu berücksichtigen, nach der die Gerechtigkeit der Jünger die der Schriftgelehrten und Pharisäer bei weitem übertreffen müsse. Nicht zuletzt ist bei allen Antithesen die polemische Auseinandersetzung mit dem Gesetzesverständnis der Pharisäer, d.h. des rabbinischen Judentums, zu bedenken, die sich durch das ganze Evangelium zieht.

Die Auslegung Jesu will anhand von sechs konkreten Beispielen zeigen, wie das „mehr" an Gerechtigkeit erfüllt werden soll, damit die Jünger – wie er im letzten Satz der Antithesen zusammenfasst – vollkommen sind, wie ihr Vater im Himmel vollkommen ist (V. 48).

Die erste Antithese – Vom Morden: Mt 5,21-26

5 21 Ihr habt gehört, dass zu den Alten gesagt worden ist: Du sollst nicht mor-
den; wer aber mordet, soll dem Gericht verfallen sein. 22 Ich aber sage euch:
Jeder, der seinem Bruder (auch nur) zürnt, soll dem Gericht verfallen sein; und
wer zu seinem Bruder sagt: Raka (Hohlkopf)!, soll dem Synedrium verfallen;
wer aber zu ihm sagt: Dummkopf!, soll dem Feuer der Hölle verfallen sein.
23 Wenn du deine Opfergabe zum Altar bringst und dir dabei in den Sinn
kommt, dass dein Bruder etwas gegen dich hat, 24 so lass deine Gabe dort vor
dem Altar; geh und versöhne dich zuerst mit deinem Bruder, dann komm und
opfere deine Gabe!
25 Sei gegenüber deinem Prozessgegner wohlwollend, solange du mit ihm
noch auf dem Weg (zum Gericht) bist, damit dein Gegner dich nicht vor den
Richter bringt und der Richter dich dem Gerichtsdiener übergibt und du ins
Gefängnis geworfen wirst. 26 Amen, ich sage dir: Du wirst von dort nicht her-
auskommen, bis du den letzten Pfennig bezahlt hast.

Die zweite Tafel des Dekalogs betrifft die Beziehungen zu unseren Mitmenschen. Die Vergehen gegen das Leben und gegen die eheliche Partnerschaft beziehen sich ursprünglich auf geheime Vergehen, die vor Gericht nicht beweisbar sind. Gott wird in den sozialen Geboten nicht direkt genannt, d.h. er ist uns vor allem zugänglich in den Beziehungen zu unseren Mitmenschen. Die Art, wie wir zu ihnen stehen und mit ihnen umgehen, ist geradezu der Prüfstein für die Echtheit unserer Gottesbeziehung. Jesus fasst diese Wirklichkeit (später) in der „goldenen Regel" zusammen: „Alles, was ihr von anderen erwartet, das tut auch ihnen! Darin besteht die Tora und die Propheten" (Mt 7,12).

Das Verbot zu morden, bezieht sich vor allem auf die heimtückische Beseitigung eines Volksgenossen, der den eigenen Interessen im Weg steht. Es meint das gerichtlich nicht aufdeckbare oder das nicht nachweisbar absichtliche Töten (vgl. 1 Kön 21,1-29).

Jesus radikalisiert diese Sicht des Dekalogs, indem er den Blick auf die verborgenen Dynamiken des Mordens lenkt und das Bewusstsein für die destruktiven Kräfte des eigenen Herzens schärft, die unter der Schicht oft mühsam gewahrten Anstandes wirksam sind. Der spontan gewalttätige oder heimtückische Akt des Mordens ist oft der letzte Ausbruch eines angestauten oder lange „gepflegten" Hasses. Es geht bei der Radikalisierung des Verbots also darum, solchen zerstörerischen Kräften und Dynamiken konstruktiv vorzubeugen. Unser zwischenmenschliches Verhalten soll Ausdruck unserer religiösen Identität, unserer Gottesbeziehung sein (Dtn 6,4-6), nicht eine Reaktion, die dem verletzenden Verhalten des anderen mir gegenüber entspricht oder es gar übertrifft. Ebenso gehören alle Formen von Diskriminierung, Verleumdung und Ausbeutung, für die man gerichtlich nicht belangt werden kann, zum direkten Umfeld dieses Verbots.

Nicht zuletzt fällt unter dieses Verbot alles, was die Lebensgrundlage von Menschen ruiniert und zum eigenen Nutzen und Wohlergehen anderen angetan wird, auch wenn es ohne böse Absicht, also fahrlässig geschieht. Das fatalistische Hinnehmen wirtschaftlicher und gesellschaftlicher Zwänge bedroht das Überleben sehr vieler Menschen.

Zur Echtheit der Gottesbeziehung in diesem Zusammenhang gehört auch, vorhandene Störungen und Konflikte im zwischenmenschlichen Bereich auszuräumen und Versöhnung anzustreben. Nach Mt zeigt sich unsere Gottesbeziehung primär im sozialen Verhalten. Er stellt die Aussöhnung mit einem Konfliktpartner über die kultische Gottesverehrung. Man kann Gott nur verehren, wenn man zu Versöhnung und Frieden bereit ist.

Das gilt auch bei einem Schuldprozess gegenüber einem Prozessgegner. Man soll alles dransetzen, um sich noch vor Eröffnung des Prozesses zu verständigen, d.h. die Feindschaft dem anderen gegenüber im eigenen Herzen zu überwinden und einen Ausgleich zu ermöglichen. Die Dringlichkeit in der Aufforderung Jesu zur persönlicher respektvoller Begegnung resultiert aus der Kürze der Zeit, die dem Schuldner auf dem Weg noch gegeben ist. Wer die Zeit zur Versöhnung nicht nutzt, muss mit harten Konsequenzen rechnen – bis zum „letzten Pfennig". Die letzte Mahnung, den Weg zum Gericht als Chance für einen Ausgleich zu nutzen, kann auch als Bild für die Zeitspanne verstanden werden, die uns als Lebenszeit von Gott (noch) gegeben ist, um Konflikte zu bereinigen und uns mit unseren Gegnern zu versöhnen.

Die zweite Antithese – Vom Ehebruch: 5,27-30

**5 [27] Ihr habt gehört, dass gesagt worden ist: Du sollst nicht ehebrechen. [28] Ich
aber sage euch: Jeder, der eine (Ehe-)Frau ansieht, um sie zu begehren, hat
schon Ehebruch mit ihr in seinem Herzen begangen.**

**[29] Wenn dich dein rechtes Auge zum Bösen verführt, dann reiß es aus und
wirf es von dir! Denn es ist besser für dich, dass eines deiner Glieder verloren
geht, als dass dein ganzer Leib in die Hölle geworfen wird. [30] Und wenn dich
deine rechte Hand zum Bösen verführt, dann hau sie ab und wirf sie von dir!
Denn es ist besser für dich, dass eines deiner Glieder verloren geht, als dass
dein ganzer Leib in die Hölle kommt.**

Ebenso wenig wie das Leben des anderen darf seine Ehe angetastet werden. Ursprünglich geht es bei diesem Verbot um die Lebenssicherung eines anderen und den Erhalt seiner Familie. Ehebruch mit einer verheirateten Frau stellte in der damaligen Gesellschaft die Legitimität der Kinder, den Erhalt von Familie und Grundbesitz in Frage. Ehebruch setzte also die Lebensgrundlage eines anderen aufs Spiel und wurde mit dem Tod bestraft (Lev 20,10; Dtn 22,22).

Ursprünglich bezieht sich das Verbot auf heimlichen Ehebruch, der vor Gericht nicht beweisbar ist. Die Geschichte von Ehebruch Davids mit Bathseba, der Frau des Hethiters Urija (2 Sam 11), illustriert diesen Sachverhalt.

Auch wenn das atl. Verständnis von Ehe und Familie eng mit sozial-ökonomischen Aspekten verbunden ist, so bleibt es doch nicht darauf beschränkt. Das Verbot des Ehebruchs weiß um die Bedeutung von stabilen Beziehungen, die ein Mensch als Lebensgrundlage braucht. Verlässlichkeit und Solidarität, Liebe und Treue sind Grundpfeiler einer Freiheit, in der die Lebensgemeinschaft von Mann und Frau gelingen kann. Die Ehe steht im Alten Testament schon in einem „breiten anthropologischen und heilsgeschichtlichen Horizont als Paradigma einer vollen menschlichen Gemeinschaft und als Sinnbild des wahren Bundes zwischen Gott und Volk“ (J.M. Lochmann). Das Verbot, die Ehe zu brechen, ist nur im Kontext einer gelebten Gottesbeziehung zu verstehen.

Jesus hat das Verbot radikalisiert: Nach ihm beginnt der Ehebruch bereits in den begehrlichen Blicken und dem geheimen Verlangen des Herzens, die Frau eines anderen zu berühren. Als Gegenmittel werden hier keine Selbstverstümmelungen empfohlen. Wenn der Mann lieber bereit sein soll, sein rechtes Auge oder seine rechte Hand zu opfern, statt damit seine sexuellen Absichten zu signalisieren und zu sündigen, dann heißt das: Er soll bereits in diesem Vorfeld achtsam und verantwortlich mit sich umgehen. Es bedeutet nicht, dass sexuelle Wünsche und Gefühle nicht aufkommen dürfen; denn die lassen sich nicht ohne weiteres steuern. Aber es kommt sehr darauf an, wie konsequent jemand damit umgeht. Auge und Hand sind abhängig von der Lauterkeit des Herzens und diese wiederum hat in der Beziehung, in der Liebe zu Gott aus ganzem Herzen, ihr Fundament und ihre Kraft. Damit überwindet Jesus ein nur äußerliches, auf justiziable Fakten gründendes Verständnis des Verbots und fasst das Übel an der Wurzel. Die überspitzt klingende Formulierung mit dem Ausreißen, Amputieren und Wegwerfen ist eine gezielte Provokation, die uns später in der Verkündigung Jesu noch mehrfach begegnet.

Dritte Antithese – Von der Ehescheidung: Mt 5,31-32

5 31 Es ist gesagt worden: Wer seine Frau aus der Ehe entlässt, soll ihr eine Scheidungsurkunde geben. 32 Ich aber sage euch: Jeder, der seine Frau entlässt, außer im Fall von Unzucht, liefert sie dem Ehebruch aus; und wer eine Frau heiratet, die aus der Ehe entlassen worden ist, begeht Ehebruch.

Jesus lehnt auch die damals übliche Praxis der Ehescheidung ab. Als Pharisäer ihn fragen, ob es einem Mann erlaubt sei, seine Frau aus jedem beliebigen

Grund zu entlassen (Mt 19,9-12) lautet ihre Frage genau genommen: Darf ein Mann seine Frau aus jedem beliebigen Grund entlassen oder nur in bestimmten Ausnahmefällen? Beide Auslegungen wurden im Judentum vertreten.

Diese Frage ist auf dem Hintergrund der Rechtlosigkeit zu sehen, mit der z. Zt. Jesu die Frau dem Mann in der Scheidungsfrage gegenüberstand. Das Scheidungsrecht war ein Privileg der Männer. Wenn ein Mann seine Frau verstieß, hatte das für sie meist erhebliche soziale Folgen.

Jesus weiß um die Willkürmöglichkeiten, die dieses Herrschaftsrecht den Männern gegenüber „ihren" Frauen einräumt. Er weiß, wieviel Erniedrigung und Entwürdigung vielen Frauen zugefügt wird. Schon um 20 v. Chr. hat Rabbi Schammai mit seiner strengen Auslegung von Dtn 24,1 die Frauen vor den Männern schützen wollen.

Jesus entgegnet seinen schriftgelehrten Herausforderern, dass man Gesetze braucht, wenn die Liebe zu Ende geht und dass man Liebe mit keiner gesetzlichen Ordnung „regeln" kann. Damit entzieht er ihnen den Boden ihrer Argumentation und verweist sie auf den Ursprung, d. h. auf das Wesen des Menschen: „Als Mann und Frau hat er sie erschaffen" (Gen 1,27). Jesus will, dass seine Zuhörer den ursprünglichen Sinn ehelicher Liebe und Gemeinschaft wieder sehen lernen. Nur in einer Atmosphäre ohne Angst voreinander, in der Einheit mit Gott, sind Menschen zu einer Liebe fähig, die ihnen zum Segen und nicht zum Fluch wird. Nur wenn Menschen die Macht der Liebe, die allein von Gott ist, in ihr Herz einlassen, sind sie imstande, sich selbst und einen anderen Menschen mit ihrer ganzen Existenz zu bejahen. Dann bringen sie auch die Kraft auf, das Abenteuer eines gemeinsamen Weges zu wagen. „Als Mann und Frau hat er sie geschaffen". Vom Anfang der Schöpfung, von der ursprünglichen Ordnung Gottes her, gibt es kein Herrschaftsrecht eines Menschen über den anderen. An diesen „Anfang" möchte Jesus erinnern und damit deutlich machen, dass man mit gesetzlichen Regelungen Fragen des Herzens nicht erledigen kann. Er weiß, dass jedem Menschen die Erinnerung an diesen Ursprung möglich ist und dass in uns ein verborgenes Wissen und Fühlen lebt, was menschlich stimmt und was nicht.

Auf diese Weise eröffnet Jesus eine Perspektive, wie Menschen von der „Herzenshärte" (Mt 19,8), von der Gottesferne ihrer rechtlichen Praxis, von der heillosen Verfremdung ihres Herzens zurückfinden zu einer Haltung des Vertrauens, die dem „Anfang" entspricht. Er fordert die Pharisäer auf, sich zur Ordnung des Schöpfers zu bekehren: nicht was der Mann will, hat Geltung, sondern was Gott will; und Gott will die Einheit in der Liebe zwischen Mann und Frau. Diese Einheit darf niemand willkürlich zerstören.

Darum also verbietet Jesus dem Mann die Verstoßung seiner Ehefrau. Er will der legalisierten Willkür ein Ende machen. Sein Scheidungsverbot ist Ausdruck seiner Menschlichkeit.

Erst im Rückgriff auf den Schöpfungsbeginn wird man den Anspruch der Unauflöslichkeit zu einer Verheißung der Geborgenheit verstehen, die einer dem anderen zu geben befähigt wird. Dieser Sinn ehelicher Liebe und Gemeinschaft kann durch nichts ersetzt werden.

Es gibt nach Mt nur eine Ausnahme, aufgrund derer die lebenslange Treue von Mann und Frau aufgehoben werden darf: durch Ehebruch der Frau oder durch ein anderes schwerwiegendes sexuelles Fehlverhalten (z.B. Prostitution) ihrerseits (*lógou porneías*). Sie macht die Ehe nichtig und erlaubt dem Mann, wieder zu heiraten (vgl. auch Mt 19,9).

*

In unserer westlichen Industriegesellschaft haben Ehebruch und Ehescheidung längst den Charakter eines strafbaren Vergehens eingebüßt. Das Verbot gilt bei vielen Menschen als überholt. Die überkommenen Normen des sexuellen Verhaltens sind in der breiten Öffentlichkeit praktisch bedeutungslos geworden. Die Ehe wird heute weithin als private Angelegenheit betrachtet. Die befriedigende Lebensgestaltung des Einzelnen steht dabei oft höher im Kurs als das Verbleiben in einer als Belastung empfundenen Ehe. Damit hat sich die Einstellung zur Ehe als Dauerinstitution stark verändert.

Andererseits bleibt eine Sehnsucht nach lebenslanger Liebe und Treue sowie eine wachsende Sensibilisierung gegenüber seelischen Verletzungen in der Partnerschaft. Der Wunsch nach Exklusivität zeigt sich dann am deutlichsten, wenn ein unschuldiger Partner betrogen und dadurch verletzt wird. Untreue in der Ehe empfinden die meisten Eheleute als persönliche Verletzung, als Missachtung ihrer menschlichen Würde. Durch eine gescheiterte Ehe kann unendlich viel Leid entstehen. Vielleicht kann diese Erfahrung die Notwendigkeit und Aktualität des Verbots wieder ins Bewusstsein bringen. Diese Gebote beziehen sich nicht auf eine Bagatelle unseres privaten Tuns und Lassens. Sie treffen vielmehr „die Grunddimension unseres Menschseins, unsere Mitmenschlichkeit. Denn das Verhältnis von Mann und Frau ist die Grundform der schöpfungsgemäßen Mitmenschlichkeit“ (J.M. Lochmann).

Trotz aller Verfremdungen in der Geschichte und trotz aller Gebrechlichkeit und Gefährdungen bleibt die Ehe als Lebensgemeinschaft von Mann und Frau eine immer wieder zu gestaltende und aufzubauende Lebensform im Bewahren und Bewähren von Liebe und Treue. Liebe und Treue sind nach biblischem Verständnis nicht nur ein Gefühl, sondern vor allem eine Entscheidung von Herz und Verstand für den Ehepartner im Vertrauen auf Gott. Als Lebensgemeinschaft ist sie auf Dauer angelegt. Gerade die Analogie des JHWH-Bundes schließt eine einkalkulierte Auflösung aus. Ohne die ehrliche Absicht für eine unbefristete Partnerschaft kommt keine legitime Eheschließung zustande.

Darüber hinaus ist die Sexualität von Mann und Frau immer noch am besten in einer auf Dauer angelegten Lebensgemeinschaft aufgehoben, dort, wo sie in der Bindung personaler Liebe geschieht.

Dennoch wissen wir zur Genüge, dass auch bei aufrichtigem Ehewillen auf beiden Seiten die Ehe scheitern kann, dass die Lebensgemeinschaft zerbricht und zu einem zerstörerischen Miteinander degeneriert. Dann kann eine Trennung für die Betroffenen immer noch eine – auch moralisch – bessere Lösung sein. Aber ein solches Scheitern bedeutet immer einen Bruch in der Biografie, ein Versagen, das Vergebung braucht und nicht zum „Normalfall" erklärt werden soll.

Vierte Antithese: Vom Schwören: Mt 5,33-37

> **5 [33] Wiederum habt ihr gehört, dass zu den Alten gesagt worden ist: Du sollst keinen Meineid schwören, du sollst aber dem Herrn deine Eide halten. [34] Ich aber sage euch: Schwört überhaupt nicht, weder beim Himmel, denn er ist Gottes Thron, [35] noch bei der Erde, denn sie ist der Schemel seiner Füße, noch auf Jerusalem hin, denn es ist die Stadt des großen Königs! [36] Auch bei deinem Haupt sollst du nicht schwören; denn du kannst kein einziges Haar weiß oder schwarz machen. [37] Eure Rede sei: Ja ja, nein nein; was darüber hinausgeht, ist vom Bösen.**

Die These bietet kein wörtliches Zitat aus dem Dekalog. Sie erweist sich aber bei näherem Hinsehen als eine Auslegung des zweiten bzw. dritten Gebots (Dtn 5,11; Ex 20,7), das den Missbrauch des Namens Gottes untersagt. Das Verbot, den Namen JHWHs zu missbrauchen, gehört inhaltlich zum ersten bzw. zweiten Gebot des Dekalogs (Dtn 5,7-10, Ex 20,3-6). Im gläubigen Aussprechen des JHWH-Namens wird seine Gegenwart gleichsam unmittelbar. Das Aussprechen des JHWH-Namens ist ursprünglich Ausdruck einer ehrfürchtigen Beziehung. Mit der Offenbarung seines Namens (Ex 3,14) entzieht sich Gott allen menschlichen Versuchen, ihn zu begreifen, ihn zu definieren oder für die eigenen Belange dienstbar zu machen. Wer also im zwischenmenschlichen Bereich, z.B. vor Gericht oder sonst wie zur Bekräftigung seiner Aussage sich auf IHN als den Garanten von Recht und Freiheit beruft und dabei JHWHs Lebensabsichten nicht im Sinn hat, missbraucht seinen heiligen Namen.

Somit sind Meineide und Eide, die nicht gehalten werden, nicht nur Vergehen gegen den Mitmenschen, sondern vor allem Vergehen gegen Gott, dessen Name dadurch entheiligt wird (Lev 19,12). Damit kommt zugleich das achte bzw. neunte Gebot des Dekalogs ins Spiel (Dtn 5,20; Ex 20,16), das sich ursprünglich auf die Falschaussage vor Gericht bezieht. Die Rechtssicherheit und Freiheit in einem Gemeinwesen beruhen vor allem auf dem wahrheitsgetreuen Wort der Zeugen. Da im Prozessrecht zu damaliger Zeit Indizien nur eine geringe Rolle spielten, kam dem Verbot, als Zeuge vor Gericht keine falschen Aussagen gegen den Angeklagten zu machen, entscheidende Bedeutung zu. Durch die übereinstimmende Aussage zweier oder mehrerer Zeugen galt der Angeklagte als überführt (Dtn 19,15) und konnte so seine Ehre, seinen Besitz und sogar sein Leben verlieren. Bei einer solchen Gerichtspraxis war die Gefahr, Zeugen zu bestechen oder selbst falsch auszusagen, um die Verurteilung eines Unschuldigen zu betreiben, besonders groß. Die Geschichte von der Errettung Susannas (Dan 13) veranschaulicht diese Gefahr.

Falschaussage vor Gericht ist ein Verbrechen gegen die Substanz eines Gemeinwesens. Sie zerstört die Grundlagen, auf denen eine gerechte Gesellschaft aufgebaut ist. Die Situation ist noch gefährlicher, wenn die Richter selbst korrupt sind und das Recht zum eigenen Vorteil beugen. Totalitäre Regime haben immer wieder bis in unsere Zeit Schauprozesse inszeniert, bei denen falsche Zeugen aufgetreten sind und Richter das Recht missbraucht haben.

Aber das Verbot der Falschaussage bleibt nicht auf die Zeugenvernehmung vor Gericht beschränkt. Es schützt zentrale Grundwerte des Menschen, seine Ehre und Würde, sein Selbstwertgefühl und seine soziale Stellung. Wie schnell werden diese Grundwerte durch falsche oder halbwahre Behauptungen, böswillige Interpretationen bestimmter Verhaltensweisen und Unterstellung konstruierter Motive untergraben. Attacken dieser Art gehen an die Wurzeln unseres menschlichen Miteinanders in Ehe und Familie, im beruflichen und gesellschaftlichen Umfeld. Die Betroffenen sind solchen Gerüchten und Gerede oft schutzlos ausgesetzt.

Jesus sieht nun die Erfüllung von Tora und Propheten darin, mit jeder Art von Schwören ein für allemal Schluss zu machen, egal mit welchen Ersatzformeln, ob beim Himmel, bei der Erde oder im Blick auf die Stadt Jerusalem. Diese Formeln sollen nach rabbinischer Lehre aus Ehrfurcht vor JHWH vermeiden, dass sein Name in der Schwurformel genannt wird. Aber sie sind in Wirklichkeit keine Alternative, da Himmel und Erde Gottes Werk sind und mit Jerusalem, der „Stadt des „großen Königs" (Ps 48,3), Gott als der Herrscher der ganzen Welt gepriesen wird. So ist bei all diesen Ersatzformeln ein Bezug zu Gott gegeben und der Missbrauch des Gottesnamens nicht gebannt. Zum absoluten Schwurverbot gehört auch die Anrufung des eigenen Hauptes. Denn der Mensch ist die Krone der Schöpfung Gottes und sein Haupt hat teil an seiner Heiligkeit und Würde.

Stattdessen liegt die „größere Gerechtigkeit" in der uneingeschränkten Wahrhaftigkeit und Verlässlichkeit jedes menschlichen Wortes, auch beim Eid. Jedes „Ja" soll wie jedes „Nein" authentisch und eindeutig sein. Die unbedingte Wahrhaftigkeit im zwischenmenschlichen Bereich impliziert auch die Aufrichtigkeit und Ehrfurcht vor Gott. Wenn man aber meint, die Glaubwürdigkeit einer Aussage durch einen Schwur bekräftigen zu müssen, ist die Saat des Bösen, des Zweifels, bereits aufgegangen (vgl. Gen 3,1-3).

Fünfte Antithese: Vom Verzicht auf Vergeltung: Mt 5,38-42

> **5 38 Ihr habt gehört, dass gesagt worden ist: Auge um Auge und Zahn um Zahn.**
> **39 Ich aber sage euch: Stellt euch dem Bösen nicht entgegen, sondern wer dich**
> **auf die rechte Wange schlägt, dem halte auch die andere hin! 40 Und dem, der**
> **dich vor Gericht bringen will, um dir das Untergewand zu nehmen, lass auch**
> **den Mantel! 41 Und wer dich zwingt, eine Meile mit ihm zu gehen, geh zwei mit**
> **ihm! 42 Wer dich bittet, dem gib, und wer von dir borgen will, den weise nicht ab!**

Die Talionsformel „Auge um Auge, Zahn um Zahn“ kommt im AT dreimal vor: Zum Schutz einer schwangeren Frau wird bei fahrlässig verursachter Körperverletzung eine angemessene Wiedergutmachung gefordert (Ex 21,22-25). Das Gleiche gilt bei vorsätzlicher Körperverletzung, Totschlag und Sachbeschädigung (Lev 24,17-24). Zum Schutz der Rechtssicherheit in einem Gemeinwesen soll bei erwiesener Falschaussage vor Gericht mit dem Delinquenten so verfahren werden, wie er es mit seinem Gegner vorhatte. Es geht also bei dieser Formel im AT um die Verhältnismäßigkeit bei der Wiedergutmachung von angerichtetem Schaden, nicht um Rache. Das Ausmaß des entstandenen Schadens darf nicht überschritten werden.

Die „größere Gerechtigkeit“ besteht nach Jesus aber im überraschenden, kreativen Umgang mit dem Bösen. Er provoziert bewusst, wie er das auch bei anderen Gelegenheiten tut, um eine Frage oder ein Problem emotional zuzuspitzen und dann auf den unerwarteten Punkt zu bringen. Durch die provokante Zuspitzung kommt die Frage oder das Problem ganz dicht an die Hörer oder Leser heran.

Mit den drei ersten Forderungen zeigt Jesus exemplarisch Situationen auf, wie die Spirale von Gewalt und Entfremdung überwunden werden kann. Die Beispiele sind brennpunktartig verdichtete Bilder für ein alternatives Verhalten, das es in allen Bereichen unseres Lebens zu entdecken und zu verwirklichen gilt. Es geht darum, im zwischenmenschlichen Bereich sich so zu entscheiden und so zu handeln, dass der materielle Schaden begrenzt bleibt und der Riss in den Beziehungen sich nicht vertieft und bestenfalls heilt. Die Heilung von Beziehungen geht immer vom persönlichen Handeln aus.

Mt hat in seinen Beispielen die Situation von sozial Ungleichen im Blick, für die Vergeltung sowieso nicht in Frage kommt. Wer dennoch eine Ohrfeige nicht passiv hinnimmt und dem Angreifer auch noch die andere Wange hinhält, zeigt Würde und Souveränität, die den anderen stutzig machen und vielleicht den plötzlichen Gewaltausbruch beenden kann.

Noch provokanter handelt, wer einem Gläubiger nicht nur das Untergewand, sondern auch den Mantel überlassen will, sodass er schutzlos bei Nacht der Kälte ausgeliefert wäre. Die Pfändung des Mantels über Nacht ist jedoch nach der Tora verboten (Ex 22,25f.; Dtn 24,12f.). So wäre diese Geste des Überlassens eine Art Zeichenhandlung, die dem Gläubiger seine mangelnde Solidarität mit dem Armen bewusst machen und ihn zum Umdenken bewegen kann.

Wie die Ohrfeige schmerzt und demütigt, so noch mehr, wenn ein Gläubiger seine Forderungen bis aufs „letzte Hemd" rücksichtslos einklagt. Noch schmerzlicher und entwürdigender ist es, wenn man wie ein Leibeigner zu einer Dienstleistung gezwungen wird, wie das unter der römischen Besatzungsmacht damals üblich war. Es gehört schon sehr viel Selbstachtung und innere Freiheit dazu, eine solche Gewaltmaßnahme durch eine freiwillige Provokation zu unterlaufen.

Die Strategie der bewussten gewaltlosen Provokation, das Böse ins Leere laufen zu lassen, um den anderen zu überraschen und zum Umdenken zu bewegen, kann scheitern. Aber sie ist die einzige Möglichkeit im Gewalttätigen, im Gläubiger und im Repräsentanten der Besatzungsmacht seinen Nächsten zu sehen und ihn zu lieben wie sich selbst (Lev 19,18).

Bei der letzten Antithese sind die angesprochen, die in der Lage sind, Almosen zu geben und Darlehen zu gewähren. Im Kontext der drei vorher genannten Beispiele bedeutet die Aufforderung Jesu an diese Zielgruppe, dass sie auch denen ihre Hilfe nicht verweigern, die sich ihnen gegenüber vorher feindselig verhalten haben. Statt mit gleicher Münze heimzuzahlen, soll man ihnen die Unterstützung nicht versagen, wenn sie in Not geraten sind. Damit wäre V. 42 eine Überleitung zur sechsten Antithese.

Diese Worte Jesu weisen auf etwas Neues und Unverwechselbares hin, das in seiner Person und in seinem Wirken aufgeleuchtet ist. Sie wollen zugleich dazu inspirieren, nach den genannten Beispielen im eigenen Alltag situativ und kreativ zu reagieren, um in offenen oder verdeckten Konflikten eine neue Freiheit zu ermöglichen und das Gewaltpotenzial ins Leere laufen zu lassen.

Das Beispiel und die Worte Jesu können nicht unmittelbar für den Verzicht auf Gewalt und Vergeltung der Christen in der heutigen Situation umgesetzt werden. Unser Handeln aus Gottes- und Nächstenliebe muss jeweils neu aus den konkreten Umständen heraus erfasst werden, in die wir hineingestellt sind. Dazu braucht es Unterscheidungsgabe und Urteilsfähigkeit. Leben und Wirken Jesu können aber unseren Blick für gewaltfreies und beziehungsstiftendes Verhalten schärfen.

Sechste Antithese: Von der Feindesliebe: Mt 5,43-48

5 [43] Ihr habt gehört, dass gesagt worden ist: Du sollst deinen Nächsten lieben und deinen Feind hassen. [44] Ich aber sage euch: Liebt eure Feinde und betet für die, die euch verfolgen, [45] damit ihr Kinder eures Vaters im Himmel werdet; denn er lässt seine Sonne aufgehen über Böse und Gute und er lässt regnen über Gerechte und Ungerechte. [46] Wenn ihr nämlich (nur) die liebt, die euch lieben, welchen Lohn habt ihr da? Tun das nicht auch die Zöllner? [47] Und wenn ihr nur eure Brüder grüßt, was tut ihr da Besonderes? Tun das nicht auch die Heiden? [48] Seid also vollkommen, wie euer himmlischer Vater vollkommen ist!

Die letzte These: „Du sollst deinen Nächsten lieben wie dich selbst und deinen Feind hassen" lässt sich nur in ihrem ersten Teil aus dem Heiligkeitsgesetz (Lev 19,18) nachweisen. Für ein Gebot, den Feind zu hassen, gibt es im AT keinen Beleg. Vermutlich ist mit dieser These eine religiöse Überlieferung gemeint, die das Liebesgebot vor allem auf die eigene Gruppierung bezieht und diese Abgrenzung noch durch die Verpflichtung bekräftigt, die Feinde zu hassen, d.h. ihnen jegliche Unterstützung zu versagen oder auch zu schaden, wenn sie den eigenen Interessen im Weg stehen.

Jesus verlangt dagegen von seinen Jüngern eine ungeteilte Liebe, die selbst den Feind (*echtrós*) mit einschließt. Das gilt für jede Art von Feinden: für den Feind im persönlichen Bereich ebenso wie für den politischen Gegner oder den Menschen, der zu einer verfeindeten Gruppe oder zu einem verfeindeten Volk gehört. Jesus verbindet das Gebot der Feindesliebe noch mit der Aufforderung, für die Feinde, auch wenn sie uns verfolgen, zu beten. Seine Bitte, den Feind als Geschöpf Gottes in den Blick zu nehmen und um sein Wohlergehen besorgt zu sein, kann unsere Gefühlsmuster und unsere Denkgewohnheiten verändern und destruktive Impulse wie Hass und Vergeltung umwandeln.

Das Gebot der Feindesliebe ist für Jesus nicht nur eine Forderung unter anderen, sondern aufgrund seiner herausgehobenen Stellung zum Abschluss der Antithesen und seiner theologischen Fundierung in der Güte und Menschenfreundlichkeit Gottes ist es *der Kern* aller Gebote, die zur „größeren Gerechtigkeit" führen und die Tora erfüllen. Der Schöpfer macht in seiner uneingeschränkten Zuwendung zu seinen Geschöpfen keinen Unterschied. Er lässt seine Sonne aufgehen über Böse uns Gute und lässt regnen über Gerechte und Ungerechte. Wenn wir in unserem Feind unseren Nächsten sehen und ihn mit uneingeschränktem Wohlwollen begegnen, erweisen wir uns als Söhne und Töchter des himmlischen Vaters und entsprechen seinem Willen.

Die Feindesliebe kann uns sehr schwerfallen, da sie sich nicht auf das natürliche Sympathiegefühl stützen kann, das uns mit unseren Freunden verbindet. Dennoch steht das Gebot der Feindesliebe nicht im Widerspruch zu unserem natürlichen Menschsein. Unser Menschsein ist und bleibt das Fundament der Solidarität, die uns mit allen Menschen verbindet, auch wenn sie durch Feindschaft ausgeblendet oder verstellt ist. Unser gemeinsames Menschsein hat seinen tiefsten Grund darin, dass wir alle Geschöpfe Gottes sind und dazu berufen, unser Leben in der ewigen Gemeinschaft mit ihm vollenden zu lassen.

Es würde aber die Grenzen unserer menschlichen Natur überstrapazieren, den Feind zu lieben, *weil* er uns feindlich gesonnen und darauf aus ist, uns Böses zu tun. Das wäre mit unserer natürlichen Selbstliebe nicht vereinbar und würde auch dem Wohl des Anderen widersprechen, da die Feindschaft auch für ihn selbst ein Übel ist, das ihn an der Entfaltung seines Menschseins hindert (E. Schockenhoff).

Auf dem Hintergrund der gebotenen Feindesliebe tragen wir Christen auch Verantwortung für politisches Handeln. Ohne den Einsatz für Frieden und Gerechtigkeit bleibt das Zeugnis des Evangeliums unglaubwürdig. Die von Jesus geforderte Feindesliebe hat auch eine „öffentlich-politische Dimension, die über natürliche Grenzen hinausweist“ (E. Schockenhoff).

Bei der Strategie einer „intelligenten Feindesliebe“ sind aber die Risiken einseitiger Vorleistungen politisch klug abzuwägen. Feindesliebe im politischen Bereich verlangt immer den Mut, den ersten Schritt auf den Anderen hin zu tun, und die Bereitschaft, auch ihm ein ernsthaftes Interesse an der Lösung des Konflikts zu unterstellen.

Die „größere Gerechtigkeit“ verfehlt, wer nur auf Gegenseitigkeit hin Gutes tut. Er kann von Gott nichts mehr erwarten. Jesus vergleicht die „Schriftgelehrten und Pharisäer“ mit den Zöllnern und Heiden und stellt sie damit auf die gleiche Stufe.

Mit der abschließenden Aufforderung an seine Jünger, vollkommen zu sein, wie ihr himmlischer Vater vollkommen ist (V. 48), fasst Mt die sechs Antithesen zusammen und bringt auf den Punkt, was er seit V. 20 mit der „größeren Gerechtigkeit“ meint.

Die bedingungslose und grenzenlose Zuwendung Gottes zum Menschen in der Person und im Wirken Jesu signalisiert, dass Gottes Herrschaft („Himmelreich“) bereits angebrochen ist und die Antwort des Menschen in den Antithesen Jesu herausfordert. Die Radikalität der „größeren Gerechtigkeit“ ist nur nachvollziehbar im Vertrauen auf das Mit-Sein Gottes (Mt 1,23; 28,20). Dieses Vertrauen ist das Fundament und die Motivation, die Tora zu erfüllen und „vollkommen“ zu sein wie unser himmlischer Vater vollkommen ist. Wer aus dieser Perspektive lebt, verwirklicht seine geschöpfliche Gottebenbildlichkeit.

Von der rechten Einstellung, um die „größere Gerechtigkeit" der Bergpredigt zu erfüllen: Mt 6,1-7,27

Mit der Warnung vor der Heuchelei (Mt 6,2.5.16), die die eigene Glaubenspraxis vor den Menschen zur Schau stellt, beginnt Mt einen größeren Abschnitt, in dem es um die rechte Gesinnung geht, wie die Forderungen der Antithesen erfüllt werden können. Ging es im Vorausgehenden darum zu erkennen, was die „größere Gerechtigkeit" bedeutet, so jetzt, wie das bei drei elementaren Ausdrucksformen jüdischer und christlicher Frömmigkeit geschehen soll. Ohne die Schriftgelehrten und Pharisäern ausdrücklich zu nennen, geht die Auseinandersetzung mit ihnen weiter. Die wiederholte Rede von den „Heuchlern" (Mt 6,2.5.16) ist ein klares Indiz dafür (vgl. Mt 15,7-9; 22,18; 23,15 ff.)

Vom Almosengeben: Mt 6,1-4

6 [1] Hütet euch, eure Gerechtigkeit vor den Menschen zu tun, um von ihnen (an)
gesehen zu werden; sonst habt ihr keinen Lohn von eurem Vater im Himmel
(zu erwarten). [2] Wenn du Almosen gibst, posaune es nicht vor dir her, wie es
die Heuchler in den Synagogen und auf den Gassen tun, damit sie von den
Leuten gepriesen werden! Amen, ich sage euch: Sie haben ihren Lohn bereits
erhalten. [3] Wenn du Almosen gibst, soll deine linke Hand nicht wissen, was
deine rechte tut, [4] damit dein Almosen im Verborgenen bleibt; und dein Vater,
der ins Verborgene sieht, wird (es) dir vergelten.

Zusammenhang: Mit Mt 6,1-18 beginnt der Evangelist eine neue thematische Einheit innerhalb der Bergpredigt, die bis Mt 7,12 reicht. Nach den Werken der Frömmigkeit: dem Almosengeben, dem Beten und dem Fasten wendet er sich nun umfassenderen Fragen nach dem Verhältnis der Jünger zu Besitz und der Sorge um die Sicherung ihrer materiellen Existenz zu. Der ganze Abschnitt ist von der Aufforderung zusammengehalten: „Seid unbesorgt!" Das Wort „besorgt sein" (*merimnáo*) kommt hier allein sechsmal vor. Es geht also weiter mit der Umsetzung der seit Mt 4,12 von Jesus verkündeten Gottesherrschaft („Himmelreich") und der „größeren Gerechtigkeit". Im Vordergrund steht die Ausrichtung der Jünger auf Werte, die kein Verfallsdatum haben trotz Anfeindungen, sozialer Ausgrenzung (z.B. Synagogenausschluss) und drohender Armut.

Es beginnt mit einer eindringlichen Warnung, die „größere Gerechtigkeit" aus einer authentischen persönlichen Beziehung zu Gott zu praktizieren. Mt veranschaulicht das an drei Beispielen, die sowohl für jüdische Frömmigkeit als auch in den christlichen Gemeinden von zentraler Bedeutung waren: *Almosen geben, Gebet und Fasten.* Wer sich jedoch bei dieser Frömmigkeitspraxis von der Absicht leiten lässt, Bewunderung und soziale Anerkennung zu gewinnen, handelt aus unlauteren Motiven und ist unglaubwürdig. Die subtile Sucht nach Selbstbestätigung beeinträchtigt oder zerstört gar die Beziehung zum „Vater im Himmel". Wie wichtig Mt diese Beziehung für ein authentisches christliches Handeln ist, zeigt sich auch daran, dass das Wort „Vater" in dem Abschnitt Mt 6,1-18 zehnmal vorkommt. Eine lebendige liebende Beziehung zu Gott ist das Fundament für die Erfüllung der Tora, für ein überzeugendes Glaubensleben.

Das Almosengeben ist das erste der drei Beispiele, wie ein Christ mit Gott in einer lauteren Beziehung stehen kann. Das griech. Wort *eleämosúnä* hat dieselbe Wurzel wie Barmherzigkeit (*éleos*) und bedeutet, einer bedürftigen Person gegenüber sein Herz zu öffnen. Das barmherzige Handeln wird aus der mitfühlenden Verbundenheit mit Gott begründet, der den Schrei der Notleidenden und Ausgebeuteten hört (Ex 22,20-26). Die Metapher von der linken Hand, die nicht wissen soll, was deine Rechte tut, appelliert an die Großherzigkeit im Umgang mit Bedürftigen. Statt mit dem Almosengeben die Öffentlichkeit zu suchen und auf gesellschaftliche Anerkennung erpicht zu sein, soll das barmherzige Handeln eher im Verborgenen bleiben – dort, wo die persönliche Gottesbeziehung Ausgang und Ziel gläubigen Handelns ist. Es geht letztlich darum, Gottes Willen zu suchen und Menschen zum Lobpreis Gottes zu inspirieren. Wer das nicht im Sinn hat, was kann der von Gott noch erwarten? Der Lohn des himmlischen Vaters entspricht dem uneigennützigen Handeln am Menschen zur Verherrlichung Gottes – ohne jedes berechnende Kalkül. Jesus erwartet also von seinen Jüngern, dass sie nicht darauf hoffen, für ihr Almosengeben etwas von Gott zu erhalten, sondern dass sie auf Gott selbst, ihren Vater im Himmel, hoffen.

Vom rechten Beten: Mt 6,5-15

**6 5 Wenn ihr betet, seid nicht wie die Heuchler! Sie lieben es, in den Synagogen
und an den Straßenecken im Stehen zu beten, damit sie von den Menschen
gesehen werden. Amen, ich sage euch: Sie haben ihren Lohn bereits erhalten.
6 Du aber, wenn du betest, geh in deine Kammer, schließ die Tür zu; dann bete
zu deinem Vater, der im Verborgenen ist! Dein Vater, der ins Verborgene sieht,
wird (es) dir vergelten.**

**7 Wenn ihr betet, plappert nicht wie die Heiden, die meinen, dass sie (nur)
durch einen Schwall von Worten (*polulogía*) erhört werden. 8 Macht es ihnen
also nicht gleich; denn euer Vater weiß, was ihr braucht, noch ehe ihr ihn
bittet.**

„Wenn ihr betet ..." Der Text hat vielleicht die drei Gebetszeiten am Morgen, zum Mittag und am Abend im Blick. Jesus warnt auch hier davor, diese intime Weise der Gottesverehrung durch öffentliche Zurschaustellung zu missbrauchen und zu entwerten. Das Gespräch als Zwiesprache mit Gott braucht einen zurückgezogenen Ort, so wie Jesus selbst in der Einsamkeit gebetet hat (Mt 14,23). Er versichert seinen Jüngern, dass der himmlische Vater ihre Anliegen nicht aus dem Auge verliert. Dadurch wird ihr Gebet nicht überflüssig, aber man muss dabei nicht viele Worte aufwenden. Auch das gemeinsame Gebet in der Familie und in der Synagoge lebt von der liebenden und ungeteilten Ausrichtung auf Gott (Dtn 6,4f.).

Als positives Beispiel lehrt Jesu seine Jünger das *Vater unser* als ein Gebet, das keine unnötigen Worte macht und in seiner Ausrichtung ganz *ein*deutig ist.

Das Vater unser

9 So sollt ihr beten:
Unser Vater im Himmel,
geheiligt werde dein Name,
10 dein Reich komme,
dein Wille geschehe wie im Himmel, so auf der Erde.
11 Gib uns heute unser Brot für morgen!
12 Und erlass uns unsere Schulden,
wie auch wir sie unseren Schuldnern erlassen haben!
13 Und führe uns nicht in Versuchung,
sondern bewahre uns vor dem Bösen!

14 Denn wenn ihr den Menschen ihre Verfehlungen vergebt, dann wird euer
himmlischer Vater auch euch vergeben. 15 Wenn ihr aber den Menschen nicht
vergebt, dann wird euch euer Vater eure Verfehlungen auch nicht vergeben.

Das Vaterunser ist uns bei Matthäus und Lukas (11,2-4) in zwei unterschiedlichen Fassungen überliefert. Außerdem gibt es noch eine mit der Matthäusfassung eng verwandte Variante in der Didache 8,2 (Zwölf-Apostel-Lehre: früheste Gemeindeordnung) aus der Zeit der Apostolischen Väter etwa zu Beginn des 2. Jh.

Bei Matthäus bildet das Vaterunser die Mitte der Bergpredigt (Mt 5-7). Sie ist das „Prinzip und Fundament“ seiner Verkündigung und Lehre. Lukas bringt das Herrengebet zu Anfang einer aus mehreren Einzelelementen komponierten Gebetslehre (Lk 11,1-13) als eine besonders wichtige Jüngerunterweisung auf dem Weg nach Jerusalem. Schon früh hat sich die Version des Matthäusevangeliums durchgesetzt und wurde von der gesamten Christenheit übernommen.

Vater unser im Himmel: Mit seiner Vater-Anrede nimmt Jesus seine Jünger und Jüngerinnen gleichsam in sein eigenes Gottesverhältnis hinein, in diese einzigartige Ich-Du-Beziehung, die ihn mit seinem himmlischen Vater verbindet. JHWHs Wirklichkeit, die Jesus „Vater“ nennt, umfasst auch die mütterliche und weibliche Seite Gottes. Alles genuin Väterliche und Mütterliche hat in Gott seinen Ursprung. Mit der Vater-Anrede eröffnet uns Jesus den Zugang zum Herzen Gottes. Sie vermittelt einerseits familiäre Nähe, andererseits ehrfürchtige Distanz, ein Gespür, dass Gott Geheimnis ist. Sie sammelt unser Herz, unser ganzes Sein auf dieses „Du" wie in einem Brennpunkt und führt uns über uns selbst hinaus.

Unmittelbar nach der Taufe Jesu öffnete sich der Himmel und Gott selbst bekannte sich zu ihm als seinen geliebten Sohn, dem sein ganzes Wohlwollen gilt (Mt 3,17). Die Gewissheit, Gott als liebenden Vater zu haben, setzt einen neuen Anfang und macht deutlich, wie Gott in Jesus zu allen Menschen eine neue Beziehung aufnimmt.

Das Wort „unser" schließt uns mit allen Brüdern und Schwestern im Glauben zusammen. Das Vaterunser bringt uns also in Beziehung zum Vater Jesu Christi und zu den Mitmenschen als unseren Brüdern und Schwestern. Die Worte „im Himmel" unterstreichen, dass Gott Geheimnis bleibt, – oft ein leidvoll unbegreifliches Geheimnis, auch wenn er uns liebend umfängt oder – wie Augustinus sagt – uns näher ist, als wir uns selbst sein können.

Zentral ist, dass wir uns bei der Vater-Anrede persönlich davon berühren lassen und Freude darüber empfinden, mit unserem Leben in einem so faszinierenden Sinnzusammenhang zu stehen.

Geheiligt werde dein Name: Mit der ersten Bitte um die Heiligung des Gottesnamens kommt das große Ziel jedes Menschenlebens und der ganzen Menschheitsgeschichte in den Blick: die Verherrlichung Gottes. Auf alttestamentlichem Hintergrund bezeichnet der *Name* gewissermaßen die „Außenseite" JHWHs, seine sich dem Menschen offenbarende Wirklichkeit. Durch kein Wort wird Gottes Name vollkommener geheiligt als durch die Anrede „Vater". Sie ist Ausdruck unserer christlichen Mündigkeit. Wenn wir also beten „geheiligt werde dein Name", bitten wir Gott, seinen Willen in unserem Leben, in unserer Geschichte zur Geltung zu bringen.

In der Bitte um die Heiligung des Gottesnamens sprechen wir die Sehnsucht aus, dass wir uns von Gott bis ins Herz hinein erfassen und wandeln lassen, so dass unser Leben an seine Gegenwart erinnert und wir den Auftrag Jesu erfüllen: „Ihr seid das Licht der Welt. Eine Stadt, die auf einem Berg liegt, kann nicht verborgen bleiben ... So soll euer Licht vor den Menschen leuchten, damit sie eure guten Werke sehen und euren *Vater im Himmel preisen*" (Mt 5,14.16).

Zentral kommt also in dieser Bitte unsere Sehnsucht zum Ausdruck, dass Gott in unserem Leben die erste Stelle einnehme und dass er uns freisetze von allem, was uns gefangen hält in der Sorge um uns selbst, damit wir offen werden für seine Lebensabsichten mit uns. Die Bitte um Heiligung seines Namens umfasst aber auch die Sehnsucht, dass Gott selbst durch sein machtvolles Handeln sich als Herrscher der Welt manifestiert.

Dein Reich komme: Die zweite Bitte um das Kommen seiner Herrschaft (seines Reiches) steht in unmittelbarem Zusammenhang mit der Sehnsucht nach Heiligung des Gottesnamens und gibt ihr eine besondere Dringlichkeit. Mit dieser Bitte machen wir uns das zentrale Anliegen der Verkündigung Jesu zu eigen. Das „Reich Gottes" ist *das* Leitmotiv seines Denkens, Wollens und Wirkens. In ihm hat es Gesicht und Gestalt bekommen. Beim Betrachten seines Lebensgeheimnisses wird deutlich, wie er in seinem Umfeld die üblichen Herrschaftsverhältnisse aufhebt. Wer herrschen will, muss dienen; wer eine herausgehobene Stellung einnehmen will, muss unten seinen Platz einnehmen (vgl. Mt 23,11).

In den Seligpreisungen und Antithesen der Bergpredigt und vor allem in den Gleichnissen hat Jesus der geheimnisvollen Wirklichkeit des „Reiches Gottes" eine Sprache gegeben, die den Menschen innerlich in Bewegung bringt und freisetzen will. Hier wird auch deutlich, dass das Kommen des Gottesreiches an unsere Mitwirkung gebunden ist. Jesus will einen persönlichen Einsatz, der bei allem Engagement das Ergebnis allein der Initiative Gottes überlässt.

Mit der Bitte um das Kommen des Reiches, das im Leben und Wirken Jesu anschaulich und erfahrbar wurde, beten wir um seine Gegenwart nicht erst im Blick auf seine Wiederkunft, sondern schon jetzt in der Erfahrung seiner inspirierenden und stärkenden Nähe, besonders dort, wo Misstrauen, Hass und Gewalt, Menschenverachtung und Unfreiheit das Antlitz der Erde verunstalten.

Dein Wille geschehe wie im Himmel so auf Erden: Mit der dritten Bitte stellen wir uns hinein in den Lebensgehorsam Jesu, dessen Speise es war, den Willen dessen zu tun, der ihn gesandt hat. Dass Gottes Willen sich auf Erden mehr und mehr durchsetzt, ist unsere Aufgabe als Christen: „Euch aber muss es zuerst um das Reich Gottes und um seine Gerechtigkeit gehen ..." (Mt 6,33). Das bezieht sich auf unsere eigene kleine Lebenswelt ebenso wie auf den Raum des gesellschaftlichen und politischen Handelns.

Doch die Bitte hat noch einen tieferen Kern. Gottes Wille geschehe nicht nur durch uns, sondern auch an uns: Der Evangelist Matthäus gibt uns das dadurch zu verstehen, dass er das Gebetswort Jesu im Garten von Gethsemani ganz parallel zur Vater-unser-Bitte formuliert: „Dein Wille geschehe..." (Mt 26,42). Es gibt Stunden, die allein im Gebet durchlitten werden müssen. Es gibt Stunden, in denen die eigene Ohnmacht durch keinen menschlichen Beistand aufgehoben werden kann. Es gibt Stunden, in denen die Angst vor dem Schmerz alle „Räume" unseres Herzens ausfüllt und alles in Frage stellt. Es gibt Stunden, die nur in völliger Unterwerfung unter den unbegreiflichen Willen Gottes überlebt werden. Jesus erfährt in dieser Ölbergnacht, dass der Vater den Kelch des Leidens nicht von ihm nimmt. In der totalen Übereignung seines Willens erfährt er zugleich, dass der Vater ihn nicht allein lässt. Das nimmt ihm nicht die Angst vor dem Sterben von Menschenhand; sie kann nur in beharrlichem Gebet überstanden werden.

Die unser menschliches Begreifen übersteigende Erschütterung Jesu und die Intensität seines von Angst überschatteten Gebetes werden uns vor Augen geführt, damit wir sehen: Es gibt keine Nacht der Sinne, in der Gott nicht anwesend ist. Es gibt keine angstvolle Ausweglosigkeit, die nicht mit IHM durchschritten werden kann; keinen Abgrund, der nicht vom Abgrund göttlichen Erbarmens umfangen ist.

So ergibt sich aus der Bitte um die Heiligung des Gottesnamens die Bitte um das Kommen seines Reiches und die Bitte, dass sein Wille auf Erden durch uns und an uns geschehe.

Die drei folgenden Bitten wenden sich den existenziellen Nöten der Menschen zu, um sie in der Ausrichtung auf Gottes Gegenwart und sein machtvolles Wirken in der Geschichte lebendig zu erhalten. Es geht um „die materielle Versorgung mit dem Lebensnotwendigen, das Angewiesensein auf Vergebung und die Verführbarkeit zur Sünde" (M. Konradt).

Gib uns heute unser Brot für morgen: Bei der Bitte um Brot geht es um das Lebensnotwendige für jeden Tag. Brot steht also für den materiellen Unterhalt des Lebens überhaupt. Vorausgesetzt ist hier die Situation von Armen, in der die Nahrung für den kommenden Tag nicht selbstverständlich gegeben ist, wie etwa bei Tagelöhnern, die am Abend noch nicht wissen, ob sie am nächsten Tag Arbeit finden und ihre Familie ernähren können (vgl. Mt 20,1-16). „So hoch auch der Geist fliegen, so tief auch die Mystik ansetzen und so metaphysisch auch abstraktes Denken sein mag, Menschsein hängt immer von einem Brocken Brot und einem Becher Wasser ab, also von einer Handvoll Materie. Die materielle Infrastruktur ist so wichtig, dass ... Gott Heil und Verderben daran geknüpft hat, ob wir sie gerecht und brüderlich gestalten oder nicht ... Im Brot, im Wasser, in der Kleidung und in der Solidarität steht am Ende das ewige Schicksal des Menschen auf dem Spiel" (vgl. Mt 25,31-46). ... „Kein Gebet und keine geistige Tätigkeit können vom Brot und von der - häufig mühsamen Arbeit absehen, derer es bedarf, um es zu verdienen und es auf den Tisch des Hungernden zu bringen" (L. Boff).

Wenn Jesus seine Jünger und Jüngerinnen um das tägliche Brot bitten lehrt, nimmt er einerseits die leibliche Dimension des Menschen ganz ernst. Hunger, materielle Not und unsolidarisches Verhalten gehören zu den wichtigsten Ursachen menschlicher Unzufriedenheit, Aggressivität und Bosheit. Andererseits warnt er vor aller falschen Zukunftsorientierung aus Mangel an Vertrauen. Wie JHWH das alte Bundesvolk in der Wüste beim täglichen Kampf ums Überleben durchgebracht und ins gelobte Land geführt hat, so sollen wir aus der Zuversicht leben, dass Gott uns gibt, was wir täglich zum Leben brauchen.

Und erlass uns unsere Schuld, wie auch wir sie unseren Schuldnern erlassen haben: Mt gebraucht hier die Metapher von Geldschulden, die vom Gläubiger ganz erlassen werden. Die Bitte um Vergebung entsteht aus dem Wissen um die Schwäche des Menschen und die Macht des Bösen im eigenen Herzen sowie auch aus der Erfahrung, wie sehr wir selbst der Vergebung bedürfen. Wir sind glückselige Schuldner: Weil uns vergeben *ist*, können und sollen wir auch anderen vergeben und so Beziehung und Gemeinschaft untereinander ermöglichen.

Doch die Wirklichkeit sieht oft anders aus. Matthäus erzählt das Gleichnis von einem Mann, der seinem Herrn eine große Summe Geldes schuldet. Als er nicht bezahlen kann und deshalb mit seiner ganzen Familie und allem Besitz verkauft werden soll, bittet er auf den Knien um Aufschub. Das berührt den Herrn so tief, dass er ihn freilässt und ihm die ganze Schuld erlässt. Beim Hinausgehen trifft der Mann einen Kollegen, der ihm einen kleineren Geldbetrag schuldig ist. Er stürzt sich auf ihn und fordert unverzüglich sein Geld zurück. Als dieser ihn kniefällig um Aufschub bittet, zeigt er kein Mitgefühl und lässt ihn erbarmungslos ins Gefängnis werfen (vgl. Mt 18,23-35).

Aus dem tiefinneren Spüren, dass Sünde und Schuld zur „ganzen Wahrheit“ unseres Lebens gehören, und aus dem Glauben, dass keine Verstrickung in Sünde und Schuld so heillos sein kann, dass sie nicht von Gottes Erbarmen umfangen wird, kann der Teufelskreis, die zerstörerische Dynamik des Bösen aufgebrochen werden. Das Wissen um Gottes Güte und Barmherzigkeit ist die Voraussetzung für unsere Versöhnungsbereitschaft in zwischenmenschlichen Beziehungen.

In der Bitte um Vergebung vertrauen wir uns also Gottes unverbrauchter Güte und Barmherzigkeit an und beten darum, dass der Blick darauf von uns nicht verstellt wird. Wer im Wissen um die eigene Schwachheit Gottes Barmherzigkeit im eigenen Herzen keine Grenze setzt und dem Nächsten immer wieder die Chance des Neuanfangs gibt (Mt 18,21 f.), von dem wird sich Gott an Großmut nicht übertreffen lassen. So werden wir befähigt, auch dort Gutes zu tun, wo wir keinen Dank erwarten, und dort zu lieben, wo wir abgelehnt und angefeindet werden. Wer sich aber in unversöhnlicher Weise konstant weigert, einem anderen zu vergeben, kann auch von Gott keine Vergebung erwarten.

Und führe uns nicht in Versuchung, sondern bewahre uns von dem Bösen: Die letzte Bitte des Vaterunser ist eng mit der Bitte um Vergebung verbunden. Ging es da um die Vergebung begangener Sünden, so geht es jetzt darum, vor weiteren Sünden bewahrt zu werden. Auch diese Bitte weiß um die Macht des Bösen, die Schwäche des Menschen und rechnet realistisch mit seiner täglichen Gefährdung, seine Freiheit zu missbrauchen und sein Leben zu verfehlen. Das griechische Wort für „Versuchung“ (*peirasmós*) kann ganz allgemein so viel wie „Erprobung“ oder „Prüfung“ mit ungewissem Ausgang bedeuten. Bei Lukas ist damit die Gefahr des Glaubensabfalls gemeint. Da zielt die Bitte auf die Bewahrung in der Jüngerschaft. Das Wort meint also Schicksalsschläge, denen wir aus eigener Kraft nicht gewachsen sind; Prüfungen, bei denen wir in unserem Glauben an Gott, den barmherzigen Vater irre werden können. Schließlich kann Versuchung hier auch seine übliche Bedeutung haben: Verlockung und Bedrohung, hinter der die Macht des Bösen steht. Diese kann im eigenen Herzen ihren Ursprung haben: „Jeder wird von seiner eigenen Begierde, die ihn lockt und fängt, in Versuchung geführt“ (Jak 1,14). Sie kann auch von unserem persönlichen und gesellschaftlichen Umfeld kommen. So werden uns Zeiten der Verkehrung und Verwirrung von Gut und Böse, Zeiten kollektiver Verblendung und Bedrohung kaum erspart bleiben.

Schwer verständlich scheint die Vorstellung, dass Gott selbst Menschen in „Versuchung“ führt. Dem steht das Wort aus dem Jakobusbrief entgegen: „Keiner, der in Versuchung gerät, soll sagen: Ich werde von Gott in Versuchung geführt. Denn Gott kann nicht in die Versuchung kommen, Böses zu tun, und er führt auch selbst niemand in Versuchung“ (Jak 1,13).

In diesem Zusammenhang sei an die Mahnung Jesu an seine Jünger bei seinem Gebetskampf am Ölberg erinnert: „Wachet und betet, dass ihr nicht in Versuchung geratet“ (Mt 26,41). Wir werden also aufgefordert, wie Jesus durch inständiges Beten die Stunde schrecklicher Versuchung zu bestehen und darauf zu vertrauen, dass wir nicht über unsere Kraft hinaus versucht werden (vgl. 1 Kor 10,13). In der letzten Vaterunser-Bitte beten wir also um die geistliche Kraft der Unterscheidung und um das Vertrauen, dass Gottes Macht sich an uns als stärker erweist als die Macht des Bösen.

In den Formulierungen des Vaterunsers können sich viele Menschen, auch außerhalb der Kirche, wiederfinden. Das Gebet des Herrn ist ein Grundtext, der helfen kann, die Liebe Gottes zu entdecken und so sich ins Beten hineinzutasten.

Mit den anschließenden beiden Versen (Mt 6,14f.) greift Mt noch einmal die fünfte Vaterunser-Bitte auf und hebt damit die Bedeutung der zwischenmenschlichen Vergebung auch für die eigene Gottesbeziehung hervor: Wer sich weigert, seinem Nächsten zu vergeben, verwirkt die bereits von Gott erhaltene Vergebung – wie das Gleichnis vom unbarmherzigen Schuldner (Mt 18,23-35) unmissverständlich zeigt. Nur eine bedingungslose Bereitschaft zur Vergebung ermöglicht kreative zwischenmenschliche Beziehungen und ein Wachsen in der Beziehung zu Gott. Das braucht freilich manchmal viel Zeit, bis jemand sein Herz von der barmherzigen Liebe des Vaters berühren und durchdringen lässt.

Vom rechten Fasten: Mt 6,16–18

> **6 [16] Wenn ihr fastet, macht nicht wie die Heuchler ein griesgrämiges Gesicht! Denn Sie geben sich ein unansehnliches Aussehen, um sich den Menschen als Fastende zu zeigen. Amen, ich sage euch: Sie haben bereits ihren Lohn. [17] Du aber, wenn du fastest, salbe dein Haupt und wasche dein Gesicht, [18] damit du dich den Menschen nicht als Fastender zeigst. Und dein Vater, der ins Verborgene sieht, wird (es) dir vergelten.**

Wie beim Almosengeben und beim Beten warnt Jesus auch beim Fasten eindringlich vor jeder Art von Selbstinszenierung, um Aufmerksamkeit und Bewunderung zu erheischen. Stattdessen sollen seine Jünger mit ihrer gewohnten Körperpflege fortfahren und sich äußerlich nichts anmerken lassen, sodass das Fasten allein Ausdruck ihrer ungeteilten Ausrichtung auf Gott ist. Wie das Beten und nach Möglichkeit das Almosengeben soll das Fasten im Verborgenen bleiben und die Beziehung zu Gott vertiefen. Die Aufforderung zum Fasten erinnert an das Beispiel Jesu, der als Vorbereitung auf sein öffentliches Wirken vierzig Tage und vierzig Nächte in der Wüste gefastet und gebetet hat (Mt 4,1-11).

Diese symbolische Zahl erinnert an Vorbilder aus der biblischen Tradition: Nach dem Auszug aus Ägypten wird Mose vierzig Tage und vierzig Nächte „auf dem Berg“ vom Feuer göttlicher Nähe geläutert. Die Lebensordnung, die Tora, die er seinem Volk aus dieser Begegnung mitbringt, trägt die Verheißung, dass JHWH selbst mit Israel eine Lebensgemeinschaft eingehen will. Er will sich an Menschen binden, die unter Mühen und Strapazen die Erfahrung einer neuen Freiheit mit ihm gemacht haben.

Vierzig Jahre zieht JHWH mit seinem Volk durch die Wüste, bis es seine Sklavenmentalität abgelegt hat. In dieser Zeit des Unterwegsseins mit vielen Entbehrungen ohne Vorsorge und ohne Absicherung hat Israel die Erfahrung gemacht: „JHWH, Dein Gott, ist mit dir: Nichts hat dir gefehlt“ (Dtn 2,7).

Vierzig Tage und Nächte wandert der Prophet Elija, durch Engelspeise gestärkt, zum Gottesberg Horeb. Er soll noch einmal den Weg durch die Wüste gehen bis zu den Wurzeln seines Glaubens. Er soll sich JHWH nähern in der reinigenden Stille der Wüste wie Mose, wie die Väter und Mütter der Exodusgeneration

Allen Wüstenerfahrungen mit Entbehrungen dieser Art ist gemeinsam, dass Menschen erkennen, wer sie in Wahrheit sind. Das Fasten ist eine Zeit der Erprobung und Bewährung, der Läuterung und Reifung, in der Gottes Nähe gesucht wird. Es geht darum, die Unterscheidungs- und Entscheidungsfähigkeit dafür zu schärfen, was sein Wille ist.

Das Verhältnis der Jünger zum Besitz und die Sorge um die materielle Sicherung ihrer Existenz: Mt 6,19-34

6 19 Sammelt euch nicht Schätze (hier) auf der Erde, wo Motte und Fraß sie zerstören und wo Diebe einbrechen und sie stehlen, 20 sondern sammelt euch Schätze im Himmel, wo weder Motte noch Fraß sie zerstören und wo Diebe nicht einbrechen und sie nicht stehlen! 21 Denn wo dein Schatz ist, da ist auch dein Herz.

22 Das Licht des Leibes ist das Auge. Wenn dein Auge lauter ist, dann wird dein ganzer Leib licht sein. 23 Wenn aber dein Auge böse ist, dann wird dein ganzer Leib finster sein. Wenn nun das Licht in dir Finsternis ist, wie groß wird dann die Finsternis sein!

24 Niemand kann zwei Herren dienen; denn entweder wird er den einen vernachlässigen und den andern vorziehen oder er wird zu dem einen halten und den andern geringschätzen. Ihr könnt nicht Gott dienen und dem Mammon.

25 Deswegen sage ich euch: Seid nicht besorgt um euer Leben, was ihr essen oder trinken sollt, noch um euren Leib, was ihr anziehen sollt! Ist nicht das Leben mehr als die Nahrung und der Leib mehr als die Kleidung? 26 Seht die Vögel des Himmels: Sie säen nicht, sie ernten nicht und sammeln nicht (Vorräte) in Scheunen; euer himmlischer Vater ernährt sie. Seid ihr nicht viel mehr wert als sie? 27 Wer von euch kann mit all seiner Sorge seiner Lebenszeit auch nur eine Elle hinzufügen? 28 Und warum seid ihr besorgt um eure Kleidung? Betrachtet die Lilien des Feldes, wie sie wachsen: Sie mühen sich nicht und spinnen nicht. 29 Doch ich sage euch: Selbst Salomo war in all seinem Glanz nicht gekleidet wie eine von ihnen. 30 Wenn aber Gott schon das Gras des Feldes so kleidet, das heute ist und morgen in den Ofen geworfen wird, wie viel mehr dann euch, ihr Kleingläubigen! 31 Seid also nicht besorgt und fragt nicht: Was sollen wir essen? Oder: Was sollen wir trinken? Oder: Was sollen wir anziehen? 32 Denn nach alldem trachten die Heiden. Euer himmlischer Vater weiß, dass ihr das alles braucht. 33 Sucht vielmehr zuerst das Reich Gottes und seine Gerechtigkeit; und alles wird euch dazugegeben. 34 Seid also nicht besorgt um morgen; denn der morgige Tag wird für sich selbst sorgen. Genug hat (je)der Tag an seiner Not (Plage).

1. Mt 6,19-24: Mit dem Bild vom Schätze-Sammeln fragt Mt nach dem Fundament und der Ausrichtung unseres Lebens. An welchen Werten orientieren wir uns tatsächlich? Welche Wertvorstellungen bestimmen unser Handeln? Nach Jesus ist unsere Welt kein geeigneter Ort, um Kapital und materiellen Besitz anzuhäufen. Er gibt keine Sicherheit und keine Versicherung, die uns den Bestand eines solchen Reichtums garantieren könnte. Stattdessen sollen wir „Schätze im Himmel“ sammeln. Was damit gemeint ist, sagt Mt nicht ausdrücklich, aber es liegt nahe, dass die in der vorausgegangenen Einheit genannte Beziehung zum „Vater im Himmel“ und entsprechend die Wohltätigkeit an Bedürftige angesprochen ist. Das Bild des himmlischen Schatzes, das Jesus bei der Aufforderung an den reichen Jüngling, seinen Besitz den Armen zu geben, wieder aufgreift (Mt 19,21), scheint diese Annahme zu bestätigen. Bei diesem Beispiel zeigt sich nämlich ganz deutlich, dass man durch das (Ver)Teilen von Besitz Schätze im Himmel sammelt. Je nach dem, an welche Schätze jemand sein Herz gehängt hat, offenbart, aus welcher Grundoption er oder sie lebt, wie die misslungene Berufung des reichen Jünglings anschaulich vor Augen führt (Mt 19,16-22).

Die grundlegende Ausrichtung eines Menschen zeigt sich auch in seinem Blick. Ein klarer, wohlwollender und von Respekt durchdrungener Blick ist offen für die Not der Bedürftigen, schafft Zutrauen und Kommunikation und handelt entsprechend der Tora. Ist der Blick eines Menschen aber „böse", d.h. voll Missgunst und Neid (vgl. Mt 20,15b), wird er sein Herz dem Armen eher verschließen und ihn abweisen. So zeigt sich auch im Umgang mit Besitz und Reichtum der Charakter eines Menschen.

Wie bei den beiden vorausgehenden gegensätzlichen Alternativen „Schätze sammeln auf Erden oder im Himmel" und „lichtes Auge oder böses Auge" bezieht sich auch die Alternative „Gott dienen oder dem Mammon" auf die gleiche Thematik. Das Wort „Mammon" (Vorrat, Habe, Reichtum) hat hier eine ganz negative Bedeutung und spiegelt die Erfahrung wider, dass Besitz und Reichtum eine Faszination ausüben und eine Dynamik auslösen, die Menschen so sehr in Beschlag nehmen, dass sie alles andere aus dem Auge verlieren, auch den Bedürftigen vor der eigenen Tür.

Unser Leben verläuft im Spannungsfeld von Polaritäten, denen wir nicht ausweichen können. So geraten wir immer wieder in (schwere) Konflikte, wenn wir versuchen, unser Leben gleichzeitig auf zwei erste Prioritäten auszurichten. Hier sind es „Gott" und „Mammon". Unsere Welt, das Milieu, in dem wir leben und das wir atmen, suggeriert uns ständig, dass wir Verschiedenes und oft sogar Gegensätzliches selbstverständlich miteinander verbinden können. Doch es gibt, ob wir wollen oder nicht, Situationen, in denen uns das Leben vor Entscheidungen stellt, wo Eindeutigkeit verlangt ist und wir wählen *müssen*. Kraftvolle Klarheit und unabhängige Entschiedenheit wachsen in Zeiten der Einsamkeit und des Schweigens, – Zeiten, in denen alle äußere Aufmerksamkeit und alle Beschäftigung ruht und wir uns dem Geheimnis Gottes überlassen.

2. Mt 6,25-34: „Seid nicht besorgt um euer Leben – sucht vielmehr zuerst das Reich Gottes und seine Gerechtigkeit!". Das griech. Wort *merimnáo* (besorgt sein um, sich kümmern um) charakterisiert die Haltung eines Menschen, der so sehr auf etwas aus ist, dass es sein ganzes Denken, Streben und Handeln in Beschlag nimmt und er alles dransetzt, um es zu erreichen. Die Mahnung

Jesu will niemand davon dispensieren, sich um seine elementaren Grundbedürfnisse zu kümmern. Sie richtet sich vielmehr dagegen, dass die materielle Sorge um das Lebensnotwendige einen Menschen ganz und gar ausfüllt und beherrscht. Stattdessen sollen die Vergleiche mit den „Vögeln des Himmels" und den „Lilien des Feldes" bei den „kleingläubigen" Jüngern das Vertrauen mobilisieren, der Grundversorgung ihres Lebens mit innerer Freiheit und Gelassenheit nachzugehen. Darüber hinaus sollen sie sich bewusst bleiben, dass der Schöpfer in seiner „väterlichen" Fürsorge auch ihre Lebenszeit bestimmt. Mit aller Anstrengung können sie diese auch nicht um eine kleine Spanne verlängern. Ohne Sorge zu tragen um das „Mehr" der Gottesherrschaft und seiner Gerechtigkeit würden sie sich nicht von den Heiden und ihrer Lebensangst unterscheiden. In ihrem Vertrauen sollen sie nicht einmal um den morgigen Tag besorgt sein. Die Jünger werden also aufgefordert, im Hier und Jetzt „Salz der Erde" und „Licht der Welt" zu sein und die Last eines jeden Tages in dieser Perspektive zu bestehen.

Vom Richten, vom Missbrauch des Heiligen und Kostbaren und vom Vertrauen beim Beten: Mt 7,1-12

7 1 Richtet nicht, damit ihr nicht gerichtet werdet! 2 Denn wie ihr richtet,
werdet ihr gerichtet werden und mit welchem Maß ihr messt, wird euch zugemessen werden. 3 Was siehst du den Splitter im Auge deines Bruders, aber den
Balken in deinem Auge bemerkst du nicht? 4 Oder wie kannst du zu deinem
Bruder sagen: Lass mich den Splitter aus deinem Auge herausziehen! – und
siehe, der Balken steckt in deinem Auge! 5 Du Heuchler! Zieh zuerst den Balken
aus deinem Auge, dann siehst du klar, um den Splitter aus dem Auge deines Bruders herauszuziehen!

6 Gebt das Heilige nicht den Hunden und werft eure Perlen nicht vor die Schweine, damit sie diese nicht mit ihren Füßen zertreten und sich umwenden und euch zerreißen!

7 Bittet und es wird euch gegeben werden; sucht und ihr werdet finden;
klopft an und es wird euch geöffnet werden! 8 Denn jeder, der bittet, empfängt;
wer sucht, der findet; und wer anklopft, dem wird geöffnet. 9 Oder ist einer
unter euch, der seinem Sohn einen Stein gibt, wenn er um Brot bittet, 10 oder
eine Schlange, wenn er um einen Fisch bittet? 11 Wenn nun ihr, die ihr böse
seid, euren Kindern gute Gaben zu geben wisst, wie viel mehr wird euer Vater im Himmel denen Gutes geben, die ihn bitten.

12 Alles nun, was ihr wollt, dass euch die Menschen tun, das tut auch ihnen! Denn darin besteht das Gesetz und die Propheten.

Mit dem Verbot zu „richten" appelliert Mt noch einmal in eindringlicher Form an die Bereitschaft, mit den Vergehen anderer barmherzig umzugehen (Mt 6,12.14). Denn jede Art von lieblosem und abschätzigem Urteil verstößt nicht nur gegen das Liebesgebot (Lev 19,18), sondern ist zugleich der Maßstab, nach dem ich im Endgericht beurteilt werde. Das Bildwort vom Balken im eigenen Auge lenkt den Blick konsequent auf die eigene Unzulänglichkeit, auf die blinden Flecken, die als Fehler immer mit in meine Wahrnehmung einfließen und mir dazu noch den Blick verstellen, dass ich selbst auf Wohlwollen, Respekt und Barmherzigkeit angewiesen bin. Die Pointe liegt in der Karikatur des Bildes: Der „Balken im Auge" macht es ganz unmöglich, überhaupt etwas zu sehen, schon gar nicht so etwas Winziges wie einen Splitter. Die wiederholte Bezeichnung eines von mir Verurteilten als „Bruder" (V. 3.4.5) verstärkt noch einmal die Aufforderung Jesu, dass mit dem (Ver)Urteilen von Brüdern und Schwestern in der Gemeinde ein für allemal Schluss sein soll. Ein solches Verhalten ist nicht vereinbar mit der Gottesherrschaft und seiner Gerechtigkeit.

Im Kontext von Mt 7,1-5 scheint der Evangelist vor einem undifferenzierten Umgang mit Heiligem und Kostbarem zu warnen. Damit könnte eine klare Abgrenzung und Distanzierung gegenüber Heiden gemeint sein, die auf die Verkündigung des Evangeliums ablehnend und aggressiv reagieren.

Mit „bitten", „suchen" und „anklopfen" ermutigt Jesus seine Jünger zum vertrauensvollen Gebet. Der himmlische Vater wird sie gewiss so wenig enttäuschen, wie jemand ganz selbstverständlich seinem Sohn Brot und Fisch gibt, wenn dieser ihn darum bittet. Kein Vater wird die Ahnungslosigkeit seines Kindes missbrauchen, das noch nicht Brot von einem Stein und Fisch von einer Schlange unterscheiden kann, weil sie sich vom äußeren Schein her jeweils ähneln. Wenn also schon Menschen, die von Natur aus (auch) böse sind, ihrem Kindern gute Gaben zu geben wissen, um wieviel mehr wird dann der himmlische Vater denen Gutes geben, die ihn vertrauensvoll darum bitten.

Mt schließt den Hauptteil der Bergpredigt (Mt 5,17-712) mit der positiv formulierten Goldenen Regel ab und ergänzt sie mit dem Zusatz, dass darin die Tora und die Propheten bestehen. Auf diese Weise bringt er die Kernaussagen der Tora-Auslegung Jesu zusammenfassend auf den Punkt und radikalisiert die in der hellenistisch-römischen Antike wie im Judentum in verschiedenen Varianten verbreitete Goldene Regel. Sie ist im Kontext der mt Bergpredigt die Quintessenz der Gottes- und Nächstenliebe, die Erfüllung von „Gesetz und Propheten" (Mt 22,37-40), die im Gebot der Feindesliebe ihre äußerste Zuspitzung findet.

Die Goldene Regel motiviert im Blick auf die eigenen Bedürfnisse („wie dich selbst") die Lage des anderen, auch die des Feindes, als die eigene zu betrachten und die Initiative des ersten Schrittes zu ergreifen. „Dein eigenes Wohl darf dir nicht wichtiger sein als das Wohl des anderen" (J. Gnilka). Unser Urteilen und Handeln soll sich an der Güte und Menschenfreundlichkeit

Gottes orientieren, um mit Hilfe der Goldenen Regel zu erkennen, wozu wir dem anderen gegenüber verpflichtet sind. Sie ist ein verlässlicher Maßstab, um bei schwierigen Entscheidungen mit weitreichenden Folgen „intelligente“, d.h. in einem geistlichen Unterscheidungsprozess entdeckte Lösungen zu finden. In ihrer inneren Offenheit und Weite hat sie schon den universalen Auftrag des Auferstandenen an seine Jünger im Blick, *alle Völker* zu seinen Jüngern zu machen und sie zu lehren, *alles zu befolgen, was er ihnen geboten hat* (Mt 28,19f.).

Abschließende Mahnungen: Mt 7,13-27

Zusammenhang: Am Ende der Bergpredigt lenkt der Evangelist wie am Schluss von fast allen Reden Jesu (Mt 13,36.43. 47-50; 18,23-35; 24,37.25,46) den Blick auf das Endgericht, bei dem sich dann herausstellen wird, wer tatsächlich sein Leben auf die Gottesherrschaft und ihre Gerechtigkeit ausgerichtet hat.

Vom engen und weiten Tor: Mt 7,13-14

> **7 [13] Geht hinein durch das enge Tor! Denn weit ist das Tor und breit der Weg,**
> **der ins Verderben führt, und viele sind es, die auf ihm hineingehen. [14] Wie**
> **eng ist das Tor und wie schmal der Weg, der zum Leben führt, und wenige**
> **sind es, die ihn finden.**

„Geht hinein durch das *enge* Tor!“ Diese Aufforderung scheint der Verkündigung Jesu am Beginn seines öffentlichen Wirkens (Mt 4,17.22) zu entsprechen und ist ein eindringlicher Appell an die Gemeinde, die Bergpredigt in ihrem Alltag umzusetzen. Christen können nur „Salz der Erde“ und „Licht der Welt“ sein, wenn sie den dort vorgezeichneten Weg der „größeren Gerechtigkeit“ für andere transparent und anfassbar machen. Dieser Weg ist „schmal“ (*tethlimménos*), d.h. mühsam und beschwerlich, von inneren und äußeren Widerständen angefochten, aber eine realistische Perspektive, am Ende des Weges durch das enge Tor ins Leben einzutreten. Die Taufe allein genügt nicht, dieses Ziel zu erreichen. Sie ist kein Selbstläufer. Die Entscheidung für diesen Weg wird den Christen täglich neu abverlangt. Sie sollen sich auch nicht dadurch irritieren lassen, dass sie eine gesellschaftliche Minderheit sind, sondern sich motiviert fühlen, zu den „wenigen“ zu gehören – ohne eine Spur von elitärer Selbstbehauptung. Mit den „vielen“, die den breiten Weg ins Verderben gehen, sind auch die Mitglieder der Gemeinde angesprochen.

Warnung vor den falschen Propheten: Mt 7,15-20

[15] Hütet euch vor den falschen Propheten, die zu euch kommen in Schafskleidern, inwendig aber sind sie reißende Wölfe. [16] An ihren Früchten werdet ihr sie erkennen. Sammelt man denn von Dornen Trauben oder von Disteln Feigen? [17] So bringt jeder gute Baum gute Früchte hervor, ein (von innen) fauler Baum aber schlechte. [18] Ein guter Baum kann keine schlechten Früchte hervorbringen und ein fauler Baum keine guten. [19] Jeder Baum, der keine guten Früchte hervorbringt, wird abgehauen und ins Feuer geworfen. [20] An ihren Früchten also werdet ihr sie erkennen.

Die massive Warnung vor falschen Propheten lässt darauf schließen, dass Mt die Gefahr, die von ihnen ausgeht, sehr hoch einschätzt. Sie sind allem Anschein nach Christen, die von außen in die Gemeinde eingedrungen sind und zunächst durch ihr gewinnendes Auftreten viele überzeugt haben. Die große Gefahr, die sie für die gläubige Gemeinde darstellen, scheint vor allem in ihrer fragwürdigen Position zur Tora zu liegen, was natürlich auch entsprechendes unethisches Verhalten nach sich zieht.

Ausgehend von der Alltagserfahrung, dass an einem gesunden guten Baum keine kranken faulen Früchte wachsen und ebenso ein von innen fauler Baum keine guten Früchte hervorbringt, will Mt seinen Leuten ein verlässliches Kriterium zur Unterscheidung der Geister an die Hand geben. Wie man also von der Art und Qualität der Früchte auf die Art und Beschaffenheit des Baumes schließen kann, so auch bei den Menschen. Und ebenso wie ein Baum, an dem keine guten Früchte wachsen, abgehauen und ins Feuer geworfen wird, so widerfährt einem Menschen, der sein Leben nicht nach der Tora ausrichtet, ein ebenso vernichtendes Schicksal.

Vom Erfüllen des Willens des Vaters: Mt 7,21-23

[21] Nicht jeder, der zu mir sagt: Herr! Herr!, wird in das Himmelreich kommen, sondern (nur) wer den Willen meines Vaters im Himmel tut. [22] Viele werden an jenem Tag zu mir sagen: Herr, Herr, sind wir nicht in deinem Namen als Propheten aufgetreten und haben wir nicht in deinem Namen Dämonen ausgetrieben und haben wir nicht in deinem Namen viele Machttaten vollbracht? [23] Dann werde ich ihnen erwidern: Ich habe euch nie gekannt. Weg von mir, die ihr gegen das „Gesetz" (Tora) handelt!

Wer trotz seines Bekenntnisses zu Jesus („Herr! Herr!") die von ihm gebotene „größere Gerechtigkeit" nicht praktiziert und die Mühsal des *schmalen* Weges scheut, wird vor dem „Herrn" nicht bestehen können. Man kann sich nicht glaubwürdig zu Jesus Christus bekennen, ohne dass dieses Bekenntnis Auswirkungen auf das eigene Leben hätte. Selbst wenn man in seinem

Namen prophetisch geredet, Dämonen ausgetrieben und Aufsehen erregende Machttaten vorbracht hat, wird man vom Weltenrichter schroff abgewiesen. Nur wer den Willen seines himmlischen Vaters erfüllt, wie Jesus ihn in der Bergpredigt ausgelegt hat, kann durch das *enge* Tor ins Leben eintreten.

Bildwort vom klugen und unvernünftigen Hausbau: Mt 7,24-27

24 Jeder nun, der diese meine Worte hört und danach handelt, ist wie ein kluger
Mann, der sein Haus auf Fels baute. 25 Als ein Wolkenbruch kam und die Was-
sermassen heranfluteten, als die Stürme tobten und auf das Haus stießen, da
stürzte es nicht ein; denn es war auf Fels gebaut. 26 Und jeder, der diese meine
Worte hört und nicht danach handelt, ist wie ein unvernünftiger Mann, der
sein Haus auf Sand baute. 27 Als ein Wolkenbruch kam und die Wassermassen
heranfluteten, als die Stürme tobten und auf das Haus stießen, da stürzte es
zusammen und wurde völlig zerstört.

Jesus betont mit dieser prägnanten bildhaften Zusammenfassung seiner Botschaft am Ende der Bergpredigt noch einmal die Verbindlichkeit, mit der in seiner Person und seinem Wirken die Gottesherrschaft den Menschen nahe gekommen ist. „Diese meine Worte" beziehen sich auf die gesamte Unterweisung seit Mt 5,3.

Das Adjektiv „klug" charakterisiert einen Menschen, der sein Leben darauf ausrichtet, dass im Endgericht allein die Erfüllung des Liebesgebotes (Mt 22,37-39) zählt. Der *Fels* steht für Stabilität, Verlässlichkeit und Entschiedenheit eines Glaubenslebens, das auf dem Hören und Tun des Evangeliums als Erfüllung der Tora gegründet ist. Ein solches Leben gibt dem Menschen Halt und Orientierung.

Der *Sand* symbolisiert die Instabilität, Unsicherheit und unklare Ausrichtung eines Lebens, dem die praktische Umsetzung der Lehre Jesu fehlt. *Regen, Wassermassen und Sturm* stehen für die existenziellen Krisen des Lebens, die zwangsläufig jeden Menschen bedrohen und seine Grundfesten erschüttern. Wer in solchen Situationen keinen festen Halt und keine klare Ausrichtung hat, wird scheitern. Die Unwetter versinnbildlichen aber auch das Endgericht, bei dem das Lebenshaus hinweg gerissen und völlig zerstört wird.

Die Reaktion der Volksmengen auf die Rede Jesu: Mt 7,28-29

28 Und es geschah, als Jesus diese Worte beendet hatte, waren die Volksmengen
außer sich über seine Lehre; 29 denn er lehrte sie wie einer, der Vollmacht hat,
und nicht wie ihre Schriftgelehrten.

Als Jesus seine Rede „auf dem Berg" beendet hat, geraten die Volksmengen außer Fassung. Sie sind bestürzt und überwältigt, „denn er lehrte wie einer, der Vollmacht (exousía) hat." Sie sind von seinem Wort in ihrem Innersten getroffen. Hier spricht einer zu ihnen, dessen Worte frisch sind und voller Kraft. Sie kommen aus unmittelbarer Autorität. Sie sind voll Leben und haben Bezug zu ihrem Leben. In Jesu Worten hören sie die Wahrheit über sich. Sie spüren Gottes Leidenschaft für sie, eine Verbindlichkeit, die aus Jesu tiefer Verbundenheit mit Gott resultiert. Die Volksmengen erkennen in der Souveränität und Vollmacht seiner Worte etwas, das ihn fundamental von „ihren" Schriftgelehrten unterscheidet.

Die Bergpredigt ist also an die Jünger und an die Volksmengen als potentielle Jüngerschaft gerichtet. Geleichzeitig kommt hier die universale Vollmacht des Auferstandenen in den Blick, der seine Jünger auffordert, alle Völker zu seinen Jüngern zu machen (Mt 28,18-20)

Zum ganzheitlichen Anspruch der Bergpredigt und damit zum Verkündigungsauftrag der Kirche gehört eine christliche Lebensorientierung und Lebenspraxis, die sich vom gesellschaftlichen Umfeld unterscheidet und als Alternative („Salz", „Licht") erfahrbar wird. Besonders die letzten drei Alternativen (Mt 6,19-34) können als aktiv gelebte Alternative zu bestehenden gesellschaftlichen Realitäten herangezogen werden. Darüber hinaus kann die positiv formulierte Goldene Regel (Mt 7,12) als ein von der Nächstenliebe her inspiriertes initiatives Zugehen auf Mitmenschen als zumutbare Umsetzung der Bergpredigt in unseren gesellschaftlichen Alltag verstanden werden.

Das vollmächtige Handeln Jesu: Mt 8,1-9,35

Die Bergpredigt endete damit, dass die vielen Menschen tief beeindruckt und ergriffen waren von der „Vollmacht" seiner Worte. Vollmächtig ist nun auch das Wirken Jesu in den folgenden beiden Kapiteln. Es beginnt mit drei Heilungsgeschichten: zunächst die Heilung eines Aussätzigen auf dem Weg vom „Berg" nach Kapharnaum, dann die Heilung eines Jungen, dem Sohn eines heidnischen Hauptmanns in Kapharnaum, und schließlich die Heilung der Schwiegermutter des Petrus in seinem Haus. Die Abfolge der Machttaten ist geographisch und chronologisch miteinander verbunden. Der zeitliche Ablauf ist fiktiv. Mt kommt es vor allem auf die theologische Dimension der Geschichte Jesu an, d.h. die Entfaltung von Mt 4,23b: „Er heilte jede Krankheit und jede Schwäche (*malakía*) im Volk." Darauf verweist noch einmal das Erfüllungszitat aus Jes 53,4 mit den Stichworten „Krankheit" und „Schwäche" (*astheneía*), das diesen Abschnitt zusammenfassend interpretiert (Mt 8,17). Die Heilung des Aussätzigen ist die erste ausführliche Erzählung einer Wunderheilung. Mt hat sie vermutlich wegen der Schwere des Falls an den Anfang gestellt.

Die Heilung eines Aussätzigen: Mt 8,1-4

8 1 Als er (Jesus) aber von dem Berg herabstieg, folgten ihm große Volksmen-
gen (nach). 2 Und siehe, ein Aussätziger kam auf ihn zu, fiel vor ihm nieder
und sagte: Herr, wenn du willst, kannst du mich rein machen. 3 Jesus streckte
die Hand aus, berührte ihn und sagte: Ich will – werde rein! Und sogleich
wurde er von seinem Aussatz rein. 4 Und Jesus sagte zu ihm: Sieh zu, sage es
niemandem, sondern geh, zeig dich dem Priester und bring die Opfergabe dar,
die Mose angeordnet hat – ihnen zum Zeugnis!

1. Wie einst Mose vom Sinai (Ex 19,14) so steigt Jesus vom „Berg". Die Erzählung nimmt die Situation von Mt 4,25 wieder auf, wo große Volksmengen aus Galiläa und der Dekapolis, aus Jerusalem und Juda und von jenseits des Jordan ihm (nach)folgten. Mit dem Verb „nachfolgen" deutet Mt die vielen Menschen als potenzielle Kirche. Die Aufmerksamkeit wird sogleich (Und siehe!) auf einen Aussätzigen gelenkt, der sich Jesus nähert. Der Aussatz zählte zu den schlimmsten Übeln, die einen Menschen befallen konnten: „Vier werden einem Toten gleich geachtet: Der Arme, der Aussätzige, der Blinde und der Kinderlose." Die Heilung eines Aussätzigen kam der Auferweckung eines Toten gleich. Nach rabbinischer Theologie betrachtete man einen Aussätzigen als einen von Gott gezeichneten Sünder. Der Ausschluss von Aussätzigen aus der sozialen und religiösen Gemeinschaft ist Lev 13,45f. angeordnet. Er wurde primär aus kultischen Gründen vollzogen. Israel sollte ein reines Volk sein. Ein vom Aussatz Befallener machte nach rabbinischer Auffassung nicht nur das kultisch unrein, was er berührte, sondern schon das Betreten eines Hauses verunreinigte alles, was darin war. Selbst durch eine zufällige Begegnung mit einem Aussätzigen konnte man unrein werden. So mussten sie „abgesondert" leben (Lev 13,46), eingerissene Kleider tragen, ihr Kopfhaar ungepflegt lassen, ihren Bart verhüllen und andere Menschen durch lautes Rufen; „Unrein, unrein!" von sich fernhalten (Lev 13,45).

2. Ein so Gezeichneter und Ausgegrenzter, ein lebendig Toter kommt auf Jesus zu, fällt vor ihm nieder und bittet um Leben: „Herr, wenn du willst, kannst du mich rein machen." Die hoheitsvolle Anrede „Herr" (*kyrie*) ist keine bloße Höflichkeitsformel, sondern drückt bereits seinen Glauben an die Jesus von Gott gegebene Vollmacht und die Unterwerfung unter seinen souveränen Willen aus. Er bittet um Leben, das er sich selbst nicht geben kann. Es ist ein ungeheuerlicher Tabubruch, wenn ein Aussätziger es wagt, die Tora, das mosaische Gesetz, in dieser Weise zu übertreten. Aber seine Sehnsucht nach Leben und die Gewissheit, sein Leben selbst verantworten zu müssen, sind so groß, dass die Bestimmungen der Tora für ihn in diesem Augenblick ihre Gültigkeit verlieren. Er spürt ein Vertrauen in die Macht (*exousía*) Jesu und

eine einmalige Chance, die er auf keinen Fall vorübergehen lassen will: „Herr, wenn du willst, kannst du mich rein machen."

Anders als bei Markus erwähnt Mt keine Gemütsbewegung bei Jesus. Er streckt nur eine Hand aus und berührt den Aussätzigen mit den Worten: „Ich will, werde rein!" Es ist ein hoheitsvoller Akt, der den Kranken augenblicklich von seinem Aussatz befreit.* Zu dieser demonstrativen Souveränität scheinen nach Mt keine Gemütsbewegungen zu passen. Ihm ist aber wichtig, dass der Geheilte zu den Priestern geht und dort – entsprechend Mt 5,17f. – sich an die Tora hält „ihnen zum Zeugnis (*martýrion*)". Das bedeutet zunächst ein positives Zeugnis für den Priester, der die Heilung bestätigt; dann aber vor allem für das ganze Volk, vor dessen Augen die Heilung geschehen ist, dass Jesus das mosaische Gesetz und die Propheten erfüllt.**

Der Glaube des Hauptmanns von Kapharnaum: 8,5-13

**8 [5] Als Jesus nach Kapharnaum hineinging, kam ein Hauptmann auf ihn zu
und bat ihn: [6] Herr, mein Junge liegt gelähmt zu Hause danieder und hat
schreckliche Schmerzen. [7] Jesus sagte zu ihm: Soll ich also kommen und ihn
heilen? [8] Der Hauptmann antwortete und sagte: Herr, ich bin nicht wert, dass
du unter mein Dach kommst; aber sprich nur ein Wort und mein Junge wird
gesund! [9] Denn auch ich bin ein Mensch unter Befehlsgewalt und habe Soldaten unter mir; sage ich zu diesem: Geh!, so geht er, und zu einem andern:
Komm!, so kommt er, und zu meinem Knecht: Tu das!, so tut er es. [10] Als Jesus
das hörte, war er erstaunt und sagte zu denen, die (ihm) nachfolgten: Amen,
ich sage euch: Bei niemanden habe ich einen solchen Glauben in Israel gefunden. [11] Ich sage euch aber: Viele werden von Osten und Westen kommen und
mit Abraham, Isaak und Jakob zu Tisch liegen im Himmelreich; [12] die Söhne
des Reiches aber werden hinausgeworfen in die äußerste Finsternis; dort wird
Heulen und Zähneknirschen sein. [13] Und Jesus sagte zum Hauptmann: Geh!
Wie du geglaubt hast, so geschehe dir. Und gesund wurde sein Sohn in jener
Stunde.**

1. Als Jesus seinen Wohnort Kapharnaum (Mt 4,13) wieder betritt, kommt es gleich zu einer direkten Begegnung mit einem heidnischen Hauptmann, der wohl im Dienst von Herodes Antipas steht. Dieser redet ihn – wie vorher der Aussätzige – ehrerbietig mit „Herr (*kýrios*)" an und schildert ihm die aussichtslose Lage seines schwer kranken Sohnes. Er hat, ohne dass er die Bitte an Jesus ausspricht, die Hoffnung, dass dieser ihm zu Hilfe kommt. Je-

* Damit übertrifft er die Heilung des Syrers Naaman durch den Propheten Elischa (2 Kön 5), der den aussätzigen Feldherrn sieben Mal im Jordan untertauchen lässt.

** Mit dem an dieser Stelle etwas unverständlichen Gebot, niemand etwas von seiner Heilung zu erzählen, scheint Jesus nach Mt dem Geheilten den Befehl einschärfen zu wollen, sofort und direkt zum Priester zu gehen und sich von ihm seine Heilung vom Aussatz bescheinigen zu lassen.

sus versteht sofort, fühlt sich aber seiner Sendung verpflichtet, „nur zu den verlorenen Schafen des Hauses Israel“ gesandt zu sein (Mt 15,24). Er reagiert deshalb zurückhaltend mit der Frage, ob er also kommen und ihn heilen soll. Auch der Hauptmann versteht sofort die Zurückhaltung Jesu und akzeptiert, dass dieser als Jude nicht das Haus eines Heiden betreten kann. Er glaubt aber, dass die Wirkmacht des Wortes Jesu so unbegrenzt ist, dass er auch sein Kind heilen kann, ohne in sein Haus zu kommen. Er begründet sein unbegrenztes Vertrauen in die Universalität der Vollmacht Jesu mit drei Beispielen aus seiner Alltagswelt. Wenn nun schon er als untergeordneter Offizier Befehle geben kann, die sofort ausgeführt werden, um wieviel mehr dann Jesus, den er wieder als Kyrios anredet und es ihm damit auch überlässt, ob er seiner Bitte entspricht. Jesus ist über die innere Haltung des Hauptmanns so erstaunt, dass er sich an die vielen Menschen wendet, die ihm nachfolgen, und an sie die überraschenden Worte richtet: „Bei niemanden habe ich einen solchen Glauben in Israel gefunden.“ Der Glaube an die „universale Reichweite des Heilshandelns Gottes in Jesus“ (M. Konradt) ist bei den jüdischen Volksmengen noch nicht vorhanden. Diesen Glauben wird er später auch bei der kanaanäischen Frau in der Gegend von Tyrus und Sidon (Mt 15,28) begegnen, einem bedingungslosen Glauben an die Macht *(exousía)* Jesu, der sich nicht abweisen lässt.

2. Die beiden folgenden Worte Jesu (V. 11f.) lassen aufmerken und führen den Aspekt der Universalität des mit ihm gekommenen Heils weiter. Sie machen deutlich, dass diese Heilungsgeschichte primär für die Nachfolgenden, d.h. für die Gemeinde der Christgläubigen erzählt ist. Mit den vielen, die von Osten und Westen kommen und mit den Erzvätern Israels beim eschatologischen Festmahl zu Tische liegen (Jes 25,6-8), sind wohl zunächst die Diasporajuden aus Babylon (Osten) und aus Ägypten (Westen) gemeint, dann aber auch viele aus den Völkern. Die Universalität des Heils umfasst Juden *und* Heiden. Auch darin sieht Mt wieder die Erfüllung atl. Verheißungen.

Das Ende der „Söhne des Reiches“ aber wird die äußerste Finsternis mit Heulen und Zähneknirschen sein. Das Drohwort ist an die Teile der Gemeinde gerichtet, die am partikulären Heilsverständnis für Israel festhalten und sich gegen die Heidenmission sperren. Ihr Schicksal wird schließlich ein „Ort“ sein, der unendlich weit vom Gottesreich entfernt ist. Nicht die Zugehörigkeit zu einem bestimmten Volk oder zu einer christlichen Gemeinschaft ist letztlich heilsentscheidend, sondern der gelebte Glaube (vgl. Mt 7,21-23). Die Bemerkung Jesu über den mangelnden Glauben in Israel hat biblische Tradition (Ex 16,28; Num 14,11-12 u.ö.), ist aber nicht als Gerichtswort, sondern als Mahnung zur Umkehr zu verstehen.

Nach dieser Klarstellung wendet sich Jesus wieder dem Hauptmann zu und bestätigt ihm die Erfüllung seiner Herzensbitte: „Geh! Wie du geglaubt hast, geschehe dir!" Sein Glaube bewirkt, worum er gebeten hat. Damit wird der heidnische Hauptmann zum Modell, zur Identifikationsfigur für den unerschütterlichen Glauben an die helfende Macht, die Gott dem Messias (Christus) gegeben hat, ein Glaube, der trotz Widerstand nicht aufgibt.

Die Heilung der Schwiegermutter des Petrus und vieler Kranker: Mt 8,14-17

**8 [14] Jesus ging in das Haus des Petrus und sah, dass dessen Schwiegermutter
daniederlag und Fieber hatte. [15] Er ergriff ihre Hand und das Fieber verließ sie;
sie stand auf und diente ihm.**

**[16] Als es Abend geworden war, brachten sie viele Besessene zu ihm. Er trieb
mit seinem Wort die Geister aus und heilte alle, die krank waren; [17] so sollte
sich erfüllen, was durch den Propheten Jesaja gesagt worden ist: Er hat unsere
Schwachheiten weggenommen und (unsere) Krankheiten weggetragen.**

1. Mt hat die Markus-Vorlage 1,29-34 stark gekürzt und gestrafft. Die Jünger als Begleiter Jesu werden mit keinem Wort erwähnt. Der Fokus der Heilungsgeschichte ist ganz auf Jesus und seine Initiative im Haus des Petrus gerichtet. Er sieht dessen Schwiegermutter mit Fieber daniederliegen, geht auf sie zu, ergreift ihre Hand und augenblicklich ist sie gesund. Sie steht auf und dient ihm von nun an. Das Imperfekt im griech. Urtext drückt die Dauer ihres Dienens aus wie bei den Engeln nach seiner dreifachen Versuchung in der Wüste (Mt 4,11). Dieses Dienen wird als Lebenshaltung verstanden, so wie Jesus selbst seinen Dienst als Menschensohn gesehen hat (Mt 20,28).

Auch diese dritte Heilungsgeschichte ist paradigmatisch, weil die Frau, wie der Aussätzige und der Hauptmann, eine innere Glaubenshaltung zeigt, die zur Identifikation einlädt. Aus Menschen wie diesen will Jesus sein messianisches Volk sammeln. Er findet sie unter den Armen und Gedemütigten, unter den Ausgegrenzten und Marginalisierten, unter den Sündern und Heiden. Seine messianische Autorität zeigt sich vor allem in seiner Solidarität mit diesen Verlorenen, deren Schicksal er teilt.

2. Das in V. 16 folgende Summarium lässt erkennen, dass die bisher erzählten Wundererzählungen drei Beispiele aus einer größeren Zahl von Heilungen sind. Mt erinnert damit an das Summarium von Mt 4,23f. Hier ist ihm jedoch wichtig, dass Jesus alle Krankheiten wie in Mt 8,13 souverän durch sein Wort heilt. Mit dem Erfüllungszitat aus Jes 53,4 betont der Evangelist wieder, dass Jesu vollmächtiges Wirken in seinem Volk dem Heilsplan JHWHs entspricht. In diesem Prophetenwort klingt bereits an, dass seine heilbringende Zuwendung schließlich seine Passion zur Folge haben wird. „Unsere Schwachheiten wegzunehmen" und „unsere Krankheiten wegzutragen" kann sich wohl nicht nur auf physische und psychische Gebrechen beziehen. Seine Aufgabe, sein Volk von seinen Sünden zu erretten (Mt 1,21), ist erst durch seinen Tod erfüllt (Mt 26,28). Mit dem Jesajazitat wird diese Dimension der Heilungen Jesu an dieser Stelle nur angedeutet. Sie ist nicht primäre Aussageabsicht.

Der Ernst der Nachfolge und das Seebeben bei der Überfahrt ans andere Ufer: Mt 8,18-27

8 [18] Als aber Jesus eine Volksmenge um sich sah, befahl er, ans andere Ufer zu
fahren. [19] Da kam ein Schriftgelehrter zu ihm und sagte: Meister, ich will dir
nachfolgen, wohin du auch gehst. [20] Jesus antwortete ihm: Die Füchse haben
Höhlen und die Vögel des Himmels Nester; der Menschensohn aber hat keinen
Ort, wo er sein Haupt hinlegen kann. [21] Ein anderer aber von seinen Jüngern
sagte zu ihm: Herr, erlaube mir zuerst wegzugehen und meinen Vater zu be-
graben. [22] Jesus aber sagt ihm: Folge mir nach und lass die Toten ihre Toten
begraben!

A [23] Als er in das Boot gestiegen war, folgten ihm seine Jünger nach.
B [24] Und siehe, ein großes Beben (*seismòs mègas*) entstand auf dem See, sodass das Boot von den Wellen überflutet wurde. Er aber schlief.
C [25] Da kamen die Jünger zu ihm, weckten ihn
E und sagten: Herr, rette (uns), wir gehen zugrunde!
E' [26]Er sagte zu ihnen: Was seid ihr so ängstlich, ihr Kleingläubigen?
C' Dann stand er auf, fuhr die Winde und den See an
B' und es entstand eine große Stille.
A' [27] Die Menschen aber staunten und sagten: Wer ist doch dieser, dass ihm auch die Winde und der See gehorchen?

Zusammenhang: In den folgenden Erzählungen setzt Jesus sein vollmächtiges Handeln fort. Zum ersten Mal verwendet Mt den Ausdruck „Menschensohn" als Selbstbezeichnung Jesu. Mit diesem Wort fasst der Evangelist sehr unterschiedliche Phasen seines öffentlichen Lebens zusammen. Es ist von Armut und Entbehrung (Mt 8,20) ebenso gekennzeichnet wie von Ablehnung (Mt 11,19). Doch nach seiner Passion und seiner Auferweckung wird er als Weltenrichter kommen (Mt 26,64), vor dem sich jeder Mensch zu verantworten hat.

Die Geschichte vom starken Beben auf dem See ist zugleich eine Nachfolgegeschichte. Durch ihren konzentrischen Aufbau wird sichtbar, dass in ihrem Zentrum der kurze Dialog (V. 25b und 26a) steht, der den Fokus der Aussageabsicht bildet.

1. Nach den Heilungen am Abend (Mt 8,16f.) befiehlt Jesus im Blick auf den andauernden Andrang so vieler Menschen, ans andere Ufer zu fahren. Doch die Begegnung mit dem Schriftgelehrten und dem unbekannten Jünger verzögern die Überfahrt. Die Gespräche mit beiden über die Nachfolge gelten auch für die Menge, die um ihn versammelt ist.

Der Schriftgelehrte kommt zu Jesus und bietet ihm seine bedingungslose Nachfolge an. Er redet ihn mit „Meister“ (Lehrer) an und zeigt damit, dass er noch ein Außenstehender ist. Über seine Motivation wird nichts gesagt. Jesus weist ihn nicht ab, macht ihn aber darauf aufmerksam, dass Jüngerschaft ein unbehaustes Unterwegssein mit ihm bedeutet – eine ganz andere Herausforderung, als wenn er sich einem Rabbi anschließen und bei ihm in die Lehre gehen würde. Wie der Bittsteller auf Jesu Antwort reagiert, bleibt ungesagt.

Der andere, der sich bei Jesus zu Wort meldet, ist ein Jünger, der ihn – wie alle Jünger – mit „Kyrios“ anredet. Er möchte vor der Überfahrt seinen verstorbenen Vater begraben und damit einer Pietätspflicht nachkommen, die im Judentum und im gesamten hellenistisch-römischen Umfeld zwingend war. Die Antwort Jesu ist auf den ersten Blick schockierend: „Folge mir nach und lass die Toten ihre Toten begraben!“ Die Nachfolge Jesu bezieht sich auf alle Bereiche des Lebens und damit auch auf einen Todesfall in der eigenen Familie. Sie ist glaubwürdig und zeichenhaft zu leben und soll den Kontrast zwischen Gottesreich und Welt sichtbar und erfahrbar machen. Es fällt aber auf, dass Jesus hier den Imperativ der Nachfolge an den Anfang seiner Antwort stellt. Das würde im Zusammenhang mit dem anstehenden Begräbnis bedeuten, dass der Jünger seinen Vater so bestatten soll, dass der Abschied von ihm zu einem Zeugnis seines lebendigen Glaubens an die Auferstehung wird. Auch hier verliert der Text kein Wort darüber, wie der Jünger auf die Forderung Jesu reagiert.

2. Nach der vollmächtigen Rede (Mt 5-7) und der heilenden Zuwendung zu den sozial Ausgegrenzten und Marginalisierten und den Heiden (Mt 8,1-17) kommt es nun darauf an, aus dem Gehörten und Erlebten eine persönlich existenzielle Entscheidung zu treffen und die von Jesus genannten Konditionen zu akzeptieren (V. 19-22), um mit ihm ins Boot zu steigen und ans andere Ufer zu fahren. Ob der Schriftgelehrte und der unbekannte Jünger auch dabei sind, bleibt offen.

Anders als bei Markus entsteht plötzlich durch ein gewaltiges (See-)Beben (*seismós*) ein bedrohlicher Wellengang, der das Boot überflutet. Auf dem Hintergrund atl. Schriftverständnisses ist das über die Jünger hereinflutende Wasser ein Bild für die Macht des Todes und für elementare Anfechtung im Glauben, die nach ihnen greift. Ungerührt von dem Toben der Elemente schläft Jesus – ein Bild der Ruhe, die alles Erschütternde übersteigt. Die Jünger gehen zu ihm und wecken ihn: „Herr (Kyrios) rette! Wir gehen zugrunde!

Jesus spricht die Jünger sogleich auf den Grund ihrer Lebensangst an, wenn er sie „Kleingläubige“ nennt. Das Wort bezieht Mt ausschließlich auf die Jünger, die sich auf das Wagnis der Nachfolge mit ihm eingelassen haben. Immer dann, wenn sie in Bedrängnis geraten und in ihnen Zweifel an Jesu machtvoller Gegenwart (vgl. Mt 1,23; 28,20) aufkommen, bezeichnet er sie als Kleingläubige (Mt 6,30; 14,31; 16,8; 17,20). Mangelnder Glaube, mangelnde Zuversicht wird sich immer wieder in die Zusage Jesu einschleichen, mit uns zu sein. Gegen diese Anfechtung sind wir nie ein für allemal gefeit.

Was dann geschieht, übersteigt noch einmal seine Vollmacht zu heilen. Dass seine Vollmacht göttlicher Natur ist, manifestiert sich in seinem souveränen Wort, mit dem er das Toben der Elemente zum Schweigen bringt. Die dann plötzlich eintretende „große Stille" ist ein Bild für den inneren Frieden, der sie berührt und der alles Begreifen übersteigt.

Etwas befremdlich wirkt an dieser Stelle die abschließende Reaktion der „Menschen" auf Jesu Macht über die Winde und die aufgewühlte See. Wo kommen die Menschen plötzlich her? Die Jünger können es nicht sein. Vermutlich verlässt Mt hier die Geschichte und lässt die Menschen seiner Gemeinde(n) nach der Verkündigung dieses Evangeliums antworten: „Wer ist doch dieser?"

3. Das Bild des schlafenden Jesus umtost von aufgewühlter See spricht eine Sprache, mit der Gott auch heute noch nach unserem Glauben sucht. Unsere Entwicklung verlangt immer wieder von uns, vertraute Bindungen und Beziehungen aufzugeben, uns aus überkommenen Lebens- und Glaubensformen, aus bestimmten Mentalitäten zu lösen. Immer wieder spüren wir, dass es uns aufgegeben ist, zur anderen Seite, zu einem Ufer aufzubrechen, das jenseits unserer bisherigen Erfahrungen liegt. In solchen Situationen des Übergangs können dann plötzlich aus der Tiefe unserer Seele lange nicht beachtete oder verdrängte Kräfte uns mit elementarer Wucht bedrohen und panische Angst auslösen. Gott nötigt uns geradezu manchmal, uns auf Neues einzulassen und uns bestimmten Gefahren und Ängsten auszusetzen. Nur so können wir als Menschen und als Glaubende wachsen. In diesen Momenten angstvoller Bedrängnis und Erschütterung, in denen wir glauben, zugrunde zu gehen, können wir auf *den* Grund stoßen, der uns aus aller Gottvergessenheit herausreißt. Dann kann es geschehen, dass die aufgebrachten Elemente zur Ruhe kommen und eine tiefe Stille eintritt, eine Stille, die unser Leben weiter trägt. Es kann uns dann wie den Menschen am Ende der Erzählung geschehen, dass wir von der Erfahrung überwältigt werden: Gott ist uns näher als wir uns selbst. Er handelt an uns, und wir fragen staunend: „Wer ist doch dieser?"

Die Heilung der zwei Besessenen von Gadara: Mt 8,28-9,1

8 28 Und als er (Jesus) an das andere Ufer in das Gebiet der Gadarener kam, begegneten ihm zwei Besessene, die aus den Gräbern herauskamen. Sie waren sehr schlimm, sodass niemand auf jenem Weg vorbeikommen konnte. 29 Und siehe, sie schrien und sagten: Was haben wir mit dir zu tun, Sohn Gottes? Bist du hierhergekommen, um uns vor der Zeit zu quälen? 30 Weit entfernt von ihnen aber weidete eine große Schweineherde. 31 Die Dämonen aber baten ihn und sagten: Wenn du uns austreibst, schick uns in die Schweineherde! 32 Und er sagte zu ihnen: Weg mit euch! Sie aber fuhren aus und in die Schweine hinein. Und siehe, die ganze Herde stürmte den Abhang hinab in den See und kam in den Fluten um. 33 Die Hirten aber flohen, gingen weg in die Stadt und berichteten alles, auch das von den Besessenen. 34 Und siehe, die ganze Stadt kam heraus, um Jesus zu begegnen; und als sie ihn sahen, baten sie ihn, ihr Gebiet zu verlassen. 9 1 Und er stieg in das Boot, fuhr hinüber und kam in seine Stadt.

Zusammenhang: Mt hat die anschauliche Erzählung von Markus 5,1-20 stark gekürzt und ganz auf Jesus und sein machtvolles Wort gegenüber den Dämonen konzentriert. Ihre Anrede Jesu als „Sohn Gottes“ kann als eine Antwort auf die Frage der Menschen verstanden werden: „Wer ist doch dieser?“ (Mt 8,27). Gadara gehört zur Dekapolis und liegt etwa 10 km vom See Gennesaret entfernt.

Jesus landet am anderen Ufer des Sees und betritt heidnisches Land. Es fällt auf, dass die Jünger, die mit ihm ins Boot gestiegen waren, überhaupt nicht erwähnt werden. Alles ist auf die „Begegnung“ Jesu mit den beiden Besessenen konzentriert. Von ihnen wird erzählt, dass sie so gefährlich sind, dass niemand an ihnen vorbeikommt. Schreiend kommen sie auf Jesus zu. Sie spüren seine Macht und wissen, dass er der Gottessohn ist, der sie „vor der Zeit“ vernichten wird.

Weit weg von dieser Szene weidet eine große Schweineherde, die nach Lev 11,7 zu den unreinen Tieren gehören. Deshalb bitten die beiden ihn, wenigstens in diesen Tieren weiterleben zu dürfen. Jesus spricht nur ein Machtwort: „Weg mit euch! (*hypágete)*“, und der Rest der Erzählung schildert die Wirkung dieses einen Wortes: Die Dämonen* fahren sofort aus diesen beiden gequälten Menschen aus und in die Schweine hinein. Die ganze Herde stürzt den Ab-

* Unter Dämonen können abgespaltene Persönlichkeitsteile verstanden werden, die sich zu autonomen Komplexen verselbstständigt haben und in der Psyche ein zerstörerisches Eigenleben führen. Diese unbewussten seelischen Energien sind in der Lage, mit bildhaften Vorstellungen das Bewusstsein so sehr zu beherrschen, das ein Mensch das Gefühl hat, von übermenschlichen Kräften „besessen“ zu sein. Wenn jemand sich derart bedrängt fühlt, ist es nicht verwunderlich, dass seine Affekte und Wahnvorstellungen sich in ungewöhnlichen und gewalttätigen Verhaltensweisen äußern.

hang hinab in den See und kommt mit den Dämonen um. Die Schweinehirten fliehen vor Schreck in die Stadt und erzählen, was passiert ist. Daraufhin kommt die „ganze Stadt“ zu Jesus heraus und bittet ihn, ihr Gebiet zu verlassen. Dass da jemand ist, der sogar Macht über die Dämonen hat, ist ihnen unheimlich, vielleicht unheimlicher als der Kontakt mit den beiden geheilten Besessenen. Von ihnen ist, anders als bei Markus, nicht mehr die Rede. Wichtig ist dem Evangelisten, dass Jesus in seine Stadt zurückkehrt. Die Zeit, den Heiden das Gottesreich zu verkünden, ist noch nicht gekommen.

Die Heilung eines Gelähmten: Mt 9,1-8

> **9 1 Und Jesus stieg in das Boot, fuhr über den See und kam in seine Stadt. 2**
> **Und siehe, sie brachten einen Gelähmten zu ihm, der auf einer Liege ruhte. Und**
> **als Jesus ihren Glauben sah, sagte er zu dem Gelähmten: „Fasse Mut, Kind!**
> **Vergeben sind dir deine Sünden!“ 3 Und siehe, einige Schriftgelehrte sagten bei**
> **sich selbst: „Er lästert Gott.“ 4 Und Jesus sah ihre Gedanken und sagte: „War-**
> **um denkt ihr Böses in euren Herzen? 5 Was ist denn leichter, zu sagen: Deine**
> **Sünden sind dir vergeben! oder zu sagen: Steh auf und geh umher? 6 Damit**
> **ihr aber seht, dass der Menschensohn Vollmacht hat, auf der Erde Sünden zu**
> **vergeben“, da sagte er zu dem Gelähmten: „Steh auf, nimm deine Liege und**
> **geh in dein Haus!“ 7 Und der Mann stand auf und ging weg in sein Haus. 8 Als**
> **aber die Volksmenge das sah, fürchteten sie sich und priesen Gott, der solche**
> **Vollmacht den Menschen gegeben hat.**

Zusammenhang: Der erste Vers ist wie ein Scharnier. Er gehört einerseits zum Abschluss der vorausgegangenen Dämonenaustreibung, andererseits zur Einleitung der Heilungsgeschichte. Jesus hatte auf heidnischem Gebiet südöstlich des Sees Gennesaret zwei Menschen von der Macht des Bösen befreit und sie geheilt. Auf die Bitte der Gadarener hatte er ihr Land wieder verlassen und war über den See nach Kapharnaum, in „seine Stadt“, zurückgekehrt. Die nun folgende Erzählung hat die ausführliche Markusvorlage (Mk 2,1-12) stark gekürzt und auf den ersten Konflikt mit den Schriftgelehrten konzentriert. Jesus steht ganz im Mittelpunkt. Die Erzählung ist wieder konzentrisch aufgebaut und lässt in ihrer Mitte (V. 3-6a) deutlich erkennen, worin der Hauptakzent ihrer Aussage besteht.

1. Mt 9,1-3: Ein Gelähmter wird auf einer Liege zu Jesus gebracht, Jesus sieht den Glauben dieser Menschen. Sie handeln angesichts des Elends, vor dem sie selbst machtlos sind. Ihr Glaube, auch der des Gelähmten, geht der Heilung voraus. Darauf sagt Jesus zu dem Gelähmten: „Fasse Mut, mein Kind! Vergeben sind dir deine Sünden!“ Diese Reaktion Jesu kommt für alle Beteiligten völlig überraschend. Seine Antwort liegt so jenseits menschlicher Erwartung, dass sie Anstoß erregt: Einmal in dem Sinn, dass hier ein Mensch die Vollmacht für sich in Anspruch nimmt, Sünden zu vergeben. Gottes Einzigkeit scheint auf dem Spiel zu stehen und so urteilen einige Schriftgelehrten, die das Geschehen beobachten: „Der lästert Gott!“, ein Vorwurf, der am Ende vom Hohepriester zur Begründung der Todesstrafe für Jesus wiederholt wird (Mt 26,65). Auch dort bezeichnet Jesus sich als Menschensohn. Doch Matthäus formuliert die Vergebung hier im Passiv und verweist damit auf Gott als dem eigentlich Handelnden.

Zum anderen stört Sündenvergebung den kalkulierbaren Verlauf menschlicher Beziehungen, die durch Forderung und Leistung, durch Anrechnen und Aufrechnen, durch Verdienst und Vergleich, durch Lohn und Strafe bestimmt sind. Dass Jesus die Vollmacht (*exousía*) hat, hier auf der Erde Sünden zu vergeben, bedeutet eine empfindliche Störung dieser unmenschlichen „Gesetzmäßigkeit“. Seine Lossprechung heilt die tiefste Ursache menschlicher Lähmung.

In der Anrede „Kind“ schwingen Zuneigung und Autorität mit, so als wolle Jesus den Gelähmten ermutigen, sich ganz auf seine Zusage zu verlassen und sich noch einmal am Anfang seiner Möglichkeiten zu sehen. Er wird befähigt, die Verantwortung für sein Leben ganz neu ins Spiel zu bringen.

Von den Leuten, die den Gelähmten zu Jesus getragen haben, ist nicht mehr die Rede. Sie sind – so unentbehrlich sie waren – nun überflüssig geworden. Dass einem Menschen bis in die Tiefen seiner Gefühlswelt hinein erfahrbar Schuld vergeben und er so heil wird bis ins Leibliche hinein, darauf kommt es an. Die Zusage: „Fasse Mut! Vergeben sind deine Sünden!“ ist an keine Vorleistung geknüpft. Jesus vertraut darauf, dass seine bedingungslose Zuwendung und Vergebung den Gelähmten in seinem Innersten berührt und zur Umkehr bewegt. Umkehr wird also hier als ein Prozess verstanden, der durch Vergebung ausgelöst wird, nicht mehr als Voraussetzung und Bedingung für Vergebung von Sünde und Schuld.

2. Mt 9,4-8: Der Vorwurf der Gotteslästerung bleibt noch unausgesprochen. Jesus aber durchschaut die Gedanken der Schriftgelehrten und ihre Absicht. Er weiß, dass sie böse (*ponerá*) sind, weil sie am Ende seinen gewaltsamen Tod zur Folge haben. Seiner Frage, was leichter sei, einen Menschen mit Gott zu versöhnen oder ihm seine leibliche Mobilität (zurück) zu geben, folgt unmittelbar sein Befehl an den Gelähmten: „Steh auf! Nimm deine Liege und geh in dein Haus!“ Ohne Zögern folgt dieser dem Wort Jesu und geht vor aller Augen weg. Dass Gott dem Menschen solche Vollmacht gegeben hat, darüber geraten die Volksmengen in Furcht und preisen Gott. Die Menschen erfahren diese Heilung und Sündenvergebung als Anruf zum Glauben, dass der *ganze* Mensch heil werden soll. Ihre Reaktion ist wie eine Bestätigung, dass Jesu vollmächtiges Wort in Übereinstimmung mit dem Willen Gottes steht. Es fällt auf, dass hier nicht mehr von der Vollmacht des Menschensohnes, sondern von den Menschen gesprochen wird, denen Gott die Vollmacht gegeben hat, Sünden zu vergeben. Auf dem Hintergrund der Aufforderung, vollkommen zu sein wie unser himmlischer Vater (Mt 5.48) und der Vaterunser-Bitte (Mt 6,12) gibt Matthäus zu verstehen, dass es sich nicht nur um eine Vollmacht, sondern auch um eine Pflicht handelt. Im Kap.18 spricht der Evangelist noch eindringlicher von der Vollmacht und Pflicht, den Sündern zu vergeben, um sie für die Gemeinde zurückzugewinnen.

Am Ende sind es die Schriftgelehrten, die als „Gelähmte" zurückbleiben, unfähig, sich der Barmherzigkeit Gottes in Jesus zu öffnen (vgl. Mt 1,21). Doch so entschieden wie der Glaube der Träger den Gelähmten zu Jesus bringt, wird sich Gottes Herrschaft gegen die „Gerechten" (Mt 9,13) durchsetzen.

Die Berufung des Zöllners Matthäus und das Mahl mit den Zöllnern und Sündern: Mt 9,9-13

9 9 Und als Jesus (von dort) weiterging, sah er einen Mann, am Zoll sitzen, der
Matthäus hieß. und er sagte zu ihm: Folge mir nach! Und der stand auf und
folgte ihm nach.
10 Und es geschah, als Jesus im Haus zu Tisch lag, siehe, viele Zöllner und
Sünder kamen und lagen mit Jesus und seinen Jüngern zu Tisch. 11 Als die
Pharisäer das sahen, sagten sie zu seinen Jüngern: Warum isst euer Meister
zusammen mit Zöllnern und Sündern? 12 Er aber hörte es und sagte: Nicht die
Gesunden brauchen den Arzt, sondern die, denen es schlecht geht. 13 Geht und
lernt, was es heißt: Barmherzigkeit will ich, nicht Opfer! Denn ich bin nicht
gekommen, Gerechte zu rufen, sondern Sünder.

Zusammenhang: Die Berufungsgeschichte folgt demselben Muster wie die Berufung der ersten vier Jünger (Mt 4,18-22): Jesus geht vorüber, sieht, beruft, der Angesprochene reagiert sofort und folgt Jesus nach. Es kommt zu einem weiteren Konflikt mit den jüdischen Autoritäten, diesmal mit den Pharisäern. Mit der Berufung des Zöllners und dem anschließenden Mahl setzt Mt das Thema Sündenvergebung fort.

1. Mt 9,9: Bei der Berufung der ersten Jünger hatte Jesus sie in ihrer Alltagswelt bei ihrer Berufsausübung aufgesucht. So kommt er auch hier im Vorübergehen am Zoll bei Matthäus vorbei und sieht ihn bei der Ausübung seines verachteten Gewerbes. Zöllner standen im Dienst der finanziellen Interessen der römischen Besatzungsmacht und hatten wegen ihrer oft praktizierten Bereicherungsmöglichkeiten einen sehr schlechten Ruf. Sie waren mitsamt ihren Familien gesellschaftlich und religiös geächtet und wie heidnische Sklaven zur Zeugenaussage nicht befähigt. Matthäus steht außerhalb und gehört zu den öffentlichen Sündern. Die Zollstätte ist wie ein Bild für das Ausgegrenztsein, mit dem andere ihn aus ihrem Leben ausgestoßen haben.

Jesus sieht, wie es um ihm steht. Matthäus leidet an den Lebensumständen, von denen er nicht weiß, wie er da aus eigener Kraft herauskommt. Er braucht Menschen, die ihn respektvoll und liebevoll anschauen und ihn so mit seinem Namen ansprechen, dass er sich in seiner Würde und Freiheit wiederentdeckt. Matthäus spürt den Blick Jesu auf sich ruhen und erfährt das Unglaubliche, persönlich angesprochen und gemeint zu sein: „Folge mir nach!" Ein Wort, das seine Welt verändert. Ein Vertrauen ohne Vorleistung und ohne Einschränkung! Ihm wird Beziehung angeboten wie zufällig, im Vorübergehen, Gemeinschaft mit einem Menschen, Gemeinschaft mit Gott. Von Jesu Wort geht eine Kraft aus. Sie wirkt Umkehr. Matthäus lässt sich erschüttern von dieser Kraft, steht mitten in seiner Alltagsbeschäftigung auf und folgt Jesus. Knapper lässt sich das Entscheidende dieser Begegnung nicht fassen. Die neue Beziehung und Gemeinschaft mit Jesus relativiert auf einmal alles. Matthäus steht nicht mehr außerhalb.

2. Mt 9,10-13: Jesus hat Gemeinschaft gestiftet, die ansteckend wirkt. Sie erfasst auch die Menschen, mit denen Matthäus verbunden ist. Umkehr ist keine Privatsache. Die sich als Sünder wissen, suchen seine Nähe. In diesem Mahl mit den „vielen Zöllnern und Sündern" und mit seinen Jüngern leuchtet etwas von dem endzeitlichen Charakter der Tischgemeinschaft auf, zu der Gott alle Menschen ruft (vgl. Mt 25,6-8).

Doch dass Jesus in diese für Juden so enge Form von Gemeinschaft auch Menschen einbezieht, deren Kontakt rabbinisches Toraverständnis verbietet, darüber gerät er in Widerspruch mit den Pharisäern. „Mit Zöllnern und Sündern isst er. Warum?" Der Konflikt signalisiert eine weitere Stufe von Auseinandersetzung, insofern die Pharisäer ihre Empörung nicht mehr für sich behalten und ihre vorwurfsvolle Frage an seine Jünger richten. Jesus bekommt das mit und antwortet selbst. Er weiß, was sich in ihnen wehrt. Er kennt ihren kultischen Reformeifer und weiß, wieviel Selbstgerechtigkeit und Unglaube sich hinter ihrem Einspruch verbirgt. Er will sie mit seiner Antwort nachdenklich stimmen. Haben sie vergessen, dass Gott gerade denen nahe ist, die gebrochenen Herzens sind und dass er den Gedemütigten Hilfe bringt (vgl. Ps 34,19): „Nicht die Gesunden brauchen den Arzt, sondern die, denen es schlecht geht!" Um ihnen deutlich zu machen, wie sehr sein Verhalten ganz im Einklang mit der zentralen Forderung der Schrift nach Barmherzigkeit steht, fügt er das Zitat von Hos 6,6 an: „Barmherzigkeit will ich, nicht Opfer!" Anstatt sich über ihn zu empören, sollen sie lieber ihre mangelnde Schriftkenntnis zum Anlass nehmen und das Prophetenwort studieren. Wenn sie gegenüber ihren Nächsten nicht barmherzig sind – und dazu gehören auch die Zöllner und Sünder hier – übersehen sie das zentrale Vermächtnis des Bundes zwischen Gott und den Menschen. Dann nützen ihnen all ihre kultischen Opfer nichts. Mt ist das Hosea-Zitat so wichtig, dass er es noch einmal in 12,7 wiederholt. Die barmherzige Zuwendung zu den Sündern, die sozial und religiös ausgegrenzt sind, ist ein zentrales Moment der Botschaft Jesu und seines Verhaltens. Niemand darf zum Gefangenen seiner Vergangenheit gemacht werden. Er vertraut darauf, dass seine von Herzen kommende Zuwendung ihre Herzen berührt und zur Umkehr bewegt. Mt versteht also wie in der vorausgegangenen Heilungsgeschichte Umkehr als einen inneren Prozess, der durch Vergebung ausgelöst wird, nicht als Voraussetzung und Bedingung für Vergebung. Dieses Verhalten veranschaulicht die Forderung der Bergpredigt, die „größere Gerechtigkeit" zu erfüllen (Mt 5,20), d.h. „die Beziehung zu Gott seinem universalen Heilswillen gemäß zu leben." (M. Grille, C. Langner).

Die Fastenfrage und die Unvereinbarkeit des Neuen mit dem Alten: Mt 9,14-17

9 [14] Da kamen die Jünger des Johannes zu ihm (Jesus) und sagten: Warum fasten wir und die Pharisäer, deine Jünger aber fasten nicht? [15] Jesus antwortete ihnen: Können denn die Hochzeitsgäste trauern, solange der Bräutigam mit ihnen ist? Es werden aber Tage kommen, da der Bräutigam von ihnen weggenommen wird, dann werden sie fasten.

[16] Niemand aber setzt ein Stück von ungewalktem Stoff auf ein altes Gewand; denn der neue Stoff reißt wieder ab und es entsteht ein schlimmerer Riss. [17] Auch füllt man nicht jungen Wein in alte Schläuche. Sonst reißen die Schläuche, der Wein läuft aus und die Schläuche gehen kaputt. Jungen Wein füllt man in neue Schläuche und beides bleibt erhalten.

1. Mt 9,14-15: Die neue Szene schließt unmittelbar an das vorher Erzählte an. Jesus ist noch immer beim Mahl mit den „Zöllnern und Sündern", als die Jünger des Täufers Johannes zu ihm kommen und ihn fragen, warum seine Jünger nicht wie sie und die Pharisäer fasten. Das Fasten galt als eine Übung der Buße und der Demütigung vor Gott. Sie war Ausdruck der Trauer über den Abfall Israels von JHWH. Neben dem gebotenen Fasten für das ganze Volk an bestimmten Tagen und zu bestimmten Zeiten war seit den Makkabäern das freiwillig auferlegte Fasten in bestimmten Kreisen üblich. Man fastete, um eigene oder fremde Schuld zu sühnen und um die Erhörung wichtiger Gebetsanliegen zu erreichen. Die Frage der Johannesjünger kommt einem Vorwurf gleich, dass die Jünger Jesu die sühnende Kraft des Fastens missachten und so eine religiöse Pflicht des Gottesvolkes verletzen.

Jesus antwortet mit einer Gegenfrage, die den Verständnisrahmen seiner Gegner respektiert. Er erinnert daran, dass auch nach jüdischer Sitte das Fasten an Festtagen nicht erlaubt ist: „Können denn die Hochzeitsgäste trauern, solange der Bräutigam mit ihnen ist?" Im biblischen Bild der Hochzeitsfeier charakterisiert er die Zeit seiner irdischen Präsenz als eine besondere Zeit festlicher Freude. Solange also seine Jünger mit ihm sind und sie Zeugen seines Heilswirkens werden, ist das für sie nicht die Zeit zu fasten als Ausdruck von Trauer. Vielleicht will dieses Wort das Bundesverhältnis zwischen JHWH und Israel in Erinnerung rufen, wie es der Prophet Hosea ankündigt: JHWH will Israel erneut umwerben. Er will ihre Untreue vergeben und sie endgültig für sich gewinnen (Hos 2,21). Weil Gott selbst sich in ihm, dem Menschensohn, den Menschen zuwendet, wie hier den Zöllnern und Sündern, darum macht das Fasten jetzt keinen Sinn.

Das Wort vom „Weggenommen-werden" des Bräutigams ist die erste noch verhüllte Leidensankündigung. Wenn das geschieht, werden seine Jünger fasten. Dann wird ihr Fasten Zeichen der Trauer sein über die reale Macht, die das Böse noch über den Menschen hat. Die Übung des Fastens kann dann auch das Bemühen um Wachsamkeit fördern, um sich von diesen zerstörerischen Mächten nicht überraschen zu lassen.

2. Mt 9,16-17: Die beiden anschließenden Bildworte beziehen sich auf den ganzen Abschnitt 9,2-15 und betonen die Unvereinbarkeit zwischen dem Neuen, das mit Jesus und seinem Wirken begonnen hat, und dem Alten, an dem die Schriftgelehrten, Pharisäer und auch die Jünger des Johannes festhalten. Die neue Art, wie Gott sich in Jesus den Menschen zuwendet, um ihnen ihre ursprüngliche Freiheit und Würde zurückzugeben, kann nicht mit dem alten Gewand religiöser Bemühungen, Abgrenzungen und Zwänge zusammengeflickt werden. Das neue Leben braucht neue Ausdrucksformen und würde die alten Schläuche von traditionellem Tora-Verständnis und Frömmigkeitspraxis sprengen. Der „Riss", der sich hier aufgetan hat, ist grundsätzlicher Art und hat Signalcharakter für die kommenden Auseinandersetzungen, die schließlich mit dem „Weggenommen-werden" enden (Mt 9,15). Das wird der Preis sein für die Erfüllung der Tora, wie Jesus sie praktiziert hat.

Die Heilung der blutflüssigen Frau und die die Auferweckung der Tochter eines Vorstehers: Mt 9,18-26

9 [18] Während Jesus dies mit ihnen redete, siehe, da kam ein Vorsteher, fiel vor ihm nieder und sagte: Meine Tochter ist soeben gestorben; aber komm, leg ihr deine Hand auf und sie wird leben! [19] Jesus stand auf und folgte ihm mit seinen Jüngern.

[20] Und siehe, eine Frau, die schon zwölf Jahre an Blutfluss litt, trat von hinten heran und berührte die Quaste seines Gewandes; [21] denn sie sagte bei sich selbst: Wenn ich nur sein Gewand berühre, werde ich gerettet. [22] Jesus wandte sich um, sah sie und sagte: Fasse Mut, Tochter, dein Glaube hat dich gerettet! Und die Frau war von dieser Stunde an gerettet.

[23] Und als Jesus in das Haus des Synagogenvorstehers kam und die Flötenspieler und die lärmende Menge sah, [24] sagte er: Geht weg! Das Mädchen ist nicht gestorben, es schläft. Da lachten sie ihn aus. [25] Als man die Menge hinausgeworfen hatte, ging er hinein und ergriff ihre Hand; da stand das Mädchen auf. [26] Und die Kunde davon ging hinaus in jenes ganze Land.

Zusammenhang: Nach den drei Erzählungen, in denen die ersten Konflikte mit den Schriftgelehrten und Pharisäern und deren Unglauben, sowie auch die Unvereinbarkeit mit dem Tora-Verständnis und der Frömmigkeitspraxis der Johannesjünger im Mittelpunkt standen, folgen nun in Mt 9,18-34 Heilungsgeschichten, die paradigmatisch vom Glauben einzelner Menschen berichten, die vom Schicksal schwer getroffen sind. Mt verarbeitet hier den zweiten Teil des Wunderzyklus bei Mk 5,21-43 in äußerst knapper Form, sodass er nur das für ihn Wesentliche festhält, um sein Glaubensverständnis deutlich zu charakterisieren und seinen Lesern die Identifikation zu erleichtern.

1. Mt 9,18-19: Auch diese Szene beginnt noch beim Mahl mit den Zöllnern. Ein Vorsteher (*árchon*), also eine höher gestellte Person, die nicht näher beschrieben wird, sucht Jesus dort auf, fällt vor ihm nieder (*proskynéo*) und bittet ihn, seine Tochter, die soeben verstorben ist, wieder zum Leben zu erwecken. Sein Niederfallen und seine Bitte unterstreichen seinen Glauben in die göttliche Macht Jesu, der auch über die Macht des Todes verfügt. Jesus folgt umgehend der Bitte des Vorstehers und geht mit ihm.

2. Mt 9,20-22: Unterwegs tritt eine Frau, die seit zwölf Jahren an Blutfluss und den furchtbaren Folgen dieser Krankheit litt, von hinten an Jesus heran und berührt die Quaste seines Gewandes. Sie ist nach Lev 15,9 kultisch unrein und muss deshalb ständig darauf bedacht sein, andere von sich fernzuhalten oder ihnen auszuweichen – aus Rücksicht, sie nicht durch Berührung „anzustecken". Die mit der Krankheit verbundene soziale Beeinträchtigung hat sie an den Rand ihrer Existenz gebracht. Mit der Quaste, die sie berührt, sind die Schaufäden gemeint, die sich an den vier Zipfeln des Gewandes befinden und etwa drei oder vier Finger lang sind. Sie symbolisieren die 613 Gebote und sollen den Juden an den Gesetzesgehorsam erinnern. Mt stellt also Jesus mit den Schaufäden an seinem Gewand als frommen Juden dar (vgl. Num 15,38-40; Dtn 22,12) und veranschaulicht damit das jüdische Kolorit seiner Jesusgeschichte. Doch ihm kommt es auch in dieser Szene vor allem auf das bedingungslose Vertrauen der Frau an, die sich gegen alle Hoffnung riskiert und in ihrem Glauben an die rettende Macht Jesu gegen das Gesetz verstößt. Jesus wendet sich ihr unmittelbar zu und spricht ihr die Rettung aufgrund ihres Glaubens zu. Erst dann wird berichtet, dass sie „von dieser Stunde an" von ihrem Leid erlöst ist. Nicht das Wunder der Heilung hat den Glauben bewirkt, sondern der Glaube hat ihr die Rettung gebracht. Mt versteht also das Wunder nicht als Zeichen, das den Glauben weckt, sondern als ein Paradigma, das die Wirkmächtigkeit des Glaubens zeigt (vgl. Mt 21,21f.).

3. Mt 9,23–26: Als Jesus im Haus des Vorstehers eintrifft, beherrscht eine lärmende Trauergesellschaft mit Weinen und Klagen die Szene. Doch als er die Menge auffordert, das Haus zu verlassen, weil das Mädchen nicht gestorben sei, sondern schlafe, lachen sie ihn offen aus. Ihr Gelächter drückt die überlegene Gewissheit aus, dass dieses Mädchen tatsächlich tot ist. Für Jesus aber ist dieser Tod keine endgültige Realität, da er von Gott Vollmacht hat, über ihn zu gebieten. Da eine Verständigung mit diesen Leuten offenbar nicht möglich ist, wirft man die ganze Trauergesellschaft kurzerhand hinaus. Die Auferweckung des Mädchens wird mit nur wenigen Worten berichtet. Jesus ergreift seine Hand und es steht auf. Das Verb, das Mt hier im Passiv verwendet (*egérte*), kann man wörtlich mit „auferweckt werden" übersetzen. Damit kann diese Geschichte auf die eigene Lebenshoffnung hin transparent werden, dass der Tod keine endgültige Realität ist, sondern ein Übergang aus dieser Zeit, aus dieser Welt der Vergänglichkeit in die Ewigkeit.

Die Abschlussbemerkung in V. 26 weist auf das Besondere des Geschehens hin. Im „ganzen Land" spricht es sich herum. Dadurch bereitet Mt gleichzeitig die Aussendung der Jünger in Kap. 10 vor.

Die Heilung von zwei Blinden und eines Taubstummen: Mt 9,27–34

9 [27] Als Jesus von dort weiterging, folgten ihm zwei Blinde nach und schrien:
Erbarme dich unser, Sohn Davids! [28] Nachdem er aber ins Haus gegangen war,
kamen die Blinden zu ihm. Und Jesus sagte zu ihnen: Glaubt ihr, dass ich das
tun kann? Sie antworteten: Ja, Herr. [29] Da berührte er ihre Augen und sagte:
Nach eurem Glauben soll euch geschehen. [30] Da wurden ihre Augen geöffnet
und Jesus fuhr sie an: Seht zu! Niemand soll es erfahren. [31] Sie aber gingen
weg und machten ihn in jener ganzen Gegend bekannt.

[32] Als sie gegangen waren, siehe, da brachte man einen Stummen zu ihm,
der von einem Dämon besessen war. [33] Und als der Dämon ausgetrieben war,
redete der Stumme. Und die Volksmengen staunten und sagten: Noch nie ist
so etwas in Israel gesehen worden. [34] Die Pharisäer aber sagten: Durch den
Anführer der Dämonen treibt er die Dämonen aus.

Abschließendes Summarium: Mt 9,35: Und Jesus zog umher in allen Städten und Dörfern, lehrte in ihren Synagogen und verkündete das Evangelium von der Gottesherrschaft und heilte alle Krankheiten und Schwächen.

Zusammenhang: Mt hatte mit der Heilung so vieler Kranker und zuletzt mit der Auferweckung der Tochter des Vorstehers gezeigt, dass mit Jesus die messianische Zeit angebrochen ist, die nach Jesaja 25,8 mit dem Ende der Krankheiten und mit dem Ende des Todes verbunden wird. Wenn nach der Überschrift (Mt 1,1) Jesus hier zum ersten Mal mit „Sohn Davids" angerufen wird, geht es in der folgenden Blindenheilung wohl primär um die Identität Jesu und seiner göttlichen Vollmacht (*exousía*).

Im Alten Testament bezieht sich der Titel „Sohn Davids" auf den Nachkommen Davids, dem JHWH verheißt, dass sein Geschlecht und sein Königtum auf ewig Bestand haben werden (2 Sam 7,16). Mt verbindet den Titel mit dem heilenden Wirken Jesu als Ausdruck der barmherzigen Zuwendung Gottes zu den „verlorenen Schafen des Hauses Israel" (Mt 10,6; 15,24) und damit als Erfüllung der Verheißung JHWHs an sein Volk. So gebraucht Mt den Titel „Sohn Davids" paradigmatisch für den ganzen Abschnitt 8,1-9,35.

Die Erzählung basiert auf dem anschaulichen Text von Mk 10,46-52, den er aber wieder stark kürzt und eigenständig christologisch akzentuiert. Blinde waren nach Lev 21,18 vom Priesterdienst ausgeschlossen und durften nicht einmal den Tempel betreten (2 Sam 5,8). Blindheit und Taubheit wurden häufig von den Propheten als Metapher für die Verschlossenheit gegenüber JHWH und seinem Heilswillen gebraucht (Jes 43,8; Jer 5,21; Ez 12,2 u.ö.). Es ist damit zu rechnen, dass auch in dieser Heilungsgeschichte diese Metapher eine Rolle spielt.

1. Auf dem Weg zurück vom Haus des Vorstehers (Mt 9,23) *folgen* Jesus zwei Blinde *nach*. Mit diesem Verb charakterisiert Mt die beiden als Anhänger Jesu. Sie erkennen in Jesus den Sohn Davids, den seit langer Zeit verheißenen Messias Israels, und flehen ihn, wie der Blinde Bartimäus bei Markus, an, sie von ihrer Blindheit zu heilen. Sie schreien zu dem, der „Barmherzigkeit will" (Mt 9,13). Sie bekennen sich damit zu ihrer absoluten Bedürftigkeit und drängen Jesus, ihnen seine Barmherzigkeit zu zeigen. Doch anders als erwartet, geht Jesus einfach weiter und lässt sie warten.

Die Szene wechselt von draußen nach drinnen in „das Haus". Die Blinden folgen ihm. Dort fragt er die beiden, ob sie von seiner Vollmacht überzeugt sind, dass *er* ihnen die Augen öffnen kann: „Glaubt ihr, dass *ich* dies tun kann?" Bei den bisher erfolgten Heilungen bezeichnete das göttliche Passiv, dass Gott sie gewirkt hat. Es geht also um die Identität Jesu in Übereinstimmung mit Gott. Ihre Antwort ist klar und eindeutig: „Ja, Herr (*kýrios*)!" Sie bekennen ihn als ihren Herrn wie die Jünger beim Seebeben (Mt 8,25). Daraufhin berührt Jesus ihre Augen und spricht das erlösende Wort: So wie sie geglaubt haben, soll ihnen geschehen. Wie vorher (Mt 8,8-13; 9,20-22) macht Mt deutlich, dass der Glaube ihrer Heilung vorausgeht.

Das anschließende Schweigegebot, das *niemand* von ihrer Heilung erfahren soll, wird hier zum ersten Mal ausgesprochen. Die Geheilten sollen wohl noch nicht davon reden, dass Jesus der davidische Messias ist, weil das die jüdischen Autoritäten provozieren würde. Doch die von Ihrer Blindheit Geheilten halten sich nicht an sein Verbot und bekennen so seine wahre Identität.

Die Frage, die Jesus den Blinden stellt, wer Jesus für sie ist und welche Konsequenzen das für ihren praktizierten Glauben bedeutet, – diese Frage stellt der Evangelist allen, die sein Evangelium lesen.

2. Kaum sind die von ihrer Blindheit Befreiten gegangen, als man Jesus einen Taubstummen bringt, der von einem Dämon besessen ist. *Kophós* kann stumm oder taub heißen. Wer von Geburt an taub ist, kann nicht sprechen. Bei Jesaja gehören Blindheit und Taubheit zusammen (Jes 29,18; 35,5; 42,18f.; 43,8) und werden auch z.T. metaphorisch verstanden. Bei Mt ist es ähnlich (Mt 12,22; 15,30f.). Jesus erfüllt also durch seine Heilungen die Verheißungen JHWHs an sein Volk Israel (Mt 11,5). Darüber geraten die Volksmengen ins Staunen und bekennen, dass man noch nie in Israel so etwas wahrgenommen habe. Staunen ist noch kein glauben, kann aber eine Voraussetzung dafür sein und wird hier als positive Reaktion verstanden.

Wieder wird Israel als Wirkungsfeld des Handeln Jesu genannt. Die Tiefendimension und die ins eigene Leben hineinwirkende Macht der Wunder bleibt der Volksmenge aber noch verborgen. Sie erschließt sich nur in der Begegnung mit Jesus selbst, die Mt mit den Stichworten Glaube (*pístis*) und Nachfolge (*akoulothéo*) umschreibt (U. Luz). Ganz anderes die Reaktion der Pharisäer. Durch das positive Echo der Volksmenge alarmiert, erheben sie den gravierenden Vorwurf, Jesus stehe im Bunde mit den widergöttlichen Mächten. Damit leugnen sie die Erfüllung der messianischen Verheißungen JHWHs durch Jesus. Diese offene Spaltung, die Jesus durch sein Wirken in Israel ausgelöst hat, lässt die Schärfe der Auseinandersetzung ahnen, die schließlich mit seiner öffentlichen Ablehnung in Jerusalem endet (Mt 27,25).

Mit dem abschließenden Summarium (Mt 9,35) fasst Mt noch einmal das vollmächtige Wirken Jesu zusammen, das er in Mt 5,1-9,34 entfaltet hat. Dies ist zugleich exemplarisch für das, was geschieht, wenn er über Kapharnaum hinaus „in allen Städten und Dörfern" Galiläas umherzieht.

Der Sendungsauftrag an die Jünger: Mt 9,36-11,1

Nach der programmatischen Rede „auf dem Berg" und seinem vollmächtigen Handeln von Kapharnaum aus (Mt 4,23-9,35), hatte Jesus sein Wirken in „allen Städten und Dörfern" Galiläas fortgesetzt. Die Jünger haben nun ausreichend Instruktion und lebendige Anschauung, um sein Evangelium von der Gottesherrschaft und sein barmherziges Handeln weiterzuführen. Sie sind ja dazu berufen, „Salz der Erde" und „Licht der Welt" zu sein (Mt 5,13-16). Das soll nun konkret werden, zunächst nur für Israel.

Nach der Bergpredigt ist die Aussendungsrede die zweite große Rede. Sorgfältig und eigenständig aus Quellen unterschiedlicher Herkunft (Mk, Q, Sondergut) komponiert und redaktionell ergänzt, ist sie für das Jünger- und Kirchenverständnis des Evangelisten sehr aufschlussreich. Mt macht unmissverständlich klar, dass die Jünger denselben Auftrag und dieselbe Vollmacht wie Jesus haben und am gleichen Schicksal teilhaben werden. Ihre Mobilität (Mt 10f.11.14.16.23.40-42), ihre Armut (Mt 10,8b-10) und ihre Wehrlosigkeit (Mt 10,10.16.38f.) sind konstitutiv für die Kirche. Sie entsprechen der Lebensweise Jesu und seiner ganzheitlichen Verkündigung und führen fast zwangsläufig in die Auseinandersetzung und Feindschaft mit den traditionellen Autoritäten und zu Spaltungen in den Familien. Im Gehorsam und in der Treue zum Sendungsauftrag Jesu vollzieht sich ein dynamischer Prozess: Kirche entsteht immer neu. Sie ist ständig im Werden.

Von der Not des Volkes, der großen Ernte und den wenigen Arbeitern: Mt 9,36-38

9 36 Als er die Volksmengen sah, hatte er Mitleid mit ihnen; denn sie waren
geplagt und niedergeschlagen wie Schafe, die keinen Hirten haben. 37 Da sagt
er zu seinen Jüngern: Die Ernte ist groß, aber die Arbeiter sind wenige. 38 Bittet
also den Herrn der Ernte, Arbeiter für seine Ernte auszusenden!

Auf seinen Wegen durch die Städte und Dörfer Galiläas hatte Jesus das ganze Ausmaß der Not des Volkes zu spüren bekommen. Das geschundene und verwundete Leben und die Niedergeschlagenheit so vieler Menschen gingen ihm zu Herzen. Die Ursache für die trostlose Situation sieht er im Versagen ihrer Hirten. Diese Feststellung knüpft an das im AT verbreitete Bildmotiv an und richtet sich damit zugleich, wie bei Ezechiel, als Anklage gegen die bisherigen Hirten des Volkes: Die Schwachen haben sie nicht gestärkt, das Kranke haben sie nicht geheilt, das Verletzte haben sie nicht verbunden, das Vertriebene haben sie nicht zurückgeholt, das Verlorene haben sie nicht gesucht; mit Härte und Gewalt haben sie die ihnen Anvertrauten niedergetreten (vgl. Ez 34,2-10). Diese Hirten haben ihre Autorität verwirkt. Die Jünger werden in die Not des daniederliegenden Volkes gesandt. Sie sollen heilen und aufrichten, den Verlorenen eine tragfähige Lebensperspektive geben. Sie „werden in den Dienst der messianischen Zuwendung des Hirten Israels zu seiner Herde gestellt und haben Teil am Hirtenamt Jesu ... Sie lösen die bisherigen Autoritäten Israels ab. Der Weinberg Israel bekommt neue Winzer" (M. Konradt). Das tragende und motivierende Fundament ihrer Sendung ist und bleibt das mitfühlende Erbarmen Jesu.

Die Bereitschaft der Menschen, sich für die Gottesherrschaft und seine barmherzige Zuwendung zu öffnen, ist so groß, dass die Zahl der Jünger dafür nicht reichen wird. Um die Ernte einzubringen, müssen alle möglichen Kräfte mobilisiert werden. Aber das wird nur Erfolg haben, wenn sie zum Herrn der Ernte um Mitarbeiter beten. Das Gebet ist für die Jünger die Grundlage ihrer missionarischen Existenz (vgl. Mt 6,9-15).

Die Ernte ist auch eine Gerichtsmetapher, die hier mitschwingt. Je nach dem, wie die einzelnen Menschen auf die Sendung der Jünger reagieren, entscheiden sie über ihr Heil (Mt 10,13-15). Das Bild der Ernte bedeutet auch, dass ihre Zeit begrenzt ist und daher alle verfügbaren Kräfte eingesetzt werden müssen, um sie einzubringen.

Die Berufung der Zwölf: Mt 10,1-4

10 [1] Und er (Jesus) rief seine zwölf Jünger zusammen und gab ihnen die Vollmacht über die unreinen Geister, um sie auszutreiben und jede Krankheit und jede Schwäche zu heilen. [2] Die Namen der zwölf Apostel aber sind diese: Als erster Simon, der Petrus (Fels) genannt wird, und Andreas, sein Bruder, und Jakobus, der Sohn des Zebedäus, und Johannes, sein Bruder, [3] Philippus und Bartholomäus; Thomas und Matthäus, der Zöllner; Jakobus, der (Sohn) des Alphäus, und Thaddäus; [4] Simon, der Kananäer, uns Judas aus Iskariot, der ihn auch auslieferte.

Jesus ruft seine Jünger zusammen. Dreimal findet sich in diesem kurzen Abschnitt das Wort „zwölf" (V. 1.2.5). Damit gibt Mt zu erkennen, dass Jesus das neue Gottesvolk sammelt und – anders als die Pharisäer – sich *ganz* Israel zuwendet. Mit dem Zwölferkreis knüpft er an den großen, wenn auch idealisierten Ursprung Israels an, da das aus dem Sklavenhaus Ägypten befreite Volk in seiner Gesamtheit als „ein Königreich von Priestern und als heiliges Volk" (Ex 19,4-6) bezeichnet wird. Ihre Sendung und Bevollmächtigung wird als direkte Weiterführung des barmherzigen, freisetzenden und aufrichtenden Wirkens Jesu verstanden (vgl. Mt 4,23; 9,35). In seiner unmittelbaren Nähe, im Kraftfeld seiner Worte haben die Jünger ein Gespür für die Armen, für die Not der Verlorenen bekommen, die in Unheilssituationen geraten sind, aus denen sie von sich aus nicht mehr herausfinden. Im täglichen Umgang mit ihm, in der Achtsamkeit für sein Wirken haben sie erfahren, wie Jesus Menschen aus der Macht und den Verstrickungen des Bösen befreit hat.

Nur *ein*mal im ganzen Evangelium werden die Zwölf hier als *Apostel* bezeichnet (V. 2). Mit der ihnen übertragenen Vollmacht und dem anschließenden Sendungsauftrag sind sie Apostel, Bevollmächtigte Jesu. Als Augenzeugen von Anfang an verbürgen sie die Zuverlässigkeit der bleibenden Sendung der Gemeinde.

Von den Zwölf wird jeder mit Namen genannt. Am Anfang der Namensliste stehen die beiden erstberufenen Brüderpaare. Simon ist insofern hervorgehoben, als er als „der erste" und mit seinem Beinamen „Petrus" bezeichnet wird. Neben den vier Jüngern, deren Berufung Mt in 4,18-22 erzählt, erinnert bei Matthäus nur noch der Zusatz „der Zöllner" an seine Berufung (Mt 9,9). Am Ende der Liste steht jener Name, der nicht aus der Erinnerung zu löschen ist: Judas aus Iskariot, der Jesus „ausliefert". Hier taucht zum ersten Mal das inhaltsschwere Wort auf und lässt bereits das Ende anklingen, da einer der Berufenen und Bevollmächtigten sich weigert, das Wirken Jesu weiterzuführen.

Die Aussendung der zwölf Jünger: Mt 10,5-15

10 [5] Diese Zwölf sandte Jesus aus und gebot ihnen: Geht nicht weg auf den
Weg zu den Heiden und in eine Stadt der Samariter geht nicht hinein, [6] Geht
aber vielmehr zu den verlorenen Schafen des Hauses Israel! [7] Geht und ver-
kündet: Das Himmelreich ist nahe herbeigekommen! [8] Heilt Schwache, weckt
Tote auf, macht Aussätzige rein, treibt Dämonen aus! Umsonst habt ihr empfangen, umsonst gebt.

[9] Verschafft euch nicht Gold, nicht Silber, nicht Kupfer(-münzen) in eure
Gürtel, [10] keinen Reisesack mit auf den Weg, kein zweites Untergewand, keine Sandalen, keinen Stock; denn der Arbeiter ist seiner Nahrung wert.

[11] Wenn ihr aber in eine Stadt oder in ein Dorf kommt, erkundigt euch, wer
darin wert ist, (euch aufzunehmen); dort bleibt, bis ihr wieder geht. [12] Wenn
ihr aber in ein Haus kommt, grüßt es. [13] Wenn das Haus es wert ist, soll euer Friede auf es kommen. Wenn (das Haus) es aber nicht wert ist, dann soll euer
Friede zu euch zurückkehren. [14] Und wer euch nicht aufnimmt und auf eure Worte nicht hört, geht hinaus aus dem Haus oder jener Stadt und schüttelt den
Staub von euren Füßen! [15] Amen, ich sage euch: Es wird dem Land von Sodom
und Gomorra am Tag des Gerichts erträglicher ergehen als jener Stadt.

1. Mt 10,5-8: Mit der von Jesus erhaltenen Vollmacht werden die Jünger nun zu den verlorenen Schafen des Hauses Israel in alle Städte und Dörfer Galiläas geschickt. Ausdrücklich wird ihnen untersagt, zu den Heiden oder in eine Stadt der Samariter zu gehen. Sie sollen sich jetzt zunächst ausschließlich um die in Mt 9,36 genannten Volksmengen kümmern und sich ihrer desolaten

Lage annehmen. Anders als bei Mk 6,7 wird hier nicht erwähnt, dass die Jünger sich jeweils zu zweit auf den Weg machen sollen. Vielleicht aber hat Mt das mit der paarweisen Zuordnung bei der Berufung der Zwölf angedeutet. Normalerweise braucht es wenigstens zwei Menschen, um einander zu stützen und zu ermutigen, Freude zu teilen, Erfahrungen zu deuten und offen zu bleiben für notwendige Kritik. Die Gefährtenschaft von wenigstens zweien soll den einzelnen davor bewahren, menschlich und geistig zu verkümmern und den Elan persönlicher Berufung zu verlieren.

Ihr Sendungsauftrag entspricht ganz dem Wirken Jesu für das Volk, das nach Jes 9,1 in Finsternis geht und im Schatten des Todes wohnt (Mt 4,16). Die Verkündigung der Gottesherrschaft („Himmelreich") steht gleich gewichtig neben dem Auftrag zu heilen, Tote zum Leben zu erwecken und Dämonen auszutreiben. Beides gehört konstitutiv zusammen. Diese Vollmacht haben sie umsonst empfangen, und sie sollen diese Gabe uneigennützig weitergeben.

2. Mt 10,9-10: Sie sollen auf jede Art von Absicherung verzichten. Weder Geld noch Proviant, weder Sandalen noch ein zweites Kleidungsstück, auch keinen Stock zur Verteidigung und zur Abwehr von wilden Tieren. Ihre Armut und Wehrlosigkeit soll ihr Vertrauen in Gott stärken, der sie ohnehin mit dem Nötigsten versorgen wird (Mt 6,25-34). Ihre äußere Erscheinung und ihr Auftreten, ihre Anspruchslosigkeit und Uneigennützigkeit soll das Vertrauen in die Glaubwürdigkeit ihres Auftrags wecken. Als Vermittler einer Wirklichkeit, die nicht ihr eigen ist, sollen sie sich für ihr Engagement nicht entlohnen lassen, sondern nur die Nahrung annehmen, die sie brauchen. Denn der Arbeiter im Dienst der Gottesherrschaft ist es wert, dass man ihm zu essen gibt. Wer persönlichen Nutzen aus dieser „Arbeit" zieht, verliert seine „Unbefangenheit", seine innere Freiheit und wird untauglich für den Dienst, zu dem Jesus die Zwölf unter die Menschen schickt.

3. Mt 10,11-15: Wenn die Jünger in eine Stadt oder in ein Dorf kommen (vgl. Mt 9,35), sollen sie sich zunächst erkundigen, welches Haus am ehesten für eine Unterkunft und als Ausgangsbasis für ihr Wirken vor Ort geeignet ist. Wenn sie ein solches Quartier gefunden haben, sollen sie dort bis zu ihrem Weggang bleiben. Die Glaubwürdigkeit ihrer Sendung würde Schaden nehmen, wenn sie in ein anderes Haus wechseln, um sich eine angenehmere Unterkunft zu verschaffen. Wenn sie ein Haus betreten, das offen ist für die Botschaft der Gottesherrschaft, sollen sie den Schalom Gottes, seinen Frieden, dem Haus und seinen Bewohnern zusprechen. Wenn das Haus aber dafür nicht bereit ist und sie als Boten nicht akzeptiert, bleibt der Friedensgruß wirkungslos. Die Jünger sollen einerseits davon überzeugt sein, dass es für sie nichts Wichtigeres gibt, als Gottes Nähe zu den Menschen erfahrbar zu machen, andererseits sollen sie in Erinnerung behalten, dass Gott der Herr der Ernte ist (Mt 9,38). Wenn sie also in einem Haus oder einer Stadt nicht willkommen sind und man sie nicht einmal anhören will, dann sollen sie das akzeptieren und weitergehen. Andererseits aber sollen sie deutlich machen, wie ernst es ihnen mit ihrem Auftrag ist. Die Gebärde des Staubabschüttelns ist Zeichen für die Aufhebung der Gemeinschaft. Da ihr Wort dieselbe Autorität hat wie die ganzheitliche Verkündigung Jesu, ist sie kein unverbindliches Angebot. Ihr Wort stellt die Menschen in die Entscheidung. Die Abweisung der Boten wird schlimmere Folgen haben als das Schicksal der exemplarisch sündigen Orte Sodom und Gomorra, weil die Einwohner einer solchen Stadt sich damit letztlich Gott verweigern.

Der Sendungsauftrag der Jünger ist in seiner Armut und Wehrlosigkeit, seiner Macht- und Heimatlosigkeit prophetisches Zeichen, das seine Überzeugungskraft und Glaubwürdigkeit verliert, wenn die Boten nicht mit ihrer ganzen Existenz dahinter stehen. Für die Kirche ist es unerlässlich, dass in ihr Einzelne und Gemeinschaften diese Radikalität leben. Dafür braucht es einen gesunden Lebensstil und eine klare Ordnung. Eine entsprechende Lebensform muss dem innersten Wesen eines Menschen entsprechen und seine Seele in Einklang mit Gott bringen. Eine Radikalität, die von Gott kommt, ist an ihrem Maß zu erkennen. „Alles Übermaß ist von den Dämonen“ (Abbas Poimen).

Gefährdung und Ermutigung der Jünger: Mt 10,16-25

10 16 Siehe, ich sende euch wie Schafe mitten unter die Wölfe; seid daher klug
wie die Schlangen und unverdorben wie die Tauben! 17 Nehmt euch aber vor
den Menschen in Acht! Denn sie werden euch an die Gerichte ausliefern und
in ihren Synagogen auspeitschen. 18 Ihr werdet vor Statthalter und Könige ge-
führt werden um meinetwillen, ihnen und den Heiden zum Zeugnis. 19 Wenn
sie euch aber ausliefern, macht euch keine Sorgen, wie und was ihr reden sollt;
denn es wird euch in jener Stunde gegeben, was ihr reden sollt. 20 Denn nicht
ihr seid es, die (dann) reden, sondern der Geist eures Vaters ist es, der durch
euch redet.

21 Es wird der Bruder den Bruder dem Tod ausliefern und der Vater das Kind
und die Kinder werden gegen die Eltern aufstehen und sie in den Tod schicken.
22 Und ihr werdet von allen gehasst werden um meines Namens willen; wer
aber bis zum Ende standhaft bleibt, wird gerettet.

23 Wenn sie euch verfolgen in der einen Stadt, so flieht in eine andere.
Denn, amen, ich sage euch: Ihr werdet mit den Städten Israels nicht zu Ende
kommen, bis der Menschensohn kommt.

24 Ein Jünger steht nicht über seinem Meister und ein Sklave nicht über
seinem Herrn. 25 Der Jünger muss sich damit begnügen, dass es ihm geht wie
seinem Meister, und der Sklave, dass es ihm geht wie seinem Herrn. Wenn man
(schon) den Hausherrn Beelzebul nennt, um wieviel mehr seine Hausgenossen.

1. Mt 10,16-20: Der erste Vers „Siehe, ich sende euch wie Schafe mitten unter die Wölfe“ ist wie eine Überschrift über den ganzen Abschnitt. Jesus will, dass die Jünger sich keine Illusionen machen über das, was sie unterwegs erwartet. Ihre Verkündigung von der Gottesherrschaft und die Wirkung, die ihr barmherziges Handeln auf die Menschen hat, wird den Widerstand und die Feindschaft der etablierten Autoritäten auf den Plan rufen. Sie müssen damit rechnen, dass diese wie Wölfe reagieren, denen man das Revier streitig macht. Deshalb ist es dringend geboten, sich so klug wie die Schlangen zu verhalten, um unnötige Gefährdungen zu vermeiden. In der Antike meinte man, die Schlange habe die Fähigkeit, vorauszusehen, und in Gen 3,1 wird sie als „listiger als alle Tiere des Feldes“ charakterisiert. Auch sollen sie sich lauter und friedfertig wie die Tauben verhalten, um den Gegnern keinen Vorwand für eine Anklage zu geben. In jüdischem Milieu und in heidnischer Umwelt kann es leicht passieren, dass sie sich vor lokalen Gerichtsinstanzen verantworten müssen und in Synagogen mit 39 Geißelhieben bestraft werden. Auch wird man sie aufgrund ihres Sendungsauftrags vor römische Statthalter und Klientelfürsten (wie König Agrippa I.) bringen. Das sollen sie aber als (willkommene) Gelegenheit verstehen, missionarisch zu wirken. In dieser Situation werden sie in besonderer Weise von Gottes Geist befähigt, authentisches Zeugnis für Christus abzulegen. Bei allem Ernst der Lage müssen sie sich keine Sorgen machen und brauchen keine Angst zu haben.

2. Mt 10,21-23: Aber es kommt noch schlimmer. Selbst im engsten Familienkreis kann die Konfrontation so heftig sein, dass einer den anderen denunziert und damit dem Tod ausliefert. Sie werden erfahren, dass sie aufgrund ihres Bekenntnisses zu Christus einer breiten Front von Ablehnung und Feindschaft gegenüberstehen. Wer diesen Widerstand und dieses kollektive Ressentiment im Vertrauen auf Gottes Mit-Sein und im Ausblick auf das Kommen des Menschensohnes aushält, wird gerettet.

Wenn die lokalen Autoritäten sie verfolgen und ihnen die Möglichkeit für ihr missionarisches Wirken genommen ist, sollen sie so klug sein, in eine andere Stadt zu fliehen. Der Dienst am Sendungsauftrag Jesu ist wichtiger, als das Martyrium anzustreben. Verkündigung und Lebensform Jesu, Widerstand und Ablehnung, Verfolgung und Flucht werden das Leben der Jünger bis zum Kommen des Menschensohnes ausmachen. Zwischen Jesus und seinen Gesandten besteht eine enge Schicksalsgemeinschaft, die auch dann fortdauert, wenn ihr Wirkungskreis über Israel hinausgeht.

3. Mt 10,24-25: Diese beiden Logien betonen noch einmal die enge Schicksalsgemeinschaft zwischen den Jüngern und Jesus: Sie werden ausgeliefert (V. 17.19.21), gegeißelt (V. 17), vor Statthalter geführt (V. 18) und getötet

(V. 21) wie dies auch analog mit Jesus in seiner Passion geschieht. Die Jünger müssen damit rechnen, dass es ihnen so geht wie ihrem Meister und Herrn. Die Anspielung auf Mt 12,22-27, wo die Pharisäer Jesus vorwerfen, er treibe mit Hilfe von Beelzebul die Dämonen aus, macht deutlich, dass mit den „Wölfen“ am Anfang des Abschnittes vor allem sie als die gefährlichsten Gegner gemeint sind.

Aufforderung zu furchtlosem Bekenntnis: Mt 10,26-11,1

10 26 Fürchtet euch also nicht vor ihnen! Denn nichts ist verhüllt, was nicht offenbar wird, und nichts ist verborgen, was nicht bekannt wird. 27 Was ich euch im Dunkeln sage, das sagt im Licht, und was man euch ins Ohr flüstert, das verkündet auf den Dächern! 28 Fürchtet euch nicht vor denen, die den Leib töten, die Seele aber nicht töten können, fürchtet euch vielmehr vor dem, der Seele und Leib verderben kann in der Hölle! 29 Verkauft man nicht zwei Spatzen für einen Assarion? Und doch fällt keiner von ihnen zur Erde ohne den Willen eures Vaters. 30 Bei euch aber sind sogar die Haare des Hauptes alle gezählt. 31 Fürchtet euch also nicht! Ihr seid mehr wert als viele Spatzen. 32 Jeder nun, der sich zu mir bekennt vor den Menschen, zu dem werde auch ich mich bekennen vor meinem Vater im Himmel. 33 Wer mich aber vor den Menschen verleugnet, den werde auch ich verleugnen vor meinem Vater im Himmel.

34 Meint nicht, ich sei gekommen, um Frieden auf die Erde zu bringen! Ich bin nicht gekommen, um Frieden zu bringen, sondern das Schwert. 35 Denn ich bin gekommen, um einen Menschen zu entzweien mit seinem Vater und eine Tochter mit ihrer Mutter und eine Schwiegertochter mit ihrer Schwiegermutter; 36 und die Feinde eines Menschen werden seine Hausgenossen sein. 37 Wer Vater oder Mutter mehr liebt als mich, ist meiner nicht wert, und wer Sohn oder Tochter mehr liebt als mich, ist meiner nicht wert.

38 Und wer nicht sein Kreuz (auf sich) nimmt und hinter mir nachfolgt, ist meiner nicht wert. 39 Wer sein Leben findet, wird es verlieren; und wer sein Leben um meinetwillen verliert, wird es finden.

40 Wer euch aufnimmt, der nimmt mich auf, und wer mich aufnimmt, nimmt den auf, der mich gesandt hat. 41 Wer einen Propheten aufnimmt, weil es ein Prophet ist, wird den Lohn eines Propheten erhalten und wer einen Gerechten aufnimmt, weil es ein Gerechter ist, wird den Lohn eines Gerechten erhalten. 42 Und wer immer einem von diesen Geringen (auch) nur einen Becher kühles Wasser zu trinken gibt, weil er ein Jünger ist – amen, ich sage euch: Er wird seinen Lohn gewiss nicht verlieren.

11 1 Und es geschah, als Jesus die Anweisungen an seine zwölf Jünger beendet hatte, ging er von dort weg, um in ihren Städten zu lehren und zu verkündigen.

1. Mt 10,26-33: Der Abschnitt V. 26-31 ist konzentrisch aufgebaut: Am Anfang (V. 26) und am Ende (V. 31) steht: „Fürchtet euch also nicht ...!“, in der

Mitte das Doppellogion: „Fürchtet euch nicht – „fürchtet euch aber eher ...!". Dieser Teil der Rede ist ein Aufruf zu unerschrockenem und bekennendem Glauben, eine Ermutigung für alle, die in einem Christus feindlichem Umfeld leben. Wie ein Leitmotiv richtet er sich gegen alle, die Jesu Jünger verfolgen und sie wie die Pharisäer ihren Herrn durch den Beelzebul-Vorwurf diskreditieren. Begründet wird der Aufruf zur Furchtlosigkeit in Verfolgungssituationen mit den beiden Gegensatzpaaren *verhüllt* und *offenbar, verborgen* und *bekannt*. Auch wenn angesichts realer Gefährdung Klugheit und Achtsamkeit geboten sind (Mt 10,16b-17a) und bei Verfolgung Flucht angeraten ist (Mt 10,23a), darf es nicht so weit kommen, dass die Jünger aus Angst um ihr Leben sich ihrem Sendungsauftrag entziehen. Im Vertrauen auf die im Endgericht offenbar werdende Wahrheit können sie sich furchtlos zu Jesus als dem Messias (Christus) bekennen und in aller Öffentlichkeit ihre Botschaft von den Dächern verkünden. Alles, was ihre Gegner ihnen antun, wird aufgedeckt und bekannt werden. Fürchten sollen sie allein den, der alle Macht über den ganzen Menschen hat, auch über den Tod hinaus.

Die Gefahr der Verfolgung bis zum Martyrium wird von Mt ebenso ernst genommen wie die Möglichkeit menschlicher Schwäche und menschlichen Versagens. Er verheißt ihnen nicht, von Verfolgung und Martyrium verschont zu werden. Aber mit dem Bild von den zwei Spatzen und den Haaren ihres Hauptes versichert er ihnen, wie kostbar sie in den Augen Gottes sind – unendlich viel kostbarer als die billigen Vögel, der Geflügelbraten der kleinen Leute, die man für einen römischen Assarion* auf dem Markt kaufen kann. Gott lässt keinen von seinen Getreuen verloren gehen.

Die Gegenüberstellung von Gottesfurcht und Menschenfurcht wird in den beiden folgenden Versen mit dem Gegensatz von *sich zu Jesus vor den Menschen zu bekennen* oder *ihn zu verleugnen* und den entsprechenden Konsequenzen im Endgericht weiter verdeutlicht. Zum Bekenntnis gehört unabdingbar, dass es zwischen der Wahrheit der Verkündigung und der Wahrhaftigkeit des Jüngers keinen Zwiespalt geben darf. Die Jünger entscheiden im Hier und Jetzt über ihr eigenes Heil oder Unheil. Das Verständnis dieser Gerichtsperspektive ist aber im Zusammenhang mit der mt Jesusgeschichte zu sehen. Petrus ist trotz der Verleugnung Jesu (Mt 26,69-75) der Fels, auf dem Jesus seine Kirche bauen wird (Mt 16,18), d.h. dass auch für den, der Jesus vor den Menschen verleugnet, Vergebung möglich ist (vgl. Mt 18,21-35).

2. Mt 10,34-39: Dieser Abschnitt beginnt mit einer Antithese: *Frieden* und *Schwert* in Bezug auf die engen Familien- und Clanbindungen: Zwischen einer konsequenten Christusnachfolge und der Loyalität gegenüber der eige-

* Für zwei solcher kleinen Münzen konnte man sich eine Tagesration Brot kaufen.

nen Familie kann es zu Konflikten und Zerwürfnissen kommen. Elementare familiäre Beziehungen können an der Haltung zu Christus zerbrechen. Zwar sollen die Jünger Frieden stiften (Mt 5,9) und den Menschen Gottes Frieden zusprechen (Mt 10,13), aber im Konfliktfall relativiert die Beziehung zu Christus alle familiären Bindungen an Eltern, Kinder und Geschwister. Die persönliche Beziehung zum Herrn hat ihre ganz eigene Qualität und Stärke. Sie zeigt sich in der Bereitschaft, *sein Kreuz zu nehmen und hinter Jesus her ihm nachzufolgen*. In der Spur Jesu zu gehen, kann bedeuten, nicht nur den Verlust familiärer Beziehungen in Kauf zu nehmen, sondern umfasst im Blick auf die Vollendung („sein Leben finden") jede Art von Anfeindung und Leiden, in die ein Jünger aufgrund seiner Treue zum Weg Jesu hineingerät. Diese Radikalität ist wiederum mit der Art zusammenzusehen, wie der Auferstandene in Galiläa den Zwölf begegnet, die ihn bei seiner Gefangennahme in Gethsemani aus Angst um ihr Leben im Stich gelassen haben und weggelaufen sind (Mt 28,16-20).

3. Mt 10,40-42: Die große Aussendungsrede, die ab V. 16 vor allem von Ablehnung, Widerstand und Verfolgung der Gesandten spricht, schließt mit ihrer positiven Aufnahme und dem entsprechenden Lohn für die ihnen geschenkte Gastfreundschaft. Das Wort „aufnehmen" (*déchomai*) kommt in diesem kurzen Abschnitt allein 6 mal vor, das Wort „Lohn" (*misthós*) 3 mal. Jesu Wort bezeugt die Würde und Wertschätzung, die seine Boten in den Augen Gottes haben. In ihnen ist der gegenwärtig, der sie gesandt hat. Da Jesus aber von Gott gesandt ist, nehmen die Gastgeber letztlich Gott auf. Mit den Propheten, Gerechten und Geringen werden die Jünger unter verschiedenen Rücksichten bezeichnet. Als Gesandte Jesu sind sie Propheten (Mt 5,11f.; 23,34), als glaubwürdige Zeugen seines Sendungsauftrags sind sie Gerechte und in ihrer Bedürftigkeit und Wehrlosigkeit gehören sie zu den sozial Geringen (*mikroí*). Wer immer einem von diesen Geringen auch nur einen Becher mit kühlem Wasser reicht, weil er zu Christus gehört, wird von Gott nicht vergessen. Das betonte „Amen, ich sage euch ..." unterstreicht neben der Wertschätzung die große Bedeutung, die Jesus ihrem missionarischen Wirken zuspricht.

Matthäus beendet in Mt 11,1 die Aussendungsrede mit der gleichen Formulierung, mit der er die Bergpredigt abgeschlossen hat. Trotz des Aussendungsbefehls in Mt 10,5 geht es jetzt mit der Verkündigungstätigkeit Jesu in den Städten Israels weiter, die zu neuen Polarisierungen führt.

Ablehnung und Widerstand wachsen: Mt 11,2-30

Nach der programmatischen „Bergpredigt“, seinem vollmächtigen Handeln und der daraus resultierenden Aussendung der Jünger (Mt 4,23-11,1) zeigen sich nun in einem längeren Abschnitt (Mt 11,2-16,20) die unterschiedlichen Reaktionen auf dieses Wirken. Die Frage nach der Identität Jesu rückt stärker in den Vordergrund. Sie wird mit der Frage Johannes' des Täufers eröffnet und mit einem dreiteiligen Abschnitt über ihn eingeleitet.

Die Frage des Täufers und seine Bedeutung: Mt 11,2-19

11 [2] Johannes aber, der im Gefängnis von den Taten des Christus hörte, schickte seine Jünger (zu ihm) [3] und ließ ihm sagen: Bist du der, der kommen soll, oder sollen wir einen anderen erwarten? [4] Und Jesus antwortete ihnen: Geht und berichtet Johannes, was ihr hört und seht: [5] Blinde sehen wieder und Lahme gehen; Aussätzige werden rein und Taub(stumm)e hören; Tote werden auferweckt und Armen wird das Evangelium verkündet. [6] Glückselig ist, wer an mir keinen Anstoß nimmt.

[7] Als sie aber gingen, begann Jesus zu der Volksmenge über Johannes zu reden: Warum seid ihr in die Wüste hinausgegangen? Um ein Schilfrohr zu sehen, das im Wind (hin und her) schwankt? [8] Aber warum seid ihr hinausgegangen? Einen Mann zu sehen in feinen Kleidern? Siehe, die feine Kleider tragen, sind in den Palästen der Könige. [9] Aber wozu seid ihr hinausgegangen? Um einen Propheten zu sehen? Ja, ich sage euch: sogar mehr als einen Propheten. [10] Dieser ist es, über den geschrieben steht: Siehe, ich sende meinen Boten vor dir her, der deinen Weg vor dir bereiten wird. [11] Amen, ich sage euch: Unter den von Frauen Geborenen ist kein Größerer erweckt worden als Johannes der Täufer; doch der Kleinste im Himmelreich ist größer als er. [12] Seit den Tagen Johannes' des Täufers bis heute leidet das Himmelreich Gewalt und Gewalttätige reißen es weg. [13] Denn alle Propheten und das Gesetz bis zu Johannes haben prophetisch geweissagt. [14] Und wenn ihr es annehmen wollt: Er ist Elija, der (wieder)kommen soll. [15] Wer Ohren hat, soll hören!

[16] Aber mit wem soll ich diese Generation vergleichen? Sie gleicht Kindern, die auf den Marktplätzen sitzen und den anderen zurufen. Sie sagen: [17] Wir haben für euch Flöte gespielt und ihr habt nicht getanzt; wir haben Klagelieder angestimmt und ihr habt euch nicht an die Brust geschlagen. [18] Denn Johannes ist gekommen, er aß nicht und trank nicht und sie sagen: Er hat einen Dämon. [19] Der Menschensohn ist gekommen, er isst und trinkt und sie sagen: Siehe, der Mensch ist ein Fresser und Säufer, ein Freund der Zöllner und Sünder! Und doch hat die Weisheit Recht bekommen aufgrund ihrer Werke.

1. Die Frage nach der Identität Jesu: Mt 11,2-6

Johannes der Täufer erfährt im Gefängnis auf der Feste Machaerus hoch über dem Toten Meer von dem Wirken Jesu. In ihm und vielleicht auch in seinen Jüngern steigt die Frage auf, ob Jesus der Kommende ist, den er mit seiner Umkehrbewegung in der Wüste (Mt 3,1ff.) den Weg bereitet hat. Es sieht so aus, als suche er für sich und seine Jünger Gewissheit über seine Sendung, die gewaltsam von Herodes Antipas beendet wurde (Mt 4,12). Er schickt also einige seiner Jünger zu Jesus nach Galiläa.

Der Täufer hatte einen Messias angekündigt und erwartet, der in seiner eschatologischen Richterfunktion die Spreu vom Weizen trennt, der mit Heiligem Geist und Feuer tauft, einen, der stärker ist und jedenfalls in Bezug auf seine Person einen gewaltigen Unterschied darstellt (Mt 3,11f.). Jesu Auftreten aber hat ihm einen anderen gezeigt, der Gott als den verkündet, der seine Sonne aufgehen lässt über Gute und Böse (Mt 5,45), der mit Zöllnern und Sündern Tischgemeinschaft hat (Mt 9,9-11) und der Barmherzigkeit will statt Opfer (Mt 9,13).

In seiner Antwort weist Jesus die Johannesjünger auf ihre eigene Erfahrung, auf das, was sie bei ihm hören und sehen. Jesus hatte zwei Blinde (Mt 9,27-30) und einige Gelähmte (Mt 4,24; 8,6-13) geheilt, einen Aussätzigen resozialisiert (Mt 8,2 f.), einem Taubstummen wieder ermöglicht, normal zu kommunizieren (Mt 9,32f.); er hatte die Tochter eines Vorstehers wieder zum Leben erweckt und eine Frau von ihrem 12-jährigen Leiden erlöst (Mt 9,18-26) und vor allem den Armen das Evangelium verkündet (Mt 5,3-12). All das sind Zeichen der von den Propheten angekündigten Heilszeit (Jes 29,18f.; 35,5f.; 42,18; 61,1 u.a.). Die Abgesandten sollen erkennen, dass Jesu Wirken im Einklang mit den Verheißungen steht, die sich an den Messias knüpfen und Jesus als den Kommenden ausweisen. Jesu Antwort schließt mit einer Seligpreisung für alle, die an seiner Person und seinem Wirken keinen Anstoß nehmen, d.h. nicht als skandalös verurteilen und deshalb ablehnen. Das wird aber bald bei den Bewohnern seiner Heimatstadt (Mt 13,57), bei den Pharisäern (Mt 15,12) und schließlich in der Passion bei seinen eigenen Jüngern (Mt 26,31) die Reaktion sein. Die Frage, wer Jesus ist, entscheidet sich letztlich daran, ob jemand sich auf die „Geschichte Jesu wirklich einlässt und sich von ihr zur Lebensentscheidung für ihn führen lässt“ (U. Luz).

2. Die Identität Johannes' des Täufers: Mt 11,7-15

Als die Jünger des Johannes wieder gingen, wendet sich Jesus mit drei rhetorischen Fragen an die Volksmenge, um sie auf die mit dem Auftreten des Täufers entstandene Dringlichkeit der Entscheidungssituation hinzuweisen. Sie seien doch nicht in die Wüste hinausgezogen, um etwas so Alltägliches wie ein vom Wind bewegtes Schilfrohr oder einen fein gekleideten Höfling zu bewundern, sondern doch wohl um einem Propheten zu begegnen, der zu allem Bekannten und Üblichen eine überzeugende Alternative darstellt. Jesus bestätigt die Erwartung der Vielen über den Täufer und fügt gleichzeitig hinzu: Er ist sogar mehr als ein Prophet, denn in seiner Person hat sich die Verheißung des endzeitlichen Wegbereiters (Mal 3,1) und des Rufers in der Wüste (Jes 40,3) erfüllt. Unter den von Frauen Geborenen gibt es keinen größeren von Gott erweckten Propheten als Johannes, der dazu berufen wurde, die Gottesherrschaft („das Himmelreich") zu verkünden (Mt 3,1ff.) und für den Messias die Herzen zu bereiten. Doch trotz der überragenden Größe des Täufers ist selbst der Kleinste im Himmelreich größer als er. Denn der Kleinste wird schon in diese Wirklichkeit hinein berufen, die Johannes ankündigte und der er sich im Gefängnis durch seine Jünger zu vergewissern suchte.

Seit der Täufer in der jüdäischen Wüste damit begann, den Anbruch der Gottesherrschaft zu verkünden, stößt sie (die Verkündigung) auf gewalttätigen Widerstand sowohl von Seiten der politischen Gegner, wie Herodes Antipas, als auch von Seiten der jüdischen Autoritäten. Diese Gegner sehen im Wirken Johannes' wie im Wirken Jesu und seiner Jünger eine Konkurrenz, die ihren Machteinfluss und ihre Akzeptanz im Volk bedroht. Das wollen sie auf jeden Fall verhindern, wenn nötig, mit Gewalt (*biastai` harpàdzo*). Dabei übersehen sie, dass Gewalt gegen Gottes Boten ein Kennzeichen für die Realität der angebrochenen Gottesherrschaft ist und Johannes als Wegbereiter, Jesus aber als Messias bestätigt.

Nach der Schrift haben alle Propheten bis zu Johannes geweissagt. Aber der Täufer ist auch deshalb größer als alle seine Vorgänger im Prophetenamt, weil er der wiedergekommene Elija ist. Damit gewinnt sein Ruf zur Umkehr und zur Annahme der Gottesherrschaft eine letzte Dringlichkeit und stellt Israel vor die Entscheidung, ob es das Zeugnis des Täufers annehmen will. Der Weckruf am Ende ist wie eine letzte Warnung zu verstehen.

3. Die verstockte Generation: Mt 11,16-19

Mit der Frage Jesu, womit er diese Generation vergleichen soll, signalisiert Mt eine erste Reaktion Jesu auf die sich abzeichnende Ablehnung und den zu erwartenden Widerstand „dieser Generation". Jesus spricht im Folgenden noch zu der Volksmenge (V. 7) über andere („sie sagen"), die offenbar den gesellschaftlichen und religiösen Ton im Land bestimmen. „Diese Generation" kann sich also nicht kollektiv auf das gegenwärtige Israel beziehen. Jesus will, dass seine Zuhörer nicht nur tiefer erfassen, welche Bedeutung der Täufer für sie hat, sondern er will auch das „Spiel" der jüdischen Autoritäten transparent machen, wie sie auf den Täufer und auf ihn reagieren. Er vergleicht sie mit

Kindern, die nicht nur eine bestimmte Art des Spiels nicht wollen, sondern überhaupt nicht spielen wollen. Sie verweigern sich *jedem* Angebot. Mit den Gegensatzpaaren „*Flöte spielen* und *nicht tanzen – Klagelieder anstimmen* und *nicht an die Brust schlagen*“ spielt er auf die sehr unterschiedlichen Lebensweisen von sich und dem Täufer an. Egal wie beide sich verhalten, sie werden abgewertet. Johannes mit seinem asketischen Lebensstil wird für „verrückt“ (wörtlich: besessen) erklärt, Jesus mit seiner unkonventionellen Art als Fresser und Säufer, als Freund von Sündern und Zöllnern abqualifiziert. Auf diese Weise versucht „diese Generation“ sich gegenüber Gottes barmherzigem Handeln zu immunisieren. Sie haben verlernt, was es heißt: Gott an sich handeln zu lassen.

Trotz der Polemik der Autoritäten gegenüber dem „Menschensohn“ bleiben die Verkündigung und die Heilungswunder Jesu aber „Manifestationen der göttlichen Weisheit“ (M. Konradt), die zur Glaubensentscheidung herausfordern. Ablehnung und Gewalt gegenüber den Propheten war schon immer ihr Schicksal und steht nicht im Widerspruch zu Gottes Heilsplan.

Die Wehe-Rufe Jesu über drei galiläischen Städte: Mt 11,20-24

> **11 20 Dann begann er den Städten Vorwürfe zu machen, in denen die meisten**
> **seiner Machttaten geschehen waren, weil sie sich nicht bekehrt hatten: 21 Weh**
> **dir, Chorazin! Weh dir, Betsaida! Denn wenn in Tyrus und Sidon die Machtta-**
> **ten geschehen wären, die bei euch geschehen sind – sie wären schon längst in**
> **Sack und Asche umgekehrt. 22 Jedoch sage ich euch: Tyrus und Sidon wird es**
> **erträglicher ergehen am Tag des Gerichts als euch. 23 Und du, Kafarnaum, wirst**
> **du etwa bis zum Himmel erhoben werden? Bis zur Unterwelt (Hades) wirst du**
> **hinabsteigen. Denn wenn in Sodom die Machttaten geschehen wären, die bei**
> **dir geschehen sind, dann stünde es bis heute. 24 Jedoch sage ich euch: Dem**
> **Land Sodom wird es erträglicher ergehen am Tag des Gerichts als dir.**

Zusammenhang: Die harschen Gerichtsworte gegen drei galiläische Städte, in denen Jesus gewirkt hat, machen noch einmal unmissverständlich klar, dass seine Verkündigung und seine Heilungswunder kein unverbindliches Angebot sind (vgl. Mt 10,14f.). Andererseits signalisieren sie, dass sich im Verhältnis Jesu zu den jüdischen Autoritäten ein neues Stadium abzeichnet, das mit dem Gericht über „diese Generation“ enden wird. Jesus kann diese Totalverweigerer (Mt 10,16f.) nicht überzeugen und ihrem Einfluss im Land kaum begrenzen.

Die endzeitliche Bedeutung des Auftretens Jesu und der Aussendung der Zwölf erhält von den schroff formulierten Gerichtsworten gegen die drei Städte Chorazin, Bethsaida und vor allem Kapharnaum besonderes Gewicht.

In ihnen hatte Jesus eindrucksvolle Machttaten vollbracht, die aber in Bezug auf die Gesamtbevölkerung im Großen und Ganzen folgenlos blieben: Sie haben sich nicht bekehrt. Chorazin und Bethsaida werden die beiden heidnischen Hafenstädte Tyrus und Sidon gegenübergestellt, die schon im Alten Testament wegen ihres Wohlstands, ihres Hochmuts und ihres gottlosen Lebenswandels von den Propheten angeprangert wurden (vgl. u.a. Jes 23; Ez 26-28; Joel 4,4-8; Sach 9,2-4). Der zweite Wehruf gegen Kapharnaum, seiner Stadt (Mt 9,1), wird in bewusster Anspielung auf das Gerichtswort gegen den Erzfeind Israels, Nebukadnezar, den König von Babylon (Jes 14,13-15), formuliert. Diese Stadt Jesu wird es im Endgericht am härtesten treffen, weil auch sie seine zahlreichen Machttaten nicht als Zeichen der angebrochenen Gottesherrschaft verstanden hat. Sie blieben ebenfalls ohne Konsequenzen für ihr Leben und ihre Beziehung zu Gott. Der Vergleich mit den reichen heidnischen Städten unterstreicht die Schwere ihres Versagens und des zu erwartenden Strafgerichts. Selbst das sprichwörtlich sündige Sodom wird besser davonkommen als Kapharnaum.

Wie kommt es zu dem drohenden Unterton in der Verkündigung der Frohbotschaft? Was macht es so unüberwindlich schwer, im Wort eines Menschen einen nicht relativierenden Anspruch Gottes zu entdecken und anzunehmen?

Wer in einem menschlichen Wort *Gottes* Wort erkennt und in sein Leben hineinnimmt, weil es der Wahrheit seines Herzens entspricht, wird den Widerspruch spüren zu dem, wie er sich in seinem Leben eingerichtet hat. Er wird in Konflikt geraten mit Mentalitäten, die mit der Wahrhaftigkeit seines Lebens nicht kompatibel sind und den Ablauf alltäglicher Gewohnheiten durchkreuzen. Enttäuschung und Entfremdung von Menschen, die einem nahestehen, können zu den Folgen eines solchen Gesinnungswandels gehören. Wer ist schon bereit, solche Risiken auf sich zu nehmen? Die Gerichtsworte wollen denen, die der Vollmacht (*exousía*) von Jesu Wort und seinem Wirken begegnet sind, ihre Bestimmung und ihre Gefährdung eindringlich in Erinnerung rufen und ihnen ihre Freiheit bewusst machen: „Selig, wer an mir keinen Anstoß nimmt" (Mt 10,6).

Der Lobpreis Jesu und seine Einladung an die Unmündigen: Mt 11,25-30

**11 25 In jener Zeit sprach Jesus: Ich preise dich, Vater, Herr des Himmels und
der Erde, weil du dies vor den Weisen und Klugen verborgen und es den Un-
mündigen offenbart hast. 26 Ja, Vater, so hat es dir gefallen. 27 Alles ist mir
von meinem Vater übergeben worden; niemand kennt den Sohn, außer der
Vater, und niemand kennt den Vater, außer der Sohn, und wem es der Sohn
offenbaren will.**

**28 Kommt alle zu mir, die ihr euch abmüht und belastet seid! Ich will euch
Ruhe geben. 29 Nehmt mein Joch auf euch und lernt von mir; denn ich bin**

sanftmütig und von Herzen demütig; und ihr werdet Ruhe finden für eure Seelen. [30] Denn mein Joch ist sanft und meine Last ist leicht.

Zusammenhang: Nachdem Jesus die jüdischen Autoritäten als verstockte Generation charakterisiert und gegen drei galiläische Städte schwere Vorwürfe erhoben hat, dankt er nun dem Vater in einem feierlichen Lobpreis, dass die Offenbarung Gottes in besonderer Weise den einfachen frommen Gläubigen, den *anawim,* gilt. Das zeigt sich schon in weisheitlichen Schriften (z.B. Sir 3,18-20; 51,23-27) und den Psalmen (z.B. Ps 19,8; 119,130). Diese „kleinen Leute", die oft ein entbehrungsreiches Dasein fristen, lädt er ein, *sein* Joch und *seine* Last auf sich zu nehmen und so ihr Leben in Einklang mit Gott zu bringen.

Der erste Teil des Abschnittes (V. 25-27) stammt aus Q < Lk 10,21f., der zweite (V. 28-30) ist Sondergut und hat einen konzentrischen Aufbau. In seiner Mitte steht – nach der Selbstoffenbarung Jesu als Sohn Gottes im ersten Teil – seine einzigartige Selbstaussage: „Ich bin sanftmütig und von Herzen demütig", die von der Zusage gerahmt ist, den Armen Ruhe (*anápausis*) zu verschaffen.

1. Mt 11,25-27: Der Lobpreis Jesu ist ein starker Kontrast zu den Wehrufen über die galiläischen Städte und setzt mit seiner Einladung an die gesellschaftlich unbedeutenden Gläubigen einen kraftvoll positiven Schlussakkord unter die negative Bilanz mit den „Weisen und Klugen", d.h. mit den Schriftkundigen und Toragelehrten, sicherlich auch mit den Pharisäern. Bei Matthäus waren die *anawim,* die gesellschaftlich am Rande stehen, oft einem mühsamen Lebenskampf ausgesetzt sind, sich aber doch ein unerschütterliches Gottvertrauen bewahrt haben, schon am Beginn der Bergpredigt (Mt 5,3-12) die bevorzugten Adressaten Jesu. Später weist er die Abgesandten des Täufers darauf hin, dass mit den vielen Heilungen und der Verkündigung des Evangeliums vor allem den Armen und Ausgegrenzten der Anbruch der Gottesherrschaft erfahrbar wurde (Mt 11,2-5). Gerade diesen „Kleinen", die sozial und religiös unmündig gehalten werden, gilt die Selbstoffenbarung Jesu als Sohn Gottes, dem der Vater alles übergeben hat (V. 27) und der aufgrund seiner einzigartigen Beziehung zu IHM *der* authentische Offenbarer des Vaters ist. So bezieht sich *dies* (Mt 11,25c) und *alles* (Mt 11,26a) auf die gesamte Verkündigungstätigkeit und auf alle seine machtvollen Taten in Israel. Darin offenbart sich das Geheimnis, wer Gott für uns Menschen ist, wie in der folgenden Einladung an die Niedergedrückten weiter ausgeführt wird. Gleichzeitig ist die Selbstoffenbarung Jesu als Sohn Gottes die bisher deutlichste Antwort auf die am Anfang des Kapitels (Mt 11,2) vom Täufer gestellt Frage nach der Identität Jesu.

2. Mt 11,28-30: Jesus spricht jetzt die Menschen direkt an, die sich ständig plagen müssen und die von der Last des Lebens niedergedrückt sind. Nach Mt 23,4 sind es die schweren und unerträglichen Lasten, die die pharisäische Tora-Auslegung den Menschen auferlegt. Darunter sind vor allem die strengen kultisch-rituellen Anforderungen zu verstehen, die die einfachen Leute überfordern (vgl. Mt 15,2). Jesus ruft sie in seine Nachfolge und verspricht ihnen Entlastung, die sie wieder in Einklang mit ihrem Leben, mit Gott bringt und so innere Ruhe und Gelassenheit ermöglicht. Er will damit nicht den in der Tora niedergelegten Gotteswillen relativieren oder gar außer Kraft setzen. Er ist ja gekommen, das Gesetz zu erfüllen (Mt 5,17) und die Menschen zu ermutigen, so vollkommen zu sein, wie ihr himmlischer Vater vollkommen ist (Mt 5,48). Er versichert ihnen vielmehr, dass sie in Einklang mit sich kommen, wenn sie von ihm lernen, wie in seiner Person und seinem Wirken, in seinem sanftmütigen und von Herzen demütigen Umgang mit ihnen, Gottes barmherzige Zuwendung erfahrbar wird. Damit nimmt er ihnen die Befürchtung vor noch größerer Belastung und ermutigt sie, *sein* Joch und *seine* Last, d.h. seine Auslegung der Tora als Orientierung für ein gelingendes Leben anzunehmen.

Am Ende der ersten elf Kapitel hat sich herauskristallisiert, wer Jesus und was der Inhalt seiner Botschaft ist, wem sein Sendungsauftrag gilt und wer seine bevorzugten Adressaten sind.

Die Verschärfung des Konflikts mit den Pharisäern: Mt 12,1-50

In Kap. 12 steht der Konflikt Jesu mit den Pharisäern im Vordergrund. In Auseinandersetzung mit dieser religiösen Reformpartei geht es immer um einen sensiblen Bereich religiöser Praxis. In Mt 9,9-13 hatte Jesus Empörung bei ihnen ausgelöst, als er nach der Berufung des Zöllners Matthäus mit „vielen Zöllnern und Sündern“ zu Tische lag. In den beiden folgenden Erzählungen (Mt 12,1-14) geht es um die Beachtung der Sabbatruhe.

Das Sabbatgebot war z. Zt. Jesu, also mehr als vierhundert Jahre nach dem Ende des babylonischen Exils, zum eigentlichen Unterscheidungsmerkmal zwischen Juden und Nichtjuden geworden. Deshalb musste jeder mit Feindseligkeit und harten Sanktionen rechnen, der sich herausnahm, in einem so fundamentalen Bereich religiöser und nationaler Identität Ausnahmen zu machen.

Ursprünglich ist die Sabbatruhe ein Gebot, um Leben und Würde des Menschen zu schützen. Sie will die Israeliten daran erinnern, dass sie einmal Sklaven waren, die von einem Übermaß an Arbeit körperlich und geistig niedergehalten wurden (Dtn 5,14f.). Die aufgezwungene Fron hatte sie einst zu Rivalen im Kampf ums Überleben gemacht und sie in ihrem innersten Kern, ihrer JHWH-beziehung, getroffen. Der Sabbat war für Israel von so fundamentaler Bedeutung, dass er theologisch in der Schöpfungsordnung verankert wurde (Ex 20,8-11).

Für die frommen Juden ist der Sabbat ein Tag der Ruhe und der Freude. Abseits von der täglichen Mühsal sollen die Menschen aufatmen und sich an die Freiheit erinnern, die Gott ihnen seit Anbeginn der Schöpfung geschenkt hat. Da die Sabbatruhe Teil der göttlichen Schöpfungsordnung ist (Gen 2,1-3), war sie von der rabbinischen Überlieferung bis in alle Einzelheiten festgelegt.

Die Auseinandersetzungen wegen der Sabbatruhe: Mt 12,1-14

12 1 In jener Zeit ging Jesus am Sabbat durch die Kornfelder. Seine Jünger
aber hatten Hunger und fingen an, Ähren abzureißen und zu essen. 2 Als die
Pharisäer das sahen, sagten sie zu ihm: Sieh, deine Jünger tun, was am Sabbat
nicht erlaubt ist. 3 Er aber sagte zu ihnen: Habt ihr nicht gelesen, was David
tat, als er hungrig war, und die mit ihm waren (auch) – 4 wie er in das Haus
Gottes ging und die Schaubrote aß, die zu essen ihm nicht erlaubt war, auch
nicht denen, die mit ihm waren, sondern nur den Priestern? 5 Oder habt ihr
nicht im Gesetz gelesen, dass am Sabbat die Priester im Tempel den Sabbat
entweihen, und unschuldig sind? 6 Ich sage euch aber: Hier ist Größeres als
der Tempel. 7 Wenn ihr aber erkannt hättet, was es heißt: Barmherzigkeit will
ich, nicht Opfer, dann hättet ihr die Unschuldigen nicht verurteilt; 8 denn der
Menschensohn ist Herr über den Sabbat.

A 9 Und als er von dort wegging, kam er in ihre Synagoge.

B 10 Und siehe, da war ein Mann, der eine verdorrte Hand hatte.

C und sie fragten ihn: Ist es erlaubt, am Sabbat zu heilen? Damit sie ihn anklagen könnten.

D 11 Er aber sagte zu ihnen: Wer von euch, der ein einziges Schaf hat und wenn es ihm am Sabbat in die Grube fällt, wird es nicht packen und herausziehen?

12 Wie viel mehr ist ein Mensch als ein Schaf?

C' Darum ist es erlaubt, am Sabbat Gutes zu tun.

B' 13 Dann sagte er zu dem Mann: Streck deine Hand aus! Und er streckte sie aus und sie wurde wiederhergestellt – gesund wie die andere.

A' 14 Die Pharisäer aber gingen hinaus und fassten den Beschluss gegen ihn (Jesus), ihn zu vernichten.

Zusammenhang: Die beiden Erzählungen (Mt 12,1-8 und 9-14) gehören zusammen. Sie sind gleich strukturiert und durch die Stichworte „Sabbat“ (V. 1.2.5.8.10.11.12) und „(nicht) erlaubt“ (V. 2.4.10.12) eng miteinander verbunden. In der zweiten Erzählung eskaliert der Konflikt mit den Pharisäern noch mehr. Nach der Tischgemeinschaft mit öffentlichen Sündern (Mt 9,10-13) und dem Streit über das Gebot der Sabbatruhe (Mt 12,1-8) führt diese Auseinandersetzung zum definitiven Bruch mit ihnen. Mt nimmt den Markusfaden (Mt 2,23-3,12) wieder auf und gestaltet ihn mit entsprechendem Sondergut (V. 5-7), geringfügig auch mit Stoff aus Q < Lk 14,5.

1. Mt 12,1-8: An einem Sabbat geht Jesus durch die Getreidefelder. Seine Jünger sind hungrig und rupfen Ähren von den Halmen, um die Körner zu essen. Das Abrupfen von Ähren galt als Erntearbeit und gehörte zu den am Sabbat verbotenen Tätigkeiten. Die Jünger übertreten das Sabbatgebot nicht aus Leichtfertigkeit oder Missachtung, sondern aus der Not des Hungers. Jesus toleriert deshalb ihr Verhalten. Plötzlich tauchen von irgendwoher Pharisäer auf und machen ihm Vorhaltungen, dass seine Jünger tun, was am Sabbat nicht erlaubt ist. Das unerwartete Auftreten der Pharisäer erweckt den Eindruck, als würden sie Jesus als Gefährder einstufen und deshalb ständig observieren.

In seiner Antwort auf ihren Vorwurf macht Jesus sie wieder auf ihre mangelnde Schriftkenntnis aufmerksam (Mt 9,13) und erinnert sie zunächst an eine Situation, in der David sich legitimiert sah, ein Gebot zu übertreten, um den Hunger zu stillen (1 Sam 21,1-7). In der Geschichte von seinem Besuch beim Priester Abimelech in Nob haben er und seine Leute von den heiligen Broten gegessen, die nach Lev 24,9 nur den Priestern im Heiligtum vorbehalten waren. Hunger gilt als Lebensgefahr; sie verdrängt die Einhaltung des Sabbatgebotes. Die Jünger sind also schuldlos, weil „es ein Gebot der Barmherzigkeit ist, dass Hungernde sich etwas zu essen beschaffen dürfen" (M. Konradt).

Sein zweites Schriftargument nimmt Jesus aus Num 28,9f., wonach die Priester durch das gebotene Sabbatopfer regelmäßig das Sabbatgebot außer Kraft setzen und dabei schuldlos bleiben. Er verweist damit auf eine Situation, in der Gebote miteinander in Konflikt geraten und die Tora selbst dem wichtigeren Gebot den Vorrang gibt. Wenn also das Gebot der Sabbatopfer eine höhere Priorität hat als das der Sabbatruhe, um wieviel mehr dann die Barmherzigkeit, in der Not des Hungers sich etwas zum Essen zu besorgen. Die Barmherzigkeit ist für Jesus die Mitte des göttlichen Willens, also größer als Tempeldienst und Opfer. Die Jünger verstoßen also mit dem Ährenrupfen nicht gegen den Willen Gottes, wie er in der Schrift niedergelegt ist. Als Resumé verweist Jesus die Pharisäer noch einmal (vgl. Mt 9,13) auf Hos 6,6, dass gelebte Barmherzigkeit *das* Kriterium für die Erfüllung der Tora ist.

Sein Schlusswort an die Adresse der Pharisäer unterstreicht die in den sechs Antithesen der Bergpredigt (Mt 5,21-48) zum Ausdruck kommende Autorität Jesu: Wer den in Tora und Propheten geoffenbarten Willen Gottes in letztgültiger Weise erschließt, ist Herr auch über den Sabbat, d.h. er vermittelt das tiefere Verständnis des Sabbats und erläutert seine Praxis, insofern er die gelebte Barmherzigkeit als seine Mitte ausweist. Das Sabbatgebot ist als Gabe des Schöpfers an sein Geschöpf zu verstehen, nicht als Last, die das Leben kasuistisch einengt und niederdrückt

2. Mt 12,9-14: Danach geht Jesus zum Gottesdienst in „ihre" Synagoge. Dort ist ein Mann mit einer gelähmten oder verkrüppelten Hand. Vielleicht ist damit angedeutet, dass er nicht in der Lage ist, durch diese Behinderung seinen Lebensunterhalt zu verdienen. So stehen menschliches Leid und die Bestimmungen der Tora wie unversöhnliche Gegensätze am Anfang der Erzählung.

Die Pharisäer suchen nach einer Gelegenheit, Jesus legal aus dem Weg zu räumen. Sie rechnen damit, dass er am Sabbat heilen wird und konfrontieren ihn direkt mit der Frage, ob es erlaubt ist, am Sabbat zu heilen, um ihn gerichtlich belangen zu können. Jesus antwortet mit einer Gegenfrage. Dabei ist an einen armen Mann zu denken, der nur ein einziges Schaf hat, sodass sein Verlust ihn hart treffen würde. Selbstverständlich wird er sein Tier retten. Er hat gar keine Alternative.

Wenn man schon an einem Sabbat ein Schaf ohne Zögern aus seiner misslichen Lage befreit, um wie viel mehr dann einen Menschen. Im barmherzigen Tun wird Gottes Wille erfüllt, der über allen Sabbatvorschriften steht (Mt 12,7). Deshalb ist es erlaubt, am Sabbat auch diesem Mann mit der verdorrten Hand aus seinem Elend zu befreien.

Jesus scheut nicht das offene Gespräch. Er entzieht sich nicht der notwendigen Auseinandersetzung. Er will seine Gegner überzeugen und gewinnen. Die unselige Trennung von „Gesetz" und Barmherzigkeit verkehrt Gottes Lebensabsicht und macht ihn in den Herzen der Menschen zum Widersacher.

Dann lenkt Jesus die Aufmerksamkeit auf den Mann und fordert ihn auf, seine Hand auszustrecken. Er gehorcht und alle können sehen, dass er sie wieder normal gebrauchen kann. Jesus hebt die Tora nicht auf, sondern er legt sie aus und erfüllt sie. Gott bleibt nicht ungerührt von menschlichem Leid und alle überlieferten Gesetze und Weisungen haben ihre Geltung allein darin, dem Menschen seine ursprüngliche Ganzheit und Würde zu ermöglichen. Jesu souveräne Lehre und Praxis machen den Sabbat zu einem „Zeit-Raum" (Th. Söding), in dem Gottes barmherzige Zuwendung zu denen, die sich abmühen und belastet sind (Mt 11,28), erfahrbar wird.

Ganz im Gegensatz dazu verlassen die Pharisäer „ihre „Synagoge" und fassen den Beschluss (*symboúlion lambánein*: Mt 22,15; 27,1), Jesus zu vernichten. Sie planen einen Mord und tun damit etwas am Sabbat, was man an keinem Tag tun darf. Aus Gegnern sind ihm unerbittliche Feinde geworden. Der Riss ist nicht mehr zu flicken (vgl. Mt 9,16). Zum ersten Mal kommt hier das Ende, die Passion Jesu, ausdrücklich in den Blick.

Jesus – der heilende Gottesknecht als Hoffnung für die Völker: Mt 12,15-21

12 15 Als aber Jesus das erkannte, entwich er von dort. Und es folgten ihm
große Volksmengen nach und er heilte sie alle. 16 Und er gebot ihnen streng
(epitimáo), dass sie ihn nicht bekannt machten, 17 damit erfüllt würde, was
durch den Propheten Jesaja gesagt wurde:

> 18 *Siehe, mein Knecht, den ich erwählt habe,*
> *mein Geliebter, an dem meine Seele Gefallen gefunden hat.*
> *Ich werde meinen Geist auf ihn legen,*
> *und er wird den Völkern (das) Recht verkünden.*
> 19 *Er wird nicht streiten und nicht schreien,*
> *und man wird seine Stimme nicht auf den Straßen hören.*
> 20 *Ein geknicktes Rohr wird er nicht zerbrechen*
> *und einen glimmenden Docht nicht auslöschen,*
> *bis er dem Recht zum Sieg verholfen hat.*
> 21 *Und auf seinen Namen werden (die) Völker ihre Hoffnung setzen.*

Zusammenhang: Dieser Abschnitt schließt nahtlos an die vorausgehende Erzählung an. Nach dem Bruch mit den Pharisäern suchen die Volksmengen (*óchloi polloí*) weiter die Nähe zu Jesus (vgl. Mt 4,25; 8,1). Mit dem Erfüllungszitat aus dem ersten Gottesknechtslied (Jes 42,1-4), dem längsten, das Mt in sein Evangelium aufgenommen hat, reflektiert er hier verschiedene Facetten der Identität und des Wirkens Jesu auf dem Hintergrund der Schrift. Sein Auftreten, sein Handeln und seine Toraauslegung entsprechen der Schrift und werden durch sie bestätigt. So kommt hier über den unmittelbaren Kontext hinaus das Ganze der Jesusgeschichte in den Bick: von der Tauferzählung am Anfang (Mt 4,13-17) bis zum Missionsbefehl am Ende des Evangeliums (Mt 28,18-20).

Im Zusammenhang mit dem Hinweis auf den tödlichen Ausgang des Konflikts mit den jüdischen Autoritäten (Mt 12,14) sieht der Evangelist die Möglichkeit, mit den beiden letzten Versen des Zitats (V. 20f.) die Passion und den Tod Jesu nicht als Katastrophe zu begreifen, sondern als Durchbruch des Messias zum Herrscher und Richter der Welt (Mt 26,64). Der Konflikt wird einen „siegreichen" Ausgang haben, auf den die Völker hoffen können.

1. Mt 12,15-17: Als Jesus Gewissheit darüber hat, dass die Pharisäer ihm nach dem Leben trachten, „entweicht (*anachoréo*)" er, ein Wort, das Mt schon in der Kindheitsgeschichte (Mt 2,22) verwendet und später wiederholt (Mt 14,13; 15,21), wenn Jesus sich gezwungen sieht, seinen Gegnern aus dem Weg zu gehen, um seinen Sendungsauftrag zu erfüllen. Die vielen Menschen, die ihm (nach-)folgen, heilt er alle, wie damals am Abend in Kapharnaum (Mt 8,16). Das ausdrückliche Verbot, die Heilungen publik zu machen, entspricht seinem Bestreben, sein tröstendes und aufrichtendes Handeln ungestört fortsetzen zu können, damit sich die Trostbotschaft Deuterojesajas erfüllt.

2. Mt 12,18-21: In den vier Liedern vom Gottesknecht (Jes 42,1-9; 49,1-6; 50,4-9; 52,13-54,12) verdichten sich Reflexionen und Perspektiven der ausgehenden Exilszeit und der frühen nachexilischen Epoche. Sie wollen klären, wer der von JHWH berufene Knecht (*ebed*) ist, der Gottes Heilsplan für Israel und die Völker zum Erfolg führt. Im ersten Lied präsentiert JHWH seinen Knecht als „Bund mit dem Volk" und als „Licht für die Völker" (Jes 42,6). Die Initiative, das „Recht", d.h. die Tora, die Weisung Gottes, gegen alle leidvollen Erfahrungen des Exils und gegen alle Hindernisse und Widerstände Israels in die Völkerwelt hineinzutragen, geht von JHWH aus. Er ist der Garant, der die Verwirklichung des göttlichen Auftrags überhaupt möglich macht. Er hält und stützt seinen Knecht, damit er unter den Anforderungen seines Sendungsauftrags nicht verzagt oder zerbricht. Mit einfühlsamen, fast zärtlichen Worten betont JHWH, dass der Knecht sein Erwählter ist, an dem seine Seele (Wohl-)Gefallen gefunden hat. Die Seele bedeutet Gottes personale Mitte und ist Ausdruck der Intensität, mit der er für seinen Knecht einsteht. Mit der Verleihung seines Geistes befähigt er ihn, die Völker von der Einzigkeit JHWHs zu überzeugen und ihnen die Erkenntnis zu vermitteln, dass Er der Schöpfer und Herr des ganzen Universums ist.

Nach dieser in eine große Weite ausgreifenden Präsentation überrascht es vielleicht, wie unprätentiös, wie verhalten und ruhig der Knecht einen Auftrag ausführt:

> **Er schreit nicht und lärmt nicht,**
> **noch lässt er seine Stimme draußen hören.**
> **Das geknickte Rohr zerbricht er nicht**
> **und den glimmenden Doch löscht er nicht aus (Jes 42,3).**

Das unscheinbare Auftreten des Knechts entspricht der Tora, die gerade die Schwachen schützt und bedrohtes Leben schont. Der Knecht wird bei der Durchführung seines Auftrags sich jeder Gewalt enthalten. Gegen alle Zweifel betont der Text, dass der Erwählte auf diese ruhige und friedliche Weise das „Recht" etablieren wird. Er wird nicht aufgeben und nicht zusammenbrechen, sondern in der vollen Kraft JHWHs seine Sendung erfüllen. Die Weisung entspricht der Sehnsucht der „Inseln", d.h. die Völker warten auf die Tora. Sie wird die Völker zu einem Leben befähigen, das auf ihn ausgerichtet ist und von ihnen als einzige unversiegbare Quelle des Glücks erfahren wird. Denn die Tora ermöglicht das Lebensrecht der Schwachen.

Der Wortlaut des Zitats bei Mt, der hauptsächlich dem hebräischen Text von Jes 42,1-4 entspricht, ist der Gottessohn-Christologie des Evangelisten angepasst. Das hier mit „Knecht" wiedergegebene Wort *pais* kann man auch mit „Sohn“ übersetzen. Jesus sucht nicht die laute öffentlichkeitswirksame Konfrontation mit seinen Gegnern. Er weicht ihr aber nicht aus, als sie ihn in ihre Gewalt bringen und er den Weg des Leidens auf sich nimmt.

Die Metaphern vom „geknickten Rohr“ und dem „glimmenden Docht“ entsprechen ganz der barmherzigen Zuwendung zu den „verlorenen Schafen des Hauses Israel“ (Mt 10,6; 15,24). Das „Recht“ zu den Völkern herauszubringen (Jes 42,3c) und sich nicht unterkriegen zu lassen, bis es zum unwiderruflichen Maßstab auf Erden geworden ist (V. 43ab), fasst Mt sinngemäß in dem Satz zusammen: „bis er das Recht zum Sieg führt.“ Das schließt nach ihm Passion, Tod und Auferweckung mit ein. Denn durch seinen Tod unterliegt er nicht seinen Gegnern, sondern schafft den Durchbruch zum Leben für alle. Mit der österlichen Erhöhung zum Weltenrichter, dem „alle Vollmacht gegeben (ist) im Himmel und auf Erden“, und der seine Jünger zu den Heiden schickt (Mt 28,18-20), beginnt die Hoffnung der Völker sich zu erfüllen. Sie bezieht sich auf seinen Namen (Mt 12,21). Mit den letzten beiden Sätzen (V. 20f.) gibt Mt seiner Jesusgeschichte von der Schrift her die richtige Perspektive für ihren weiteren Verlauf.

Scharfe Konfrontation mit den Pharisäern wegen der Frage nach der Identität Jesu und der Interpretation seines Wirkens: Mt 12,22-37

12 22 Dann brachte man zu ihm einen Besessenen, der blind und stumm war,
und er heilte ihn, sodass der Stumme wieder redete und sah. 23 Die ganzen
Volksmengen gerieten außer sich und sagten: Ist dieser nicht der Sohn Davids?
24 Als die Pharisäer das hörten, sagten sie: Dieser treibt die Dämonen nicht
anders aus als durch Beelzebul, den Herrscher der Dämonen. 25 Doch Jesus
erkannte ihre Gedanken und sagte zu ihnen: Jedes Reich, das in sich gespalten
ist, wird verwüstet, und jede Stadt und jedes Haus, das in sich gespalten ist,
wird keinen Bestand haben. 26 Wenn also der Satan den Satan austreibt, dann
ist Satan in sich selbst gespalten. Wie kann sein Reich dann Bestand haben?
27 Und wenn ich die Dämonen durch Beelzebul austreibe, durch wen treiben
(dann) eure Söhne sie aus? Darum werden sie eure Richter sein. 28 Wenn ich
aber durch den Geist Gottes die Dämonen austreibe, dann ist das Reich Gottes
schon zu euch gekommen. 29 Oder wie kann einer in das Haus des Starken ein-
dringen und ihm seine Habe rauben, wenn er nicht zuerst den Starken fesselt?
Erst dann kann er sein Haus ausrauben. 30 Wer nicht mit mir ist, ist gegen
mich; wer nicht mit mir sammelt, zerstreut.

31 Deshalb sage ich euch: Jede Sünde und Lästerung wird den Menschen
vergeben werden, aber die Lästerung des Geistes wird nicht vergeben werden.
32 Und wer ein Wort gegen den Menschensohn sagt, dem wird vergeben wer-
den; wer aber etwas gegen den Heiligen Geist redet, dem wird nicht vergeben,
weder in dieser Welt noch in der künftigen. 33 Entweder nehmt an: Der Baum
ist gut, dann ist auch seine Frucht gut. Oder nehmt an: Der Baum ist faul, dann

ist auch seine Frucht faul. Denn an der Frucht erkennt man den Baum. [34] (Ihr) Schlangenbrut, wie könnt ihr Gutes reden, da ihr böse seid? Denn wovon das Herz überfließt, davon redet der Mund. [35] Der gute Mensch bringt aus dem guten Schatz Gutes hervor und der böse Mensch bringt aus dem bösen Schatz Böses hervor. [36] Ich aber sage euch: Über jedes unnütze Wort, das die Menschen reden, werden sie Rechenschaft ablegen am Tag des Gerichts; [37] denn aufgrund deiner Worte wirst du gerecht gesprochen werden und aufgrund deiner Worte wirst du verurteilt werden.

Zusammenhang: Jesus hatte sich von den Pharisäern abgesetzt und sich wieder den „verlorenen Schafen des Hauses Israel" zugewandt. Er bleibt konsequent auf dem Weg, die Verheißungen der Schrift und so auch die Hoffnung der Völker zu erfüllen.

Matthäus folgt weiter dem Markusfaden (Mk 3,22-27) und integriert ihn mit der Parallele aus der Logienquelle (Q > Lk 11,14-23).

1. Mt 12,22-30: Als Jesus einen sehr gestörten Menschen, der weder sehen noch sprechen konnte, von seiner Besessenheit geheilt hat, sodass er (wieder) normal wahrnehmen und kommunizieren konnte, geraten die anwesenden Volksmassen vor Staunen außer Fassung und fragen einander, ob Jesus nicht der erwartete „Sohn Davids" sei. Waren sie bei der Heilung des (taub-)stummen Besessenen im Kapharnaum noch ins Staunen geraten und hatten verwundert festgestellt, so etwas habe man in Israel noch nicht gesehen (Mt 9,33), so ahnen sie jetzt, dass Jesus ihr Messias sein könnte. Das ruft seine schärfsten Gegner wieder auf den Plan. Als sie von dem positiven Echo der vielen Menschen hören, kontern sie mit dem Vorwurf, Jesus stehe im Bunde mit Beelzebul, dem Herrscher der widergöttlichen Mächte. Anders sei das Phänomen der Heilung nicht zu erklären. Anders als zuvor reagiert Jesus diesmal mit einer ausführlichen Erwiderung auf die Frage nach seiner Identität und der Interpretation seiner Machttaten. Seine Antwort entfaltet sich Schritt für Schritt und ist an Präzision und Schärfe kaum zu überbieten. Die Absurdität ihrer Behauptung legt er zunächst mit dem Erfahrungsargument offen, dass kein Reich, das in sich zerrissen und gespalten ist, auf Dauer Bestand haben kann. Das Gleiche gilt für den kommunalen und familiären Bereich. Wie sollte da die Strategie Satans gelingen, wenn er mit Jesus ein Bündnis zur Zerstörung seiner Herrschaft eingeht. Bezogen auf den in seiner Menschenwürde und Gottebenbildlichkeit entstellten Besessenen, der weder sehen noch sprechen konnte, heißt das: Wie kann Satan sich dazu verstehen, durch Jesus seine Macht über diesen Menschen zu verlieren?

Das zweite Gegenargument schließt sich unmittelbar an: Angenommen, Jesus würde, wie die Pharisäer behaupten, im Bunde mit Satan die Dämonen austreiben, durch wen würden dann die jüdischen Exorzisten aus ihren eigenen Reihen die leidenden Menschen von der Macht des Bösen befreien? Mit dieser Frage stellt Jesus die Bösartigkeit ihrer Unterstellung bloß. Sie wollen mit allen Mitteln verhindern, dass seine Popularität beim Volk weiter wächst. Wenn also die Pharisäer die Dämonenaustreibungen ihrer eigenen Leute als Teufelswerk bezeichnen würden, dann würden sie mit Sicherheit von ihnen zur Rechenschaft gezogen werden. Positiv gewendet heißt das: Wenn Jesus aber durch den Geist Gottes die gequälten Menschen von dämonischen Kräften befreit, dann ist die Gottesherrschaft („das Reich Gottes") schon zu ihnen, also auch zu den Pharisäern, gekommen. Was die Menschen in der Begegnung mit Jesus an Wundern und kraftvoll überzeugender Verkündigung bisher erfahren haben, ist etwas qualitativ Neues. So etwas haben sie von Seiten der Pharisäer noch nie erlebt. Die Macht des Bösen ist bereits „gebunden" (V. 29), wo immer ein Mensch sich dem Geist Gottes öffnet. Wer sich aber, wie die Pharisäer, weigert, „die hirtenlosen (Mt 9,36) und verlorenen Schafe (Mt 10,6) mit Jesus zu sammeln" (M. Konradt) und sie aus Überheblichkeit oder Bosheit ihrem Schicksal überlässt, wird im Endgericht zur Rechenschaft gezogen.

2. Mt 12,31-37: Mit dem gewichtigen Neuansatz „ich aber sage euch" zieht Jesus die Konsequenzen für „diese Generation" (Mt 19,16). Zweimal (V. 31 und 32) betont er ungewöhnlich scharf, dass die Lästerung gegen den Heiligen Geist nicht vergeben werde; beim zweiten Mal fügt er noch hinzu: „weder in dieser Welt noch in der künftigen". Was ist mit dieser Sünde wider den Heiligen Geist gemeint?

Jesus spricht als Bezwinger des Starken, dessen Haus nun ausgeraubt wird. Die Beute, die dem gefesselten Starken entrissen wird, sind die vielen Menschen, die Jesus von Krankheit, „Unmündigkeit" (Mt 11,25) und von der Dämonie befreit, die Wahrheit ihres Lebens nicht leben zu können. So mag es verständlich werden, dass es nur *eine* Sünde gibt, die nicht vergeben werden kann: Die Absicht, Menschen daran zu hindern, die Wahrheit ihres Lebens zu entdecken und zu leben: Bild und Gleichnis dessen zu sein, von dem sich niemand ein Bild machen darf (Gen 26,1; Ex 20,4; Dtn 5,8). Jesus ist der von JHWH geliebte Knecht, auf den Er seinen Geist gelegt hat, der ein geknicktes Rohr nicht zerbricht und einen glimmenden Docht nicht auslöscht (vgl. Jes 42,1.3; Mt 12,18.20). Wenn die Pharisäer behaupten, Jesus stehe im Bund mit Beelzebul, dem Herrscher der Dämonen, und sein offensichtlich freisetzendes Handeln sei Teufelswerk, dann verwirken sie selbst die Möglichkeit, von Gott Vergebung zu erlangen.

Im Schlussabschnitt (V. 36f.) greift Jesus das Bildwort vom Baum und seiner Frucht (Mt 7,16-20) noch einmal auf, um zu betonen, dass die Pharisäer bis ins Mark bösartig sind. Von ihnen kann man nur „faule Früchte" erwarten. Dann charakterisiert er sie, wie Johannes der Täufer (Mt 3,7), noch als

Schlangenbrut, aus deren Mund kein gutes, kein tröstendes und aufrichtendes Wort kommen kann.

Mit den letzten Sätzen (V. 36f.) fasst Mt Jesu „Abrechnung“ mit den Pharisäern in den allgemeinen Grundsatz zusammen, dass jeder aufgrund seiner Worte gerecht gesprochen oder verurteilt wird. Das verheißt seinen entschiedenen Gegnern nichts Gutes. Doch sein Wort, dass jedem vergeben wird, der gegen den Menschensohn Vorwürfe erhebt (V. 32a), lässt die Möglichkeit zur Umkehr offen. Die Härte und Unerbittlichkeit der Konfrontation mit den Pharisäern, die geschichtlich wohl gar nicht so böse waren, ist auf dem Hintergrund der abgelehnten und verfolgten Gemeinde des Mt zu sehen, die das Ende der Jesusgeschichte im Blick hat und um das Ende Jerusalems mit der Zerstörung des Tempels (70 n. Chr.) weiß.

Die Zeichenforderung der „bösen Generation“: Mt 12, 38-42

**12 38 Da antworteten ihm (Jesus) einige Schriftgelehrte und Pharisäer und sag-
ten: Meister, wir wollen von dir ein Zeichen sehen. 39 Er aber antwortete ihnen:
Diese böse und treulose* Generation verlangt ein Zeichen, aber es wird ihr kein
Zeichen gegeben werden außer dem Zeichen des Propheten Jona. 40 Denn wie
Jona drei Tage und drei Nächte im Bauch des Seeungetüms war, so wird auch
der Menschensohn im Schoß der Erde sein drei Tage und drei Nächte. 41 Die
Männer von Ninive werden beim Gericht mit dieser Generation auftreten und
sie verurteilen; denn sie sind auf die Botschaft des Jona hin umgekehrt. Und
siehe, hier ist mehr als Jona! 42 Die Königin des Südens wird beim Gericht mit
dieser Generation auftreten und sie verurteilen; denn sie kam vom Ende der
Erde, um die Weisheit Salomos zu hören. Und siehe, hier ist mehr als Salomo!**

**43 Wenn aber der unreine Geist aus einem Menschen ausfährt, durchstreift
er wasserlose Gegenden, um einen Ruheplatz zu suchen, findet (aber) keinen.
44 Dann sagt er: Ich will in mein Haus zurückkehren, von wo ich ausgezogen
bin. Und er kommt und findet es leer, gereinigt und geschmückt. 45 Dann geht
er und nimmt sieben andere Geister mit sich, (noch) böser als er. Und sie ziehen
ein und wohnen dort. Und am Ende ist es mit jenem Menschen schlimmer als
am Anfang. So wird es auch mit dieser bösen Generation sein.**

1. Mt 12,38-42: Zum ersten Mal treten nun gemeinsam mit den Pharisäern Schriftgelehrte auf. Nach Mt gehören sie zusammen und sind weitgehend mit ihnen identisch (vgl. Mt 23,2-35). Im Kontext von Mt 12 ist ihre Zeichenforderung als Antwort auf die schroffe Abrechnung Jesu mit den Pharisäern zu sehen. Der gebieterische Ton ihrer Forderung lässt darauf schließen, dass sie sich ihm gegenüber als Autoritäten verstehen, vor denen Jesus sich auszuweisen hat. Sie verlangen ein „Zeichen“, also etwas, das die Identität Jesus ein-

* Das griechische Wort „moichalís“ heißt wörtlich: ehebrecherisch.

deutig beweist und seine Heilungen und Exorzismen als messianische Zeichen erfahrbar macht. Eine solche eindeutige Demonstration, die sie vom Glauben dispensieren würde, kann es in Fragen des Glaubens nicht geben. So fällt Jesu Antwort nicht weniger energisch und provokativ aus: Er akzeptiert ihre Rolle als Autorität in Glaubensfragen nicht und nennt sie eine „böse und ehebrecherische Generation", der kein anderes Zeichen gegeben wird als das des Propheten Jona. Damit spielt er auf den Tötungsbeschluss der Pharisäer an (Mt 12,14) und weist gleichzeitig auf das Paschafest hin (Mt 27,62f.), da die Hohepriester mit den Pharisäern bei Pilatus vorstellig werden, um eine Wache für das Grab Jesu zu erwirken - aus Angst vor der Ankündigung „jenes Betrügers", er werde nach drei Tagen auferstehen. „Denn wie Jona drei Tage und drei Nächte im Bauch des Fisches war" (Jona 2,1) und JHWH ihn aus dem „Schoß der Unterwelt" befreit hat, so wird ER den Menschensohn nach drei Tagen und drei Nächten aus dem Schoß der Erde auferwecken.

Die Bewohner der großen und furchtbaren Stadt Ninive waren von der kurzen ultimativ formulierten Gerichtsbotschaft des Propheten so erschüttert, dass sie sich bekehrten (Jona 3,4f.). Deshalb werden sie beim Endgericht gegen „diese Generation" auftreten und sie verurteilen. Und die Königin des Südens hat keine Mühe gescheut und ist vom „Ende der Erde" aufgebrochen, um die Weisheit von Davids Nachfolger Salomo zu hören, während „diese Generation" die Weisheit Gottes nicht erkannt hat, die in Jesus alle Weisheit und Prophetie überbietet. Deshalb wird auch sie „diese Generation" verurteilen.

Das Doppelwort von der Königin des Südens und den Leuten von Ninive ist eine ungeheure Provokation: Auf die Aussage von *Heiden* hin, wird „diese Generation" schuldig gesprochen. Das ist das genaue Gegenteil von dem, was sich „fromme" Juden wie die Schriftgelehrten und Pharisäer erwarten.

Wie kommt es, dass selbst in einem religiös geprägten Milieu die Sensibilität, die Wahrnehmungsfähigkeit für Gottes Wirken, für seine Gegenwart im Hier und Heute verloren geht? Wie kommt es, dass Menschen, die es ernst meinen mit ihren Glaubensüberzeugungen und der Glaubenstradition, der sie sich verbunden fühlen und die sie schützen wollen, die Zeichen für Gottes aktuelle Gegenwart anzweifeln und bekämpfen?

Vielleicht entwickelt sich eine solche Mentalität in einem längeren Prozess, in dem ein offenbartes Wort oder ein Ereignis, das als Einbruch von Transzendenz ins eigene Leben und als unverfügbare Gabe erfahren wird, allmählich sich in einen verfügbaren Besitz, zu einer theologischen Position wandelt, mit der man sich von anderen abgrenzen und sie verurteilen kann. Gefährlich wird diese Entwicklung dann, wenn die auf diese Weise herausgebildeten Positionen sich in einem Kollektiv verfestigen und mit einem Machtpotential ausgestattet sind. Das war z.B. im Verlauf der Kirchengeschichte oft genug der Fall.

2. Mt 12,43-45: Mit der anschließenden Rede von der Rückkehr des unreinen Geistes setzt Mt seine Antwort auf die Zeichenforderung der Schriftgelehrten und Pharisäer fort. Die im Schlusssatz (V. 45) apostrophierte „böse Generation" korrespondiert mit der „bösen und ehebrecherischen Generation" in V. 39 und bildet mit ihr eine literarische Klammer um die ganze Erwiderung Jesu.

Voraussetzung dafür, dass der ausgetriebene Dämon vom Menschen wieder Besitz ergreifen kann, ist, dass er bei seinem ruhelosen Umherirren in verlassenen Gegenden keine Bleibe gefunden hat und „sein" verlassenes Haus unbewohnt geblieben ist, d.h. der Geheilte ist nach der von Jesus erfahrenen Heilstat nicht in seine Nachfolge eingetreten. So konnte der verbannte Dämon mühelos mit noch schlimmeren Gesellen in das leerstehende und geschmückte Haus einziehen, sodass der Betroffene jetzt noch schlimmer dran ist als zuvor. Auf die religiösen Autoritäten gemünzt, heißt das: Wenn sie, die Jesus ablehnen und bekämpfen mit dem Ziel, ihn zu vernichten, – wenn sie also wieder nachhaltigen Einfluss auf die Volksmengen nehmen, wird es den Volksmengen noch schlimmer ergehen als zuvor.

Die ganze Auseinandersetzung spielt sich vor den Augen der Volksmengen ab, die damit erneut vor eine Entscheidung gestellt werden.

Die wahre Familie Jesu: Mt 12,46-50

12 [46] Als Jesus noch mit den Volksmengen redete, siehe, da standen die Mut-
ter und seine Brüder draußen und suchten mit ihm zu sprechen. [47] Es sagte
aber jemand zu ihm: Siehe, deine Mutter und deine Brüder stehen draußen
und suchen mit dir zu sprechen. [48] Er aber antwortete und sagte dem, der ihm
das gesagt hatte: Wer ist meine Mutter und wer sind meine Brüder? [49] Und er
streckte seine Hand aus über seine Jünger und sagte: Siehe, meine Mutter und
meine Brüder. [50] Denn wer den Willen meines Vaters in den Himmeln tut, der
ist für mich Bruder und Schwester und Mutter.

Zusammenhang: Mt nimmt den Markusfaden (Mk 3,31-35) wieder auf und kürzt ihn entsprechend seiner Intention, die „Abrechnung" mit der „bösen Generation" mit einer positiven Orientierung abzuschließen. Im Kontext der Rückkehr des unreinen Geistes (Mt 12,43-45) wird nun den Volksmengen vor Augen geführt, was sie tun müssen, damit der „Dämon" der religiösen Autoritäten nicht wieder von ihnen Besitz ergreift.

Zunächst fällt auf, dass in jedem der fünf Verse *Mutter und Brüder* genannt werden, also fünfmal Personen aus dem engsten Kreis der Familie. Bei den ersten beiden Versen wird noch ergänzt, dass sie *draußen* (*éxo*) sind. Dreimal steht die Aufforderung *Siehe!* (V. 46.47.49). Das scheint darauf hinzudeuten, dass Mt mit dieser kurzen Episode eine bedeutsame Aussage machen will.

Jesus spricht wieder mit den Volksmengen, was den Eindruck erweckt, dass sehr viele Menschen um ihn versammelt sind, als plötzlich seine Mutter und seine Brüder gleichsam von außen dazukommen und mit ihm sprechen wollen. Als habe er das nicht bemerkt, macht ihn jemand auf die neue Situation aufmerksam. Anders als erwartet reagiert Jesus auf den Hinweis mit der Frage: Wer ist meine Mutter und wer sind meine Brüder? Diese Reaktion dürfte bei dem außerordentlich starken Familiensinn der Juden seine Zuhörer stutzig gemacht und bei ihnen Verwunderung ausgelöst haben. Dann streckt er seine Hand über seine Jünger aus, die seit V. 2 nicht mehr im Blickfeld waren, und weist mit dieser Geste in besonderer Weise auf sie hin. Sie haben bereits erfahren, dass Gottes Wille alle Bindungen und Beziehungen, auch die zu den nächsten Angehörigen, relativiert. Der Durchbruch in diese innere Freiheit ist zutiefst religiös bestimmt und entspricht der Tora, wie Jesus sie erfüllt und auslegt. Die Geste des Handausstreckens kann in diesem Zusammenhang auch darauf hindeuten, dass die Jünger unter seinem Schutz stehen – alle Tage bis zum Ende der Welt (Mt 28,30). Die Jünger also, nicht die, die (noch) draußen stehen, sind seine engsten Angehörigen. Sie sind die wahre Familie Jesu.

Dann weitet er den Blick auf die anwesende Menschenmenge, auf die, die (noch) draußen stehen, und darüber hinaus mit den einladenden Worten: Wer den Willen meines himmlischen Vaters tut, der ist für mich Bruder und Schwester und Mutter. Die Ermutigung, sein *Joch* und seine *Last*, also seine Auslegung der Tora als Orientierung für ein gelingendes Leben anzunehmen und von ihm in seiner Familie Gottes barmherzige Zuwendung zu erfahren (Mt 11,28-30), gilt ein für alle mal. In seiner „Familie" sind sie dem Machtbereich der „bösen Generation" entzogen.

Die Gleichnisrede: Mt 13,1-52

Die Gleichnisrede ist eine kunstvoll komponierte Einheit, die – wie die anderen großen Reden (Mt 5-7; 10; 18;21f.) – im Gesamtverlauf der Erzählung treffend platziert ist. Das bisherige Wirken Jesu hatte unterschiedliche Reaktionen ausgelöst. Während die Volksmengen nach wie vor seine Nähe suchen, aber unentschlossen bleiben, hatte sich der Konflikt mit den Pharisäern (und Schriftgelehrten) in einer Weise verschärft, dass sie in ihrer Ablehnung und Feindschaft für Jesus nicht mehr erreichbar scheinen. Auf der anderen Seite waren die Jünger zu seiner eigentlichen Familie geworden. Die Gleichnisrede offenbart nun eine weitere Differenzierung zwischen den „großen Volksmengen" und den Jüngern. Dabei spielt das in Mt 13 zum ersten Mal genannte Motiv des Verstehens (*syníemi*) eine zentrale Rolle: Die Jünger verstehen bzw. lassen sich von Jesus zu einem tieferen Verständnis der Gottesherrschaft

(„Himmelreich“) führen, während die Volksmengen die Gleichnisrede nicht verstehen, weil ihr Herz stumpf (*epachýnte*) geworden ist.

Die Gleichnisrede gliedert sich in zwei Blöcke (Mt 13,3-35 und Mt 13,36-52) mit je vier Gleichnissen, wobei das Gleichnis von der vierfachen Bodenqualität des Ackers am Anfang und das Gleichnis vom Hausherrn am Ende sich insofern entsprechen, als sie beide im Unterschied zu den anderen sechs Gleichnissen nicht als Gleichnisse von der Gottesherrschaft eingeführt werden. Die beiden kurzen Doppelgleichnisse vom Senfkorn und vom Sauerteig (Mt 13,32f.33) sowie vom Schatz im Acker und der kostbaren Perle (Mt 14,44.45f.) stehen im Zentrum der Rede. Das Gleichnis vom Unkraut (giftiger Taumellolch) unter dem Weizen (Mt 13,24-30) und das vom Schleppnetz (Mt 13,47) entsprechen mit ihrer Auslegung wieder einander, weil sie in unterschiedlicher Weise das Nebeneinander von Gutem und Bösem bis zur Ernte bzw. bis zum Fang thematisieren. Beide Gleichnisse rahmen die zwei Doppelgleichnisse in der Mitte der Rede.

Der erste Teil von Mk 13 basiert im Wesentlichen auf der Gleichnisrede bei Mk 4,1-34, der zweite Teil der Rede, die nur den Jüngern vorbehalten ist, besteht ausschließlich aus Sondergut.

Anders als die Bergpredigt (Mt 5-7) und die Aussendungsrede (Mt 10) ist die Gleichnisrede nicht „aus einem Stück“, d.h. sie wird immer wieder von Situationsangaben und Neuansätzen unterbrochen. Mal sind die Volksmengen, mal die Jünger die Adressaten Jesu. Auch das Reden in Gleichnissen ist neu. Die *Botschaft* von der Gottesherrschaft (*basileía ton ouranón*) wurde zwar bisher verkündet, sie selbst aber war noch nicht Gegenstand der Verkündigung. Es geht also um die Annäherung an ein Geheimnis, um etwas Verborgenes, das für ein tieferes alltagsrelevanteres Verständnis erschlossen werden soll.

Das Gleichnis vom Sämann: Mt 13,1-23

13 1 An jenem Tag ging Jesus aus dem Haus und setzte sich an den See. 2 Und es
versammelten sich bei ihm große Menschenmengen, sodass er in ein Boot stieg
und sich setzte. Und die ganze Volksmenge stand am Ufer. 3 Und er redete vieles
zu ihnen in Gleichnissen und sagte: Siehe, ein Sämann ging hinaus, um zu säen.
4 Und als er säte, fiel einiges entlang des Weges und die Vögel kamen und fra-
ßen es weg. 5 Anderes fiel auf felsigen Boden, wo es nicht viel Erde hatte, und
ging sofort auf, weil das Erdreich nicht tief war. 6 Als aber die Sonne hochstieg,
wurde die Saat versengt und verdorrte, weil sie keine Wurzeln hatte. 7 (Wieder)
anderes fiel in die Dornen und die Dornen wuchsen und erstickten es. 8 Ande-
res aber fiel auf guten Boden und brachte Frucht, das eine hundert-(fach), das
andere sechzig-(fach), (wieder) anderes dreißigfach. 9 Wer Ohren hat, der höre!
10 Und die Jünger kamen zu ihm und sagten: Warum redest du in Gleichnis-
sen zu ihnen? 11 Er aber antwortete ihnen und sagte: Euch ist es gegeben, die
Geheimnisse des Himmelreichs zu verstehen; ihnen aber ist es nicht gegeben.

12 Denn wer hat, dem wird gegeben werden und er wird im Überfluss haben;
wer aber nicht hat, dem wird auch, was er (noch) hat, weggenommen. 13 Des-
halb rede ich zu ihnen in Gleichnissen, weil sie sehen und doch nicht sehen und
hören und doch nicht hören und nicht verstehen. 14 An ihnen erfüllt sich das
Prophetenwort Jesajas, das sagt:

> Hören werdet ihr, hören und nicht verstehen;
> sehen werdet ihr, sehen und nicht zur Einsicht kommen.
> 15 Denn das Herz dieses Volkes ist stumpf geworden.
> Mit ihren Ohren hören sie schwer und ihre Augen verschließen sie,
> damit sie mit ihren Augen nicht sehen
> und mit ihren Ohren nicht hören
> und mit ihrem Herzen nicht verstehen
> und sich bekehren
> und ich sie (dann) heile (Jes 6,9f.).

16 Glückselig aber eure Augen, weil sie sehen, und eure Ohren, weil sie
hören. 17 Denn, amen, ich sage euch: Viele Propheten und Gerechte haben sich
danach gesehnt zu sehen, was ihr seht, und haben es nicht gesehen, und zu
hören, was ihr hört, und haben es nicht gehört.

18 Hört ihr also (was) das Gleichnis vom Sämann (bedeutet). 19 Bei jedem,
der das Wort vom Reich (basiléia) hört und es nicht versteht, kommt der Böse
und nimmt weg, was diesem Menschen ins Herz gesät wurde; bei diesem ist
der Samen am Weg entlang gefallen. 20 Auf felsigen Boden ist der Samen bei
dem gefallen, der das Wort hört und sofort freudig aufnimmt; 21 er hat aber
keine Wurzeln in sich, sondern ist unbeständig; wenn aber Bedrängnis oder
Verfolgung entstehen um des Wortes willen, kommt er sofort zu Fall. 22 In die
Dornen ist der Samen bei dem gefallen, der das Wort hört, und die Begehrlich-
keiten dieser Welt und der trügerische Reichtum ersticken es und es bleibt ohne
Frucht. 23 Auf guten Boden ist der Samen bei dem gesät, der das Wort hört und
versteht; er bringt Frucht – der eine hundert-(fach), der andere sechzig-(fach),
der andere dreißigfach.

1. Mt 13,1–9: Die neue Szene beginnt damit, dass Jesus „das Haus" (in Kapharnaum) verlässt und sich an das Ufer des Sees setzt. Als sehr viele Menschen bei ihm zusammenkommen, steigt er in ein Boot und setzt sich, um sie in Gleichnissen zu unterweisen. Das erste Gleichnis entfaltet in knappen Zügen den bekannten Sachverhalt, dass aufgrund unterschiedlicher Bodenbeschaffenheit der ausgestreute Samen nicht überall Frucht bringt. „Ein Sämann ging aus, um zu säen": *Einiges* fällt auf den Weg am Rande des Ackers. Der Weg ist festgetreten und mit der Zeit steinhart geworden, sodass er die Samenkörner nicht aufnehmen kann. Vögel kommen und picken sie auf. Anderes fällt auf Erdreich mit felsigem Untergrund, wo die Humusschicht dünn ist und der Same keine festen Wurzeln ausbilden kann. Bei sengender Hitze versengt und verdorrt alles innerhalb kurzer Zeit. *Wieder anderes* fällt unter im Ackerboden wucherndes Dornengeflecht. Die Dornen haben tieferreichende Wurzeln und wachsen schneller als die junge Saat. Nach und nach ersticken die Halme und verdorren ohne Frucht im Dornengestrüpp.

Nach den drei Beispielen mit zwangsläufigen Verlusten bringt er am Ende ein Beispiel, wo der auf guten Boden gefallene Same unterschiedlich hohe Erträge bringt. Wie in Mt 11,15 ist der abschließende Weckruf: „Wer Ohren hat, der höre!" an die Volksmengen gerichtet, damit sie begreifen, dass ihre Antwort auf Jesu Wirken bisher noch aussteht.

2. Mt 13,10-17: Nach diesem Gleichnis kommen die Jünger auf Jesus zu und fragen ihn, warum er zu der Volksmenge in Gleichnissen spricht. In der Frage äußert sich möglicherweise ihre Skepsis, ob eine verschlüsselte Rede die vielen Menschen motivieren kann, sich ihm anzuschließen. Aber das ist nicht Jesu Absicht. Ihm geht es vielmehr um ein Verstehen der „Geheimnisse des Himmelreiches" oder der Gottesherrschaft, die mit seinem Kommen schon angebrochen ist. Den Jüngern ist es gegeben, das Wirken Jesu als diesen messianischen Anbruch zu verstehen und in diesem Verständnis zu wachsen, je mehr sie ihrem *Sehen und Hören* vertrauen. Die Volksmengen haben zwar auch etwas gesehen und gehört: Sie waren erstaunt, als sie verwundert feststellten, dass man eine Heilung wie die des (taub-)stummen Besessenen in Israel noch nie gesehen hat (Mt 9,33); sie waren durch die Heilung eines anderen Besessenen vor Staunen außer Fassung geraten und hatten sich gefragt, ob Jesus nicht der erwartete messianische „Sohn Davids" sei (Mt 12,22f.) Aber sie haben das „Noch-nie-Gesehene" und das „Unerhörte" nicht in seiner aktuellen existenziellen Bedeutung für sich erfasst oder zugelassen. Ihr Interesse und ihre Faszination sind geblieben, aber für seine Nachfolge haben sie sich nicht entschieden. Als bloß Interessierte geraten sie auf Dauer wieder in den Zustand, in dem sie vor der Begegnung mit Jesus waren. So wird ihnen auch das genommen, was sie bisher beeindruckt hat. Das ist nach Mt die Folge ihres schuldhaften Versagens. Er sieht das Unverständnis der Volksmenge durch das Erfüllungszitat von Jes 9,6f. bestätigt. Die Jünger sollen sich also durch diese Erfahrung nicht irritieren lassen. Sie steht im Einklang mit der Schrift (vgl. auch Jer 5,21 und Ez 12,2).

Der Grund, nicht das Ziel, warum Jesus zu den Volksmengen in Gleichnissen spricht, ist ihr „stumpfes" Herz, ihre Unfähigkeit, *die messianische Identität Jesu in seinem Wirken* (Mt 11,2-6) *zu erkennen und sie aktuell auf sich zu beziehen.* So werden sie durch das Gleichnis noch einmal mit den Ursachen ihres Versagens, ihrer Unverbindlichkeit konfrontiert. Dagegen preist Jesus seine Jünger glückselig, weil sie dazu fähig und bereit waren und die Erfüllung der Sehnsucht vieler Propheten und Gerechter an sich erfahren haben.

3. Mt 13,18-23: Nach der Seligpreisung der Jünger deutet Jesus ihnen das Gleichnis, um sie in ihrem *Verstehen* weiterzuführen und sie auf ihre missionarische Tätigkeit in realistischer Weise vorzubereiten. Das Beispiel vom Samen, der auf den festgetretenen Weg am Rande des Weges fällt, bezieht sich auf Menschen, deren Inneres sich mit der Zeit so verhärtet hat, dass sie zu keiner positiven Reaktion auf das Wort von der Gottesherrschaft fähig sind. Sie haben sich in ihren Denkmustern, in ihrer Gefühlswelt, in ihrer sozialen Stellung so fest etabliert, dass sie alles, was dieses Gefüge in Frage stellt, als Bedrohung empfinden.

Eine solche Verhärtung kann auch geschehen, ohne dass wir es merken. Manchmal ist es ein Übermaß an Arbeit, ein Zuviel an Pflichten und Aufgaben, dass unsere gemüthaften Kräfte veröden und unsere Sensibilität, unsere Spürigkeit abstumpfen lässt. Wenn der Same auf dem Boden unseres Herzens keine Aufnahme findet, kommt der „Böse" und nimmt ihn weg. Mt denkt hier wohl auch an die religiösen Autoritäten, die er im Kern als Böse charakterisiert (Mt 12,34). Wer (wieder) unter ihrem Einfluss steht, von dem kann man nicht erwarten, dass er ein offenes Herz für das Evangelium hat.

Das Schicksal des Samens, der auf dünnes Erdreich mit felsigem Untergrund fällt, spielt auf Menschen an, die sich von der Botschaft des Gottesreiches zunächst ansprechen und begeistern lassen. Aber wenn sie dadurch („um des Wortes willen") sozialem Druck und Anfeindungen ausgesetzt sind, gehen sie sofort auf Abstand. Mt dürfte hier auch an die Repressionen denken, die von den Pharisäern (und Schriftgelehrten) ausgeübt werden. Genereller dürften hier auch Menschen gemeint sein, bei denen nichts tiefe Wurzeln schlagen kann. Was sie hervorbringen, verwelkt und vertrocknet innerhalb kurzer Zeit. Bei Belastungen geben sie sofort auf. Sie sind eines wirklichen Einsatzes ihrer ganzen Person nicht fähig.

Eine solche Verflachung kann sich auch durch die rasende Mobilität in unserer Gesellschaft, durch die Rastlosigkeit unseres Schaffens nach und nach einstellen. Wenn wir nicht mehr die Zeit aufbringen und am Ende auch nicht mehr die Kraft, zu unterscheiden, was uns bewegt und wo das alles hinführt, dann kann das auch ein Anzeichen dafür sein, dass wir uns den Wesensimpulsen aus der Tiefe unseres Selbst nicht (mehr) stellen wollen.

Schließlich ist auf der Negativseite mit dem Schicksal des Samens, der auf den Acker dahin fällt, wo der Boden von einem Wurzelgeflecht widerstandsfähiger Dornengewächse durchwuchert ist, an Menschen gedacht, die sich in ihrem materialistisch orientierten Lebenskonzept eingerichtet haben und die ethischen Konsequenzen der Gottesherrschaft scheuen. Was immer in ihnen zur Entfaltung und Reife drängt, wird schnell von den Begehrlichkeiten des Lebens und von der ambivalenten Attraktivität des Reichtums überwuchert und erstickt. Ohne tieferen Sinn vergeht ihr Leben und bleibt letztlich ohne Erfüllung.

Eine solche schleichende Aushöhlung unseres Lebens kann oft auch der Preis sein, den wir für die sog. Sachzwänge des Alltags zahlen. Die Allmacht der Umstände ist aber nicht selten ein Vorwand, um die Angst klein zu halten, die diese Zwänge erschafft. Wieviel Lebensverdruss und Sinnleere handeln sich Menschen ein, um liebgewonnene Gewöhnungen und selbstverschuldete Abhängigkeiten nicht zu verlieren.

Das Gleichnis endet mit einem positiven Ausblick: auf guten Boden fällt der Same bei denen, die die Botschaft von der Gottesherrschaft angenommen und ihr Leben danach ausgerichtet haben. Offen und durchlässig für alles, was in ihnen Mensch werden will, bleiben sie unterwegs zu dem Bild und Gleichnis, das Gott sich von ihnen gemacht hat. Fest im Boden verwurzelt können sie äußere Belastungen aushalten und ihr Leben zur Reife bringen. Dass der Ertrag unterschiedlich groß ausfällt, ist ähnlich zu verstehen wie beim Gleichnis von den unterschiedlichen Talenten (Mt 25,20.22). Jesus macht also seine Jünger darauf aufmerksam, dass sie sich über den Ertrag ihrer missionarischen Bemühungen keine Illusionen machen sollen, und er ermutigt sie gleichzeitig unverdrossen wie der Sämann im Gleichnis den Samen der Gottesherrschaft auszustreuen. Er hat gelernt, dass es trotz der zwangsläufigen Verluste zu reichen Erträgen kommen wird. So wendet sich Jesus weiterhin den Volksmassen zu, die seine Nähe suchen. Es ist (oft) ein langer Prozess, in dem Menschen von „draußen" zu Jüngern werden und die beglückende Erfahrung der Gegenwart des Gottesreiches machen können.

Das Gleichnis vom Unkraut* unter dem Weizen: Mt 13,24-30

**13 [24] Er (Jesus) legte ihnen ein anderes Gleichnis vor und sagte: Das Himmel-
reich gleicht einem Mann, der guten Samen auf seinen Acker säte. [25] Wäh-
rend aber die Menschen schliefen, kam sein Feind und säte Unkraut unter den
Weizen und ging weg. [26] Als aber die Halme anfingen zu sprossen und Frucht
anzusetzen, kam auch das Unkraut zum Vorschein. [27] Da gingen die Knechte
des Hausherrn zu ihm und sagten: Herr, hast du nicht guten Samen auf deinen
Acker gesät? Woher kommt (dann) das Unkraut? [28] Er sagte ihnen: Ein mir
feindlich gesinnter Mensch hat das getan. Da sagten die Knechte zu ihm: Willst
du also, dass wir hingehen und es zusammenlesen? [29] Er aber sagte: Nein, da-
mit ihr nicht etwa, wenn ihr das Unkraut zusammenlest, gleichzeitig mit ihm
den Weizen ausreißt. [30] Lasst beides wachsen bis zur Ernte und zur Zeit der
Ernte werde ich den Schnittern sagen: Lest zuerst das Unkraut zusammen und**

* Mit dem Unkraut ist der im Mittelmeerraum verbreitete Taumellolch (*zizánia*) gemeint. Er gleicht dem Weizen, hat aber schmalere Halme und kleinere Ähren, sodass man ihn vom Weizen unterscheiden kann. Häufig ist er von einem giftigen Pilz befallen und deshalb für den Menschen sehr gefährlich.

bindet es in Bündel, um es zu verbrennen; den Weizen aber sammelt in meine Scheune!

Das Gleichnis vom Senfkorn und vom Sauerteig: Mt 13,31-35

13 [31] Er (Jesus) legte ihnen ein anderes Gleichnis vor und sagte: Das Himmelreich gleicht einem Senfkorn, das ein Mann nahm und auf seinen Acker säte.
[32] Es ist zwar das kleinste von allen Samen(körnern); wenn es aber gewachsen ist, ist es größer als die anderen (Garten)Gewächse und wird ein Baum, sodass die Vögel des Himmels kommen und in seinen Zweigen nisten.

[33] Ein weiteres Gleichnis sagte er ihnen: Das Himmelreich gleicht einem Sauerteig, den eine Frau nahm und unter drei Sea Mehl verbarg, bis es ganz durchsäuert war.

[34] Dies alles sagte Jesus in Gleichnissen zu der Menschenmenge und ohne Gleichnis redete er nichts zu ihnen,
[35] damit erfüllt werde, was durch den Propheten gesagt wurde:
Ich werde meinen Mund öffnen in Gleichnissen,
ich werde aussprechen, was von Grundlegung der Welt an verborgen war (Ps 78,2).

Zusammenhang: Jesus spricht wieder zu den Volksmengen in verschlüsselter Rede. Die drei folgenden Gleichnisse werden jeweils am Anfang als Gleichnisse vom „Himmelreich“ eingeführt. Mit ihnen veranschaulicht er verschiedene Aspekte der gegenwärtigen Wirklichkeit von Gottesherrschaft.

Die Deutung des Gleichnisses von Unkraut gibt Jesus erst *nach* dem kurzen Doppelgleichnis vom Senfkorn und vom Sauerteig (Mt 13-36-43) und hier auch wieder nur den Jüngern in der familiären Atmosphäre des Hauses. Mit dem Bild vom Aussäen und Wachsen der Saat knüpft Jesus an das vorige Gleichnis an.

1. Mt 13,24-30: „Das Himmelreich gleicht einem Sämann, der *guten* Samen auf seinen Acker säte.“ Doch in der Nacht, als alle schliefen und keiner mehr auf den Beinen war, kommt jemand in böser Absicht, sät giftigen Taumelloch unter den Weizen und verschwindet wieder. Niemand hat etwas bemerkt. Als aber die Saat aufgeht und Frucht ansetzt, wird unter dem Weizen auch der Lolch sichtbar. Die Knechte des Herrn sind davon überrascht und machen ihn darauf aufmerksam, weil sie wissen, dass der ausgestreute Samen von guter Qualität war. Doch die Überraschung ist noch größer, als er ihren Vorschlag ablehnt, den Lolch umgehend auszujäten. Der Hausherr befürchtet, dass die Wurzeln des Taumellolchs mit denen des Weizens schon so verflochten sind, dass bei dieser Aktion der Weizen mit dem Unkraut ausgerissen wird. Deshalb soll beides bis zur Ernte reifen. Dann werden die Schnitter zuerst den Lolch sammeln und in Bündeln zusammenbinden, um diese dann zu verbrennen. Der Weizen aber kommt, wie erwartet, in die Scheune des Hausherrn.

Für die Gegenwart bedeutet das Gleichnis zunächst, dass die Realität des Bösen immer präsent und die Gottesherrschaft in ihrer vollendeten Gestalt noch aussteht. Wer sich Jesus anschließt, muss Zeit seines Lebens immer mit Ablehnung, Feindschaft und Verfolgung rechnen. Darüber hinaus braucht er die Fähigkeit, die Botschaft der Gottesherrschaft von den verführerisch attraktiven Alternativen des „Bösen'" zu unterscheiden - wie bereits die Versuchungen Jesu in der Wüste zeigen, wo der Satan sich nicht scheut, mit der Heiligen Schrift zu argumentieren. Gegenwärtig koexistiert beides. Deshalb ist es wichtig, den Blick auf die Ernte zu richten, ein geläufiges Bild für das Endgericht. Mit dem Verbrennen des Unkrauts und dem Sammeln des Weizens in die Scheune des Hausherrn greift Jesus eine Metapher Johannes' des Täufers auf (Mt 3,12). Das Gleichnis hat also für das Verständnis der Volksmengen einen „doppelten Boden", der sie inspirieren und auf die aktuelle Bedeutung für ihre gegenwärtige Situation hinweisen will.

2. Mt 13,31-33: Das Gleichnis vom Senfkorn nimmt zunächst das Motiv von der Aussaat wieder auf und vergleicht die Gottesherrschaft mit einem Senfkorn, das ein Mann auf seinen Acker sät. Das schwarze Senfkorn gilt als das sprichwörtlich kleinste Ding. Aus diesem kaum wahrnehmbaren Winzling kann aber mit der Zeit eine große Staude von 2-3 Meter Höhe werden, sodass Vögel darin nisten können. Ebenso gewiss, wie aus dem winzigen Körnchen eine große Staude wächst, wird Gott aus den unscheinbar kleinen Anfängen die ganze Größe und Weite der Gottesherrschaft entstehen lassen. Ihre Entfaltung, ihr Wachsen ist weder durch Widerstände noch durch Misserfolge aufzuhalten. Die Kraft und Dynamik dieses Anfangs hat es wirklich in sich. Damit spielt Jesus auf die Heilungen und Exorzismen hier und da in Galiläa an, auf seine bescheidene Herkunft und sein gewaltsames Ende in Jerusalem sowie auf die angefeindete und bedrohte Existenz seiner Jünger. Das, was er ins Leben rief und was seine Jünger in seinem Auftrag und seiner Vollmacht fortsetzen, ist der Anfang von etwas ganz Großem, das Gott letztlich bewirkt: die Gottesherrschaft. Wer im Blick auf diesen Anfang, auf die Durchsetzungsfähigkeit des damit in Gang gesetzten Prozesses vertraut, hat etwas vom Geheimnis des Himmelreichs verstanden.

Das noch kürzere Gleichnis vom Sauerteig führt das Überraschungsmoment in dieser Argumentationsrichtung weiter. Wie ein wenig Sauerteig, „verborgen" in einer ungewöhnlich großen Menge Mehl, etwa 50 Kilogramm, allmählich und unaufhaltsam die ganze Teigmasse durchsäuert, so wird die Gottesherrschaft sich gegen alle Widerstände am Ende durchsetzen. Wie das Aufkeimen und Reifen des guten Samens seine Zeit braucht und man das Unkraut nicht aus lauter Übereifer vorzeitig ausjätet, und wie man beim Sauerteig geduldig warten muss, bis er die ganze Teigmasse durchsäuert hat, so braucht man im Glauben an die Durchsetzungsfähigkeit der Gottesherrschaft einen langen Atem.

3. Mt 13,34-35: Mt fasst die erste Hälfte der Gleichnisrede, die vor allem an die Volksmengen gerichtet war, mit einer Bemerkung zusammen, die an die Einleitung der Rede (Mt 13,1-3a) anknüpft und betont, dass Jesus ausschließlich in Form von Gleichnissen zu den vielen Menschen redete. Ihnen bleibt aber das tiefere Verständnis solange verschlossen, als sie diese Redeweise nicht als messianischen Anspruch und in seiner aktuellen existenziellen Bedeutung für sich erkennen. Das Zitat von Ps 78,2 versteht Mt als prophetisches Zeichen und als Legitimation für diese spezielle Art, ihnen die mit seinem Wirken begonnene Gottesherrschaft plausibel zu machen. Die Geheimnisse der Gottesherrschaft oder – wie Mt sagt – des Himmelreiches sind seit Grundlegung der Welt, also seit ewigen Zeiten „verborgen“, die Gottesherrschaft aber hat mit dem Kommen Jesu längst begonnen, ihre Kraft und Dynamik zu entfalten.

Die Fortsetzung der Rede vor den Jüngern mit der Deutung des Gleichnisses vom Unkraut unter dem Weizen: Mt 13,36-43

> 13 [36] Dann verließ er die Volksmengen und ging in das Haus. Und seine Jünger
> kamen zu ihm und sagten: Erkläre uns das Gleichnis vom Unkraut im Acker! [37]
> Er aber antwortete und sagte: Der den guten Samen sät, ist der Menschensohn;
> [38] der Acker ist die Welt; der gute Samen aber, das sind die Söhne des Reiches;
> das Unkraut aber sind die Söhne des Bösen; [39] der Feind aber, der es gesät hat,
> ist der Teufel; die Ernte aber ist das Ende der Welt; die Schnitter aber sind die
> Engel. [40] Wie nun das Unkraut zusammengelesen und im Feuer verbrannt wird,
> so wird es am Ende der Welt sein: [41] Der Menschensohn wird seine Engel aussenden und sie werden aus seinem Reich alle, die Anstoß geben und die gegen
> das Gesetz (Tora) handeln, zusammenlesen, [42] und sie in den Feuerofen werfen.
> Dort wird Heulen und Zähneknirschen sein. [43] Dann werden die Gerechten wie
> die Sonne leuchten im Reich ihres Vaters. Wer Ohren hat, der höre!

1. Mt 13,36-39: Jesus verlässt die Volksmengen am Ufer des Sees und kehrt mit seinen Jüngern zurück in das Haus, aus dem er (V. 1) gekommen war. Auf die Bitte der Jünger, ihnen das Gleichnis vom giftigen Taumellolch im Acker zu erklären, erfährt das Gleichnis in der Erklärung „Jesu“ eine allegorische Deutung, Sie ist sekundär. Mit Ausnahme des Schlafs der Menschen, der Knechte des Hausherrn, sowie der Zeit des Wartens werden die einzelnen Figuren in Bezug auf die gegenwärtige Wirklichkeit aufgeschlüsselt. Die Deutung ist als Warnung und Ermutigung zu verstehen und stellt am Ende noch einmal klar (V. 43b), dass jeder für sein Hören und Handeln selbst verantwortlich ist.

Der *Sämann*, der den guten Samen aussät, ist der „Menschensohn", also Jesus selbst. Dieser Titel umfasst sein gesamtes Wirken, von den Anfängen in Galiläa, der wachsenden Ablehnung und Anfeindung durch die Autoritäten, Passion und Tod, sowie seine Auferweckung, Erhöhung und seine Wiederkunft am Ende der Zeiten. Der *Acker* ist die ganze „Welt", in der seine Jünger nach Mt 5,14 als Licht die Gottesherrschaft erfahrbar machen. Damit erhebt Jesus einen universalen Anspruch. Anders als im Gleichnis wird der *Same* mit den „Söhnen des Reiches" identifiziert. Damit sind *die* Menschen gemeint, die die Botschaft von der Gottesherrschaft verstehen und in ihr Leben hinein ausbuchstabieren. Sie bringen die Früchte des Gottesreiches (Mt 21,43). Als *Taumellolch* werden die „Söhne des Bösen" bezeichnet. Sie missachten mit ihrem Handeln die Tora und gehören zu den Handlangern des „Bösen". Damit sind alle gemeint, die aus böswilliger Absicht gegen die Herzmitte der Tora, gegen die Gottes- und Nächstenliebe (Mt 22,35-40) verstoßen; dann auch alle, die das Selbstbestimmungsrecht, die Freiheit und Würde des Menschen missachten oder gar mit Füßen treten. Der *Feind*, der den giftigen Lolch unter den guten Weizen sät, ist der „Teufel", d.h. die reale Macht des Bösen in der Welt, die trotz seiner Fesselung (Mt 12,29) noch nicht gänzlich überwunden ist und mit der Gottesherrschaft bis zum Ende der Zeit kämpferisch koexistiert. Die *Ernte*, die in V. 40-43 weiter veranschaulicht wird, ist die mit dem Endgericht einsetzende Vollendung der Zeit und die *Schnitter* sind die „Gerichtsengel", die der Menschensohn zum Endgericht aussendet.

2. Mt 13,40-43: Nach der allegorischen Deutung der einzelnen Figuren des Gleichnisses kommt Mt zum Hauptanliegen seines Gleichnisses. Die Macht des Bösen in der Welt wird trotz der unaufhaltsam wachsenden Gottesherrschaft bis zum Ende der Weltzeit eine ernstzunehmende Realität sein. Erst dann werden alle zur Rechenschaft gezogen, die in böser Absicht anderen Anlass gegeben haben, wie sie, „gesetzlos" zu handeln. Das krasse Bild vom Feuerofen, in den die „Söhne des Bösen" geworfen werden, wo „Heulen und Zähneknirschen" sein wird, verdeutlicht ihr definitives Ende sowie die endgültige Überwindung und Beseitigung des Bösen.

Ganz anders wird das Ende der „Söhne des Reiches", der „Gerechten", sein, also der Menschen, die im Einklang mit sich und mit Gott gelebt und den Antagonismus von Gottesherrschaft und Macht des Bösen durchlitten haben und daran in ihrer Beziehung zu Gott gereift sind. Sie werden im Reich des Vaters „wie die Sonne leuchten", eine Metapher für die himmlische Herrlichkeit (vgl. Mt 17,2). Der zum Schluss noch einmal wiederholte Weckruf (V. 9) verstärkt noch einmal die Warnung und Ermutigung für seine Jünger.

Die Gleichnisse vom Schatz und von der Perle: Mt 13,44-46

13 [44] Das Himmelreich gleicht einem in einem Acker verborgenen Schatz. Ein Mann fand ihn und verbarg ihn (wieder). Und in seiner Freude geht er hin und verkauft alles, was er hat, und kauft den Acker. [45] Wiederum gleicht das Himmelreich einem Kaufmann, der schöne Perlen suchte. [46] Als er aber eine besonders wertvolle Perle fand, ging er weg und verkaufte alles, was er hatte, und kaufte sie.

1. Wenn Matthäus von der Gottesherrschaft (wörtlich: vom „Himmelreich") spricht, denkt er dabei nicht an eine jenseitige Welt, sondern an den Acker des konkreten Lebens und die unstillbare Sehnsucht im Menschen, dass unser Leben gelingt und sich in etwas Größerem erfüllt.

Jemand entdeckt eines Tages in einem Acker, der ihm nicht gehört, einen Schatz. Er steht – völlig unerwartet – vor *der* Chance seines Lebens. Er schätzt den Wert richtig ein und setzt *alles* dran, um diese einmalige Gelegenheit zu ergreifen. Umsichtig und entschlossen deckt er den Schatz zunächst wieder zu. Dann verkauft er *alles*, was er hat, um die Höhe des Kaufpreises aufzubringen und den Acker zu erwerben. *Und er tut es mit Freude.* Die Entdeckung ist für ihn so überwältigend, die Freude und das Glück darüber so groß, dass alles andere zur Nebensache wird.

Ähnlich handelt der Perlenkaufmann, der schon lange auf der Suche nach schönen Perlen ist. Als er eines Tages eine ganz kostbare Perle findet, schätzt er ihren Wert richtig ein. Seine Sehnsucht hat sich in unüberbietbarer Weise erfüllt. Auch er scheint seine Entdeckung zunächst noch geheim zu halten, bis er *all* seinen Besitz verkauft und die überaus kostbare Perle erworben hat.

Wie kommt es dazu, dass jemand, wie diese beiden Leute im Gleichnis, eine so überraschende Entdeckung macht und dann alles dransetzt, um seinen Lebenstraum zu verwirklichen? Ich glaube, dass eine solche Überraschung möglich ist, wenn mein Leben von etwas in Bewegung und Spannung gehalten wird, das größer ist als ich selbst, etwas, das über mich hinausweist. Und es braucht ein Gespür für den Kairós, für den rechten Augenblick, ihm zu gehorchen, umsichtig und entschlossen.

2. Von unserem Ursprung her sind wir *Bild und Gleichnis Gottes.* Wir haben Teil an seiner Würde, an seiner Freiheit. Wir sind darauf angelegt, glücklich zu sein und teilzuhaben an seinem Leben. Wir tragen diesen Schatz schon in uns. Ein unglaubliches Sinnpotential liegt in uns verborgen.

Von unserem Ursprung her stehen wir im *Mittelpunkt der Schöpfung.* An unserem Heil, an unserer Menschwerdung, an unserem Ganz-Sein hat sich *alles*, alle geschöpfliche Wirklichkeit zu relativieren. Alles, was uns unserer ursprünglichen Bestimmung, Abbild Gottes zu sein, näher bringt, hat Vorrang.

Was uns (vielleicht) fehlt, ist: dass wir diese Wirklichkeit als unsere Wirklichkeit entdecken und uns von ihr im Tiefsten berühren lassen, dass wir darüber von Herzen froh werden, in einem so faszinierenden Sinnzusammenhang zu stehen. Vielleicht wird es uns dann möglich, dass wir auf diese Überraschung hin zu dem umsichtigen und entschlossenen Handeln finden, den Acker zu erwerben und den Schatz zu heben. Vielleicht wird es uns gelingen, dass *Menschen um uns* sensibel werden für den Schatz im Acker ihres Lebens, der darauf wartet, von ihnen entdeckt und sorgsam geborgen zu werden. Vielleicht wird es uns geschenkt, den Wert dieser überaus kostbaren Perle in unserem Leben so zur Geltung zu bringen, dass andere sich ermutigt fühlen, der Sehnsucht ihres Herzens nach „mehr“ zu folgen.

Das Gleichnis vom Fischnetz: Mt 13,47-50

> 13 47 Wiederum gleicht das Himmelreich einem Schleppnetz, das in den See
> ausgeworfen wurde und Fische aller Art fing. 48 Als es voll war, zogen sie (die
> Fischer) es ans Ufer und setzten sich; die guten Fische sammelten sie in Körbe,
> die schlechten* aber warfen sie hinaus. 49 So wird es (auch) am Ende der Welt
> sein: Die Engel werden herauskommen und die Bösen aus der Mitte der Ge-
> rechten aussondern, 50 und sie in den Feuerofen werfen. Dort wird Heulen und
> Zähneknirschen sein.

Das Gleichnis vom Schleppnetz (*sagáne*) beschreibt einen alltäglichen Vorgang am See Gennesaret. Das ca. 250 m lange und etwa 2 m breite Netz wird mit dem Boot ausgefahren und in den See gelassen. Die Längsseite des Netzes ist mit Gewichten beschwert und sinkt in die Tiefe. An der anderen Seite sind Kork- und Holzstücke befestigt, sodass sie an der Oberfläche des Wassers schwimmt. Was sich im Netz verfangen hat, wird nach einer bestimmten Zeit an Land gezogen. Nach Lev 11,9-12 sind bestimmte Tiere, die im Wasser leben, ungenießbar oder gelten als unrein und müssen deshalb aussortiert werden. Die Aufmerksamkeit gilt also hier vor allem den ungenießbaren und unreinen Tieren, die *hinaus*-geworfen werden.

Wie im Gleichnis vom Unkraut unter dem Weizen wird auf das Nebeneinander von Gutem und Bösem hingewiesen, bis der Fang schließlich eingeholt und die Scheidung definitiv vollzogen wird. So wird es beim Endgericht sein, wenn die Gerichtsengel die Bösen von den Gerechten aussondern, entfernen und, wie das gebündelte Unkraut, in den Feuerofen werfen. Wutgeheul und hasserfülltes Zähneknirschen sind Ausdruck von Verzweiflung und ohnmächtiger Auflehnung. Vom Schicksal der Gerechten wird nichts gesagt, sodass der

---

* Wörtlich: faulen.

Akzent in diesem Gleichnis auf der Warnung von dem Schicksal der Bösen liegt.

Jesus hatte die Gleichnissrede am Ufer des Sees begonnen, als eine große Volksmenge bei ihm zusammenkam, und er vom Boot aus zu ihnen sprach. Doch trotz seiner ungebrochenen Anziehungskraft hatte die Volksmenge sich bisher als unfähig oder unentschlossen gezeigt, die messianische Identität Jesu in seinem Wirken zu erkennen und aktuell auf die eigene Lebenssituation zu beziehen. Diese Unentschiedenheit und Unverbindlichkeit hatte Jesus dazu bewogen, die Glelchnisrede allein mit den Jüngern im Haus fortzusetzen, um sie in ihrem Verstehen weiterzuführen und sie auf realistische Weise auf ihre missionarische Tätigkeit vorzubereiten. Auf diesem Hintergrund erscheint das Gleichnis vom Schleppnetz im Blick auf das definitive Ende der „Bösen" als deutliche Warnung, aber auch als Ermutigung an die Jünger, in ihrem persönlichen Einsatz alles zu geben und sich nicht lähmen zu lassen.

Das Bildwort vom Hausvater und der Abschluss der Rede: Mt 13,51-53

13 [51] Habt ihr das alles verstanden? Sie sagten zu ihm: Ja. [52] Er aber sagte zu ihnen: Deswegen gleicht jeder Schriftgelehrte, der ein Jünger des Himmelreichs geworden ist, einem Hausherrn, der aus seinem Schatz Neues und Altes hervorholt.

[53] Und es geschah, als Jesus diese Gleichnisse beendet hatte, ging er von dort weg.

Am Ende der Gleichnisrede im Haus fragt Jesus sein Jünger, ob sie alles verstanden haben. Gemeint sind die Geheimnisse vom Himmelreich (Mt 19,11), die seit Grundlegung der Welt verborgen waren (Mt 13,35) und die er ihnen mit Hilfe der Gleichnisse und seinen Erklärungen erschlossen hat. Zum Verstehen gehört auch das Fruchtbringen, die Bereitschaft und Entschiedenheit, das Verstandene ins eigene Leben hinein umzusetzen. Wer erst im Nachhinein entscheiden möchte, ob er das Verstandene auch verwirklichen will, verbaut sich von vornherein den Weg zu einer das ganze Leben wandelnden Erkenntnis. Anders als die Volksmassen bejahen die Jünger mit ihrer Antwort, dass sie sein Wort gehört *und* verstanden haben.

Mit dem letzten Gleichnis vom „Schriftgelehrten, der ein Jünger des Himmelreiches geworden ist", verdeutlicht Mt die Fähigkeit, die aus einer solchen Einstellung resultiert. Ein Jünger, der „verstanden" hat, kann die wahre Bedeutung dessen, was vom Alten, von der Tradition der Schrift, her vorausgesagt ist, durch das mit Jesus offenbar gewordene Neue anderen schöpferisch und situativ erschließen und so eine Orientierung für die eigenen Lebenszusammenhänge geben. Er kann also das Neue im Alten entdecken und damit an Vertrautes anschließen. Damit ist die für Mt so wichtige Kontinuität zwischen Altem und Neuem gewährleistet. Das Neue ist durch das tiefere Verstehen anschlussfähig geworden. Der Schriftgelehrte gleicht deswegen einem Hausherrn, der aus dem Schatz seines neuen Verstehens und dem Reichtum seiner profunden Schriftkenntnis die Geheimnisse der Gottesherrschaft je nach Situation und Notwendigkeit aktualisiert. Möglicherweise versteht sich Matthäus selbst als einen Schriftgelehrten, der als Jünger des Himmelreiches dazu berufen war, für die aktuelle Situation seiner Gemeinde den Weg des Menschensohnes schöpferisch neu zu akzentuieren. Denn nur in einem solchen Prozess kann die Tradition der Glaubenszeugnisse bewahrt werden.

Danach verlässt Jesus (mit seinen Jüngern) Kapharnaum und zieht weiter.

Gegensätzliche Reaktionen auf Jesus und sein Wirken: Mt 13,54-16,20

Mit dem auf die Gleichnisrede folgenden Abschnitt (Mt 13,54-16,20) hat Mt einen ununterbrochenen Erzählfaden geschaffen, der sich in lockerer Weise an der Markusvorlage orientiert, aber nicht leicht zu gliedern ist. Am ehesten kann man den Text vielleicht durch den dreimaligen Rückzug Jesu (Mt 14,13; 15,21; 16,4c) in die Abschnitte 12,53-14,33; 14,34-15,39 und 16,1.20 unterteilen. Der Rückzug erfolgt jeweils aufgrund von Agitationen seiner Gegner (Mt 14,1-12; 15,1-20; 16,1-4b). Der Konflikt mit seinen Gegnern nimmt insofern eine neue Dimension an, als jetzt sogar Pharisäer und Schriftgelehrte aus Jerusalem kommen (Mt 15,1) und die Pharisäer sich mit den Sadduzäern verbünden (Mt 16,1). Die Volksmengen fühlen sich nach wie vor von Jesus angezogen, verbleiben aber in ihrer Unverbindlichkeit, sodass der Unterschied zu den Jüngern noch offenkundiger wird als Kap 13 bereits angezeigt hat. Bei den Jüngern hingegen vertieft sich die Erkenntnis Jesu und sie bekennen ihn als „Sohn Gottes“ (Mt 14,33; 16,16).

Die Ablehnung Jesu in seinem Heimatort: Mt 13,54-58

A 13 54 Und er (Jesus) kam in seinen Heimatort
und lehrte sie (die Menschen) in ihrer Synagoge,
sodass sie erschraken und sagten:
B Woher hat er diese Weisheit und die Machttaten?
C 55 Ist der nicht der Sohn des Bauhandwerkers?
Heißt nicht seine Mutter Mariam
und seine Brüder Jakobus und Josef und Simon und Judas?
56 und sind nicht seine Schwestern alle bei uns?
B' Woher also hat er das alles?
A' 57 Und sie nahmen Anstoß an ihm. Jesus aber sagte zu ihnen: Nirgends ist
ein Prophet verachtet, außer in seinem Heimatort und in seiner Familie.
58 Und er wirkte dort nicht viele Machttaten wegen ihres Unglaubens.

Zusammenhang: Nach der Gleichnisrede am See Gennesaret (Mt 13.1-52) bricht Jesus von Kapharnaum wieder auf und kommt in seinen Heimatort Nazareth, einem Dorf im Bergland von Galiläa, abseits der großen Straßen. Es ist das erste Mal, dass Jesus nach dorthin zurückkehrt, und das letzte Mal, dass er in einer Synagoge öffentlich auftritt. Seine Jünger werden mit keinem Wort erwähnt. Das „Verstehen" der Jünger dort (Mt 13,51) und das Unverständnis sowie die Ablehnung, auf die er in seinem Heimatdorf stößt, bilden einen starken Kontrast.

Die Perikope ist wieder konzentrisch aufgebaut. Der gesamte Textbestand organisiert sich optisch sichtbar um die *semantische Achse C* (vier Zeilen), die den Schwerpunkt der Aussage, die Sinnmitte des Textes, markiert.

1. Mt 13,53-57a: Am Sabbat lehrt Jesus in der Synagoge, sodass die Leute darüber außer Fassung geraten (*ekplésso*) wie am Ende der Bergpredigt (Mt 7,28; vgl. Mt 22,33). Sie sind bestürzt und können es nicht fassen, dass „diese Weisheit" und „die Machttaten", die in Galiläa schon geschehen sind (vgl. Mt 11,21.23), von dem Sohn eines Handwerkers* aus *ihrem* Dorf kommen sollen, den jeder kennt. Sie können sich der Wirkung seiner Worte nicht entziehen und dennoch nehmen sie die Tatsache, dass sein Beruf und seine Familie allen bekannt sind, zum Vorwand, um ihre Distanz und Ablehnung gegenüber Jesus auszudrücken. Sie reden abschätzig von „diesem" (V. 54.56) und wollen die Autorität seiner Lehre nicht anerkennen. Sie bleiben beim Äußeren stehen: bei seiner familiären Herkunft aus einfachen Verhältnissen, bei dem, was allen in Nazareth bekannt ist. Einen davidischen Messias stellen sie sich anders vor. *Was sie über ihn wissen, hindert sie also daran, ihm zu begegnen.* Sie nehmen Anstoß daran und ärgern sich darüber, dass einer von ihnen sie mit seinen Worten innerlich so treffen und herausfordern kann.

2. Mt 13,57b-58: Der innere Widerstand, führt zu offener Ablehnung. Mit einem heilsgeschichtlichen Regelwort, dass kein Prophet in seinem Heimatort und in seinem „Haus" (d.h. in seiner Familie) etwas gilt, weist Jesus auf die geheimnisvolle Gesetzmäßigkeit hin, die das Schicksal aller Propheten bestimmt und damit auch sein Leben und Wirken. So kann er wegen ihres Unglaubens (*apistía*) in Nazareth nicht viel ausrichten. Nach Mt ist ihre Ablehnung eine Entscheidung über Heil und Unheil. Sie nehmen hier vorweg, was sich für das ganze Volk am Ende bewahrheiten wird (Mt 27,25). So hat diese Erzählung auch Signalcharakter für das Kommende.

Die Art, wie Jesus mit seiner Verkündigung der Gottesherrschaft die Heiligen Schriften auslegt, hat seine Zuhörer in der Synagoge mitgerissen und zugleich

---

* „teknon" ist ein Bauhandwerker, der etwas aus Holz und Stein herstellt.

verunsichert. Sie werden gespürt haben, dass seine Worte eine nicht relativierbare Autorität haben, und eine Macht, die ihre Herzen zur Umkehr ruft. Was Jesus sagt, fasziniert, weil sie die Wahrheit darin erkennen, die sie über sich selbst hinausführt. Aber das bedeutet am Ende die Gewissheit, dass im eigenen Leben einiges nicht mehr stimmt. Was geschieht, wenn Jesu Worte mein Selbstbild in Frage stellen und die Wandlung meiner Lebenseinstellung verlangen?

Seine Worte können unser Herz freisetzen, wenn wir davon getroffen und überwältigt sind, vorbehaltlos von ihm in Liebe angenommen zu sein. Gottesherrschaft, wie sie in Jesus Verkündigung den Menschen zugesagt ist, hat nichts mit Machtausübung und Unfreiheit zu tun. Sie will uns erfahren lassen und dazu befähigen, uns selbst und anderen zum Segen zu werden.

Der Tod Johannes' des Täufers: Mt 14,1-12

14 1 Zu dieser Zeit hörte der Vierfürst Herodes, was man von Jesus erzählte. 2
Er sagte zu seinen Leuten: Dieser ist Johannes der Täufer. Er ist von den Toten auferweckt worden; deshalb wirken solche Kräfte in ihm.

3 Herodes hatte nämlich Johannes festnehmen, fesseln und ins Gefängnis werfen lassen wegen der Herodias, der Frau seines Bruders Philippus. 4 Denn
Johannes hatte ihm gesagt: Es ist dir nicht erlaubt, sie (zur Frau) zu haben. 5
Und er wollte ihn töten (lassen), fürchtete sich aber vor der Volksmenge; weil sie ihn für einen Propheten hielten.

6 Als aber der Geburtstag des Herodes gefeiert wurde, tanzte die Tochter
der Herodias in ihrer Mitte. Und sie gefiel Herodes, 7 weshalb er mit einem Eid
zusagte, ihr zu geben, was immer sie verlangen werde. 8 Sie aber, angewiesen
von ihrer Mutter, sagte: Gib mir hier auf einer Platte den Kopf Johannes' des
Täufers! 9 Und der König wurde traurig und wegen der Eide und wegen der
Gäste, befahl er, dass er ihr gegeben werde. 10 Und er schickte und ließ Johan-
nes im Gefängnis enthaupten. 11 und sein Kopf wurde auf einer Platte gebracht
und dem Mädchen gegeben und sie brachte (ihn) ihrer Mutter.

12 Und seine Jünger kamen, holten den Leichnam und begruben ihn. Und sie kamen und berichteten Jesus.

Zusammenhang: Nach der Ablehnung Jesu in seinem Heimatdorf beginnt die zweite Erzählfolge um die Frage nach der Identität Jesu wie die erste mit einer Verbindung zu Johannes dem Täufer (Mt 11,2-19). Diesmal ist es Herodes Antipas, von 4 v. Chr. bis 39 n. Chr. Vierfürst von Galiläa und Peräa, der von den Informationen über die Machttaten Jesu so beeindruckt war, dass er diesen für den von den Toten auferweckten Täufer hält. Die Erzählfolge endet mit dem Bekenntnis des Petrus: „Du bist der Messias, der Sohn des lebendigen Gottes" (Mt 16,16). Zwischen beiden gegensätzlichen Äußerungen gibt es weitere unterschiedliche Reaktionen auf Jesus und sein Wirken: von Seiten der Jünger (Mt 14,33), der Volksmenge (Mt 15,31) und der Gegner (Mt 15,1f.; 16,1f.).

Mt hat den Markustext stark gekürzt, sodass die Parallelität zwischen Jesus und Johannes deutlicher hervortritt: Sie verkünden dieselbe Botschaft; sie haben beide Gegner, die sich von ihnen bedroht fühlen und sie erleiden das gleiche willkürliche Schicksal.

1. Mt 14,1-5: Die Erzählung beginnt damit, dass Herodes Antipas, der Landesfürst Jesu, von dessen Wundern hört und meint, das müsse Johannes der Täufer sein, der, von den Toten auferweckt, über so außerordentliche Kräfte verfüge. Offenbar war er von dem, was ihm berichtet wurde, beeindruckt und alarmiert. Damit beginnt die Rückblende auf die Inhaftierung und Hinrichtung des Wegbereiters Jesu. Flavius Josephus (37/38 – um 100) berichtet, dass die große Anziehungskraft des Johannes den Argwohn des Königs weckte und dieser ihn aus Furcht vor einem Aufruhr in Ketten legen, auf die Feste Machärus hoch über dem Toten Meer bringen und ihn dort hinrichten ließ (vgl. Ant 18, 116-119). Nach Matthäus aber war der Grund für die Verhaftung, dass Johannes den König wegen seiner nach Lev 18,16; 20,21 verbotenen Heirat mit Herodias, der Frau eines seiner Halbbrüder, kritisierte.

2. Mt 14,6-12: Bei der Geburtstagsfeier des Herodes, die vermutlich auf der prächtig ausgestatteten Festung Machärus im Landesteil Peräa stattfand, tritt die Tochter der Herodias in der vom Wein gelockerten Männergesellschaft auf, was üblicherweise das Geschäft von Hetären war. Die Prinzessin tanzt so hinreißend, dass Herodes in einer Laune von Leichtsinn und Selbstüberschätzung ihr unter Eid zusichert, er wolle ihr geben, was sie verlangen würde. Von ihrer Mutter dazu angestiftet, fordert sie, ihr auf der Stelle den Kopf Johannes' des Täufers auf einer Platte zu bringen. Die plötzliche Traurigkeit des Königs verwundert etwas, hat aber vielleicht damit zu tun, dass er jetzt sich gezwungen sieht, in Anwesenheit vieler Zeugen den Täufer ohne Gerichtsverfahren hinrichten zu lassen. Was dann auch prompt geschieht. Die makabre Geschichte endet damit, dass die Jünger des Johannes seinen Leichnam von dort abholen und bestatten. Dann suchen sie Jesus auf, um ihn über das Ende seines Vorläufers zu informieren. Nüchtern, ohne Glanz wird sein Schicksal geschildert. Johannes kommt nicht einmal mehr zu Wort.

Diese Ohnmacht gegenüber der Willkür von Mächtigen ist wohl die stärkste Herausforderung für den gläubigen Betrachter der Geschichte. Wie soll er das sinnlos erscheinende Sterben des Johannes verstehen? Nach Mt hat der gewaltsame Tod des Täufers Vorbildfunktion für die Passion Jesu. Johannes wird also auch in seinem Prophetenschicksal zum Vorläufer Jesu. Der Evangelist will offenbar darauf aufmerksam machen, in welche Ohnmacht die geraten können, die Gottes Wort authentisch und unerschrocken bezeugen. Die Geschichte erinnert an die Aufforderung Jesu zu furchtlosem Bekenntnis in prekären Situationen und ist eine Ermutigung für alle, die in einem Christus feindlichem Umfeld leben oder dort, wo die Selbstbestimmung, die Freiheit und Würde des Menschen missachtet werden (Mt 10,13f.28-33).

Die Speisung der Fünftausend: Mt 14,13-21

14 13 Als Jesus das hörte, entwich er von dort in einem Boot an einen einsamen
Ort für sich allein. Und als die Volksmengen davon hörten, folgten sie ihm auf
dem Landweg aus den Städten (nach). 14 Und als er ausstieg, sah er die vielen
Menschen und hatte Mitleid mit ihnen und heilte ihre Kranken.
15 Als es aber Abend wurde, kamen die Jünger zu ihm und sagten: Der Ort
ist einsam und die Zeit ist schon fortgeschritten. Schick die Volksmengen weg,
damit sie in die Dörfer gehen und sich etwas zu essen kaufen! 16 Jesus aber
sagte zu ihnen: Sie brauchen nicht wegzugehen. Gebt ihr ihnen zu essen! 17 Sie
aber sagten zu ihm: Wir haben hier nur fünf Brote und zwei Fische. 18 Er aber
sagte: Bringt sie mir hierher! 19 Und er befahl, die Leute sollten sich auf dem
Gras lagern. Und er nahm die fünf Brote und die zwei Fische, blickte zum Himmel auf, sprach den Lobpreis und brach (die Brote) und gab sie den Jüngern; die
Jünger aber (gaben sie) den Volksmengen 20 und sie aßen alle und wurden satt.
Und sie hoben auf, was an Brotstücken übriggeblieben war, zwölf Körbe voll. 21
Die gegessen hatten, waren etwa fünftausend Männer, ohne Frauen und Kinder.

Zusammenhang: Wie auf die Nachricht von der Inhaftierung Johannes' des Täufers (Mt 4,12) und den Plänen der Pharisäer, Jesus zu töten (Mt 12,14f.) zieht er sich auch diesmal zurück, als er von dem gewaltsamen Tod seines Vorläufers hört. Seine Hinrichtung bedeutet auch für ihn eine Gefahr, da Herodes Antipas Jesus für den von den Toten auferweckten Täufer hält.

Die auf der Markus-Vorlage (Mk 6,32-44) basierende Erzählung weist viele symbolhafte Züge auf und spielt u.a. auf alttestamentliche Texte von der barmherzigen Gegenwart JHWHs inmitten seines Volkes an. Im Zentrum des Geschehens steht der Dialog Jesu mit seinen Jüngern.

1. Mt 14,13-14: Als Jesus vom Schicksal des Täufers erfährt, entweicht er (*anachoréo*) in einem Boot, um an einen abgelegenen Ort zu fahren und dort für sich (*kat' idían*) zu sein. Die äußere Bedrohung für ihn und seine Jünger ist sehr real. Es braucht Zeit und Abstand, um mit der neu entstandenen Situation umgehen zu können. Doch die Volksmengen bekommen den Rückzug mit und machen sich in Scharen zu Fuß auf den Weg am Seeufer entlang, um ihm zu begegnen. Als Jesus aus dem Boot steigt, sieht er sich einer großen Volksmenge gegenüber. Und wieder überkommt ihn das Erbarmen mit den Vielen, an denen kaum jemand etwas liegt (Mt 9,32). Er ist für diese sozial und religiös unmündig Gehaltenen, die keine Stimme und keinen Einfluss haben, über die hinweg- und auf die heruntergeherrscht wird, einer, von dem sie spüren, dass er ein Herz für sie hat und das – anders als bei Markus – vor allem in den Heilungen erfahrbar macht, Die auffallende Häufigkeit, mit der in diesem Abschnitt die Volksmengen genannt werden (V. 13.14.15.19 2x), lässt darauf schließen, dass seine Zuwendung zu ihnen trotz der Gleichnisrede (Mt 13,10-17) nach wie vor sein Herzensanliegen ist. Wie JHWH einst sein Volk auf dem langen und mühseligen Weg in die Freiheit getröstet und aufgerichtet hat, so erfahren die Menschen jetzt seine barmherzige Zuwendung in der Person und im Wirken Jesu: „und er heilte ihre Kranken."

2. Mt 14,15-21: Darüber vergeht die Zeit, sodass die Jünger gegen Abend bei ihm vorstellig werden und ihn auf die prekäre Lage aufmerksam machen. Ihre beherzte Initiative geschieht in fürsorglicher Absicht, offenbart aber zugleich, dass in ihrer Einschätzung der Situation kein Raum für Gottes Handeln ist. All das, was sie bisher an Machttaten (*dynameis*) mit ihm erfahren haben (Mt 8,1-9,35) und das, was heute den Tag über vor Ihren Augen geschehen ist, scheint angesichts der hereinbrechenden Nacht wie aus ihrem Bewusstsein gewischt. Befremdlich und überraschend wird sie seine Reaktion getroffen haben: „Sie brauchen nicht wegzugehen. Gebt *ihr* ihnen zu essen!" Das übersteigt ihre Sicht der Fakten. Sie fühlen sich überfordert. Das bisschen Brot und Fisch, das sie bei sich haben, reicht kaum für eine bescheidene Mahlzeit der Jünger mit Jesus. Trotzdem lässt er die Brote und Fische herbeiholen und befiehlt, dass die vielen Leute sich auf dem Gras niederlassen. Diese Aufforderung ist notwendig, um ihren Blick zu weiten. Jesus bringt das Wenige, das sie haben, in einen neuen Zusammenhang. So schafft er wieder den Raum, in dem Gott durch sie wirken kann.

Dann erleben die Jünger, wie Jesus das, was in ihren Augen viel zu wenig ist, in seine Hände nimmt, zum Himmel aufschaut und gleich einem jüdischen Hausvater zu Beginn des Mahles den Segen darüber spricht und alles in ihre Hände zurückgibt, damit ihnen nach seinem Wort geschehe: „Gebt *ihr* ihnen zu essen." Indem sie seinem Wort ohne Einschränkung Raum geben, erfahren sie seine göttliche Macht: Alle bekommen zu essen und alle *wurden* gesättigt (*passivum divinum:* Hinweis auf das Wirken Gottes). Ja, es bleiben noch *zwölf* Tragkörbe mit Brotstücken übrig, und das bei fünftausend Männern, ohne die Frauen und Kinder mitzurechnen. Die *zwölf* ist als Symbolzahl ein Hinweis auf die Ganzheit und Fülle der erfahrenen Sättigung und vielleicht auch eine Anspielung auf die endzeitliche Vollendung. In der überreichen Speisung der Volksmengen leuchtet plötzlich etwas von Gottes Gemeinschaft mit den Menschen auf, dessen Heilswille nach Mt sich auch auf die Stillung der leiblichen Grundbedürfnisse bezieht (Mt 6,11). Die Fülle wird zum Zeichen des endzeitlichen Festmahles, wie es der Prophet Jesaja verheißen hat (Jes 25,6-8). Von der hereinbrechenden Dunkelheit, von der Gefährdung bei Nacht an diesem abgelegenen Ort, ist nicht mehr die Rede. Es sieht so aus, als habe die Erfahrung des „messianischen“ Mahles alle Dunkelheit und Gefahr vorübergehend von den Menschen genommen.

Die Speisung der großen Volksmenge ist zugleich eine Überbietung der wunderbaren Speisung, die 2 Kön 4,42-44 vom Propheten Elischa erzählt wird, der seinem Diener beauftragte, hundert Männer mit zwanzig Broten und einem Beutel mit frischen Körnern zu sättigen. Mit anderen Worten: Hier ist mehr als Elischa!

Die Speisung der Fünftausend war in besonderer Weise für die Jünger bedeutsam, um sie aus ihrer Gottvergessenheit herauszuholen und ihnen einen Weg aufzuzeigen, wie Gott durch sie wirken kann. Ihr Tun basiert auf der Initiative Jesu. Solange sie Ihren Blick nur auf das richten, was ihnen zu wenig ist, und es deshalb für sich behalten, wird es nie reichen. Solange sie nur auf den *Mangel* schauen, auf das, was fehlt, und das wenige, das ihnen zur Verfügung steht, nicht in Umlauf bringen, wird es nie reichen. Sie erleben Fülle erst von dem Augenblick an, als sie alles, was sie haben, aus der Hand geben – in Seine Hände, damit *Er* darüber verfügen kann. Dann bleibt mehr übrig, als sie hergegeben haben. Sie erleben eine *Fülle*, an der sie Anteil haben.

Jesus begegnet den Jüngern auf dem See: Mt 14,22-33

14 22 Und sogleich drängte er die Jünger, ins Boot zu steigen und ihm ans
jenseitige Ufer vorauszufahren, bis er die Volksmengen weggeschickt hätte. 23
Und als er die Volksmengen weggeschickt hatte, stieg er auf den Berg für sich
(allein), um zu beten. Als es Abend geworden war, war er dort allein. 24 Das
Boot aber war schon viele Stadien vom Land entfernt und wurde von den Wel-
len bedrängt, denn sie hatten Gegenwind. 25 Aber in der vierten Nachtwache
kam er zu ihnen und ging auf dem See. 26 Als aber die Jünger ihn über den See
kommen sahen, erschraken sie und sagten: Es ist ein Gespenst! Und sie schrien
vor Angst. 27 Doch sogleich sprach Jesus zu ihnen und sagte: Habt Vertrauen,
ich bin es; fürchtet euch nicht! 28 Petrus aber erwiderte ihm und sagte: Herr,
wenn du es bist, so befiehl mir, dass ich auf dem Wasser zu dir komme! 29 Jesus
aber sagte: Komm! und Petrus stieg aus dem Boot (hinab) und ging über das
Wasser auf Jesus zu. 30 Als er aber den (heftigen) Wind bemerkte, bekam er
Angst. Und als er begann unterzugehen, schrie er: Herr, rette mich! 31 Sofort
aber streckte Jesus die Hand aus, ergriff ihn und sagte zu ihm: Du Kleingläu-
biger, warum hast du gezweifelt? 32 Und als sie ins Boot gestiegen waren, legte
sich der Wind. 33 Die Jünger im Boot aber fielen vor Jesus nieder und sagten:
Wahrhaftig, Gottes Sohn bist du.

Zusammenhang: Jesus hatte sich nach dem Tod Johannes' des Täufers mit seinen Jüngern in eine einsame Gegend zurückgezogen. Doch sein Rückzug bleibt nicht verborgen. Eine große Menschenmenge aus den (umliegenden)

Städten folgt ihm zu Fuß. Beim Anblick dieser zahlreichen Menschen wird er in seinem Innern, in der Tiefe seines Wesens, von ihrem Elend berührt (*splanchnídzomai*) und heilt ihre Kranken. Darüber wird es Abend, und es kommt mit den fünf Broten und den zwei Fischen zur Speisung der Fünftausend „ohne Frauen und Kinder", bei der am Ende zwölf Körbe mit Brotresten übrig bleiben.

Mt hat die Markus-Vorlage (Mt 6,45-52) durch die Petrusepisode (V. 28-32) ergänzt und den Abschluss der Geschichte (V. 33) neu gefasst. Dadurch hat er der Erzählung eine bedeutsame Tiefendimension gegeben.

1. Mt 14,22f.: Jesus trennt sich von seinen Jüngern und drängt sie, bei hereinbrechender Dunkelheit ohne ihn ins Boot zu steigen und ans jenseitige Ufer voraus zu fahren. In der Zwischenzeit entlässt er die Leute. *Jesus will allein sein, um zu beten.* Er braucht Abstand vom Erleben des Tages, Distanz zu den Menschen, auch zu denen, die ihm am nächsten sind. Er braucht räumliche Distanz zu dem Ort, wo er den ganzen Tag über gewirkt hat. Er geht auf *den* Berg, um zu beten, nach biblischer Tradition ein Ort besonderer Gottesnähe. Es wird Nacht und Jesus ist immer noch *allein* auf dem Berg. Er braucht dieses Für-sich-sein, diese Einsamkeit, diese Qualität von Stille und Schweigen, von Nähe und Beziehung zum Vater – eine Qualität, die uns so kein Mensch geben kann. Matthäus erzählt nur an dieser Stelle und im Garten von Gethsemani, dass Jesus sich allein zum Beten zurückzieht (Mt 26,36-46). Beide Male wird eine schmerzliche Distanz zu den Menschen spürbar, die ihm sonst am nächsten sind.

2. Mt 14,24-27: Auch die Jünger sind allein, aber anders. Ihr Alleinsein hat eine andere Qualität. Sie sind mit ihrem Boot weit vom Land entfernt und starken Naturgewalten ausgeliefert, sodass sie ihr Boot nicht manövrieren können. Wörtlich heißt es: Das Boot wird von den Wellen gequält (*basanídzo*). Sie kämpfen mit Gegenwind und kommen trotz aller Anstrengung nicht von der Stelle. Wasser, heftiger Wind und Nacht sind auch Symbole von (tödlicher) Bedrohung, von Angst und existenzieller Not. Die Jünger werden von äußeren und inneren Widerständen hin- und hergeworfen. Warum hat er sie allein weggeschickt? Warum diese Distanz nach dem so erfolgreichen Tag mit den vielen Menschen? Ausgeliefert dem Wind, den Wellen, der Finsternis – orientierungslos, führungslos eine lange Nacht hindurch. Das alte Ufer ist nicht mehr in Sicht, das neue kommt nicht in Sicht. Ohne ihn können sie ihr Ziel nicht erreichen.

In der vierten Nachtwache, im Morgengrauen, sehen die erschöpften Jünger eine Gestalt über das Wasser auf sie zukommen – unberührt von den Mächten und Gewalten, die sie bedrohen. Die Erscheinung ist ihnen unheimlich und verstärkt ihre Angst und ihren Schrecken bis zum Äußersten, sodass sie aufschreien. Ihre panische Angst überwindend spricht diese Gestalt sie an: „Habt Vertrauen! ICH BIN (es), habt keine Angst!" Es ist das unbegreifliche „ICH BIN", wie es für die Selbstoffenbarung Gottes im Alten Testament charakteristisch ist (vgl. u.a. Ex 33,21-23; 1Kön 19,11-13). Die beiden Imperative „Habt Vertrauen" (*tharseite*) und „Habt keine Angst!" (*me phobeiste*) spiegeln gleichsam die befreiende Wirkung der unbegreiflichen Gegenwart Gottes. Die Nacht hat ihren Schrecken verloren, auch wenn sich der Wind noch nicht gelegt hat.

3. Mt 14,28-33: Petrus traut als einziger dieser Zusage und würde es wagen, „auf dem Wasser" zu Jesus zu kommen, aber nur auf seinen Befehl hin. Er weiß, dass er nicht eigenmächtig handeln darf. Doch als er dann auf Jesu Wort hin über das Wasser auf ihn zugeht und seine Aufmerksamkeit wieder auf den Wind richtet, erschrickt er von Neuem und droht in den aufgewühlten Fluten zu versinken.

In Petrus zeigen sich die beiden Spannungspole unseres Lebens: Vertrauen und Angst. Was ist größer? Wann gewinnt das eine Überhand über das andere? Petrus hat im Vertrauen auf Jesu Wort „Komm!" seine eigenen Grenzen überschritten und sich aus seinen Sicherungen herausgewagt. Doch dann war er im Blick auf die aktuelle lebensbedrohliche Situation wieder von alten Ängsten und Zweifeln eingehholt und überwältigt worden. Auf unserem Glaubensweg zu Jesus „über das Wasser" sind solche Ängste und Zweifel nicht zu vermeiden. Jesus macht Petrus darauf aufmerksam, dass er eigentlich keinen Grund zum Zweifeln hat, weil er sein Vertrauen ja schon unter Beweis gestellt hat, als er das Boot verließ und auf Jesus zuging.

Die Geschichte endet mit einem überraschenden Finale. Als die beiden zu den anderen ins Boot steigen, legt sich der Wind. Die Jünger fallen vor Jesus nieder und bekennen: „Wahrhaftig, du bist Gottes Sohn!" Die Erfahrung der wunderbaren Speisung so vieler Menschen, die Begegnung mit ihm auf dem Wasser bei stürmischem Wellengang, die Rettung des Petrus und das plötzliche Nachlassen des heftigen Windes hat den Jüngern eine Souveränität und Vollmacht gezeigt, die ihn in die Nähe JHWHs rückt. Doch die Erkenntnis, dass zur Identität Jesu als Sohn Gottes auch die Passion gehört, steht noch aus (Mt 16,21-23). Dieser Erfahrungsprozess wird sie noch tiefer erschüttern als die Bedrohung, der sie gerade entkommen sind. Erst in der Begegnung mit dem Auferstandenen auf dem Berg in Galiläa (Mt 28,16-20) werden ihre Zweifel über seine Identität überwunden, wenn auch nicht ein für alle Mal. Solange wir glauben, haben wir keine über allen Zweifel erhabene Gewissheit.

Am Ende der Erzählung erschließt sich auch, wohin die Begegnung mit Jesus letztlich führen möchte: zur *Anbetung!* Sie wird den Jüngern geschenkt.

Das ist das Ziel all ihrer Existenz und ihres ganzen Bemühens in der Nachfolge des Gottessohnes, dass sie sich von ihm zur Anbetung führen lassen und durch ihr Leben auf den verweisen, der dieses Geschenk für alle bereithält (Mt 28,19).

Heilungen in Gennesaret: Mt 14,34-36

> 14 34 Und als sie (die Jünger mit Jesus) hinübergefahren waren, kamen sie in
> Gennesaret an Land. 35 Als die Männer jenes Ortes ihn erkannten, schickten sie
> in die ganze Umgebung. Und sie brachten zu ihm alle, denen es schlecht ging 36
> und baten ihn, dass sie nur die Quasten seines Gewandes berührten. Und alle,
> die berührten, wurden gerettet.

Nach den beiden Erzählungen, die viele symbolhafte Züge aufweisen (Mt 14,13-33), setzt der kurze Sammelbericht die heilende Zuwendung Jesu zu seinem Volk fort und betont so erneut die Bedeutsamkeit der leiblichen Dimension seiner Hirtensorge (Mt 9,36; 10,6). Das Vertrauen, das die Menschen ihm in der Gegend von Gennesareth entgegenbringen, ist gegenüber dem „Kleinglauben" der Jünger in den beiden vorausgegangenen Geschichten besonders auffällig. Ihnen genügt es, die Quasten seines Gewandes zu berühren und mit dieser Geste, wie die blutflüssige Frau (Mt 9,20-22), ihren Glauben auszudrücken. Die heilende Wirkung wird wieder durch das *passivum divinum* eindeutig auf Gott zurückgeführt. Er ist es letztlich, der Heilung und Rettung schenkt.

Auseinandersetzung mit den Pharisäern und Schriftgelehrten über „rein" und „unrein": Mt 15,1-20

> 15 1 Da kommen von Jerusalem Pharisäer und Schriftgelehrte zu Jesus und
> sagen: 2 Warum übertreten deine Jünger die Überlieferung der Alten? Denn sie
> waschen sich nicht ihre Hände, wenn sie Brot essen. 3 Er aber antwortete ihnen
> und sagte: Warum übertretet auch ihr das Gebot Gottes um eurer Überlieferung
> willen? 4 Denn Gott hat gesagt: Ehre den Vater und die Mutter! und: Wer Vater
> oder Mutter schmäht, soll mit dem Tod bestraft werden. 5 Ihr aber sagt: Wer
> zum Vater oder zur Mutter sagt: Eine Opfergabe sei, was dir von mir zusteht!
> 6 der braucht seinen Vater oder seine Mutter nicht (mehr) zu ehren. Und (so)
> habt ihr Gottes Wort um eurer Überlieferung willen außer Kraft gesetzt. 7 (Ihr)
> Heuchler! Treffend hat der Prophet Jesaja über euch geweissagt:
>
> 8 *Dieses Volk ehrt mich mit den Lippen,*
> *sein Herz aber ist weit weg von mir.*
> 9 *Vergeblich verehren sie mich;*
> *was sie lehren, sind Satzungen von Menschen.*
>
> 10 Und er rief die Volksmenge herbei und sagte: Hört und versteht: 11 Nicht
> was in den Mund hineingeht, macht den Menschen unrein, sondern was aus
> dem Mund herausgeht, das macht den Menschen unrein.

[12] Da kamen die Jünger zu ihm und sagten: Weißt du, dass die Pharisäer
Anstoß genommen haben, als sie dein Wort hörten? [13] Er aber antwortete ih-
nen: Jede Pflanze, die mein himmlischer Vater nicht gepflanzt hat, wird ausge-
rissen werden. [14] Lasst sie, sie sind blinde Führer. Wenn aber ein Blinder einen
Blinden führt, werden beide in eine Grube fallen. [15] Petrus aber antwortete und
sagte zu ihm: Deute uns dieses Gleichnis! [16] Er aber sagte: Seid auch ihr (im-
mer) noch unverständig? [17] Versteht ihr nicht, dass alles, was in den Mund hi-
neingeht, in den Bauch gelangt und (dann wieder) in den Abort ausgeschieden
wird? [18] Was aber aus dem Mund herausgeht, kommt aus dem Herzen heraus
und das macht den Menschen unrein. [19] Denn aus dem Herzen kommen böse
Gedanken, Mord, Ehebruch, Unzucht, Diebstahl, falsche Zeugenaussagen und
Lästerungen. [20] Das ist, was den Menschen unrein macht; aber mit ungewa-
schenen Händen zu essen, macht den Menschen nicht unrein.

Zusammenhang: Zum ersten Mal seit Mt 12,38-45 kommen Pharisäer *und Schriftgelehrte* wieder zu Jesus, diesmal aber aus Jerusalem. Auf dem Hintergrund der Auseinandersetzungen der matthäischen Gemeinde(n) mit dem rabbinischen Judentum verschärft Mt die Polemik gegen diese Glaubenswächter bis zur Gerichtsankündigung (V. 13). Es geht beiden Seiten letztlich um den alleinigen Anspruch, das „wahre Israel“ zu sein.

Die Hauptquelle ist weiter Markus (7,1-23), die er geringfügig, aber inhaltlich bedeutsam verändert. Die wichtigste Änderung dürfte die Ergänzung mit den „blinden Führern“ sein (V. 12-14).

1. Mt 15,1-9: Das plötzliche Auftreten der Pharisäer und Schriftgelehrten aus Jerusalem erweckt den Eindruck, als seien die religiösen Führer dort auf Jesus aufmerksam geworden und wollen nun aufgrund ihrer Autorität in Sachen des Glaubens und des Lebenswandels mit ihm die Auseinandersetzung suchen. Als sie beobachten, dass seine Jünger nicht mit rituell gewaschenen Händen ihre Mahlzeit einnehmen, reagieren sie unwillig und fragen Jesus vorwurfsvoll, warum seine Jünger sich nicht an die „Überlieferung der Alten“ halten. Ihr Vorwurf ist prinzipieller Art. Sie wollen wissen, wie Jesus selbst zur Tradition der pharisäischen Gesetzesauslegung steht.

Hintergrund: Die „Väter“ der Schriftgelehrsamkeit hatten neben die Tora die Überlieferung gestellt, die Mose von JHWH mündlich empfangen habe und die über die Propheten bis zu den Schriftgelehrten gelangt sei. Im Verlauf von etwa zweihundert Jahren war von den Rabbinen ein „Zaun“ gelehrter Auslegungen um die Tora JHWHs entwickelt worden, der immer größere Autorität beanspruchte, bis er schließlich mit der Tora gleichrangig wurde. Dieser „Zaun“ sollte ursprünglich die Übertretung der Tora verhindern. In diesem differenzierten und komplizierten Geflecht von Schrifterklärung und

Toraauslegung konnte sich die große Masse des Volkes nicht auskennen und war deshalb aus der Sicht der Theologen unfähig, nach der „Überlieferung der Alten“ zu leben und ihren Alltag entsprechend zu gestalten. Besonderen Unwillen erregte es bei ihnen, dass die „Leute vom Lande“ die rituellen Reinheitsvorschriften höchst unzulänglich beachteten, weil sie dadurch selbst in Gefahr kamen, levitisch unrein zu werden, so oft sie mit ihnen zu tun hatten.

Vermutlich war das rituelle Händewaschen vor dem Essen ein besonderes Anliegen der Pharisäer. Sie versuchten, die für den Tempel geltenden Gesetze ritueller Reinheit auch außerhalb des Tempels für ganz Israel durchzusetzen. Für die Reinigungsvorschriften im Tempel stand dort ein großes mit Wasser gefülltes Becken, das sog. „Meer“, das den Priestern zum Waschen der Hände und Füße vor dem Altardienst diente. In der Mischna (um 200 n. Chr. redigierter Grundtext der rabbinischen Lehre) wird das Händewaschen vor dem Essen bis ins Detail geregelt.

Bei anderen jüdischen Gruppen, wie den Sadduzäern und Essenern, galten diese Vorschriften nicht. Die Sadduzäer achteten nur auf die Reinheit für den Tempel, die Essener auf die Reinheit für die heiligen Bezirke ihrer Niederlassungen.

Als praktisch nur das rabbinische Judentum die Katastrophe von 70 n.Chr. überlebte, kam es noch einmal zu heftigen Auseinandersetzungen zwischen den judenchristlichen Gemeinden und ihnen, als diese ihre Toraauffassung für das ganze Judentum, also auch für die jüdischen Gemeinden im Mittelmeerraum wie für die ägyptische und babylonische Diaspora, normativ durchsetzen wollten. Unser Text spiegelt also eine antipharisäische Reaktion *nach* der Zerstörung Jerusalems und des Tempels und legitimiert keine allgemein antijüdische Interpretation unseres Textes. Für Mt ist die „Überlieferung der Väter“ eine spezielle Tradition der Pharisäer bzw. des rabbinischen Judentums und nicht die für ganz Israel verbindliche Tora, die zu erfüllen Jesus gekommen ist. Jesus und *nicht* die Kontrahenten aus Jerusalem stehen also in der Frage des rituellen Händewaschens vor dem Essen auf dem traditionellen Fundament der Tora.

Ohne auf den als Frage formulierten Vorwurf der Jerusalemer Abgesandten einzugehen, geht Jesus zum Gegenangriff über und wirft ihnen vor, „*ihre* Überlieferung“ widerspreche inhaltlich dem Gebot Gottes. Er erläutert seine Behauptung am Beispiel des vierten bzw. fünften Gebotes und ihrer durch schriftgelehrte Tradition ermöglichten Korbanpraxis. Jesus zitiert hier die übliche Schwurformel des Korban: „Weihegabe sei, was immer du von mir zu Nutzen hättest.“ Durch diese Gelübdeformel konnte z.B. ein Sohn seinen Eltern das Nutzungsrecht aus seinem Besitz entziehen und sich von der Versorgungspflicht für die betagten Eltern dispensieren. Das für Gott beschlagnahmte Gut durfte nicht mehr veräußert werden und stand nur noch in der

Nutznießung des Eigentümers, da es erst nach seinem Tod in den Besitz des Tempels überging.

Zur grundlegenden menschlichen Solidarität gehört aber die Fürsorge für die alten Eltern und der respektvolle Umgang mit ihnen, wenn ihre Kräfte nachlassen, wenn sie nicht mehr zum Lebensunterhalt beitragen und nicht mehr für sich selbst sorgen können. Das vierte bzw. fünfte Wort des Dekalogs (Dtn 5,16 bzw. Ex 20,12) ist von seinem Ursprung her als Aufforderung zu verstehen, die von JHWH geschenkte Freiheit auch den betagten Eltern zu ermöglichen. Sie ist kein Almosen, sondern Ausdruck von Solidarität. Entsprechend scharf kritisiert Jesus hier eine durch schriftgelehrte pharisäische Überlieferung ermöglichte Praxis, wonach man seine religiöse Pflicht erfüllen kann, wenn man den Teil des Vermögens, der den alten Eltern zugutekommen sollte, dem Tempel übereignet. Das würde aber das Grundgebot der Gottes- und Nächstenliebe und des Dekalogs aufheben, was unter gar keinen Umständen erlaubt ist. „Doch es gab auch im Judentum Ansätze, die in dieselbe Richtung weisen, die das Urchristentum ging“ (U. Luz). Die Weisungen Gottes stehen über den von Menschen aufgestellten Geboten und den von ihnen geleisteten Gelübden.

Jesu Angriff gipfelt in einem Prophetenwort aus Jes 29,13. Er nennt die Pharisäer und Schriftgelehrten aus Jerusalem „Heuchler“, d.h. Menschen, bei denen das, was sie sagen, nicht zusammenpasst mit dem, was sie tun. Was sie lehren, sind „Satzungen von Menschen“, was sie tun, kommt aus einem Herzen, das weit weg ist von Gottes Gebot.

2. Mt 15,10-20: Jesus wendet sich nun den Volksmengen zu und ruft sie zu sich. Ihm ist es ein Herzensanliegen, dass für die vielen Menschen, die diese Kontroverse mitbekommen haben, der eingangs geäußerte Vorwurf geklärt wird. Sie sollen verstehen und davor bewahrt werden, sich von Menschensatzungen in die Irre führen zu lassen. Die Frage von „rein“ und „unrein“ kann man nicht an äußeren Riten und Vorschriften festmachen. Sie entscheidet sich vielmehr daran, was im Herzen des Menschen vor sich geht und was daraus für das eigene Handeln resultiert. Darauf reagieren die Pharisäer aus Jerusalem verärgert, kommen aber nicht mehr zu Wort. Im anschließenden Gespräch mit den Jüngern spielt Jesus mit seinem Bildwort (V. 13) auf das Gleichnis vom Taumellolch unter dem Weizen an (Mt 13,14-30), der am Ende ausgerissen wird (*passivum divinum*). Die Jünger sollen deshalb in Zukunft die Pharisäer ignorieren, weil sie „blinde Führer“ sind, die Gottes Willen nicht vermitteln.

Auf die Bitte des Petrus erklärt Jesus ihnen „das Gleichnis“ (V. 11) so, dass sie es verstehen: Was gut und böse ist, zeigt sich daran, welche Gedanken und Gefühle, welche Absichten und Motive unser Herz bestimmen. In der

Antike gilt das Herz als die Personmitte, als das Zentrum unseres Denkens und Wollens. Es ist deshalb der Ursprungsort von „rein" und „unrein", weil es auch böse Gedanken hervorbringen und zu bösem Handeln motivieren kann („Mord, Ehebruch, Unzucht, Diebstahl, falsche Zeugenaussagen und Lästerungen"). Es geht ihm also nicht um Aufhebung, sondern um Erfüllung der Tora und seine Gewichtung.

Damit beantwortet er am Ende die Frage, mit der die Pharisäer und Schriftgelehrten das Verhalten der Jünger vorwurfsvoll kritisiert hatten. Mit ungewaschenen Händen zu essen macht sie nicht „unrein". Damit können sie die Tora nicht verletzten.

Dieser Vorfall mit den Abgesandten aus Jerusalem veranlasst Jesus, sich wieder zurückzuziehen, Er macht sich keine Illusionen über die Entschiedenheit seiner Gegner.

Der Glaube der heidnischen Frau: Mt 15,21-28

**15 [21] Und Jesus ging weg von dort und entwich in das Gebiet von Tyrus und
Sidon. [22] Und siehe, eine kanaanäische Frau aus jenem Gebiet kam heraus
und schrie: Hab Erbarmen mit mir, Herr, Sohn Davids! Meine Tochter wird
in schlimmer Weise von einem Dämon gequält. [23] Er aber antwortete ihr kein
Wort. Und seine Jünger kamen zu ihm und baten ihn: Schick sie weg, denn
sie schreit hinter uns her! [24] Er aber antwortete und sagte: Ich bin nur zu den
verlorenen Schafen des Hauses Israel gesandt. [25] Sie aber kam, fiel vor ihm
nieder und sagte: Herr, hilf mir! [26] Er aber erwiderte: Es ist nicht gut, das Brot
den Kindern wegzunehmen und (es) den Hunden vorzuwerfen. [27] Sie aber sag-
te: Ja gewiss, Herr! Aber selbst die Hunde essen von den Brotstücken, die vom
Tisch ihrer Herren fallen. [28] Darauf antwortete Jesus und sagte ihr: Frau, dein
Glaube ist groß. Dir geschehe, wie du (es) willst. Und geheilt war ihre Tochter
von dieser Stunde an.**

Zusammenhang: Die vorausgegangene Auseinandersetzung mit den Pharisäern und Schriftgelehrten aus Jerusalem (Mt 15,1-9) gipfelt in dem Vorwurf Jesu, sie würden Gottes Wort zugunsten menschlicher Satzungen außer Kraft setzen. Mit schonungsloser Offenheit hatte er ihre wahre Gottesbeziehung aufgedeckt und das Volk wie seine unverständigen Jünger vor der Gefahr gewarnt, sich mit der äußeren Beachtung religiöser Vorschriften über die wahre Gesinnung ihres Herzen hinweg zu täuschen (Mt 15,10-20). Der Schwerpunkt der neuen Erzählung liegt auf dem Hin und Her um die Erfüllung der von der heidnischen Frau an Jesus gerichteten Bitte. – Mt hat seine Markus-Vorlage (7,24-30) kunstvoll bearbeitet.

1. Mt 15,21: Jesus zieht sich wieder (Mt 12,15; 14,13) zurück (*anachoréo*), diesmal in das Gebiet von Tyrus und Sidon. Er weicht auf heidnisches Gebiet aus, um sich der ständigen Angriffe und Auseinandersetzungen mit der religiösen Reformpartei der Pharisäer und ihrer Schriftgelehrten, vielleicht auch, um sich dem Ansturm menschlicher Not (Mt 14,34-36) für eine Weile zu entziehen. Kein Mensch ist unbegrenzt belastbar, auch Jesus nicht. Sein Verhalten macht deutlich, dass wir Grenzen haben, die wir nicht ohne Schaden für uns und andere überschreiten dürfen. Es sieht so aus, als habe Jesus das starke Verlangen, in Ruhe gelassen zu werden.

2. Mt 15,22-24: Kaum hat Jesus sich zurückgezogen, als eine „kanaanäische Frau" aus der Gegend auf ihn zukommt und ihn flehentlich bittet, Ihre Tochter von einer furchtbaren Besessenheit zu befreien. Die Not, die diese Frau mit ihrer Tochter hat, muss groß sein. Denn sie schreit die ganze Zeit (*ékradzen*). Was hier mit dämonischer Gewalt bezeichnet wird, scheint darauf hinzudeuten, dass ihr Kind wie unter einer fremden unheimlichen Macht steht und dem Einfluss der Mutter entzogen ist, so als müsse sie ohnmächtig zusehen, wie ihre Tochter ins Unglück gestoßen und in den Untergang getrieben wird. Sie erkennt in Jesus den Herrn (*kýrios*) und Sohn Davids. Ihre Bitte „Erbarme Dich meiner!" bezeugt ihren Glauben an den Messias Israels, der so viele Menschen aus seinem Volk geheilt hat. Doch Jesus antwortet auf die herzzerreißende Not der Frau mit keinem Wort und geht weiter.

Daraufhin drängen die Jünger Jesus, hier Abhilfe zu schaffen. Sie wollen die Frau loswerden, weil sie hinter ihnen herschreit und keine Ruhe gibt. Doch Jesus lehnt ihr Ansinnen mit der Begründung ab, dass er *nur zu den verlorenen Schafen des Hauses Israel gesandt ist*. Er fühlt sich festgelegt, sieht keinen Spielraum, die Bitte der Frau zu erfüllen. Theologischer Hintergrund dieser rätselhaften Begründung könnte sein, dass im Ringen um die universale Sendung der mt Gemeinde (vgl. Mt 28,19) hier festgehalten wird: Gott steht mit der Sendung Jesu zu seinen besonderen Verheißungen an Israel.

3. Mt 15,24-28: Die Frau aber lässt nicht locker und ergreift wieder die Initiative. Sie fällt vor Jesus nieder, redet ihn wieder mit „Herr" an und bittet erneut um Hilfe. Jesus verweigert sich wieder, diesmal mit einer Bemerkung, die große Distanz ausdrückt und verletzend wirkt: „Es ist nicht gut, den Kindern ihr Brot wegzunehmen und den Hunden vorzuwerfen" (V. 26). Mit den „Kindern" sind die Juden gemeint, die sich als Söhne und Töchter JHWHs verstehen. Mit „Hunden" bezeichneten die Rabbinen Heiden, Gottlose und Gesetzesunkundige. Hier identifiziert Jesus die heidnische Frau und ihre Tochter mit den Hunden. Vermutlich will Jesus mit dem Bildwort den heilsgeschichtlichen Vorrang Israels vor den Heiden betonen und so die Überzeugung ausdrücken, dass er seine Sendung zu den „Kindern“ Israels noch nicht erfüllt sieht. Jesu Reaktion auf die gegenwärtige Not der Mutter zu seinen Füßen ist schmerzlich und wirkt demütigend. Es sieht so aus, als brauche er Zeit, um sich in dieser ungewohnten Situation mit seinen bisherigen Einsichten und Überzeugungen neu zu orientieren.

Doch die Frau lässt sich nicht abweisen. Sie greift das Bildwort Jesu auf, um ihm zu widersprechen: „Ja gewiss, Herr, doch auch die Haushunde (*kynária*) fressen von den Brotresten, die vom Tisch ihrer Herren fallen“, m.a.W.: den Kindern geht nichts ab, wenn die Hunde das bekommen, was für sie abfällt. Die Heidin lässt alle Vorurteile und Privilegien der anderen Seite gelten. Sie lässt sich sogar mit den „Hunden“ identifizieren und bittet um einen „winzigen Brocken“ (*psichíon*) von der Fülle des Heils für ihre „besessene“ Tochter.

Einem solchen Glauben kann Jesus nicht länger widerstehen. Von der Beharrlichkeit und Größe ihres Glaubens bewegt, befreit er sie und ihre Tochter von der unheimlichen Macht, der sie nicht Herr werden können: „Frau, dein Glaube ist groß. Dir geschehe, wie du (es) willst“.

An dieser unbekannten Heidin zeigt Matthäus auf, was Glaube ist. Anders als die Pharisäer und ihre Schriftgelehrten und ohne sich auf Eigenleistung und Privilegien zu berufen, vertraut sie sich der heilenden Macht des Gottes Israels in Jesus an. Ihr Glaube ist größer als sein Widerstand. Sie verhilft Jesus zu einer neuen Erfahrung.

Darüber hinaus deutet diese Erzählung schon an, dass Gottes Heil allen Menschen, allen Völkern gilt. Dabei ist jedoch zu berücksichtigen, dass das Heil von Israel kommt und wir den Auftrag haben, von seiner biblischen Tradition für unseren Glauben zu lernen.

Viele Heilungen und die Speisung der Viertausend: 15,29-39

15 29 Und als Jesus von dort weitergegangen war, kam er an den See von
Galiläa. Als er auf den Berg gestiegen war, setzte er sich dort. 30 Und große
Volksmengen kamen zu ihm, die Lahme, Blinde, Krüppel, (Taub-)Stumme und
viele andere (Kranke) mit sich brachten; sie legten sie zu seinen Füßen, und
er heilte sie, 31 sodass die Volksmengen sich wunderten, als sie sahen, dass
(Taub-)Stumme redeten, Krüppel gesund (wurden), Lahme umhergehen und
Blinde sehen (konnten). Und sie priesen den Gott Israels.

32 Jesus aber rief seine Jünger zu sich und sagte: Ich habe Mitleid mit der
Volksmenge; sie harren schon drei Tage bei mir aus und haben nichts (mehr)
zu essen. Und ich will sie nicht hungrig entlassen, damit sie nicht auf dem Weg
ermatten. 33 Und die Jünger sagten zu ihm: Wo sollen wir in dieser Einöde so
viele Brote hernehmen, um eine so große Volksmenge satt zu machen? 34 Und
Jesus sagte zu ihnen: Wie viele Brote habt ihr? Sie aber sagten: Sieben – und
ein paar Fische.

35 Und er forderte die Volksmenge auf, sich auf dem Boden niederzulassen.
36 Und er nahm die sieben Brote und die Fische, sprach das Dankgebet, brach
sie und gab sie den Jüngern und die Jünger gaben sie den Volksmengen. 37 Und
alle aßen und wurden satt. Und was von Brocken übrigblieb, hoben sie auf, sie-
ben Körbe voll. 38 Die aber gegessen hatten, waren viertausend Männer, ohne
die Frauen und Kinder. 39 Und als er die Volkmengen entlassen hatte, stieg er
ins Boot und kam in das Gebiet von Magadan.

Zusammenhang: Der Sammelbericht mit den vielen Heilungen und die anschließende Speisung von mehr als viertausend Menschen bilden einen zusammenhängenden Bericht. Die vielen Menschen, die gespeist werden, sind bereits mit den vielen kranken und leidenden Menschen gekommen. Diese erfahren nun eine umfassende Heilung und Sättigung. Mt erinnert mit dieser Erzählung an Bilder vom machtvollen Wirken Jesu, die schon vertraut sind. Nach dem Abstecher auf heidnisches Gebiet kehrt Jesus wieder zurück an die galiläische Seite des Sees Gennesaret, wo alles mit der Berufung der vier ersten Jünger begann. Die Volksmengen, die jetzt bei ihm zusammenströmen, gehören also wieder zu den verlorenen Schafen des Hauses Israel (Mt 15,24).

1. Mt 15,29-31: Jesus kehrt wieder auf jüdisches Gebiet zurück, um weiter seiner eigentlichen Sendung nachzukommen. Die Berichte von seinem Wirken außerhalb der Grenzen Israels in Mt 8,28-34 und 15,21-28 sind ebenso wie die Begegnungen mit einzelnen Heiden Ausnahmen. „Der Berg", auf den nun Jesus steigt, gilt als Ort der Nähe Gottes und der vollmächtigen „Lehre" Jesu (Mt 5,1-7,29; 28,16-20). Er setzt nun die „Werke des (davidischen) Messias" (Mt 11,5) fort und erfüllt damit die an Israel ergangenen Heilsverheißungen (vgl. u.a. Jes 35,5.) An der Menge der Menschen, die zu Jesus kommen und ihre Kranken zu seinen Füßen ablegen, wird die ganze Not und das Elend sichtbar, an dem das Volk leidet. Hier zeigt sich auch noch einmal, wie diese vielen Menschen hilfesuchend und vertrauensvoll seine Nähe suchen. Wenn sie am Ende nicht Jesus, sondern den „Gott Israels" preisen, dann haben sie erkannt, dass sich in seinem barmherzigen Handeln JHWH, der Gott Israels, seinem Volk zuwendet.

2. Mt 15,32-39: Mit der unmittelbar anschließenden Speisung von mehr als viertausend Leuten unterstreicht Mt wieder die umfassende leibliche Dimension der mitleidvollen Zuwendung Jesu. Diesmal ergreift Jesus die Initiative und offenbart sein tiefes Mitgefühl für die Menschen, die schon drei Tage bei ihm ausharren und inzwischen allen Proviant aufgezehrt haben. Das hebräische Wort für Erbarmen und Barmherzigkeit leitet sich von *raechem* ab, und das bedeutet „Mutterleib", dann im Plural die Eingeweide besonders als der Ort des zarten Mitgefühls. So wie eine schwangere Frau ein Kind in ihrem

Schoß spürt und gefühlsmäßig unmittelbar mit ihm verbunden ist, so wird Jesus in seinem Innern von der Not und dem Elend dieser Menschen berührt und bewegt. Und in diese Bewegung seines Herzens möchte er seine Jünger hineinnehmen, wenn er ihnen sagt, dass er die Vielen nicht ohne Stärkung für ihren Heimweg wegschicken will.

Doch die Jünger zeigen wieder ihren Kleinglauben. Ihr Blick ist gehalten von den Grenzen *ihrer* Möglichkeiten. Wieder einmal haben sie vergessen, was Gott schon alles durch sie gewirkt hat, wenn sie mit dem Wenigen, das sie haben, sich ganz unter sein Wort stellen. Ohne Erinnerung kann man nicht verstehen. So muss Jesus sie wieder daran erinnern, was sie tatsächlich noch haben: Sieben Brote und ein paar Fischlein. Dann fordert er die Vielen auf, sich auf dem Boden niederzulassen. So schafft er den „Raum", in dem Gott erneut wirksam werden kann. Er zeigt also seinen Jüngern Schritt für Schritt, was geschehen muss, damit sie mit ihren Armseligkeiten andere „satt machen" können. Es wird immer reichen, wenn wir alles, was uns augenblicklich zur Verfügung steht, in den Kreislauf des Lebens und der Gnade hineingeben, ja es wird „körbeweise" im Überfluss zu uns zurückkommen.

Die Jünger erleben von Neuem, wie Jesus die wenigen Brote in seine Hände nimmt, wie er gleich einem jüdischen Hausvater den Segen darüber spricht und *alles* in ihre Hände zurückgibt, damit *sie* den Leuten zu essen geben. Und indem sie wieder *alles* weggeben, bekommen alle reichlich die Stärkung, die sie für den Heimweg brauchen. Bleibt am Ende noch die Sorgfalt, den unerwarteten Überfluss nicht verkommen zu lassen: sieben Körbe voll. Nachdem er die Volksmengen entlassen hat, verlässt er den Ort und steigt in ein Boot, um in das Gebiet von Magadan zu kommen, einem Ort, der sich bis jetzt einer eindeutigen Identifizierung entzogen hat.

Die zweite Zeichenforderung und die Warnung der Jünger vor der Lehre der Pharisäer und Sadduzäer: 16,1-20

16 [1] Und die Pharisäer und Sadduzäer kamen zu Jesus. Um ihn zu versuchen,
baten sie ihn, ihnen ein Zeichen vom Himmel zu geben. [2] Er aber antwortete
und sagte ihnen: [4] Eine böse und abtrünnige Generation fordert ein Zeichen,
und es wird ihr kein anderes gegeben werden als das Zeichen des Jona. Und er
ließ sie stehen und ging weg.

[5] Und als die Jünger an das andere Ufer gekommen waren, hatten sie ver-
gessen, Brote mitzunehmen. [6] Jesus aber sagte zu ihnen: Seht zu und nehmt
euch in Acht vor dem Sauerteig der Pharisäer und Sadduzäer! [7] Sie aber mach-
ten sich Gedanken und sagten: Wir haben keine Brote mitgenommen. [8] Als
aber Jesus (das) erkannte, sagte er: Was macht ihr euch (darüber) Gedanken,
ihr Kleingläubigen, dass ihr keine Brote habt? [9] Begreift ihr noch nicht? Erin-
nert ihr euch nicht an die fünf Brote für die Fünftausend und wie viele Körbe

ihr eingesammelt habt? [10] Auch nicht an die sieben Brote für die Viertausend und wie viele Körbe ihr eingesammelt habt? [11] Wie kommt es, dass ihr nicht begreift, dass ich nicht von Broten zu euch gesprochen habe (als ich zu euch sagte): Nehmt euch in Acht vor dem Sauerteig der Pharisäer und Sadduzäer? [12] Da verstanden sie, dass er nicht gesagt hatte, sie sollten sich in Acht nehmen vor dem Sauerteig der Brote, sondern vor der Lehre der Pharisäer und Sadduzäer.

Zusammenhang: Die folgende Konfliktszene spielt (noch) im Gebiet von Magadan und schließt unmittelbar an das Vorausgehende an. Die kurze Konfrontation mit den Pharisäern und Sadduzäern ist Anlass für die folgende Warnung an die Jünger, sich vor ihrer Lehre in Acht zu nehmen. Für Mt dürfte die Warnung von aktueller Bedeutung gewesen sein, zumal man davon ausgehen kann, dass Einzelne oder Teile der mt Gemeinde(n) noch die Synagoge(n) besuchten und dort dem Einfluss der Pharisäer ausgesetzt waren. Die Partei der Sadduzäer war hingegen mit der Katastrophe von 70 n.Chr. untergegangen.

Bei den Texten, in denen Auseinandersetzungen zwischen Jesus und den religiösen Führern geschildert werden, ist darauf zu achten, dass sich in der Auslegung und Verkündigung kein antijüdischer Zungenschlag einschleicht. In diesen Konflikten geht es vornehmlich um existenzielle Auseinandersetzungen zwischen der vom rabbinischen Judentum dominierten Synagoge und den judenchristlichen Gemeinden des Evangelisten, die für heidenchristliche Mitglieder missionarisch offen sind. Beide Gemeinschaften beanspruchen nach dem Untergang des Tempels das „wahre Israel" zu sein. Von daher ist die Heftigkeit und Unversöhnlichkeit der Kontroverse zu verstehen. Beide ringen um eine neue Kontinuität und Identität.

1. Mt 16,1-4: Kaum war Jesus bei Magadan an Land gegangen, als Pharisäer und Sadduzäer gemeinsam auftreten (vgl. Mt 3,7), um ihn mit der Bitte um ein Zeichen vom Himmel zu provozieren. Mt betont, dass sie ihre Bitte in böswilliger Absicht stellen. Sie wollen einen Beweis für die messianische Identität Jesu und für die Legitimation seines Handelns. Die ungebrochene Anziehungskraft von so großen Menschenmengen muss für sie besorgniserregend sein. Das verlangte Zeichen soll als eindeutig „vom Himmel", als von Gott identifizierbar sein. Nachdem die Pharisäer zusammen mit den Schriftgelehrten bei ihrer ersten Zeichenforderung (Mt 12,38) eine Abfuhr hinnehmen mussten und ihre Abgesandten aus Jerusalem (Mt 15,1-9) mit ihrer Konfrontation auch keinen Erfolg hatten, haben sie sich mit den Sadduzäern verbündet. Obwohl beide Parteien erhebliche theologische Differenzen haben, finden sie, wenn auch aus unterschiedlichen Gründen, in ihrer Ablehnung gegenüber Jesus zusammen.

Jesus trifft hier auf Menschen, deren Glaubenspraxis, deren Wissen und Reden von Gott nicht mehr berührt wird von dem Elend und der Heillosigkeit der Vielen ohne Namen und Ansehen. Diesen zahllosen, die nicht zählen, hilft er, die Grundnöte ihres Daseins zu bewältigen, sodass im Kontakt mit ihm eine Lebensqualität Raum gewinnt, die für sie nicht mehr erfahrbar schien: Gott tröstet sein Volk und richtet es auf. Er gibt den Menschen neue Zuversicht und Lebenskraft (Mt 15,29-38).

Wieder nennt Jesus seine Gegner eine „böse und abtrünnige Generation", der nur das Zeichen des Propheten Jona gegeben wird (vgl. Mt 12,39). Während er dort das Zeichen noch erläutert (Mt 12,40), bricht er hier den Kontakt mit den Pharisäern und Sadduzäern abrupt ab, lässt sie einfach stehen und geht weg. Das Zeichen des Jona, sein Sterben und seine Auferweckung nach drei Tagen, werden das Zeichen vom Himmel sein, mit der seine Messianität und seine Gottessohnschaft erfahrbar wird. Aber auch diesem Zeichen werden sie sich verweigern.

Die kurze Konfrontation ist wie das Ende einer langen Kette aus Vergeblichkeit, Bosheit und Verweigerung. Hatten zu Beginn des Konflikts die Pharisäer in wortlosem Protest ihre Synagoge verlassen (Mt 12,14), so ist es nun Jesus, der einfach weggeht. Er wird erst in Judäa und in Jerusalem wieder auf sie treffen (Mt 19,3; 22,23).

2. Mt 16,5-12: Als die Jünger sich wieder bei Jesus einfinden, warnt er sie vor dem „Sauerteig der Pharisäer und Sadduzäer". „Sauerteig" ist neben seiner positiven Wirkung (vgl. Mt 13,33) auch ein Bild für die unauffällige, alles durchdringende Einflusskraft des Bösen. Das kann sich auf den Charakter oder die Gesinnung eines Menschen beziehen oder wie hier eine Metapher für die gefährliche Einflussnahme der Gegner Jesu sein. Das Wort „Sauerteig" kommt für die Jünger überraschend. Spontan assoziieren sie damit Brot, das sie vergessen haben, mitzunehmen. So ist in ihnen plötzlich wieder die Sorge um die Belange des Alltags da und versperrt ihnen den Zugang zum Verständnis der Worte Jesu. Es zeigt sich, dass ihnen die Erfahrung mit den beiden Speisungen der großen Menschenmengen und die Fülle, die jeweils davon übriggeblieben ist, völlig aus dem Sinn geraten ist. Mit ihrer Gottvergessenheit sind sie wieder zu „Kleingläubigen" geworden. Offenbar braucht unser Herz lange, bis es sich an eine präsente Sichtweise gewöhnt hat, dem Wirken Gottes im eigenen Leben bewusst den Raum zu geben, dass er durch uns handeln kann. Erst jetzt verstehen die Jünger, dass Jesus sie vor dem verderblichen Einfluss warnt, der von der „Lehre" der Pharisäer und Sadduzäer ausgeht. Ihre Auslegung der Tora ist deshalb gefährlich, weil sie nicht dem Willen Gottes entspricht (vgl. zuletzt Mt 15,7-20). Darüber hinaus übergehen sie die gravierenden Unterschiede in Lehre und Lebensweise, die sie sonst voneinander trennen, nur um der Anziehungskraft, die Jesus auf die Volksmengen ausübt, ein Ende zu setzen.

Das zweite Gottessohnbekenntnis in der Gegend von Caesarea Philippi und die Verheißung an Petrus: Mt 16,13-20

16 13 Als aber Jesus in das Gebiet von Cäsarea Philippi kam, fragte er seine
Jünger und sagte: Was sagen die Menschen, wer der Menschensohn sei? 14
Sie aber sagten: Die einen (sagen) Johannes der Täufer, andere Elija, (wieder)
andere Jeremia oder (sonst) einer der Propheten. 15 Er sagte zu ihnen: Ihr aber,
wer sagt ihr, dass ich sei? 16 Simon Petrus aber antwortete und sagte Du bist
der Christus (Messias), der Sohn des lebendigen Gottes! 17 Jesus aber antwor-
tete und sagte zu ihm: Glückselig bist du, Simon Barjona; denn nicht Fleisch
und Blut haben dir das offenbart, sondern mein Vater im Himmel. 18 Ich aber
sage dir: Du bist Petrus (Fels) und auf diesen Felsen werde ich meine Kirche
bauen und die Pforten der Unterwelt (Hades) werden sie nicht überwältigen. 19
Ich werde dir die Schlüssel des Himmelreichs geben; was immer du auf Erden
bindest, das wird im Himmel gebunden sein, und was immer du auf Erden löst,
das wird im Himmel gelöst sein. 20 Dann befahl er den Jüngern, niemandem zu
sagen, dass er der Christus (Messias) sei.

Zusammenhang: Jesus hatte die Pharisäer und Sadduzäer mit ihrer Forderung nach einem Zeichen vom Himmel einfach stehen gelassen und war mit seinen Jüngern nach Norden in die Gegend von Caesarea Philippi aufgebrochen. Dort im Quellgebiet des Jordan verläuft die Grenze zwischen Juden und Heiden. Es sieht so aus, als suche Jesus in diesem äußersten Zipfel des israelitischen Stammesgebietes abseits von der Öffentlichkeit die Jünger mit seiner Entscheidung über seinen weiteren Weg zu konfrontieren. Voraussetzung dafür war, dass sie Gewissheit darüber haben, mit wem sie unterwegs sind.

Mt hatte die messianische Identität Jesu am Anfang durch den Zusammenhang von Davids- und Gottessohnschaft grundgelegt (Mt 1,18-25), im Verlauf des Evangeliums weiter entfaltet und in der Auseinandersetzung mit den Pharisäern (Mt 22,41-46) erneut aufgegriffen. Er geht offenbar davon aus, dass die davidische Messianität Jesu durch die Heilszuwendung zu den verlorenen Schafen des Hauses Israel, wie sie in den Heilungen und Speisungen erfahrbar wird, erkannt werden kann, während die tiefere Erkenntnis der Messianität Jesu als Sohn Gottes den Jüngern vorbehalten ist, die sich für seinen Weg entschieden haben. Diese Erzählung bildet den positiven Höhepunkt der Reaktionen auf die Person Jesu und sein Wirken.

1. Mt 16,13-16: Jesu erste Frage an seine Jünger, für wen die Leute den „Menschensohn" (Mt 10,23; 13,37.41) halten, drückt noch eine gewisse Distanz aus und berührt nicht die existenzielle Ebene ihrer Gemeinschaft mit ihm. Die Jünger verstehen zwar, dass Jesus mit „Menschensohn" sich selbst meint, aber die Bedeutungstiefe dieses Wortes bleibt ihnen noch verborgen. Erst am Ende beim Verhör vor dem Synedrium enthüllt Jesus auf die Frage des Hohepriesters, wer der Menschensohn in Wahrheit ist (Mt 26,64).

Die Antwort der Jünger gibt die gängigen Vorstellungen von ihm (vgl. Mt 14,2.5) wieder, aber die Meinung der Leute erfasst nicht, wer Jesus ist. Als er sie dann fragt, für wen sie selbst ihn halten, wandelt sich der unverbindliche Austausch plötzlich in eine persönliche Herausforderung. Sie sollen Auskunft geben über ihre Erfahrung mit Jesus und ihre Beziehung zu ihm.

An sich selbst hatten sie erfahren, mit welcher Autorität er Menschen ansprechen konnte, dass ihr Herz unter seinen Worten sich neu ausrichtete. Sie hatten gesehen, wie die Augen von Blinden und die Ohren von Tauben sich auftaten. Stumme begannen zu reden und Gelähmte durchfuhr neue Lebenskraft. Traumatisierte wurden von der Macht des Bösen und Unglückliche vom Irrtum falscher Traditionen befreit und fingen an, selbst zu leben. Wie viele gab es, die in seiner Nähe zu ihrer ursprünglichen Wahrheit zurückfanden! Wie viele wurden in ihrem Leid getröstet und darin bestärkt, der Vision ihres Herzen treu zu bleiben! Sie selbst hatten bei ihrer Begegnung mit ihm auf dem See seine Macht über ihr von panischer Angst besetztes Herz und über die sie bedrohenden Naturgewalten erfahren, waren vor ihm niedergefallen und hatten ihn als „Sohn Gottes" bekannt" (Mt 14,26-33). „Ihr aber, wer sagt ihr, dass ich sei?" Mit dieser Frage bringt Jesus die Frage nach seiner Identität für seine Jünger auf den Punkt.

Petrus antwortet für alle. Die Jünger sehen in Jesus mehr als einen Propheten (vgl. Mt 14,33). Für sie ist Jesus die Erfüllung aller Verheißungen, auf die Israel seit Generationen wartet. Was am Anfang ihrer Begegnung mit Jesus eine Ahnung war und sie in seine Nähe zog, hat sich bei ihnen zur Gewissheit verdichtet: „Du bist der Christus (Messias), der Sohn des lebendigen Gottes!"

2. Mt 16,17-20: Jesus antwortet dem Petrus zunächst mit einer Seligpreisung, weil er von Gott die Gabe empfangen hat, zu erkennen, wer Jesus ist. „Fleisch und Blut" bezeichnen den Menschen in seinem natürlichen Unvermögen, von sich aus einen Zugang zur Offenbarung Gottes zu haben. Dann verheißt er dem Petrus, dass sein Glaube für den Bau der Gemeinde oder Kirche (*ekklesía*) wie ein Felsenfundament sein wird, das ihre Stabilität und Dauerhaftigkeit garantiert. Petrus bekommt damit eine einzigartige Fundamentfunktion zugesagt, die durch den Tod nicht begrenzt ist. Die Kirche Jesu wird die Zeiten überdauern. Denn der Herr wird alle Tage bei seiner Kirche sein bis ans Ende der Welt (Mt 28,20). Diese unzerstörbare Dimension von Kirche ist immer wieder in Gefahr, aus dem Blick zu geraten und vergessen zu werden. Obwohl die Kirche durch ihr empirisch-gesellschaftliches Erscheinungsbild immer wieder an Glaubwürdigkeit verliert, hat sie dennoch von Anfang an eine mystische Seite, die nur im Glauben zugänglich ist.

Mit der Verheißung an Petrus ist auch die Vollmacht gegeben, zu „binden" und zu „lösen". Wenn man die Bedeutung, die Jesus der Tora im Matthäus-Evangelium gibt, im Blick hat, heißt das, dass Jesus damit dem Petrus die Vollmacht überträgt, die Tora, das „Gesetz Gottes", im Sinne Jesu so auszulegen und anzuwenden, dass den Menschen die Gottesherrschaft „aufgeschlossen" wird. Dazu gehört auch die Entscheidung, wer in die Gemeinde aufgenommen oder von ihr ausgeschlossen wird, wem die Sünden vergeben werden und wem nicht. Nicht zuletzt ist damit die Sorge für die „Kleinen" verbunden, dass keiner von ihnen verloren geht (Mt 18,14), auch keiner, der sich der Umkehr hartnäckig verweigert (Mt 18,15-18).

Der Abschnitt schließt mit dem Gebot Jesu, niemandem zu sagen, dass er der Messias ist. Solange seine Passion, sein Tod und seine Auferstehung noch ausstehen, kann Jesus nicht im vollen Sinn als der Messias *Gottes* verstanden und verkündet werden. Im Folgenden (Mt 16,21-20,34) wird dann deutlich, dass das Verständnis des Petrus und der Jünger noch nicht dieses volle Verständnis beinhaltet.

Der Weg Jesu nach Jerusalem: Mt 16,21-20,34

Jesus hatte die Jünger durch sein bisheriges machtvolles und barmherziges Wirken zur Erkenntnis seiner Gottessohnschaft geführt. Von jetzt an bestimmen vorwiegend Jüngerunterweisungen und Jüngergeschichten den folgenden Abschnitt. Auseinandersetzungen mit seinen Gegnern werden nur einmal berichtet (Mt 19,3). Auch Begegnungen mit großen Volksmengen sind selten (Mt 17,4; 19,2; Mt 20,29-31). Der ganze Abschnitt wird durch drei Ankündigungen von Jesu Leiden, Tod und Auferweckung (Mt 16,21; 17,22f.; 20,17-19) strukturiert. Sie bilden das Leitmotiv seines Weges nach Jerusalem. Matthäus lehnt sich hier weiter an den Aufbau des Markus-Evangeliums (Mk 8,27-10,52) an. Wie dort folgen auf die unverständigen Reaktionen der Jünger Unterweisungen über das, was Jüngersein für sie bedeutet.

Die erste Ankündigung von Leiden, Tod und Auferweckung Jesu und seine Nachfolgebedingungen: Mt 16,21-28

**16 21 Von da an begann Jesus, seinen Jüngern zu zeigen, er müsse nach Jerusa-
lem weggehen und von den Ältesten und Hohenpriestern und Schriftgelehrten
vieles erleiden und getötet werden und am dritten Tag auferweckt werden. 22
Und Petrus nahm ihn beiseite und begann, ihn anzufahren (*epitiman*), und**

sagte: Gott sei dir gnädig, Herr! Das soll dir nicht geschehen! 23 Jesus aber
wandte sich um und sagte zu Petrus: Weg da, hinter mich, Satan! Ein Ärgernis
bist du mir, denn du hast nicht im Sinn, was Gott will, sondern was die Men-
schen wollen.

24 Darauf sagte Jesus zu seinen Jüngern: Wenn jemand hinter mir hergehen
will, verleugne er sich selbst, nehme sein Kreuz auf sich und folge mir nach.
25 Denn wer sein Leben retten will, wird es verlieren; wer aber sein Leben um
meinetwillen verliert, wird es finden. 26 Denn was nützt es einem Menschen,
wenn er die ganze Welt gewinnt, (dabei) aber sein Leben einbüßt? Oder was
wird ein Mensch als Tauschmittel für sein Leben geben? 27 Denn der Menschen-
sohn wird kommen in der Herrlichkeit seines Vaters mit seinen Engeln und
dann wird er jedem vergelten nach seinem Handeln. 28 Amen, ich sage euch:
dass von denen, die hier stehen, einige den Tod nicht schmecken werden, bis
sie den Menschensohn kommen sehen in seinem Reich.

Zusammenhang: Mit dem Hinweis „von da an“ beginnt für die Jünger ein Paradigmenwechsel, der ihre Vorstellungswelt mit völlig ungewohnten Inhalten konfrontiert. Die Entscheidung nach Jerusalem zu gehen ist gefallen. Jesus beabsichtigt nun, ihr „Wissen“ um seine Identität zu vertiefen: Sein Leiden und sein gewaltsamer Tod gehören zu dem Weg, der dem *Gottessohn* vom Vater bestimmt ist. Seine Ankündigung zeigt bereits in wenigen markanten Zügen die ganze Passionsgeschichte auf. Die passiven Verben deuten zugleich an, dass die jüdischen Führer, letztlich aber Gott die Handelnden sind.

1. Mt 16,21-23: Jesus „fängt an“, ihnen zu „zeigen“ (*deiknýo*), „dass er nach Jerusalem gehen und viel leiden müsse von den Ältesten, den Hohenpriestern und Schriftgelehrten und dass er getötet und am dritten Tag auferstehen werde“. Das göttliche „muss“ (*dei*) bezeichnet die von Gott verfügte Notwendigkeit, ohne die jüdischen Führer von ihrer Verantwortung für das Leiden und Sterben Jesu zu entlasten. Es überrascht die Offenheit und Direktheit, mit der er den Jüngern sein Schicksal offenbart. Das dunkle Wort vom Leiden- und Sterben*müssen* kommt für sie so überraschend, dass sie die Ankündigung von seiner Auferstehung zu überhören scheinen. Petrus lehnt sich leidenschaftlich dagegen auf. Er hat noch nicht verstanden, dass eine tiefe Beziehung zwischen Menschen nur möglich ist, wenn ich dem anderen zutraue, die Wahrheit seines Lebens selbst zu entdecken und die Risiken des eigenen Weges selbst zu tragen. Petrus will Jesus unter allen Umständen davon abbringen, nach Jerusalem zu gehen. Leiden und Tod passen nicht zu seinem Bild vom Messias. Sein Widerstand ist so heftig, dass er Jesus geradezu anfährt (*epitimáo*).

Jesus reagiert auf das Ansinnen des Petrus äußerst schroff: „Weg da! Hinter mich, Satan!“ Du bist mir ein Ärgernis (*skándalon*), denn du hast nicht im Sinn, was Gott will, sondern was die Menschen wollen!" Sein erstes Wort: „Weg da!" (*hypáge*) sagt dem Petrus, dass er mit dieser Einstellung nicht Jünger sein kann. Mit dem zweiten Wort: „Hinter mich!" (*opíso mou*) ruft Jesus ihn zurück in die Nachfolge. Diese beiden Worte erinnern an die beiden Worte aus seiner Berufungsgeschichte (Mt 4,19): „Hierher! Hinter mich!" (*deute opíso mou*). Die Worte „Weg da! ... Satan!" machen deutlich, wie leidenschaftlich Jesus um die Berufung seines Jüngers kämpft (vgl. Mt 4,10).

Kurz zuvor hatte Petrus Jesus noch als „Messias" und „Sohn des lebendigen Gottes" bekannt (Mt 16,16) und war von ihm als „Fels" glückselig gepriesen worden. Jetzt nennt Jesus ihn „Skandalon" (Ärgernis), eine Versuchung, sich dem Heilsplan Gottes zu widersetzen. Gott nimmt dem Menschen weder seine Berufung und Sendung noch seine Gefährdung. In diesem Spannungsfeld bewegt sich Jüngerschaft, auch die des Petrus. Die Kluft zwischen dem, was Gott und was die Menschen im Sinn haben, wird nur dadurch überbrückt, dass der verworfene und getötete Menschensohn *nach* seiner Auferstehung den Jüngern die Augen öffnet für Gottes Weg mit seinem Messias (Christus). Erst dann können sie seine Passion und seinen Tod als letzte Konsequenz seines Lebens und Wirkens annehmen. Erst dann können sie zum vollen Glauben an den kommen, der sie eben noch fragte: „Ihr aber, wer sagt ihr, dass ich sei?" (V. 15).

2. Mt 16,24-28: Zur Nachfolge, in die Jesus den unverständigen Petrus zurückgerufen hat, gehört nicht nur die Berufung zum Menschenfischer (Mt 4,19) und die Aussendung zu den verlorenen Schafen des Hauses Israel, später dann zu allen Menschen auf der ganzen Welt (Mt 10,5-8; Mt 28,19f.), sondern auch die Bereitschaft zur Leidensnachfolge Jesu. Seine Worte gelten jetzt allen Jüngern. Authentische Nachfolge ist an zwei Bedingungen geknüpft: Sich selbst verleugnen sowie sein Kreuz auf sich zu nehmen und Jesus nachzufolgen.

Das „Sich-selbst-Verleugnen" meint kein allgemeines asketisches Ideal, sondern die bewusste Entscheidung für eine am Leben und Wirken Jesu orientierte Lebensform, die durch die persönliche Bindung an ihn und eine durch ihn entstandene und inspirierte Gemeinschaft möglich wird. Das beinhaltet nach den Seligpreisungen (Mt 5,3-11) auch, im Dienst am Evangelium daran mitzuwirken, dass die „Armen" zu ihrer ursprünglichen Freiheit und Würde zurückfinden. Ohne innere Freiheit und ohne das Bewusstsein seiner eigenen Würde kann kein Mensch lieben.

Die drei folgenden Jesusworte begründen die „Kreuzesnachfolge" und führen sie weiter. Der Einsatz aller Lebensmöglichkeiten ist nur verantwortbar, wenn der Anlass zu diesem Entschluss stimmt: eine tiefe Freude darüber, hineingenommen zu sein in eine persönliche Beziehung, in eine Sendung und Schicksalsgemeinschaft, die die eigenen Grenzen und Möglichkeiten übersteigt. *Gottes Heilssorge um die Menschen wird zum treibenden Motiv.* Nachfolge „im strengen Sinn" wäre also gründlich missverstanden, wollte man sie aus der Leistungsspirale von radikalen äußeren Forderungen und persönlichen aszetischen Bemühungen herleiten. Wer konsequent seinen inneren Weg in der Nachfolge Jesu geht und sich für die Freiheit und Würde der „Armen" einsetzt, wird oft genug in den Schnittpunkt von Gegensätzen und Konflikten geraten. Darin liegt die Chance, über das eigene Denken und Fühlen, über seine bisherige Lebenseinstellung hinauszuwachsen und sich im eigenen Lebensgehorsam, in seiner Nachfolgemotivation neu zu erleben. Nur aus der Dynamik einer inneren Entwicklung wird einsichtig und verantwortbar, warum Menschen ihr Leben um „seinetwillen" verloren geben.

Die beiden folgenden Jesusworte (V. 25 f.) machen bewusst, welche Einstellung zu Macht und Reichtum unser Leben von innen her aushöhlt und zerstört. Wer darauf aus ist, seine ganze Energie dafür einzusetzen, über möglichst viel Kapital und Macht zu verfügen und seinen Einfluss auf Kosten anderer durchzusetzen, verfehlt seinen Lebenssinn. Wer andere zum Objekt seines Erfolgs- und Gewinnstrebens herabwürdigt, verliert seine humane Identität. Nichts kann diesen Verlust aufwiegen.

Wer aus Angst vor sozialer Diskriminierung oder vor Verlust seines Lebens nicht zu Jesus und seinen Worten steht, zerstört die gemeinsame Beziehung. Wer es vorzieht, sich den Spielregeln derer zu unterwerfen, die ihr Leben „retten wollen", darf nicht damit rechnen, dass der Menschensohn sich zu ihm bekennt, „wenn sie ihn kommen sehen in seinem Reich" (V. 28).

Das Wort zum Abschluss der Nachfolgebedingungen dürfte auf dem Hintergrund zu verstehen sein, dass die Wiederkunft Christi (Parusie) sich immer mehr hinauszögerte. Damit hatten viele der ersten Christen ein ernsthaftes Problem. Ursprünglich waren sie wohl der Überzeugung, dass alle die endgültige Ankunft der Gottesherrschaft noch „sehen", d.h. erleben werden. Diese Erwartung war ein Hauptmotiv, sich dem Aufruf in die Kreuzesnachfolge anzuschließen. Jesu Wort bekräftigt (*alethos*), dass die Verheißung des Herrn trotz aller Verzögerung seine Gültigkeit behält. Wer sein Kreuz auf sich nimmt, seine ganze Person um Jesu willen ins Spiel bringt, das Verlorene zu suchen, wer sich nicht auf Kosten anderer bereichert und durchsetzt und wer sich der Worte Jesu und seiner Person nicht schämt, wird noch zu seinen Lebzeiten die Erfahrung machen, dass die Gottesherrschaft schon gegenwärtig ist.

Wie aktuell sind diese Nachfolgebedingungen in einem gesellschaftlichen Milieu, in dem die Zahl derer wächst, die zu Verlorenen, zu „Armen" gemacht werden!

Die Verklärung Jesu: Mt 17,1-13

17 1 Und nach sechs Tagen nimmt Jesus den Petrus und Jakobus und Johannes, dessen Bruder, und führt sie auf einen hohen Berg, sie für sich allein. 2 Und er wurde vor ihnen verwandelt; sein Angesicht leuchtete wie die Sonne, seine Kleider aber wurden leuchtend weiß wie das Licht. 3 Und siehe, es erschienen ihnen Mose und Elija und redeten mit ihm (Jesus). 4 Petrus aber antwortete und sagte zu Jesus: Herr, es ist gut, dass wir hier sind. Wenn du willst, werde ich hier drei Hütten bauen, eine für dich, eine für Mose und eine für Elija. 5 Als er noch redete, siehe, eine hell leuchtende Wolke überschattete sie und siehe, eine Stimme (kam) aus der Wolke und sagte: Dieser ist mein geliebter Sohn, an dem ich Wohlgefallen gefunden habe; hört auf ihn! 6 Als die Jünger das hörten, fielen sie auf ihr Angesicht nieder und fürchteten sich sehr. 7 Und Jesus ging zu ihnen, fasste sie an und sagte: Steht auf und fürchtet euch nicht! 8 Als sie aber aufblickten, sahen sie niemand außer Jesus allein. 9 Und als sie vom Berg herabstiegen, gebot ihnen Jesus und sagte: Sagt niemandem von dem, was ihr gesehen habt, bis der Menschensohn von den Toten auferweckt ist!

10 Und es fragten ihn die Jünger und sagten: Warum sagen denn die Schriftgelehrten, dass Elija zuerst kommen müsse? 11 Er aber antworte und sagte: Ja, Elija kommt und er wird alles wiederherstellen. 12 Ich aber sage euch: Elija ist schon gekommen, doch sie haben ihn nicht erkannt, sondern mit ihm gemacht, was sie wollten. Ebenso wird auch der Menschensohn durch sie leiden. 13 Da verstanden die Jünger, dass er von Johannes dem Täufer zu ihnen sprach.

Zusammenhang: Matthäus verbindet die Verklärung eng mit der vorausgehenden Ankündigung von seinem Leiden und Sterben und seiner Auferweckung (Mt 16,21), sowie mit der Jüngerbelehrung über die Nachfolge (Mt 16,24-28). Die Zeitangabe „nach sechs Tagen“ kann ein Hinweis auf den siebten Tag mit dem Bundesschluss am Sinai sein: Mose war mit Aaron, Nadab und Abihu (und den siebzig Ältesten Israels) auf den Gottesberg gestiegen. Dort sollten sie sich in einiger Entfernung niederwerfen. Nachdem sie JHWH schauen durften, ließ sich seine Herrlichkeit auf dem Sinai nieder und die Wolke als Zeichen seiner Gegenwart bedeckte den Berg sechs Tage lang. Am siebten Tag ruft JHWH den Mose aus der Wolke zu sich (Ex 24,1.9-18). Die Bilder und Motive dieser Erzählung: *hoher Berg, sich niederwerfen* und *Wolke* finden sich auch in der Erzählung von der Erneuerung des Bundes auf demselben Berg. Darüber hinaus kehrt Mose hier mit leuchtendem Antlitz aus der Begegnung mit JHWH zu den Israeliten im Lager zurück, sodass sie sich fürchten (Ex 34,2-8.28-35). Die biblischen Bilder und Motive scheinen vom Evangelisten beabsichtigt.

1. Mt 17,1-2: „Und nach sechs Tagen nimmt Jesus den Petrus und Jakobus und Johannes mit sich und führt sie auf einen hohen Berg, sie für sich allein“.

Immer wieder hören wir in den Evangelien davon, dass Jesus sich von Zeit zu Zeit allein (z.B. Mt 14,23) oder mit Jüngern in die Einsamkeit mit Gott zurückgezogen hat. Er hat dieses lebensnotwendige „Gesetz" beachtet, Abstand zu nehmen von den Bewegungen und der Eigendynamik des Alltags. Er hat diesen „Raum" der Stille und des Schweigens gesucht, um für seine Sendung verfügbar zu bleiben.

Kurz vor seiner Gefangennahme am Ölberg „nimmt" (*paralambáno*) Jesus aus dem Kreis seiner Jünger wieder den Petrus und die beiden Söhne des Zebedäus mit sich und bittet sie, bei ihm zu bleiben und mit ihm zu wachen (Mt 26,38). Sie werden Zeugen seiner tiefen seelischen Erschütterung und seiner Todesangst. Die beiden Erfahrungen, Verklärung und tiefste seelische Not, stehen miteinander in Beziehung und müssen (theologisch) zusammen gesehen werden.

Indem nun die drei Jünger für einige Zeit alles hinter sich lassen und mit Jesus „allein auf den Berg" gehen, scheint für einen Augenblick seine göttliche Herrlichkeit auf. Jesus wird vor ihren Augen verwandelt: Sein Antlitz leuchtet wie die Sonne und seine Kleider werden weiß wie das Licht. Dieser Einbruch des Himmels wird ihm die Kraft geben, der Finsternis am Ölberg und auf Golgotha standzuhalten.

2. Mt 17,3-9: Mit dem dreifachen Signal „Siehe!" wird die Aufmerksamkeit auf Mose und Elija, die lichte Wolke und auf die Stimme aus der Wolke gelenkt. Die drei erleben zunächst, wie Mose und Elija erscheinen und mit Jesus reden. Auf dem Hintergrund von Mal 3,22-24 verkörpern Mose als erster und Elija als letzter der Propheten die gesamte prophetische Tradition, die sich nun in Jesus erfüllt (vgl. auch Dtn 18,15). Die Jünger können noch nicht begreifen, was sie schauen. Sie sind überwältigt und glücklich: „Herr, es ist gut, dass wir hier sind!" Die Erfahrung dieses Augenblicks bringt Petrus dazu, Jesus um die Erlaubnis zu bitten, drei Hütten zu bauen, je eine für Jesus, Mose und Elija. Doch das Erleben, dem Göttlichen so nahe zu sein, lässt sich nicht festhalten. Während er noch redete, kommt eine lichte Wolke und überschattet sie. Aus der Wolke hören sie eine Stimme, die ihnen sagt, wer dieser Jesus ist, auf den sie hören sollen (vgl. Mt 3,17). Die Stimme verdeutlicht den Jüngern, wie das Geheimnis seiner Herrlichkeit in ihrem Alltag lebendig bleiben kann: Indem sie auf Jesus hören, bleiben sie mit ihm verbunden – durch alle Vergeblichkeit und Enttäuschung, durch alles Scheitern und alle Resignation hindurch. Beim Hören der Himmelsstimme fallen die drei Jünger auf ihr Angesicht. Das Erschaudern vor dem Geheimnis göttlicher Anwesenheit wirft sie zu Boden. Als sie von Jesus berührt und angesprochen werden, fällt der Schrecken von ihnen, und sie können sich wieder aufrichten. Sie kommen wieder in Kontakt mit ihrer irdischen Wirklichkeit und werden auf ihren

Alltag verwiesen, den es meist ohne Zeichen von Herrlichkeit zu bewältigen gilt. Was ihnen bleibt, ist „Jesus allein" in seiner menschlichen Gestalt, die Orientierung an dem, dessen Herrlichkeit sie geschaut haben. Noch sind sie weit davon entfernt, die geschaute Herrlichkeit mit dem angekündigten Leidensgeheimnis in Einklang zu bringen. So gebietet ihnen Jesus am Abstieg vom Berg, bis zu seiner Auferstehung mit niemandem über das zu sprechen, was sie auf dem Berg erlebt haben.

3. Mt 17,10-13: Die Jünger hatten gesehen, dass Jesus mit Elija gesprochen hat. Das erinnert an die jüdische Erwartung, dass Elija „zuerst" kommen müsse, d.h. vor dem Tag des Herrn, um die Beziehung zwischen den Vätern und ihren Söhnen wieder herzustellen und um die Stämme Jakobs wieder aufzurichten (Mal 3,23f.; Sir 48,10). In der Frage der Jünger verbirgt sich vielleicht der Einwand aus der Gemeinde des Matthäus, dass Elija noch nicht gekommen sei und deshalb Jesus nicht der Messias und Gottessohn sein könne. Jesus bestätigt die Weissagung des Maleachi vom Kommen des Elija, betont aber, dass der Prophet schon gekommen ist und nicht erkannt wurde. So wie Johannes der Täufer muss auch der Menschensohn den Weg des Leidens gehen. Die Jünger verstehen den Hinweis Jesu, dass der Täufer der wieder gekommene Elija ist (vgl. Mt 10,11.14).

Die Verklärungsgeschichte steht zwischen zwei Leidensankündigungen. Kreuz und Herrlichkeit sind wie zwei Brennpunkte eines geheimnisvollen Kristalls, von dessen Licht sich unser Leben durchdringen und verwandeln lassen soll.

Die Heilung des mondsüchtigen Jungen und der Kleinglaube der Jünger: Mt 17,14-20

17 [14] Und als sie zu der Volksmenge kamen, ging ein Mann auf ihn zu, fiel
vor ihm auf die Knie [15] und sagte: Herr, hab Erbarmen mit meinem Sohn! Er
ist mondsüchtig und übel dran. Denn oft fällt er ins Feuer und oft ins Wasser.
[16] Ich habe ihn (schon) zu deinen Jüngern gebracht und sie vermochten nicht,
ihn zu heilen. [17] Jesus aber antwortete und sagte: O ungläubige und verkehrte
Generation! Wie lange noch werde ich bei euch sein? Wie lange noch werde ich
euch ertragen? Bringt ihn her zu mir! [18] Und Jesus fuhr ihn an und der Dämon
fuhr aus von ihm. Und der Junge war von jener Stunde an geheilt.

[19] Als die Jünger (dann) mit Jesus allein waren, wandten sie sich an ihn und
fragten: Warum vermochten wir nicht, den Dämon auszutreiben? [20] Er aber
sagte ihnen: Wegen eures Kleinglaubens. Denn, amen, ich sage euch: Wenn
ihr Glauben habt wie ein Senfkorn, (dann) werdet ihr zu diesem Berg sagen:
Geh fort von hier nach dort! und er wird weggehen. Und Nichts wird euch
unmöglich sein.

Zusammenhang: Jesus kehrt mit seinen drei Begleitern vom Berg der Verklärung zurück und wird gleich wieder mit menschlicher Not unmittelbar konfrontiert. Die Leitworte „nicht vermögen" (*ouk edynéthe*) V. 16 und 19 und „nichts unmöglich sein" (*ou adynathései*) V. 20 weisen darauf hin, dass der eigentliche Schwerpunkt der Erzählung nicht auf dem Heilungswunder liegt, sondern auf der Unterweisung der Jünger über ihren Glauben. Das Motiv der Abwesenheit Jesu legt nahe, dass hier die Zeit nach dem Tod Jesu im Blick ist, in der die Jünger ohne die Nähe des irdischen Jesus ihrem Auftrag nachkommen müssen.

1. Mt 17,14-18: Bei seiner Rückkehr „zum Volk" kommt ein unbekannter Mann auf Jesus zu, fällt vor ihm nieder und bittet ihn flehentlich, seinen mondsüchtigen Sohn zu heilen. Sein Hinweis, dass der Junge bei seinen Anfällen oft ins Feuer oder ins Wasser fällt, zeigt wie bedrohlich und lebensgefährlich diese Krankheit ist.* Er fügt hinzu, dass seine Jünger nicht in der Lage waren, seinem Sohn zu helfen. Sie hatten es offenbar versucht, waren aber gescheitert. Das Scheitern löst bei Jesus eine leidenschaftliche Klage aus: „O ungläubige und verkehrte Generation! Wie lange noch werde ich mit euch sein? Wie lange noch werde ich euch ertragen?" Die Klage bezieht sich allem Anschein nach auf die Situation der nachösterlichen Gemeinde und deutet den Unglauben als die tiefste Ursache seines bevorstehenden Endes in Jerusalem. Dann fordert er die Umstehenden auf, den kranken Jungen zu ihm zu bringen. Die Heilung wird als Dämonenaustreibung erzählt und mit wenigen Worten festgestellt. Das passiv formulierte Verb deutet auf Gott als den eigentlich Handelnden hin. Von einer Reaktion des Volkes hören wir nichts.

2. Mt 17,19-20: Als die Jünger mit Jesus wieder *allein* zusammen sind und ihn fragen, warum es ihnen nicht möglich war, den Dämon auszutreiben, gibt er ihnen direkt zur Antwort: Das Ausbleiben des Heilungserfolgs liege einzig und allein an ihrem *Kleinglauben.* Immer wieder hatte er sie mit diesem Wort kritisiert, wenn sie in bestimmten Situationen aus Angst um ihr Leben das Vertrauen in die helfende Gegenwart Gottes verloren (Mt 6,25-30; 8,25f.; 14,28-31; 16,6-8). Und immer wieder hatten sie dann die Erfahrung gemacht, dass in der Vergewisserung seiner machtvollen Nähe ihr Kleinglauben überwunden wurde und sie neu Vertrauen fassen konnten. Er versichert ihnen jetzt, wenn ihr Glaube auch nur so „groß" ist wie das sprichwörtlich kleinste Ding, so hat es doch eine Kraft und Dynamik in sich, die „Berge versetzen" kann. Ebenso wie aus dem winzigen schwarzen Senfkorn eine große Staude

* Mondsucht ist Epilepsie, die in der Antike auf die Mondgöttin Selene zurückgeführt und mit den Phasen des Mondes in Zusammenhang gebracht wurde.

wächst, so können sie im Glauben an die Durchsetzungskraft der Gottesherrschaft in ihren oft unscheinbaren Anfängen hier ihren persönlichen Anteil an seiner Verwirklichung ins Spiel bringen. Glaube ist kein Besitz, man lebt ihn und bringt ihn wie „kundige Geldwechsler" mit anderen in Umlauf.

Die zweite Ankündigung von Leiden, Tod und Auferweckung Jesu: Mt 17,22-23

**17 22 Als sie aber in Galiläa zusammengekommen waren, sagte Jesus zu ihnen:
Der Menschensohn wird in die Hände von Menschen ausgeliefert werden 23
und sie werden ihn töten und am dritten Tag wird er auferweckt werden. Da
wurden sie sehr traurig.**

Zusammenhang: Die nächste Szene spielt in Galiläa, ohne dass ein bestimmter Ort genannt wird. Galiläa ist das Land, in dem Jesus sein öffentliches Wirken begann, seine Jünger berief und das er mit seiner Lehre und seinen Machttaten durchzog. Es ist auch das Land, in das der Auferstandene seine Jünger vorausschicken und mit ihnen weltweite Kirche beginnen wird. Jesus geht noch einmal mit seinen Jüngern an den Anfang ihrer gemeinsamen Geschichte zurück. Sein Wirken in diesem Land wird bald ein Ende finden.

Die Ankündigung über sein künftiges Schicksal ist kurz: „Der *Menschen*sohn steht im Begriff (*méllei*), in *Menschen*hände ausgeliefert zu werden ..." Das griech. Verb *méllo* deutet an, dass seine Passion in naher Zukunft bevorsteht. Der *Menschen*sohn, der künftige Herrscher und Richter der Welt (Mt 16,27f.; 26,64) gerät in die Hände von Menschen, „in die Hände der Sünder" (Mt 26,45): sein Jünger Judas Iskariot, das Verhaftungskommando des Hohen Rates in Gethsemane, der Hohe Rat, Pilatus, die römischen Soldaten, die Spötter unter dem Kreuz. Sie alle sind daran beteiligt, sein gewaltsames Ende zu besiegeln. Anders als bei Markus reagieren die Jünger auf diese Ankündigung mit großer Traurigkeit. Sie verstehen zwar, was Jesus sagt, können es aber mit seiner Messianität und seiner Gottessohnschaft (noch) nicht zusammenbringen.

Von der Freiheit der Söhne und der Pflicht zur Tempelsteuer: Mt 17,24-27

**17 24 Als sie (Jesus und die Jünger) aber nach Kafarnaum kamen, kamen die,
die Doppeldrachmen einzogen, zu Petrus und fragten: Zahlt euer Meister die
Doppeldrachme nicht? 25 Der sagte: Doch! Als er (dann) ins Haus kam, kam ihm
Jesus zuvor und sagte: Was meinst du, Simon, von wem nehmen die Könige
dieser Welt Zölle und Steuern ein? Von ihren (eigenen) Söhnen oder von den
Fremden? 26 Als er (Petrus) aber antwortete: Von den Fremden!, sagte Jesus zu**

ihm: Also sind die Söhne frei. [27] Damit wir aber ihnen keinen Anstoß geben, geh an den See, wirf die Angel aus und den ersten Fisch, den du herausholst, nimm, öffne sein Maul und du wirst einen Stater (Vierdrachmenstück) finden und den gib ihnen (als Steuer) für mich und für dich.

Zusammenhang: Die kleine Erzählung ist mt Sondergut, eine in sich geschlossene Geschichte, die mit dem Kontext kaum verbunden scheint. Die Tempelsteuer in Höhe einer Doppeldrachme bzw. eines halben Schekels wurde jährlich vor den Pilgerfesten für den Erhalt des Tempels und für die Kosten der täglichen Opfer eingesammelt. Biblische Grundlage waren: Ex 30,11-16; 2 Chr 24,9f.; Neh 10,33-34. Die Steuer wurde von allen jüdischen Männern ab dem 20. Lebensjahr erhoben. Die Sadduzäer beriefen sich hingegen auf eine ältere Tradition, nach der die Abgabe zur Finanzierung des Kultes auf freiwilliger Basis erfolgte. Die Essener interpretierten Ex 30,11-16 im Sinne einer Abgabe, die einmal im Leben zu entrichten war. Seit der ersten Hälfte des 1. Jh. v. Chr. setzten sich die Pharisäer mit ihrer Forderung nach einer jährlichen Tempelsteuer für alle Juden durch. So wird auch verständlich, dass aus der Diaspora große Summen an den Tempel abgeführt wurden. Für sie war das ein Zeichen ihrer Verbundenheit und Identität mit dem Ursprung. Nach der Zerstörung des Tempels wandelte Kaiser Vespasian die Tempelsteuer in den fiscus Judaicus, einer Kopfsteuer für den Tempel des Jupiter Capitolinus, um, die dann von allen Juden im römischen Reich zu entrichten war. Diese Steuer für einen fremden Götzenkult empfanden die Juden als eine Demütigung. Doch im ganzen römischen Reich wurde das Judentum als einzige andere Religion toleriert und konnte trotz mancher Nachteile seinen eigenständigen Charakter bewahren. Zur jüdischen Diaspora gehörten im 1. Jh. n.Chr. immerhin 5-6 Millionen Menschen.

Die Perikope scheint ein älteres Traditionsstück aus der Zeit vor 70 n. Chr. zu sein, in der sich die Tempelsteuer allgemein durchgesetzt hatte, aber in Galiläa wohl nur mühsam eingetrieben werden konnte. So kann man davon ausgehen, dass die Frage der Steuereinnehmer an Petrus einen realen Hintergrund hatte und später (nach 70) für die judenchristliche(n) Gemeinde(n) eine echte Frage war. Denn für sie war die Abgabe für einen heidnischen Tempelkult genauso problematisch wie für die Juden.

Als Jesus mit seinen Jüngern wieder in Kapharnaum auftaucht, wird Petrus von den Steuereinnehmern gefragt, ob ihr Rabbi auch die Tempelsteuer zahle. Sie wurde nämlich dort eingezogen, wo die Leute ihren Wohnsitz hatten. Die Doppeldrachme entsprach ungefähr dem Verdienst, mit dem ein Arbeiter seine Familie zwei Tage ernähren konnte. Petrus bejaht die Frage uneingeschränkt. Jesus hat wie alle anderen Juden die Tempelsteuer gezahlt.

Als Petrus ins Haus kam, überrascht ihn Jesus mit der Frage, von wem die Herrscher dieser Welt Steuern einziehen: von ihren eigenen Söhnen oder von den Fremden, d.h. von ihren Untertanen. Für Petrus ist klar, dass dafür nur die Fremden in Frage kommen. Daraus folgert Jesus, dass also dann die Söhne von jeglicher Art Steuern befreit sind. Im damaligen Judentum sind die „Söhne" eine Metapher für die Israeliten, die zur Familie Gottes gehören. So verstanden passt Jesu Antwort zu seinem Gottesverhältnis, dessen Vaterschaft der Mittelpunkt seiner Frömmigkeit ist. Andererseits kann seine Antwort sich auch kritisch auf die von den Pharisäern eingeführte Praxis beziehen, die seiner Meinung nach zu der „Überlieferung der Väter" gehört (vgl. Mt 15,1-20). Auf keinen Fall ist sie gegen die Tora gerichtet. Er würde damit für die Armen die Freiheit von der Tempelsteuer verlangen. Es ist daher gut verständlich, dass eine juden*christliche* Gemeinde, die sich noch als Teil Israels verstand, in einem streng jüdischen Umfeld um des Friedens willen die Tempelsteuer zahlt. Die Frage, ob man nach dem jüdischen Krieg den fiscus Judaicus zahlen sollte, stellte sich angesichts der Repressionen kaiserlicher Steuereinnehmer nicht mehr.

So kann diese kleine Erzählung als Aufforderung an die judenchristliche(n) Gemeinde(n) des Mt verstanden werden, die römische Besatzungsmacht nicht unnötig zu provozieren, um weitere Repressalien zu vermeiden und den Schutz, den das Judentum im römischen Reich genießt, nicht aufs Spiel zu setzen. Die abschließende Aufforderung an Petrus mit dem in der antiken Literatur verbreiteten Motiv des wunderbaren Fischfangs (Fisch mit Münze, Perle oder Ring im Maul oder im Magen) mag eine Erinnerung daran sein, dass es ihnen wie der Väter- und Müttergeneration in der Wüste und wie bei der Speisung der großen Menschenmengen (Mt 14,13-21; 15,32-39) nie am Lebensnotwendigen fehlen wird, wenn sie die jüdische Kopfsteuer zahlen. Der Stater im Maul des Fisches entsprach vier Drachmen und wird für Jesus und Petrus als Steuerabgabe reichen. Der himmlische Vater weiß, was sie brauchen, noch ehe sie ihn darum bitten (Mt 6,8).

Die vierte Rede Jesu im Blick auf seinen Weg nach Jerusalem: Mt 18,1-35

Auch diese Rede passt gut in den Gesamtzusammenhang der laufenden Erzählung. Mit der zweiten Ankündigung von Jesu Passion und Auferweckung (Mt 17,22f,) und der Einziehung der Tempelsteuer vor der großen Wallfahrt in die heilige Stadt sowie der Hinweis in Mt 19,1, dass Jesus Galiläa wieder verlässt und nach Jüdäa kommt, betont Mt, dass diese Rede im Blick auf seinen Exodus in Jerusalem verstanden werden will. Es geht in dieser Rede „um die Solidarität in der Gemeinde und um die Bewahrung der Gemeinschaft" (U. Luz). Beides steht besonders in Krisensituationen auf dem Spiel und wird hier am Umgang mit den Kleinen und Sündern in der Gemeinde erläutert. Dabei ist die innere Einstellung zentral, die sich am Weg Jesu (vgl. Phil 2,5-11) orientiert, der weder Status noch Privilegien, weder Popularität noch Prestige anstrebt. Es geht im Leben der Gemeinde um einen grund-legenden Mentalitätswandel, um eine Orientierung „nach unten", zu denen, die kein Ansehen, keine Stimme und keinen Einfluss haben. Wer sich also in dieser Weise „niedrig macht", wird zu den größten im *Himmel*reich gehören. Damit ist keine falsche Selbstverleugnung und keine Untertanenmentalität gemeint, sondern gelebte Solidarität im sozialen, theologischen und spirituellen Spannungsfeld der Gemeinde. Der Weg Jesu nach Jerusalem mit Passion, Tod und Auferweckung ist die fundamentale mystische Komponente für den Zusammenhalt in einer Gemeinde.

Mt hat den Markusstoff (Mk 9,33-47) und den aus der Logienquelle Q (Mt 18,10-15a.21f. par Lk 15,4-7;17,3) nach seinem eigenen Kompositionskonzept gestaltet. Das Gleichnis vom unbarmherzigen Schuldner (Mt 18,23-35) und möglicherweise auch das vom verlorenen Schaf (Mt 18,12f.) stammen aus seinem Sondergut.

Wer ist der Größte im Himmelreich? oder die Umkehr zum Niedrigsein: Mt 18,1-5

18 [1] In jener Stunde kamen die Jünger zu Jesus und sagten: Wer ist nun der Größte im Himmelreich? [2] Und er rief ein Kind herbei, stellte es in ihre Mitte [3] und sagte: Amen, ich sage euch: Wenn ihr nicht umkehrt und werdet wie die Kinder, werdet ihr nicht in das Himmelreich hineinkommen. [4] Wer sich selbst so niedrig macht wie dieses Kind, der ist der Größte im Himmelreich. [5] Und wer ein einziges solches Kind in meinem Namen aufnimmt, nimmt mich auf.

Der Neuansatz mit „In jener Stunde" ist bei Mt ein zeitlicher Anschluss, der häufiger vorkommt. Er nimmt den unterbrochenen Erzählfluss wieder auf, ohne mit dem Vorausgegangenen unmittelbar verbunden zu sein.

Die Jünger kommen zu Jesus. Sie bewegt die Frage, wer im *Himmel*reich der Größte ist. Wie im sozialen Kontext scheint in dieser Frage die Vorstellung von Ansehen und Würde, von Stellung und Einfluss mitzuschwingen. Jesus geht zunächst nicht auf ihre Frage ein und überrascht sie mit einer Zeichenhandlung, indem er ein Kind herbeiruft und in den Mittelpunkt ihrer Gruppe stellt. Dann versichert er ihnen feierlich, dass niemand Zugang zum Himmelreich hat, der nicht einen existenziellen Gesinnungswandel sowie eine substanzielle Änderung seiner Lebensführung vollzieht und, „wie dieses Kind", in eine Beziehung zu Gott hineinfindet, die das eigene Leben im Vertrauen auf ihn ausrichtet, statt sich allein auf eigene Leistung und persönliche Einflussnahme zu verlassen. Die Jünger sehen sich also plötzlich mit der Ausrichtung ihres eigenen Lebens in Frage gestellt. Jesus mutet ihnen eine grundsätzliche Umkehr, eine Umorientierung „nach unten" zu. Der Messias und Gottessohn, dem sie nach Jerusalem folgen, verzichtet auf jede Art von Machtausübung (Mt 26,53) und fügt sich in den alles verfügenden Willen des Vaters bis zur schändlichsten Hinrichtung durch die Besatzungsmacht.

Jesus spricht also in dem Bild vom Kind über einen Reifungs- und Läuterungsweg, der nur einem erwachsenen Jünger möglich ist und nicht über einen Weg zurück in die Kindheit. Dieser Reifungsprozess im Sinn von Unbekümmertheit, Einfachheit, von einfühlender Offenheit und Demut zeigt sich z.B. „in der gastfreundlichen Aufnahme von Kindern (V. 5), in geschwisterlicher Liebe zu den Kleinen (Mt 18,10-14), in grenzenloser Vergebungsbereitschaft (Mt 18,21f.) im Verzicht auf eigenen Besitz um der Nächstenliebe willen (Mt 19,16-21) und in Mt 23, 8-11 vor allem im Verzicht auf hierarchische Ehrungen" (U. Luz). In der Annahme und Aufnahme von unmündigen Kindern schwingt die Verheißung mit, dass Christus ihnen in diesen Kleinen begegnet.

Der Beginn der vierten Rede stellt also die gängigen Maßstäbe von Größe, wie sie bei weltlichen Herrschern und den religiösen Autoritäten üblich sind, völlig auf den Kopf und verlangt für den inneren Zusammenhalt und die Ausstrahlung der Gemeinde eine bewusst gewählte „Niedrigkeit", der die Verheißung des *Himmel*reiches gegeben ist.

Warnungen vor dem Anlass geben zum Bösen: Mt 18,6-10

18 6 Wer einem von diesen Kleinen, die an mich glauben, Anlass zum Bösen ist, für den wäre es besser, wenn ihm ein Eselsmühlstein um den Hals gehängt und er in der Tiefe des Meeres versenkt würde.

7 Wehe der Welt wegen der Anlässe zum Bösen! Denn es ist (zwar) unausweichlich, dass es Anlässe zum Bösen gibt; doch wehe dem Menschen, durch den es kommt.

8 Wenn dir deine Hand oder dein Fuß Anlass zum Bösen sind, dann hau sie ab und wirf sie von dir! Es ist besser für dich, verstümmelt oder lahm in das Leben einzugehen, als mit zwei Händen oder zwei Füßen in das ewige Feuer
geworfen zu werden. 9 Und wenn dein Auge Anlass zum Bösen ist, dann reiß
es aus und wirf es von dir! Es ist besser für dich, einäugig in das Leben einzugehen, als mit zwei Augen in das Feuer der Hölle geworfen zu werden.

10 Seht zu, dass ihr nicht einen von diesen Kleinen verachtet! Denn ich sage euch: Ihre Engel in den Himmeln schauen beständig das Angesicht meines Vaters in den Himmeln.

Zusammenhang: Mt setzt die Rede mit einer Reihe von Warnungen fort, die von unterschiedlichen Situationen sprechen, in denen Menschen zu Fall kommen. Die vier Logien werden durch das Leitwort *skándalon* bzw. *skandalídzein* (insgesamt 6 x) zusammengehalten. Die Grundbedeutung von *skándalon* ist das Stellholz in einer ausgelegten Falle und meint im übertragenen Sinn etwas, das das Leben eines Menschen oder – auf biblischem Hintergrund – das Leben des Gottesvolkes zu Fall bringt (z.B. Jos 23,12f.; Ri 2,3; Hos 14,7; Weish 14,11-14). Bei Mt steht das Wort oft in Verbindung mit der Ablehnung Jesu (z.B. Mt 11,16; 13,57; 15,12) und mit dem Anlass geben zur Sünde bzw. zum Glaubensabfall.(Mt 13,21; 24,10).

Im ersten und im letzten Vers stehen die „Kleinen" im Fokus. In Bezug auf sie haben die Warnungen ein besonderes Gewicht.

„Wer einen von diesen *Kleinen*, die an mich glauben, Anlass zum Bösen gibt ..." Mit den Kleinen (*mikrói*) sind keine Kinder gemeint, sondern Gläubige, die in der Gemeinde keine Rolle spielen und oft übersehen werden. Zu ihnen mögen auch Menschen gehören, die in ihrem christlichen Glauben noch nicht gefestigt sind oder aus einer gewissen Einfalt heraus manche theologische Erkenntnisse und pastorale Folgerungen nicht nachvollziehen können. Diese Kleinen, die in der Welt keine Stimme und keinen Einfluss haben und in der Gemeinde nicht beachtet oder herablassend behandelt werden, gerade *sie* sind in den Augen Gottes so unendlich kostbar, dass sie die Größten im Himmelreich sein werden. Ihre Engel schauen schon jetzt unablässig Gottes Angesicht (V. 10). Wer auch nur einen von diesen Kleinen zu Fall bringt, wer sie also der Gefahr aussetzt, gegen den Glauben zu handeln oder ihn gar zu verlieren, der begeht ein so schweres Verbrechen, dass es im Blick auf das, was ihn im Endgericht erwartet, besser wäre, man würde ihn mit einem schweren Eselsmühlstein um den Hals in der Tiefe des Meeres versenken. Mit diesem für Juden schockierenden Bild fordert der mt Jesus die Gemeinde eindringlich dazu auf, ihren Blick „nach unten" zu richten, auf das, was in den Augen Gottes unschätzbaren Wert hat.

Die beiden anschließenden Wehrufe (V. 7) betonen mit großem Ernst die persönliche Verantwortung eines jeden Gläubigen für die *Kleinen*. Auch wenn es im gesellschaftlichen Umfeld immer wieder Anlässe und Gelegenheiten zum Bösen gibt, so dürfen solche unausweichlichen Situationen von Mitgliedern der Gemeinde keineswegs als Entlastung oder Entschuldigung für ein Handeln in Anspruch genommen werden, das andere zu Fall bringt. Gerade weil man den Glauben nicht für sich allein, sondern in Gemeinschaft mit anderen lebt, ist es ein gravierendes Vergehen, anderen Anstoß zum Bösen, zur Sünde zu geben. Dadurch wird das Vertrauen in die Glaubwürdigkeit und den inneren Zusammenhalt gefährdet oder gar zerstört.

Die folgenden Worte (V. 8f.) warnen in ebenso drastischer Weise vor Gelegenheiten, die die Jünger selbst zu Fall bringen können. Mt wiederholt hier die überspitzt wirkenden Formulierungen vom Amputieren, Ausreißen und Wegwerfen menschlicher Gliedmaßen, die in Mt 5,9 im Anschluss an die zweite Antithese vor sexueller Versuchbarkeit und Verführung warnten. Hier aber wollen sie den Jünger allgemeiner mit seiner eigenen Abgründigkeit und Versuchbarkeit konfrontieren und das Ziel vor Augen führen, um dessetwillen es geboten ist, sich resolut von allem zu trennen, was der Gemeinschaft mit Gott und der Verantwortung für den Nächsten im Weg steht. Das Abhauen von Hand oder Fuß oder das Ausreißen eines Auges haben nichts mit Leibfeindlichkeit zu tun. Sie sind auch keine Aufforderung zur Verdrängung und Desintegration. Vielmehr sollen sie als grellleuchtende Warnschilder sich dem Bewusstsein der Jünger tief einprägen und sie davor bewahren, sich mit ihrem eignen Schatten nicht auseinanderzusetzen. Wer das destruktive Potential seiner Gefährdungen unterschätzt, wird dadurch zu Fall kommen und andere mitreißen. Das Ernstnehmen menschlicher Anfechtbarkeit und Gefährdung stärkt das Leben und den Zusammenhalt in der Gemeinde und schützt vor moralischer Überheblichkeit.

Das Gleichnis vom verirrten Schaf: Mt 18,12-14

> 18 [12] Was meint ihr? *Wenn* jemand hundert Schafe hat und eines von ihnen sich *verirrt*, wird er dann nicht die neunundneunzig auf den Bergen zurücklassen, hingehen und das *verirrte* suchen? [13] Und wenn es geschieht, dass er es findet – Amen, ich sage euch: Er freut sich über dieses (eine) mehr als über die neunundneunzig, die sich nicht *verirrt* haben. [14] So ist es nicht der Wille von eurem Vater in den Himmeln, dass einer von diesen *Kleinen* verloren geht.

Zusammenhang: Das Leitwort „einer von diesen Kleinen" (Mt 18,6.10.14) verklammert die beiden Texte (Mt 18,6-10 und 12-14) eng miteinander. Das zweite Leitwort „sich verirren" (*planásthai*) gibt das Thema an. Es geht also in dem Gleichnis weiter um die Verantwortung der Gemeinde für die *Kleinen*, die in den Augen Gottes einen besonders unschätzbaren Wert haben, und fordert sie auf, dem Verirrten unermüdlich nachzugehen, damit es nicht verloren geht.

Biblischer Hintergrund dürfte v.a. Ez 34,1-16 sein, wo von den schlechten Hirten, den politischen und religiösen Führern Israels, die Rede ist, die nur sich selbst weiden, statt sich um das Wohlergehen der ihnen anvertrauten Herde zu kümmern, sodass die Schafe sich zerstreuen und überall umherirren. Deshalb wird JHWH selbst die Verlorenen suchen, die Vertriebenen zurückbringen, die Verletzten verbinden und die Kranken neu zu Kräften bringen. Diese Verheißung hat sich durch den messianischen Hirten Jesus erfüllt und soll durch die Gemeinde fortgesetzt werden.

Das Gleichnis hat Mt wohl aus der Logienquelle Q (Lk 15,3-5) entnommen. Doch anders als bei Lukas liegt der Akzent bei Mt weniger auf der Freude über das Wiederfinden des Verlorenen, obwohl die auch genannt wird, sondern auf der unermüdlichen Suche nach dem Verirrten.

Die besondere Nähe Gottes zu den *Kleinen*, die in der Gemeinde oft übersehen oder herablassend behandelt werden (Mt 18,6.10), bekommt im Gleichnis vom *verirrten* Schaf eine neue Nuance. Mit der Einleitungsfrage: „Was meint ihr?“ fordert Jesus zu einer eigenständigen Antwort heraus, die für alle Gemeindemitglieder eigentlich eine Selbstverständlichkeit sein sollte. Ihm geht es letztlich um eine emotionale Verankerung von Gläubigen, deren Wert, den sie in Gottes Augen haben, nicht gesehen wird, und die sich deshalb nicht beachtet und zugehörig fühlen. Wer in der Gemeinde keine Heimat findet, driftet mit der Zeit ab und verirrt sich schließlich. Hinter dem Hirten, der um den unschätzbaren Wert der *Kleinen* weiß und deshalb alles liegen und stehen lässt, um das *Verirrte* zu suchen, damit es nicht endgültig verloren geht, steht das Verhalten des messianischen Hirten Jesus. An ihm soll die Gemeinde sich orientieren, weil der himmlische Vater unter keinen Umständen will, dass auch nur eine(r) von diesen *Kleinen*, die sich *verirrt* hat und zu Fall gekommen ist, durch das Verschulden eines Bruders oder einer Schwester für immer verloren geht. Erst wenn Suchende und in ihrem Glauben noch Ungefestigte die Erfahrung machen, dass sie beachtet und respektiert, wertgeschätzt und als zugehörig betrachtet werden, wenn sie spüren, dass andere ohne Eigeninteressen ihnen nachgehen und sich für sie einsetzen, können sie sich auch emotional in der Gemeinde beheimaten.

Vom Umgang mit einem sündigen Gemeindemitglied: Mt 18,15-20

18 15 Wenn aber dein Bruder (gegen dich) sündigt, (dann) geh und stelle ihn
unter vier Augen zur Rede! Wenn er auf dich hört, hast du deinen Bruder (zu-
rück)gewonnen. 16 Wenn er aber nicht auf dich hört, (dann) nimm mit dir einen
oder zwei, damit die ganze Sache auf die Aussage von zwei oder drei Zeugen
gestellt werde. 17 Wenn er auch auf sie nicht hört, (dann) sag es der Gemeinde!
Wenn er aber auch auf die Gemeinde nicht hört, (dann) sei er für dich wie ein
Heide oder ein Zöllner.

18 Amen, ich sage euch: Was immer ihr auf Erden bindet, das wird (auch)
im Himmel gebunden sein, und was immer ihr auf Erden löst, wird (auch) im
Himmel gelöst sein.

19 Wiederum sage ich euch: Wann immer zwei von euch auf Erden einmütig
sind über jede beliebige Sache, die sie erbitten, werden sie diese von meinem
himmlischen Vater erhalten. 20 Denn wo zwei oder drei in meinem Namen ver-
sammelt sind, da bin ich mitten unter ihnen.

Zusammenhang: Unmittelbar voraus geht das Gleichnis vom „verirrten" Schaf und dem Hirten, der seine 99 Schafe auf den Bergen zurücklässt, um das Verirrte unermüdlich zu suchen und zu seiner Herde zurückzubringen, damit es nicht endgültig verloren geht.

Die innere Einstellung und die unermüdliche Suche des Hirten sind das Paradigma für den Umgang mit einem Gemeindemitglied, das (schwer) gesündigt hat. Je nach dem, wie der Bruder sich verhält, sind zunächst drei Initiativen vorgesehen, um das „Verirrte" für die Gemeinschaft zurückzugewinnen. *Das ist das Hauptziel: Die Rückgewinnung des Verirrten!*

Die Verse 19-20 stehen in enger Beziehung zu den Versen 15-18 und sind nicht als eine gesonderte Texteinheit aufzufassen. Die abschließende Begründung mit V. 20 hat für den ganzen Abschnitt ein besonderes Gewicht.

1. Mt 18,15-18: Der erste Schritt ist die Initiative zu einem persönlichen Gespräch unter vier Augen. Wenn der Bruder aber nicht davon zu überzeugen ist, dass er sich verfehlt hat, soll mit zwei oder drei anderen Personen aus der Gemeinde als Zeugen versucht werden, dem Sünder Einsicht in sein Fehlverhalten zu ermöglichen. Erst wenn auch diese Bemühungen scheitern, ist es an der Zeit, die Angelegenheit vor die Gemeinde zu bringen. Jetzt liegt die Verantwortung für die Suche nach dem Verirrten bei allen. Alle drei Schritte geschehen aus der Überzeugung, dass jede Sünde die Gemeinschaft als Ganze betrifft. Sie sind Ausdruck der Nächstenliebe und Solidarität. Ihr Motiv ist einzig und allein, den „verirrten" Bruder zurückzugewinnen, nicht: ihn bloßzustellen.

Lässt aber der Betroffene sich auch durch das Bemühen so vieler nicht gewinnen, dann sei er für dich wie ein *Heide oder Zöllner.* Das klingt nach Ausschluss, ist aber differenzierter zu sehen: Wie man sich diesen Personen gegenüber verhalten soll, zeigt Jesus bei verschiedenen Gelegenheiten. Er ruft den Zöllner Matthäus in seine Nachfolge (Mt 9,9) und isst im Beisein seiner Jünger mit Zöllnern und Sündern (Mt 9,10). Er wird ein Freund der Zöllner und Sünder genannt (Mt 11,19) und äußert seine Überzeugung, dass Zöllner und Dirnen eher in das Reich Gottes gelangen als die Hohepriester und Ältesten, denn sie haben Johannes dem Täufer geglaubt (Mt 21,31f.).

Jesus sagt vom heidnischen Hauptmann in Kapharnaum, dass er einen solchen Glauben noch bei niemanden in Israel gefunden habe (Mit 8,10). An der unbekannten Heidin, der Syrophönizierin in der Gegend von Tyrus und Sidon mit der kranken Tochter, zeigt Matthäus, was Glaube ist. Sie vermag sogar, Jesus umzustimmen.

Wenn also der Bruder, der gesündigt hat und sich weigert, zu seinem Fehlverhalten zu stehen und umzukehren, wenn er also für mich wie ein Heide oder Zöllner sein soll, dann heißt das: Er hat noch nicht verstanden, worauf es beim christlichen Handeln nach dem Evangelium ankommt; und deshalb ist jeder herausgefordert, den schuldig Gewordenen durch sein Leben und sein Verhalten ihm gegenüber davon zu überzeugen. Wenn Jesus den Petrus auffordert, immer und immer wieder zu vergeben (Mt 18,21f.), dann bedeutet das: Ich soll einen Bruder, der sich vergangen hat, nie aufgeben, solange er lebt. Eine innere Exkommunikation darf es nicht geben. Ich darf niemanden definitiv abschreiben. Davon spricht ausführlicher der Text Mt 18,21-35.

Das Amen-Wort unterstreicht noch einmal generell die Verantwortung der Gemeinde für den „verirrten" Bruder im Blick auf die Folgen der Entscheidung. Denn hier geht es beim Binden und Lösen – anders als in Mt 16,19 – um Vergeben und Behalten von Sünden, wobei Mt 16,19 die Voraussetzung für Mt 18,18 ist. Mit der Entscheidung, ihn wie einen Heiden oder Zöllner zu behandeln (V. 17b), ist eine Grenze für die Versuche aufgezeigt, ihn zur Rede zur stellen bzw. zurechtzuweisen, aber nicht für die Bereitschaft, ihm zu vergeben, wenn er darum bittet.

2. Mt 18,19-20: Wo immer wenigstens zwei sich zusammenfinden, um sich in einem gemeinsamen Anliegen an Gott zu wenden, werden sie Erhörung finden. Das bedeutet im Kontext der Bemühungen, einen „verirrten" Bruder zurückzugewinnen, die bleibende Sorge um ihn im Gebet vor Gott zu bringen. Sie dürfen gewiss sein, dass Gott in Jesus unter ihnen präsent ist (Mt 1,23; 28,20), der dem „verirrten Schaf" unablässig nachgeht und sein Blut für die Vielen zur Vergebung der Sünden vergossen hat (Mt 1,21; 26,28), damit niemand verloren geht.

Gibt es für Vergebung eine Grenze: Mt 18,21-35

18 21 Da trat Petrus zu ihm und sagte: Herr, wie oft muss ich meinem Bruder
vergeben, wenn er gegen mich sündigt? Bis zu siebenmal? 22 Jesus sagte zu
ihm: Ich sage dir nicht: Bis zu siebenmal, sondern bis zu siebzigmal siebenmal.

23 Deshalb ist es mit dem Himmelreich wie mit einem König, der mit seinen
Knechten Abrechnung halten wollte. 24 Als er aber mit der Abrechnung begon-
nen hatte, brachte man einen zu ihm, der ihm zehntausend Talente schuldig
war. 25 Weil er aber (das Geld) nicht zurückzahlen konnte, befahl der Herr, ihn
mit Frau und Kindern und allem, was er besaß, zu verkaufen und so die Schuld
zu begleichen. 26 Da fiel der Knecht vor ihm nieder und sagte: Hab Geduld mit
mir und ich werde dir alles zurückzahlen. 27 Der Herr des Knechtes hatte Mit-
leid, ließ ihn gehen und erließ ihm die Schuld.

28 Als nun der Knecht hinausgegangen war, fand er einen seiner Mitknech-
te, der ihm hundert Denare schuldig war. Er packte ihn, würgte ihn und sagte:
Bezahl alles, was du schuldig bist! 29 Da fiel nun der Mitknecht vor ihm nieder,
bat ihn und sagte: Hab Geduld mit mir und Ich werde (es) dir zurückzahlen. 30

Er aber wollte nicht, sondern ging hin und ließ ihn ins Gefängnis werfen, bis er die Schuld bezahlt habe.
31 Als nun seine Mitknechte das sahen, waren sie sehr traurig; sie gingen
und berichteten ihrem Herrn alles, was geschehen war. 32 Da ließ ihn sein Herr
rufen und sagte zu ihm: Du böser Knecht! Deine ganze Schuld habe ich dir
erlassen, weil du mich angefleht hast. 33 Hättest nicht auch du dich deines Mit-
knechtes erbarmen müssen, so wie ich mich deiner erbarmt habe? 34 Und sein
Herr wurde zornig, übergab ihn den Folterern, bis er die ganze Schuld bezahlt
habe. 35 So wird auch mein himmlischer Vater euch behandeln, wenn ihr nicht,
jeder seinem Bruder, von Herzen vergebt.

Zusammenhang: Mit V. 21 nimmt Mt den Faden von V. 15 wieder auf und stellt durch Petrus die noch offene Frage nach der Grenze von Vergebung. Sie ist umso existenzieller, je unmittelbarer man selbst von dem gravierenden Fehlverhalten eines anderen betroffen ist. Die Antwort, die Jesus mit dem Gleichnis und seiner Anwendung am Ende gibt, ist eine schlüssige und durchformulierte Komposition. Nach Mt gibt es für die Zugehörigkeit zur Gemeinde, zur Kirche eine Grenze: wenn jemand „einen von diesen *Kleinen*, die an Jesus glauben", zu Fall bringt (V. 6-9) oder wenn jemand sich weigert, einem anderen Bruder zu vergeben.

1. Mt 18,21-22: Herr, wie oft soll ich meinem Bruder vergeben, wenn er gegen mich gesündigt hat? Bis zu siebenmal? fragt Petrus.

Was Petrus als Grenze für Vergebung nennt, ist sehr viel. *Sieben* ist eine symbolische Zahl und steht für Ganzheit, für Vollkommenheit. Petrus fragt also sinngemäß, ob er überhaupt jemals einem Bruder aus der Gemeinde die Vergebung verweigern darf, wenn dieser sich ihm gegenüber immer und immer wieder versündigt – vorausgesetzt, dass dieser ihn darum bittet. Jesu Antwort ist programmatisch im Sinn einer Zielperspektive, die er mit Hilfe eines Himmelreich-Gleichnisses erläutert.

2. Mt 18,23-35: Das Gleichnis hat drei Szenen.
(1) Einem König wird jemand vorgeführt, der ihm eine unvorstellbar große Summe Geldes schuldet. Man könnte sie heute nur in mehrstelligen Millionen ausdrücken. Da der Schuldner zahlungsunfähig ist, soll er die Konsequenzen seines ungeheuerlichen Verhaltens tragen, um wenigstens für einen kleinen Teil des angerichteten Schadens aufzukommen.

Da wirft sich der Schuldner vor dem König zu Boden und bittet um Aufschub und Geduld. Er will ihm alles zurückzahlen, eine Behauptung, die unglaubwürdig, ja lächerlich wirkt angesichts der Größe seiner Schuld. Er verspricht, was er nicht halten kann. Seine Lage ist hoffnungslos. Doch völlig unerwartet *erbarmt* sich der König, erlässt ihm die ganze Schuld und gibt ihn frei. Damit erspart er ihm die Demütigung, niemals aus einer Zahlungsunfähigkeit herauszukommen. Das Wort *„sich erbarmen"* bedeutet, dass der König sich bis ins Innerste von der Not seines Schuldners berühren lässt, dass es ihn schmerzt und zu Herzen geht.

(2) Als der so unvergleichlich Beschenkte hinausgeht, begegnet er einem Mitknecht, der ihm hundert Denare schuldet, eine geringe Summe verglichen mit dem, was der König dem anderen erlassen hat. Dieser packt ihn an der Kehle und verlangt von ihm auf der Stelle, was er schuldig ist. Der kleine Schuldner tut genau das, was vorher der große Schuldner gegenüber dem König getan hat: Er wirft sich ihm zu Füßen und bittet seinen Gläubiger um Aufschub und Geduld. Er will ihm alles zurückzahlen, eine Versicherung, die hier möglich und glaubhaft erscheint. Doch der andere zeigt kein Erbarmen. Er verweigert seinem Mitknecht, worum er selbst gebeten hat. Er will sein Geld zurück – und zwar sofort und alles auf einmal.

(3) Darüber sind die anderen Mitknechte sehr betroffen und sorgen dafür, dass der große Schuldner vom König zur Rechenschaft gezogen wird. „Hättest Du Dich nicht Deines Kollegen erbarmen müssen, wie ich mich Deiner erbarmt habe?", sagt der König und lässt ihn foltern, bis er alles zurückgezahlt hat. Die Folterung von Schuldsklaven war eine Weise, Angehörige und Freunde zu nötigen, den Schuldner freizukaufen, eine Maßnahme, die bei der ungeheuer großen Schuld des unbarmherzigen Knechts kaum eine Chance gehabt hätte.

Jesus beendet das Gleichnis mit der Bemerkung: „So wird auch mein himmlischer Vater euch tun, wenn ihr nicht, jeder seinem Bruder, von Herzen vergebt!" Ein Mensch, der Gottes Barmherzigkeit an sich erfahren hat, verwirkt sie durch Unbarmherzigkeit.

In der Begegnung mit Jesus haben Menschen Gottes überwältigende und unerwartete Vergebung erfahren, selbst wenn sie von sich aus nicht mehr daran glaubten, jemals von ihrer Schuld frei zu kommen. Wie unvorstellbar groß auch immer die Schuld eines Menschen sein mag, es gibt kein Versagen, das nicht von Gottes Barmherzigkeit eingeholt und verwandelt werden kann. Unser Leben gelingt, wenn wir aus seiner unverbrauchten Barmherzigkeit leben und sie als Verpflichtung zur Weitergabe verstehen. Gerade Petrus, der Jesus eingangs die Frage gestellt und ihn später verleugnet hat, nach der Auferweckung Jesu aber als Jünger wieder berufen und ausgesandt wird, ist „Sinnbild für die Vergebung als Grundprinzip der Kirche" (M. Konradt).

Im Licht dieser unauslotbaren Barmherzigkeit und Vergebungsbereitschaft lädt das Gleichnis uns ein, unsere Beziehungen anzuschauen. Kann es da eine Grenze unserer Vergebungsbereitschaft geben? Wer Gottes Barmherzigkeit an sich erfahren hat, verwirkt sie durch Unbarmherzigkeit.

Unser Gleichnis wäre aber missverstanden, wenn wir glauben, wir dürften uns nicht von anderen, die uns schaden und unsensibel mit uns umgehen, abgrenzen. Die Abgrenzung kann sogar so weit gehen, dass wir diese Leute entschieden auf Distanz halten. Kein Mensch ist unbegrenzt belastbar. Aber Erbarmen müssen wir haben. Wir wissen ja oft gar nicht, was einen Menschen gegen uns schuldig werden lässt. Aber selbst wenn wir es wüssten, könnten wir ihm die Vergebung verweigern, wenn er uns darum bittet?

Doch Vergebung nach dem Evangelium ist etwas, wozu wir nicht ohne weiteres fähig sind. Vergeben-Können ist ein gnadenhaftes Geschehen, oft ein längerer innerer Prozess. Das Gleichnis zeigt eine Perspektive, auf die hin wir uns mit Gottes Gnade bewegen können, wenn wir wollen. Und wenn uns das nicht möglich ist, können wir vielleicht wie Jesus in seiner Passion den Vater bitten: Vergib du ihnen, denn sie wissen nicht, was sie tun (Lk 23,34).

Ehe, Ehescheidung und Ehelosigkeit: Mt 19,1-30

19 1 Und es geschah, als Jesus diese Rede beendet hatte, verließ er Galiläa und
kam in das Gebiet von Judäa, jenseits des Jordan. 2 Und es folgten ihm große
Volksmengen nach und er heilte sie dort.

3 Und Pharisäer kamen zu ihm, um ihn auf die Probe zu stellen, und sagten:
Ist es einem Mann erlaubt, seine Frau aus jedem beliebigen Grund (aus der
Ehe) zu entlassen? 4 Er aber antwortete und sagte: Habt ihr nicht gelesen, dass
der Schöpfer sie am Anfang männlich und weiblich erschaffen hat 5 und dass
er gesagt hat: Deshalb wird der Mann Vater und Mutter verlassen und sich mit
seiner Frau verbinden und die zwei werden ein Fleisch sein, 6 sodass sie nicht
mehr zwei sind, sondern ein Fleisch. Was Gott nun zusammengefügt hat, soll
der Mensch nicht trennen. 7 Sie sagten zu ihm: Warum hat dann Mose geboten,
(der Frau) eine Scheidungsurkunde zu geben und sie (aus der Ehe) zu entlas-
sen? 8 Er sagte zu ihnen: Mose hat euch wegen eurer Herzenshärte erlaubt, eure
Frauen (aus der Ehe) zu entlassen. Aber von Anfang an war das nicht so. 9 Ich
sage euch aber: Wer seine Frau entlässt, und zwar nicht wegen Unzucht, und
eine andere heiratet, der begeht Ehebruch.

10 Da sagten seine Jünger zu ihm: Wenn das Verhältnis des Mannes zur Frau
so ist, dann ist es nicht gut zu heiraten. 11 Er (Jesus) aber sagte zu ihnen: Nicht
alle fassen dieses Wort, sondern (nur die), denen es gegeben ist. 12 Denn es gibt
manche*, die sind von Geburt an zur Ehe unfähig sind, manche sind von den
Menschen dazu gemacht und manche haben sich selbst dazu gemacht – um des
Himmelreiches willen. Wer es fassen kann, der fasse es.

Zusammenhang: Nach der Rede über die Solidarität und den Zusammenhalt in der Gemeinde verlässt Jesus Galiläa endgültig und kommt auf seinem Weg nach Jerusalem durch Judäa. Große Volksmengen sind weiter in seinem Gefolge und er heilt viele von ihnen. „Der heilende Messias Jesus bleibt sei-

* Wörtlich: Eunuchen.

ner Sendung zum ganzen Volk bis zum Schluss treu" (U. Luz). Das ruft die Pharisäer wieder auf den Plan. Die Szene mit seinen Gegnern basiert auf Mk 10,2-9, ist aber von Mt gänzlich neu bearbeitet.

1. Mt 19,1-9: Jenseits des Jordan heilt Jesus das Volk. Es sind nach Mt große Volksmengen, die nach wie vor seine Nähe suchen, um Heilung zu erfahren, und ihn in den Augen seiner Gegner zum ernsthaften Konkurrenten machen. Diesmal wollen die Pharisäer ihn mit einer Frage provozieren, die zwischen den Schulen Hillels und Schammajs kontrovers war: „Ist es einem Mann erlaubt, seine Frau aus jedem beliebigen Grund aus der Ehe zu entlassen?" Diese Szene ist wieder auf dem Hintergrund der Rechtlosigkeit zu betrachten, mit der zur Zeit Jesu die Frau dem Mann in der Scheidungsfrage ausgeliefert war. Jesus weiß um die Willkürmöglichkeiten, die dieses Herrschaftsrecht den Männern gegenüber ihren Frauen einräumt. Wenn ein Mann eine Frau verstieß, hatte das für sie meist erhebliche soziale Konsequenzen. Bereits 20 v. Chr. hatte Rabbi Schammaj mit seiner strengen Auslegung von Dtn 24,1 die Frauen vor ihren Männern schützen wollen. Er betont, dass etwas „Schändliches" vorliegen müsse, um eine Scheidung zu rechtfertigen, d.h. vermutlich nur bei Ehebruch.

Rabbi Hillel vertritt dagegen mit seiner Schule eine freizügige Scheidungspraxis, deren Gründe damals diskutiert wurden. Doch darauf geht Jesus überhaupt nicht ein und gibt mit seinem Verweis auf die Schrift eine grundsätzliche Antwort. Mit der Bemerkung „Habt ihr nicht gelesen ..." führt er ihre Frage souverän auf ihre mangelnde Schriftkenntnis zurück (vgl. Mt 9,13; 12,3.5.7). Vom Beginn der Schöpfung an hat JHWH den Menschen als Mann und Frau geschaffen (Gen 1,27), die einander bedürfen und nur zusammen Menschen im Vollsinn des Wortes sind. Von dieser ursprünglichen schöpfungsgemäßen Ordnung her gibt es kein Herrschaftsrecht eines Menschen über den anderen. Die Erschaffung des Menschen als Mann und Frau ist darauf ausgerichtet, dass beide *ein* Fleisch werden (Gen 2,24). Sie sind also dann im Grunde „nicht mehr zwei ... Was Gott nun zusammengefügt hat, soll der Mensch nicht trennen" (V. 6). Jesus weist seine Gegner auf den Sinn ehelicher Liebe und Gemeinschaft hin. Nur wenn Menschen der Macht der Liebe, die von Gott ist, ihr Herz öffnen, sind sie imstande, sich selbst und den anderen Menschen mit ihrer ganzen Existenz zu bejahen. Dann bringen sie auch die Kraft auf und den Mut, das Abenteuer eines gemeinsamen Weges zu wagen.

Dagegen wehren sich die Pharisäer mit dem Einwand, dass Mose doch geboten habe (*entéllo*), eine Scheidungsurkunde auszustellen und die Trennung zu vollziehen. Doch Jesus betrachtet diese Regelung als Erlaubnis (*epitrépo*), als eine Konzession, die der Herzenshärte der Menschen entgegenkommt, aber nicht dem ursprünglichen Gotteswillen entspricht. Damit eröffnet er eine

Perspektive, wie Menschen von ihrer Herzenshärte, von der Gottesferne ihrer rechtlichen Praxis, zurückfinden zu einer Haltung des Vertrauens, die mit dem göttlichen „Anfang“ übereinstimmt. Ähnlich wie in Mt 5,32 stellt Jesus der freizügigen Auslegung sein eigenes Wort entgegen (V. 9): Vom Scheidungsverbot gibt es nur die Ausnahme aufgrund von *porneía,* d.h. wegen sexuellen Fehlverhaltens, womit vor allem Ehebruch gemeint ist.

Jesus fordert also die Pharisäer auf, sich zur ursprünglichen Schöpfungsordnung zu bekehren und dem Willen des Schöpfers erneut Geltung zu verschaffen. Gott will die Einheit der Liebe zwischen Mann und Frau, und diese Einheit darf niemand willkürlich zerstören. Jesus will der legalisierten Willkür gegenüber der Frau ein Ende machen. Sein Scheidungsverbot ist Ausdruck seiner Menschlichkeit.

In der breiten Öffentlichkeit unserer säkularen westlichen Industriegesellschaften wirkt unser Text merkwürdig fremd, wie aus der Zeit gefallen. Seit Beginn der Neuzeit sind wir einem Prozess fortschreitender Individualisierung ausgesetzt, der neben dem Experimentieren von neuen Formen des Zusammenlebens auch dazu geführt hat, dass die Ansprüche, die Einzelne an die Ehe stellen, viel differenzierter und viel höher geworden sind. Die Ehe wird heute weithin als private Angelegenheit betrachtet und hat mit Blick auf hohe Scheidungsraten bei vielen als Dauerinstitution ausgedient. Dennoch bleibt die Sehnsucht nach lebenslanger Liebe und Treue, und die Sensibilität gegenüber seelischen Verletzungen in der Partnerschaft ist groß.

Nach biblischem Verständnis sind Liebe und Treue in der Ehe nicht nur ein Gefühl, sondern vor allem eine Entscheidung von Herz und Verstand im Vertrauen auf Gottes Mit-Sein. Als Partnerschaft von Mann und Frau ist sie eine immer neu zu gestaltende und aufzubauende Lebensform im Bewahren und Bewähren von Liebe und Treue. Gerade die Analogie des JHWH-Bundes schließt eine einkalkulierte Auflösung aus. Dennoch sehen wir immer wieder, dass auch bei aufrichtigem Ehewillen beider Partner eine Ehe scheitern und eine Trennung für die Betroffenen eine auch moralisch bessere Lösung sein kann. Aber solches Scheitern bedeutet immer auch ein Versagen, das Vergebung braucht und nicht zum „Normalfall“ herabgewürdigt werden sollte.

2. Mt 19,10-12: Die Jünger sind von Jesu Position überrascht und reagieren betroffen. Wenn also die Wiederheirat nur im Fall ehelicher Untreue erlaubt ist, dann wäre es besser, auf die Ehe zu verzichten. Die Auseinandersetzung mit den Pharisäern scheint beendet. Sie sind verschwunden, sodass Jesus mit den Jüngern wieder allein ist. Um seine „Lehre“ zu Ehe, Ehescheidung und Eheverzicht zu verstehen und zu akzeptieren, braucht es mehr als Zustimmung. Es muss noch etwas dazukommen; es muss ihnen

„gegeben" sein (göttliches Passiv!). Diese Formulierung erinnert an Mt 13,11 und macht deutlich, dass der Verzicht auf eheliche Partnerschaft „um des Himmelreiches willen" möglich ist. Jesus argumentiert hier nicht mehr von der Schöpfung, sondern von der Gottesherrschaft her und wendet die resignative Reaktion der Jünger in eine positive Option. Die Radikalität, mit der Jesus die Ehescheidung und Wiederheirat verbietet, entspricht der Radikalität seiner Forderung nach Feindesliebe und dem Verzicht auf Vergeltung. Sie ist nur möglich und verantwortbar im Vertrauen auf die Gegenwart der Gottesherrschaft, auf die Durchsetzungskraft und Dynamik, die sie – wie im Gleichnis vom Senfkorn und dem Sauerteig – im Hier und Jetzt entfaltet. Die beiden erstgenannten Gruppen, die unfähig sind, eine Ehe einzugehen, dienen lediglich dazu, den positiven Sinn der Ehelosigkeit um des Himmelreiches willen herauszustellen.

Die Segnung der Kinder: Mt 19,13-15

> **19 13 Da brachte man Kinder zu ihm, damit er ihnen die Hände auflege und für**
> **sie bete. Die Jünger aber fuhren sie an. 14 Jesus aber sagte: Lasst die Kinder und**
> **hindert sie nicht, zu mir zu kommen! Denn solchen gehört das Himmelreich. 15**
> **Und nachdem er ihnen die Hände aufgelegt hatte, ging er von dort weg.**

Zusammenhang: Nach den Ausführungen Jesu über Ehe, Ehescheidung und den Verzicht auf Ehe fügt Mt einen kleinen Abschnitt über die Wertschätzung von Kindern (in der Gemeinde) an. Gegenüber Mk 10,13-16 hat der Evangelist die Vorlage seiner theologischen Konzeption entsprechend gestrafft.

Kinder werden zu Jesus gebracht, damit er ihnen die Hände auflege und für sie bete. *paidía* sind Kinder bis zum Alter von maximal sieben Jahren. Man bringt sie zu ihm in der Erwartung, dass sie bei ihm willkommen sind. Vielleicht haben diese Kleinen noch das ursprüngliche Vertrauen, mit dem sie auf Erwachsene zugehen können, jenes tragende Gefühl, jederzeit beachtet und angenommen zu sein. Es gibt ja noch nichts, womit sie sich bei den Erwachsenen Geltung verschaffen können. Deshalb ist es so unerlässlich, dass ihnen in der Zeit ihrer wehrlosen Abhängigkeit Vertrauen, Zuwendung und Zuspruch entgegengebracht werden, die sie die Angst vor der Größe der Erwachsenen verlieren lässt. Nur weniges wirkt sich verhängnisvoller aus, als ein kleines Kind zu entmutigen, zu enttäuschen, zu verschrecken und zu demütigen. Selbständig kann ein Kind werden, wenn es in einer Atmosphäre der Ermutigung und der ehrlichen Bestätigung aufwächst, in der seine Fähigkeiten zum Spielen, zum Staunen und Ausprobieren, zum Überlegen und Sprechen gefördert werden (E. Drewermann) und sein Bedürfnis nach Nähe und emotionaler Verlässlichkeit positive Resonanz findet.

Anscheinend unbeeindruckt von Mt 18,2-5 teilen die Jünger offenbar die landläufige Geringschätzung der Kleinen und wollen deshalb verhindern, dass ihr Meister sich auch noch mit etwas so Belanglosem wie diesen Kindern befassen soll. Sie weisen sie schroff zurück (*epitimáo*). Anders als bei Markus reagiert Jesus auf die harsche Zurückweisung der Jünger mit den einladenden Worten: „Lasst die Kinder und hindert sie nicht, zu mir zu kommen!" Sein Einspruch hat jedoch grundsätzlichen Charakter. Mit der Begründung: „Denn solchen (*toioúton*) gehört das Himmelreich", verweist er auf die Vorbildfunktion der Kinder, d.h. Menschen, die wie diese Kinder keine eigenen Leistungen vorweisen und ohne Verdienst- und Anspruchsmentalität sich ein ungetrübtes Vertrauen bewahrt haben, jederzeit bei Gott willkommen und wertgeschätzt zu sein – *solchen* Kleinen gehört das Himmelreich. Im Blick auf diese Kinder, die sie eben noch weggescheucht haben, macht Jesus ihnen klar, dass sie von der Wirklichkeit der Gottesherrschaft noch nicht viel verstanden haben und sich selbst diese Kinder zum Vorbild nehmen müssen, wenn sie verstehen wollen, was Nachfolge ist. Das Kind ist „Prototyp der anfangenden Menschen, die Gestalt der vertrauenden und bruchlosen Offenheit für das Angebot des größeren Lebens" (H. Spaemann). Diese bedingungslose Offenheit gegenüber dem „größeren Leben", das Gott für sie bereithält, macht sie zu Jüngern, die aus der Gegenwart der Gottesherrschaft leben.

Jesus legt den Kindern die Hände auf und verlässt dann den Ort der Begegnung in Richtung Jerusalem. Das Handauflegen ist für Mt zentral und kann vielleicht auch bedeuten, dass Kinder in der gottesdienstlichen Versammlung der Gemeinde selbstverständlich ihren Platz haben.

Die Frage des reichen jungen Mannes und die Frage des Petrus: Mt 19,16-30

Und siehe, es kam jemand zu Jesus und sagte: Meister, was muss ich Gutes tun,
um das ewige Leben zu haben? [17] Er (Jesus) sagte: Was fragst du mich nach
dem Guten? Einer ist der Gute. Wenn du aber in das Leben eingehen willst,
halte die Gebote! [18] Der sagte zu ihm: Welche? Jesus aber sagte: Du sollst nicht
töten, du sollst nicht ehebrechen, du sollst nicht stehlen, du sollst kein falsches
Zeugnis geben; [19] ehre Vater und Mutter und: Du sollst deinen Nächsten lieben
wie dich selbst! [20] Der junge Mann erwiderte ihm: Alles das habe ich befolgt.
Was fehlt mir noch? [21] Jesus sagte zu ihm: Wenn du vollkommen sein willst,
geh, verkauf deinen Besitz und gib (ihn) den Armen; und du wirst einen Schatz
im Himmel haben; und komm her, folge mir nach! [22] Als aber der junge Mann
das Wort hörte, ging er traurig weg; denn er hatte viel Besitz.

[23] Jesus aber sagte zu seinen Jüngern: Amen, ich sage euch: Ein Reicher
wird schwer in das Himmelreich hineinkommen. [24] Nochmals sage ich euch:
Es ist leichter, dass ein Kamel durch ein Nadelöhr geht, als dass ein Reicher in
das Reich Gottes gelangt. [25] Als aber die Jünger das hörten, gerieten sie ganz

außer sich vor Schrecken und sagten: Wer kann dann (noch) gerettet werden?
[26] Jesus aber sah sie an und sagte zu ihnen: Für Menschen ist das unmöglich,
für Gott aber ist alles möglich.

[27] Da antwortete Petrus und sagte: Siehe, wir haben alles verlassen und
sind dir nachgefolgt. Was also wird mit uns sein? [28] Jesus aber erwiderte ih-
nen: Amen, ich sage euch: ihr, die ihr mir nachgefolgt seid, werdet bei der
Neuschöpfung (der Welt), wenn der Menschensohn sich auf den Thron seiner
Herrlichkeit gesetzt hat, auf zwölf Thronen sitzen und die zwölf Stämme Isra-
els repräsentieren. [29] Und jeder, der Häuser oder Brüder oder Schwestern oder
Vater oder Mutter oder Kinder oder Äcker um meines Namens willen verlassen
hat, wird Hundertfaches erhalten und das ewige Leben erben. [30] Viele Erste
werden Letzte sein und Letzte Erste.

Zusammenhang: Nach der Segnung der Kinder ist die nächste Begegnung Jesu mit einem Unbekannten, bei dem sich im Verlauf der Erzählung herausstellt, dass er noch jung ist und über ein großes Vermögen verfügt. Nachdem dieser ihn enttäuscht und traurig verlassen hat, werden Petrus und die Jünger als positive Alternative zu ihm dargestellt.

Mt folgt weiter seiner Markus-Vorlage (10,17-31) hat sie aber wieder konsequent seiner eigenen Konzeption entsprechend bearbeitet.

1. Mt 19,16-22: Ein junger Mann (*neanískos*) kommt von sich aus auf Jesus zu und fragt ihn nach *seinem* Weg zum ewigen Leben: „Was muss *ich* Gutes tun, damit ich das ewige Leben *habe*?" Die Frage klingt so, als gäbe es einen sicheren Mechanismus, den man nur betätigen müsse, um das Ziel zu erreichen. Dass es bei diesem Weg aber vor allem um ein Beziehungsgeschehen (Dtn 6,4f.) geht, scheint nicht im Blick zu sein. Es sieht so aus, als sei die Frage auf dem Hintergrund eines religiösen Strebens gestellt, dem es vor allem auf Leistung und Verdienste ankommt, auf eine Mentalität des *Habens*. Entsprechend kritisch reagiert Jesus auf die Frage des Fremden, der sich die Antwort doch selbst hätte geben können: den Weg zum Leben zeigt ein für allemal die Tora, die in den einzelnen „Geboten" (Weisungen) gültig formuliert ist. So hätte jeder Schriftgelehrte geantwortet und mehr sagt Jesus zunächst auch nicht. Auf die Frage „Welche?" weist Jesus ihn auf fünf Dekalog-„Worte" hin, die alle den zwischenmenschlichen Bereich betreffen (Ex 20,12-16; Dtn 5,16-20) und nennt zusätzlich das Gebot der Nächstenliebe aus Lev 19,18). Da Mt das Doppelgebot der Gottes- und Nächstenliebe in Mt 22,40 als Summe von Tora und Propheten bezeichnet, kann man davon ausgehen, dass er das Handeln nach den Dekaloggeboten als Befolgen dieses Hauptgebotes versteht. Wie selbstverständlich antwortet der junge Mann: „Alles das habe ich befolgt. *Was fehlt mir noch?*" Sein Insistieren kann darauf hindeuten, dass seine bisherige „Gesetzestreue" bei ihm Zweifel an seiner traditionell verstandenen Heilsgewissheit geweckt hat und er neu nach Gewissheit sucht.

Die Antwort Jesu entzieht ihm mit einem Schlag das Fundament seines religiösen Strebens. Sein gesamter Besitz, alles, worum er sich bis jetzt im „Halten der Gebote“ bemüht hat, verliert plötzlich seinen Kurswert. Der dem jungen Mann zugemutete Verzicht auf seinen gesamten Besitz zugunsten der Armen entspricht dem, *was ihm noch fehlt*, um vollkommen (*téleios*) zu sein und bedeutet für seine Person (nicht generell!) die radikale Zuspitzung des Liebesgebotes. Vollkommen sein heißt: einen Weg gehen, der etwas von der Transzendenz Gottes aufscheinen und in seiner Radikalität sich als „Salz der Erde“ wahrnehmen lässt. Das ist mit der von den Jüngern geforderten „größeren Gerechtigkeit“ (Mt 5,20) gemeint, die in der Nachfolge Jesu besteht, der gekommen ist, um Gesetz und Propheten zu erfüllen (Mt 5,17). Der junge Mann ist zur Nachfolge, zum Christsein, gerufen, zu der alle gerufen sind, auch wenn die Vollkommenheit für jede(n) Einzelne(n) sehr unterschiedliche Gestalt annehmen kann.

Mit einer solchen Konfrontation hat der Fremde nicht gerechnet. Er bringt es nicht übers Herz, alles loszulassen, was ihn daran hindert, zu der unverwechselbaren Gestalt unterwegs zu bleiben, auf die hin er von Gott angelegt ist. Er kann dem *Haben* nicht entsagen und geht traurig weg.

2. Mt 19,23-26: Mit dem folgenden Bildwort beunruhigt Jesus seine Jünger zutiefst: „Es ist leichter, dass ein Kamel (das größte Tier Palästinas) durch ein Nadelöhr (die kleinste mögliche Öffnung) geht, als dass ein Reicher in das Reich Gottes gelangt.“ Damit unterstreicht er noch einmal, wie unmöglich ein Leben aus einer Mentalität des *Habens* gelingen kann. Die Radikalität dieses Logions darf durch keine Interpretation abgeschwächt werden. Und die Jünger haben es richtig verstanden, wenn sie fragen: „Wer kann dann noch gerettet werden?“ Wer kann schon von sich aus sagen, er sei frei von dem Verlangen zu *haben* und immer mehr zu *haben*?

Letztlich ist es allein Gott, der uns von diesem zerstörerischen Drang befreien kann. Letztlich kann nur Er uns von aller unnötigen Angst und Sorge um unser Wohlergehen und um die Absicherung unserer Zukunft befreien. Die Jünger sollen Sorge tragen für das „Mehr“ der Gottesherrschaft und seiner Gerechtigkeit (Mt 6,33f.)

3. Mt 19,27-29: Der letzte Abschnitt geht besonders auf die Situation der Jünger ein. Auch wenn sie nicht zu den Reichen gehören, haben sie doch das getan, was Jesus von dem reichen jungen Mann verlangt hat: Sie haben alles verlassen und sind Jesus nachgefolgt. In der Reaktion des Petrus scheint die Frage nach einer neuen Motivation für ihren Weg mit Jesus anzuklingen:

„Was wird mit uns?“ Die Antwort Jesu: Wie er dem jungen reichen Mann sagt, er werde einen Schatz im Himmel haben, so versichert er den Jüngern, dass sie – im Blick auf das, was sie in seiner Nachfolge in Kauf genommen haben, – bei der endzeitlichen Neuschöpfung der Welt eine exponierte Stellung im Zwölf-Stämme-Volk haben werden, die ihrer Rolle in der Sendung zu den „verlorenen Schafen des Hauses Israel“ (Mt 10,6) entspricht. Darüber hinaus werden sie schon jetzt überreich „entschädigt“: Sie erhalten Hundertfaches von dem, was sie um Jesu willen aufgegeben haben *und* das ewige Leben. Der Hinweis auf das ewige Leben verdeutlicht, dass die Gottesherrschaft (das „Himmelreich“) mehr ist als das ewige Leben, in das wir durch unser Bemühen, nach den Weisungen der Tora (V. 17) zu leben, und durch die Barmherzigkeit Gottes (Mt 18,23-27) nach dem Tod hineingenommen werden. Die Gottesherrschaft aber ist schon jetzt nah und erfahrbar. Sie hat bereits mit dem Wirken Jesu begonnen. Wer sich also um Jesu willen von seinen engsten Angehörigen (Frau und Mann werden nicht genannt) und seinem materiellen Besitz trennt, erfährt in der Nachfolge eine neue Gemeinschaft. Es gehört zu den beglückendsten Erfahrungen in dieser Gefährtenschaft, dass man Menschen findet, die mit der gleichen Sehnsucht, mit der gleichen Einstellung zum Leben, mit der gleichen Herzensgewissheit unterwegs sind. Diese Gefährtenschaft, dieses Gefühl einer inneren Zugehörigkeit zu einer übergreifenden universalen Sendung, lässt etwas von der Fülle des Lebens ahnen, die uns zugesprochen ist. In dieser Perspektive sollen die Jünger ihre Nachfolge, ihr Christsein leben. Das wird sich in vieler Hinsicht als „Gewinn“ erweisen.

Der letzte Vers von den vielen Ersten, die Letzte sein werden und umgekehrt, kann im Zusammenhang dieser Jüngerunterweisung bedeuten, dass zu den vielen Ersten der reiche Jüngling gehören könnte, während umgekehrt die Jünger, die alles verlassen haben, zu den Letzten gehören, die Erste sein werden. Aber Mt lässt das offen. Wenn man das Wort auf die Gemeinde bezieht, kann es als Warnung an die verstanden werden, die dort eine exponierte Stellung innehaben.

Das Gleichnis vom gleichen Lohn: Mt 20,1-16

20 1 Denn mit dem Himmelreich ist es wie mit einem Hausherrn, der gleich
früh am Morgen hinausging, um Arbeiter für seinen Weinberg anzuheuern. 2
Nachdem er aber mit den Arbeitern einen Denar für den Tag vereinbart hat-
te, schickte sie in seinen Weinberg. 3 Und als er um die dritte Stunde wieder
hinausging, sah er andere auf dem Markt ohne Arbeit (herum)stehen. 4 Und
er sagte zu ihnen: Geht auch ihr in den Weinberg! Und was recht ist, werde
ich euch geben. 5 Sie aber gingen hin. Als er aber um die sechste und um die
neunte Stunde wieder hinausging, machte er es ebenso. 6 Als er aber um die
elfte Stunde (noch einmal) hinausging, fand er wieder andere, die dort (herum)

standen. Er sagte zu ihnen: Was steht ihr hier den ganzen Tag untätig herum?
7 Sie sagten zu ihm: Niemand hat uns angeheuert. Er sagte zu ihnen: Geht auch
ihr in den Weinberg!
8 Als es aber Abend geworden war, sagte der Herr des Weinbergs zu sei-
nem Verwalter: Ruf die Arbeiter und gib ihnen den Lohn, angefangen bei den
Letzten, bis hin zu den Ersten! 9 Und als die Männer kamen, die er um die elfte
Stunde angeheuert hatte, erhielten sie je einen Denar. 10 Als dann die Ersten
kamen, glaubten sie, dass sie mehr bekommen würden. Und auch sie erhiel-
ten je einen Denar. 11 Als sie ihn aber erhalten hatten, murrten sie gegen den
Hausherrn 12 und sagten: Diese Letzten haben (nur) eine Stunde gearbeitet und
du hast sie uns gleichgestellt, die wir die Last des Tages und die Hitze ertragen
haben. 13 Er aber erwiderte einem von ihnen: Freund, dir tue dir kein Unrecht.
Hast du nicht einen Denar mit mir vereinbart? 14 Nimm, was dir gehört und
geh! Ich will aber diesen Letzten ebenso viel geben wie dir. 15 Darf ich mit dem,
was mir gehört, nicht tun, was ich will? Oder ist dein Auge böse, weil ich gut
bin? 16 So werden die Letzten Erste sein und die Ersten Letzte.

Zusammenhang: Das Gleichnis ist locker mit der vorausgehenden Jüngerunterweisung zur Nachfolge verbunden (Mt 19,16-30) und greift am Ende den letzten Satz der Lehre Jesu (Mt 19,30) in umgekehrter Reihenfolge wieder auf: So werden die Letzten Erste sein und die Ersten Letzte (Mt 20,16). Ein Gleichnis kann komplexe Zusammenhänge deuten und mit seinen Bildern eine Überzeugungskraft entwickeln, der man sich kaum entziehen kann. Es stimmt nachdenklich und öffnet Sichtweisen, auf die man vorher nicht gekommen wäre.

Das Gleichnis ist mt Sondergut. An der erzählerischen Gestaltung wird der Evangelist seinen eigenen Anteil gehabt haben.

1. Mt 20,1-7: Um die Wirklichkeit der Gottesherrschaft („Himmelreich") seinen Jüngern plausibel zu machen, sodass sie in ihren Herzen davon berührt werden, geht Jesus zunächst von einer alltäglichen Erfahrung aus: Ein Weinbergbesitzer geht am frühen Morgen bei Sonnenaufgang zum Markt, um Arbeiter für seinen Weinberg anzuheuern. Als Tageslohn vereinbart er mit ihnen je einen Denar, den damals üblichen Tageslohn, von dem eine Familie einen Tag leben konnte.

Um die dritte Stunde geht er wieder auf den Markt und sieht andere dort untätig herumstehen. Auch sie schickt er in seinen Weinberg mit der Zusage, dass sie gerecht (*díkaios*) entlohnt würden. Das Wort „gerecht" lässt wieder einen Schlüsselbegriff des Evangeliums anklingen (vgl. Mt 3,15; 5,6). Zur sechsten und neunten Stunde trifft er wieder Arbeitslose an und verfährt mit ihnen in gleicher Weise. Das Gleichnis entfernt sich immer mehr von der Alltagswirklichkeit. Ganz deutlich wird das, als der Weinbergbesitzer sogar eine

Stunde vor Arbeitsschluss, um die elfte Stunde, noch einmal losgeht und wieder Leute antrifft, die untätig da herumstehen. Auf seine Frage, warum sie sich hier immer noch aufhalten, antworten die Arbeiter, dass keiner sie gewollt hat. Es scheinen wenig qualifizierte und wenig leistungsstarke Menschen zu sein, die niemand brauchen kann und die so durch alle sozialen Raster und Netze fallen. Auch sie werden in den Weinberg geschickt. Der Besitzer kann alle „gebrauchen". Von einer Entlohnung ist hier nicht mehr die Rede. Es fällt auf, dass im Gleichnis *die* Arbeiter die meiste Aufmerksamkeit bekommen, die *zuerst* angeheuert werden, und die *zuletzt* in den Weinberg geschickt werden.

2. Mt 20,8-16: Am Abend bei Sonnenuntergang lässt der „Herr" (kýrios) des Weinbergs seinen Verwalter die Arbeiter zusammenrufen und beauftragt ihn, mit der Lohnauszahlung bei den letzten zu beginnen. Sie erhalten völlig unerwartet einen Denar, obwohl sie nur kurze Zeit gearbeitet haben. Auch die zur dritten, sechsten und neunten Stunde Angeheuerten bekommen alle den gleichen Lohn. Bei den zuerst Gekommenen steigert sich inzwischen die Erwartung, mehr als den vereinbarten Denar zu erhalten. Haben sie doch den ganzen Tag über schwer gearbeitet und waren dabei der Sonne und der Hitze ausgesetzt. Als auch sie einen Denar bekommen, sind sie enttäuscht und empört. Sie protestieren dagegen, dass alle unabhängig von der Dauer ihres Einsatzes gleich entlohnt werden. Was sie sagen, ist nachvollziehbar und würde auch unserem Gerechtigkeitsempfinden entsprechen. Diese Tagelöhner fühlen sich benachteiligt und in ihrem Selbstwertgefühl verletzt. Doch Jesus verschärft die Pointe und provoziert damit seine Jünger noch mehr: Der Weinbergsbesitzer wendet sich an einen der aufbegehrenden Arbeiter, spricht ihn mit Freund (*hetaíre*) an und verteidigt sein Verhalten zunächst auf der Ebene der formalen Gerechtigkeit. Da ist ihm nichts vorzuwerfen (*ouk adíko*) Doch dann lenkt er die Aufmerksamkeit auf die zuletzt Gekommenen, die keiner haben will, und macht unmissverständlich klar, dass seine Güte und Zuneigung ihnen *nicht weniger* gilt als denen, die sich den ganzen Tag abgemüht haben, d.h. die sich ihr Leben lang um die genaue Beachtung der Tora gemüht haben. „Alle diese Gebote habe ich befolgt" Mt 19,20), sagt vorher der junge Mann, der zu Jesus kommt und das ewige Leben „haben" will. Nach seinem Weggang fragt Petrus Jesus: „Siehe, wir haben alles verlassen und sind dir nachgefolgt. Was wird mit uns sein?" (Mt 19,27), was so viel bedeutet wie: *Was werden wir dafür bekommen?.*

Der Herr des Weingutes bezeichnet dann die Letzten, diese unbrauchbaren Tagelöhner, auch noch als die „Seinen", als Menschen also, die einen besonderen Platz in seinem Herzen haben und bei ihm nicht zu kurz kommen. Das erinnert an die „Kleinen", denen Gott besonders nahe ist (Mt 18,10.14). Offenbar gelten in der Gottesherrschaft andere Maßstäbe, eine andere Art von Gerechtigkeit, die der Logik üblicher Vorstellungen und Empfindungen widerspricht.

Die letzte Frage des Weinbergbesitzers zielt auf den Kern des Ganzen und offenbart das eigentliche Motiv des Widerstandes: „Oder ist dein Auge böse (*ponerós*), weil ich gut bin?" In der biblisch-jüdischen Tradition ist das „böse Auge" eine geläufige Metapher für Neid. Das „böse Auge" blickt neidisch auf die, die mehr bekommen als sie aus der Sicht der Ersten „verdient" haben. Hier wird auf einmal deutlich, dass Anspruchsdenken Beziehungen jeder Art gefährdet oder gar zerstört – auch die Beziehung zu Gott. Solange es uns in dieser Beziehung um Leistung geht und wir dafür von Gott entsprechenden Lohn erwarten oder gar einfordern, laufen wir ins Leere. Erst wenn die Arbeiter der „ersten Stunde" erkennen, dass ihre Vorstellungen und Wertmaßstäbe, dass die Logik ihres Denkens und Fühlens sie weit von Gott entfernt hat, können sie begreifen, was aus der Sicht Gottes „gerecht" ist. Dann werden sie vielleicht verstehen, dass Erste Letzte und Letzte Erste werden (V. 16). Damit erinnert Jesus seine Jünger nochmal an die Seligpreisungen (Mt 5,4-11).

Im Kontext der Gemeinde könnten mit den Letzten auch Heidenchristen gemeint sein, die wie Erste „entlohnt" werden. Aber Matthäus sagt das nicht. Auf jeden Fall bezieht der letzte Vers Position gegen ein Anspruchsdenken, das sich mit bestimmten Statuspositionen und Leistungsnachweisen in der Gemeinde verbinden kann.

Die dritte Ankündigung von Leiden, Tod und Auferweckung Jesu: Mt 20,17-19

**20 [17] Als Jesus nach Jerusalem hinaufzog, nahm er die zwölf Jünger beiseite
und sagte unterwegs zu ihnen: [18] Siehe, wir ziehen hinauf nach Jerusalem; und
der Menschensohn wird den Hohenpriestern und Schriftgelehrten ausgeliefert
werden; sie werden ihn zum Tod verurteilen [19] und den Heiden ausliefern, da-
mit er verspottet, gegeißelt und gekreuzigt wird; und am dritten Tag wird er
auferweckt werden.**

Zusammenhang: Mit dem Aufstieg nach Jerusalem nähert sich der Aufbruch von Mt 19,1 seinem Ende. Was jetzt folgt, steht (auch) unter Gottes Heilsplan. Die beiden Passiva am Anfang und am Ende der Ankündigung (ausgeliefert *werden* und auferweckt *werden*) verdeutlichen das. Waren die beiden vorausgegangenen Ankündigungen (Mt 16,21; 17,22) noch summarisch formuliert, so ist hier die Passionsankündigung detaillierter. Auch werden mit den Hohenpriestern und Schriftgelehrten die Hauptverantwortlichen für das Vorgehen gegen Jesus benannt, während in der Passionsgeschichte die Hohepriester und Älteste als Hauptgegner auftreten (Mt 26,3.47; 27,1.3.12). – Mt dient als Quelle Mk 10,32-34, die er nur geringfügig bearbeitet.

Auf dem Weg hinauf nach Jerusalem konfrontiert Jesus seine Jünger zum dritten Mal mit dem Schicksal, das ihn dort erwartet, jetzt aber in einer größeren Ausführlichkeit. Die Jünger sollen wissen, was Jesus auf sich zukommen sieht: Seinen Gegnern wird er ausgeliefert. Diese verurteilen ihn zum Tod, um ihn dann von den Heiden, der römischen Besatzungsmacht, auf die schändlichste Weise hinrichten zu lassen. Statt „töten" gebraucht Mt hier zum ersten Mal das Wort „kreuzigen". Als Vorspiel zu diesem grausamen Ritual wird er ausgepeitscht und verspottet. Doch zu dieser dramatischen Ankündigung gehört – wie bei den anderen Voraussagen – auch, dass er am dritten Tag auferweckt wird. Von einer unmittelbaren Reaktion der Jünger hören wir zunächst nichts. Doch auch sie werden einmal ausgeliefert (Mt 19,17-22) und ihren Weg in die Passion zu gehen haben (Mt 10,38; 16,24-26). Das kommt aber im nächsten Abschnitt deutlicher zur Sprache.

Vom Dienen und Herrschen: Mt 20,20-28

> 20 [20] Damals kam die Mutter der Zebedäussöhne mit ihren Söhnen zu ihm (Jesus), fiel (vor ihm) nieder und wollte etwas von ihm erbitten. Er aber sagte zu ihr: Was willst Du?" Sie sagte: Sag, dass diese meine beiden Söhne in deinem Reich einer zu deiner Rechten und einer zu deiner Linken sitzen werde! [22] Jesus aber erwiderte: Ihr wisst nicht, um was ihr bittet. Könnt ihr den Kelch trinken, den ich trinken werde? Sie sagten zu ihm: Wir können es. [23] Er sagt ihnen: Meinen Kelch werdet ihr zwar trinken; aber das Sitzen zu meiner Rechten und zu meiner Linken habe nicht ich zu vergeben, sondern es ist für die, denen es von meinem Vater bereitet ist.
>
> [24] Und als die zehn (anderen) Jünger das hörten, wurden sie unwillig über die beiden Brüder. [25] Jesus aber rief sie zu sich und sagte: Ihr wisst, dass die Herrscher ihre Völker unterdrücken und die Großen ihre Macht über sie ausüben. [26] Bei euch soll es nicht so sein, sondern wer bei euch groß sein will, soll euer Diener sein, [27] und wer bei euch der Erste sein will, soll euer Sklave sein. [28] Wie der Menschensohn nicht gekommen ist, um sich dienen zu lassen, sondern um zu dienen und sein Leben (hin)zu geben als Lösegeld für viele.

Zusammenhang: Unmittelbar nach der dritten Ankündigung Jesu von seiner Passion und seiner Auferweckung begegnet ihm auf dem Weg nach Jerusalem die Mutter der beiden Zebedäussöhne. Das kommt etwas überraschend. Wenn man aber Mt 27,55f. dazu nimmt, kann man davon ausgehen, dass die Mutter der beiden Brüder zu den Frauen gehört, die Jesus von Galiläa aus nachgefolgt sind und ihm „gedient" (diakonéo) haben. – Mit den beiden Abschnitten folgt Mt weiter der Markus-Vorlage 10,35-45, die er nur wenig überarbeitet.

1. Mt 20,20-23: Ähnlich wie die Jünger vorher Jesus danach fragen, wer der Größte im Himmelreich sei (Mt 18,1), wird er jetzt sogar mit einer Bitte konfrontiert, die unverhohlen zu erkennen gibt, wie sehr den Zebedaiden trotz aller Unterweisung (Mt 18,2-5; 19,30; 20,16) daran liegt, eine herausragende Stellung in seinem Reich (*basileía*) einzunehmen und als „groß" zu gelten. Die Mutter des Jakobus und Johannes kommt mit ihnen auf Jesus zu, fällt vor ihm nieder, bringt aber ihr Anliegen zunächst nicht heraus, sodass Jesus sie dazu ermutigt, ihm zu sagen, was sie will. Ihre Bitte lässt auf eine große Wertschätzung für Jesus und eine tiefe Zuneigung zu ihren Söhnen schließen, macht aber zugleich deutlich, dass sie von der „Gesetzmäßigkeit", die in „seinem Reich" gilt, wo Erste Letzte und Letzte Erste sein werden, noch kaum etwas verstanden hat. Jesus geht auf ihre Bitte nicht ein und wendet sich direkt an die beiden Jünger.

Er verweist sie mit der Kelchfrage auf sein bevorstehendes Todesschicksal und erinnert sie an ihre Schicksalsgemeinschaft mit ihm. Auch wenn die beiden kühn behaupten, dass sie dazu bereit sind, so wird sich doch bald zeigen, dass es nicht allein von ihrer Selbsteinschätzung abhängt, ob sie den Becher Jesu trinken können. Auf Golgotha werden zusammen mit Jesus zwei Verbrecher gekreuzigt, der eine zu seiner Rechten, der andere zu seiner Linken. Die Jünger aber, auch Jakobus und Johannes sind dann auf der Flucht und halten sich versteckt. Alles ehrgeizige Streben nach den ersten Plätzen im kommenden Reich wird ins Stocken geraten vor der Erfahrung, dass es nicht allein in unserer Hand liegt, wie wir uns in bestimmten lebensbedrohlichen Situationen verhalten werden. Doch ohne den beiden einen Vorwurf zu machen, gibt er ihnen zu verstehen, dass es nicht seine Sache ist, über das ersehnte Privileg zu verfügen. Darüber hinaus kann man Gott gegenüber keine Ansprüche geltend machen.

2. Mt 20,24-28: Als die anderen zehn Jünger von dem Ansinnen der beiden Zebedäussöhne hören, werden sie *unwillig* (*aganáktein*) über Jakobus und Johannes. In dem Wort schwingen Ärger, Misstrauen und Eifersucht mit. Ihre Reaktion spiegelt auf ähnliche Weise das gleiche ungetrübte Missverständnis über die „Hierarchie" in der Gottesherrschaft wider. Jesus ruft sie deshalb alle zu sich und weist sie auf die in der Welt üblichen Macht- und Herrschaftsstrukturen hin. In den beiden Verben *katakyriéuo* und *katexousiadzo* (Herrenrechte und Gewalt ausüben) wird das Gewalttätige, Missbräuchliche, auf reinen Machterhalt und Eigennutz Bedachte der Herrschenden angesprochen: „herunterherrschen" und „herunterwillküren". Von solchen Herrschaftsstrukturen soll sich das Leben in der Gemeinde fundamental unterscheiden. Sie ist nicht der Ort, wo über andere Macht ausgeübt wird und wo man sich bedienen lässt. In ihr soll es keine andere „Größe" geben als die des Dienstes. In einer Gemeinschaft von Christen ist nur glaubwürdig, wer auf alle Machtansprüche verzichtet, damit die „Macht", die Gott in den Herzen der

Menschen zukommt, sich so ungehindert wie möglich auswirken kann. Ohne diese „Hierarchie des Dienstes“ kann sie in ihrem sozialen Umfeld nicht zur offensiven Kontrastgesellschaft werden (vgl. Mt 18,1-4; 23,8-12). Diese „Gemeindeordnung“ legitimiert sich vom Leben und Wirken des Menschensohnes her, das er mit „dienen“ (*diakonéo*)“ und in seiner letzten Zuspitzung als „Lebenshingabe“ umschreibt. Er selbst deutet seinen Tod als „Lösegeld für viele“ (V. 28). Das erinnert wieder an die Verheißung des Engels: „Er wird sein Volk von seinen Sünden erlösen“ (Mt 1,21c).

Es bleibt aber die Frage, ob „nicht jeder besondere „Dienst“, zumal wenn er mit Kompetenz, Wissen und charismatischer Begabung verbunden ist, auch Machtausübung und Herrschaft“ bedeutet. Kann man in einer institutionell verfassten Kirche jede Form von Herrschaft ausschließen? (U. Luz).

Die Heilung von zwei Blinden bei Jericho: Mt 20,29-34

**20 29 Als sie von Jericho weggingen, folgte ihm eine große Volksmenge nach. 30
Und siehe, zwei Blinde saßen neben dem Weg. Als sie hörten, dass Jesus vorü-
bergeht, schrien sie laut: Erbarme dich unser, Herr, Sohn Davids! 31 Die Menge
aber fuhr sie an, dass sie schweigen sollten. Sie aber schrien noch lauter: Er-
barm dich unser, Herr, Sohn Davids! 32 Und Jesus blieb stehen, rief sie (zu sich)
und sagte: Was wollt ihr, dass ich euch tun soll? 33 Sie sagten ihm: Herr, dass
unsere Augen geöffnet werden. 34 Jesus aber hatte Mitleid mit ihnen, berührte
ihre Augen und sogleich blickten sie auf und folgten ihm nach.**

Zusammenhang: Die Erzählung von der Heilung der beiden Blinden bildet den Abschluss der Jüngerunterweisungen von Mt 17,24-20,34 und steht unmittelbar vor dem Einzug Jesu in Jerusalem. Damit wird das Zeichenhafte und Exemplarische des Erzählten deutlich hervorgehoben.

Mt folgt der Markus-Quelle 10,46-52 und kürzt sie wieder um einige Einzelheiten, um seine eigenen Akzente zu setzen. Eine Variante zu diesem Text findet sich bereits in Mt 9,27-31.

1. Mt 20,29-31: Als Jesus mit seinen Jüngern die Oasenstadt Jericho verlässt, *folgt* ihm eine große Volksmenge (*akolouthéo*). Wie schon zu Beginn des öffentlichen Wirkens Jesu in Galiläa (Mt 4,25) spricht Matthäus auch hier von der „Nachfolge“ der vielen Menschen. Die Formulierung scheint wieder bewusst gewählt. Der Evangelist erinnert seine Leser daran, dass Jüngerschaft von ihrem Wesen her zur Gemeinschaft mit anderen Glaubenden drängt (vgl. Mt 28,19f.).

Neben (*pará*) dem Weg nach Jerusalem vor den Toren der Stadt sitzen zwei Blinde. Nach rabbinischem Verständnis gehören sie zu den lebendig Toten: „Vier werden einem Toten gleich geachtet: Der Arme, der Aussätzige, der Blinde und der Kinderlose.“ Man zählt sie zu denen, die von der Hoffnung auf die Gottesherrschaft ausgeschlossen sind. Was mag in Menschen wie diesen beiden vorgehen, die das Schicksal in das Abseits einer so tiefen Aussichtslosigkeit gebannt hat? Welche Gefühle von Auflehnung und Unterwerfung, von Empörung und Abhängigkeit gegenüber den Rollenvorschriften ihrer Umgebung mögen sie bewegen? Welches Ausmaß an Selbstentwertung mag die tägliche Erfahrung ihnen zugefügt haben, dass sie eigentlich nicht mehr zählen, dass sie nur noch ein Häuflein an den Rand geschobenen und gerade noch geduldeten Lebens sind? Und doch scheint in den Blinden die prophetische Hoffnung nicht erloschen zu sein, dass der Tag kommen wird, an dem die Augen der Blinden aus Dunkelheit und Finsternis heraussehen und die Elenden sich aufs Neue über den Herrn freuen, und die Ärmsten unter den Menschen über den Heiligen Israels jubeln (Jes 29,18f.).

Als Jesus mit der großen Volksmenge an ihnen vorüberzieht und die beiden erfahren, dass Jesus es ist, werden sie plötzlich von einer solchen Woge des Vertrauens erfasst, dass sie laut ihre Not herausschreien: „Erbarme dich unser, Sohn Davids!" Da fährt die Menge sie an (*epitimáo*) und will sie zum Schweigen bringen. Doch der Weg der „Nachfolge" Jesu verläuft nicht so „störungsfrei". Die Vielen, die mit Jesus unterwegs sind, unterscheiden sich in ihrer Reaktion nicht von dem, wie im alltäglichen Leben mit Menschen, die nichts zu sagen haben, umgegangen und Macht ausgeübt wird. Es ist ein mühsamer und langwieriger Prozess, bis alte Vorurteile und emotional tief verankerte Einstellungen und Verhaltensweisen vom Geist der Seligpreisungen abgelöst werden.

Solange Zeit haben sich die Blinden den Befehlen der anderen gefügt und ihren Mund gehalten. Jetzt aber, da *der* Mensch, den sie als den verheißenen Messias erkennen, ihrem Leben plötzlich so nah ist, wollen sie sich nicht länger unter fremde Anweisungen und Vorschriften ducken. Ihr Vertrauen in Jesus ist so groß, dass sie sich nicht mehr einschüchtern lassen und noch lauter schreien: „Erbarme dich unser, Herr (*kýrios*), Sohn Davids!"

2. Mt 20,32–34: Vom Glauben und Vertrauen der Blinden bewegt, bleibt Jesus stehen und ruft die beiden zu sich. In der Begegnung mit ihm liegt der Höhepunkt der Erzählung. Jesus kommt es darauf an, dass die Blinden, die so lange im Bannkreis fremder Vorschrift und Duldung gelebt haben, von sich aus sagen, was sie wollen. Sie müssen ihr Anliegen selbst formulieren, unabhängig davon, was andere für sie für gut halten. Darum die überflüssig anmutende Frage: „Was wollt ihr, dass ich euch tun soll?" In der Art, wie sie antworten, bekräftigen sie ihren Glauben, dass Gott ihnen die Augen öffnen werde. Jesus wird von ihrer Not und ihrem Glauben ganz tief in seinem Innern getroffen (*splanchnídzomai, vgl. Mt 9,36; 14,14; 15,32*), sodass er wortlos ihre Augen berührt und sie *sofort* aufblicken können.

Wer sich so weit zurücknehmen kann wie Jesus, um anderen die Chance zu geben, ihre eigenen Möglichkeiten zu entdecken und zu der Sehnsucht ihres Herzens zu stehen, der schafft bei ihnen die Voraussetzung für Nachfolge. Und nur jemand, der zu sich selbst stehen kann, taugt für die Nachfolge. Die beiden folgen Jesus (*akolouthéo*) aus eigenem Entschluss. Sie werden Jünger auf dem Weg nach Jerusalem – in die Passion.

Es fällt auf, dass im ersten und letzten Satz des Abschnitts das Wort „nachfolgen" steht. Es ist das letzte Leitwort vor dem Einzug Jesu in Jerusalem. Die Erzählung macht deutlich, an welche Voraussetzungen Jüngerschaft gebunden ist. Sie zeigt auch, dass der Weg nach Jerusalem uns allein nicht möglich ist. Wer Gottes Barmherzigkeit an sich erfahren hat, wem die Augen geöffnet wurden für die Größe und Weite seiner Berufung als Christ, wird die Sehnsucht spüren, mit ihm zu gehen wie die beiden von ihrer Blindheit Geheilten.

Bevor nun in Jerusalem die letzte Auseinandersetzung Jesu mit seinen Gegnern beginnt, zeigt Mt in den beiden Blinden exemplarisch, was Christsein in seinem Kern bedeutet. In diesen beiden „Zeugen" fasst er seine Lehre zusammen und zeigt, wie Jesusnachfolge aussieht.

Das Wirken Jesu in Jerusalem: Mt 21,1-25,46

Das Wirken Jesu in der Heiligen Stadt Jerusalem beginnt mit drei provokanten Handlungen: feierlicher Einzug, die Vertreibung der Händler und Geldwechsler aus dem Tempel und die Heilung von Blinden und Lahmen im Tempel, die von Hosanna-Rufen der Kinder begleitet werden. Das ruft die Hohenpriester und die Schriftgelehrten auf den Plan (Mt 21,1-17). Am nächsten Tag kommt es mit der Zeichenhandlung an einem Feigenbaum zur letzten großen Auseinandersetzung mit den religiös-politischen Führern des Volkes, zunächst mit drei aufeinander folgenden Gleichnissen (Mt 21,18-22,14), dann folgen Streitgespräche, bei denen er seine Gegner ins Leere laufen lässt, sodass in der letzten dieser verbalen Auseinandersetzungen nicht mehr sie ihn, sondern er sie befragt, sie die Antwort aber schuldig bleiben und fortan nicht mehr wagen, ihm eine Frage zu stellen (Mt 22,15-46). Schließlich geht Jesus vor der gesamten Volksmenge und seinen Jünger mit den Schriftgelehrten und Pharisäern mit einer kaum zu überbietenden Schärfe ins Gericht und attackiert sie mit sieben Wehrufen (Mt 23,1-39).

Nach dieser heftigen Auseinandersetzung verlässt Jesus den Tempel und geht mit seinen Jüngern auf den Ölberg. Im Blick auf Jerusalem und den prachtvollen Tempel hält er seine letzte große Rede (Mt 24,3-25,46). Sie ist nach der Bergpredigt die längste.

Der Einzug Jesu in Jerusalem und sein erstes Wirken im Tempel: Mt 21,1-17

21 1 Als sie sich Jerusalem näherten und nach Betphage an den Ölberg kamen,
schickte Jesus zwei Jünger (aus) 2 und sagte zu ihnen: Geht in das Dorf, das
euch gegenüber liegt; und sogleich werdet ihr eine Eselin angebunden finden
und ein Fohlen bei ihr. Bindet sie los und führt sie zu mir! 3 Und wenn jemand
etwas zu euch sagt, dann sollt ihr sagen: Der Herr braucht sie. Er lässt sie aber
bald zurückbringen. 4 Dies aber ist geschehen, damit erfüllt werde, was durch
den Propheten gesagt worden ist:

5 Sagt der Tochter Zion:
Siehe, dein König kommt zu dir.
Sanftmütig und auf einer Eselin reitend
und auf einem Fohlen, dem Jungen eines Lasttiers.

6 Die Jünger gingen und taten, wie Jesus ihnen aufgetragen hatte. 7 Sie
führten die Eselin und das Fohlen (zu ihm), legten ihre (Ober)Gewänder auf
sie, und er setzte sich darauf. 8 Die sehr große Volkmenge breitete ihre Kleider
auf dem Weg aus, andere aber hauten Zweige von den Bäumen und streuten
sie auf den Weg. 9 Die Volksmenge aber, die ihm vorausging und die ihm nach-
folgten, rief laut:

Hosanna dem Sohn Davids!
Gesegnet (gepriesen) sei, der kommt im Namen des Herrn.
Hosanna in der Höhe!

10 Und als er in Jerusalem einzog, erbebte die ganze Stadt und (man) fragte:
Wer ist dieser? 11 Die Volksmengen aber sagten: Dieser ist der Prophet Jesus
von Nazareth in Galiläa.

12 Und Jesus ging in den Tempel und wies alle hinaus, die im Tempel
verkauften und kauften; die Tische der Geldwechsler und die Sitze der Tau-
benhändler stieß (drehte) er um 13 und sagte zu ihnen: Es steht geschrieben:
Mein Haus soll ein Haus des Gebetes heißen. Ihr aber macht daraus eine
Räuberhöhle.

14 Und es kamen zu ihm Lahme und Blinde in den Tempel und er heilte sie.
15 Als aber die Hohenpriester und die Schriftgelehrten die wunderbaren Dinge
sahen, die er tat, und die Kinder, die im Tempel riefen: Hosanna dem Sohn
Davids!, da wurden sie unwillig 16 und sagten zu ihm: Hörst du, was diese
(Kinder) rufen? Jesus aber erwiderte ihnen: Habt ihr nie gelesen: Aus dem
Mund von Unmündigen und Säuglingen bereitest du dir Lob? 17 Und er ließ
sie stehen, ging aus der Stadt hinaus nach Bethanien und übernachtete dort.

Zusammenhang: Das eigentliche Ziel des Einzugs Jesu in Jerusalem ist der Tempel. Deshalb vertreibt er zunächst die Händler und Geldwechsler, die dort Geschäfte betreiben, bevor er dort mit der Heilung von Blinden und Lahmen beginnt. Nach V. 10 und 11 unterscheidet Mt zwischen der Volksmenge, die mit ihm in die Heilige Stadt einzieht, und den Bewohnern von Jerusalem.

Gegenüber seiner Vorlage Mk 11,1-17 hat der Evangelist zahlreiche Änderungen vorgenommen, v.a. das Erfüllungszitat aus Sach 9,9, Frage und Antwort zwischen der „ganzen Stadt" und den Volksmengen, sowie die Heilung der Blinden und Lahmen im Tempel und die erste Auseinandersetzung mit den Hohepriestern und Schriftgelehrten über die Hosanna-Rufe der Kinder.

1. Mt 21,1-11: Jesus nähert sich Jerusalem von Osten her und kommt nach Betphage, einem kleinen Dorf am Hang des Ölbergs in unmittelbarer Nähe zur Stadt. Von dort aus bereitet er seinen Einzug auf eine Weise vor, die seinen messianischen Anspruch erstmals in der Öffentlichkeit deutlich macht und zu erkennen gibt, dass er alles Kommende im Blick hat und die Initiative in seiner Hand liegt. Zunächst beansprucht er hoheitlich ein Reittier, zwar nur vorübergehend, aber die Eselin und ihr Füllen sind fremdes Eigentum. Mt deutet das ganze Geschehen als die Erfüllung prophetischer Weissagung: Nach Sach 9,9 reitet der messianische Friedenskönig auf einem Eselsfüllen. Er wird Streitwagen, Rosse und Kriegsbögen vernichten und den Völkern den Frieden bringen. Es heißt von ihm ausdrücklich: Er ist sanftmütig, freundlich, milde (*praus*) – das genaue Gegenbild eines Machthabers, der auf andere herunterherrscht wie die römische Besatzungsmacht. Wenn Jesus zeichenhaft an diese alttestamentliche Verheißung anknüpft, dann erfüllt er Gottes Heilsplan.

Als alles für den Einzug bereitet ist, besteigt Jesus das Reittier und zieht unter dem Jubel der Volksmenge (und wohl auch seiner Jünger) in die Stadt. Dabei rufen sie: „Hosanna, dem Sohn Davids! Gepriesen sei, der kommt im Namen des Herrn. Hosanna in den Höhen" (Ps 118,25f.) *Hosanna* bedeutet ursprünglich: „(Ach, Herr,) bring doch Rettung!" Im Urchristentum wurde dieser Ruf zu einem lobpreisenden Jubelruf. Die Volksmengen huldigen also dem Davidssohn als messianischen König. Im Kontext des Evangeliums lässt Mt hier eine fortschreitende christologische Erkenntnis durchblicken: Von der erstaunt wahrgenommenen Einsicht, dass Gott sich in Jesus auf einzigartige Weise Israel zugewandt hat (Mt 9,33), über die erstaunte, aber noch offene Frage, ob Jesus vielleicht der messianische Sohn Davids ist (Mt 12,23) bis hin zum jubelnden Lobpreis Jesu als davidischen Messias. Die Volksmengen preisen Jesus als den sanftmütigen hoheitlichen Hirten seines Volkes, der sich ihnen helfend und heilend zuwendet, wie sich bald im Tempel wieder zeigen wird.

Von dieser dynamischen Welle erfasst, wird die „ganze Stadt" erschüttert. Matthäus gebraucht hier das Verb *seío,* das so viel bedeutet wie „erbeben, in Bewegung setzen". Das wiederum erinnert an den Anfang in Mt 2,1-12, als „ganz Jerusalem" durch die Kunde vom neugeborenen König der Juden in Bestürzung geriet (*tarásso*). Die erstaunte Frage der Jerusalemer Bevölkerung: „Wer ist dieser?" bekommt auf diesem Hintergrund einen eher negativen Klang. Die Bewohner sind verunsichert und ratlos. Die Volksmengen aber geben die Antwort: „Dieser ist der Prophet Jesus, der aus Nazareth in Galiläa!" Mit der Rede von Jesus als dem *Propheten* gibt Mt gezielt einen Hinweis auf das gewaltsame Geschick der Propheten in Israel (vgl. Mt 5,12; 21,35f.; 23,30f.34-36). Auch wenn die Volksmengen anders als die Jünger noch keine Erkenntnis haben, wer Jesus wirklich ist (Mt 14,33; 16,16), so sagen sie doch etwas eminent Positives über ihn aus. Mit Mt 21,10f. kommt bereits die Spaltung Israels in den Blick: Auf der einen Seite die Bevölkerung der Heiligen Stadt, die durch die Ankunft des Messias in Bestürzung und Ratlosigkeit gerät, und auf der anderen Seite die Volksmengen, die mit Jesus zusammen nach Jerusalem gekommen sind und ihm zujubeln.

2. Mt 21,12-17: Schließlich erreicht Jesus den Tempel, das religiöse Zentrum seines Volkes, und beginnt unverzüglich den Marktbetrieb im Vorhof der Heiden zu beenden. Das Verb *ekbállein* kann *hinauswerfen* bedeuten, aber auch *hinausweisen, hinausdrängen*, wie Jesus das mit den vielen Menschen im Haus des Synagogenvorstehers getan hat (Mt 9,25). Er zeigt sich als Herr, der die Verfügungsgewalt über den Tempelbezirk hat und erteilt allen Händlern und Käufern, sowie den Geldwechslern autoritativ Platzverweis.

katastréphein heißt eigentlich *das Untere nach oben kehren und das Obere nach unten.* So etwas geschieht normalerweise gewaltsam und zerstörerisch. In unserem Zusammenhang kann es aber auch bedeuten, dass Jesus die Tische der Geldwechsler und die Sitze der Taubenverkäufer so „umdreht", dass für jeden sichtbar ist: Hier gibt es kein Geschäft!

Der Jerusalemer Tempel war bis zu seiner Zerstörung im Jahr 70 n. Chr. ein religiös-kultureller, ökonomisch-politischer Großbetrieb, der nach herrschender Meinung das öffentliche Heil für ganz Israel garantierte. Der wirtschaftliche Betrieb hatte aber Ausmaße angenommen, die das „Haus des Gebetes" (Jes 56,7) zu einer „Räuberhöhle" hat verkommen lassen (V. 13). Gegen diesen Missstand schreitet Jesus ein.

Als der Tempel von allem kommerziellen Getriebe mit den Opfertieren gereinigt ist, kann er wieder zum Ort barmherziger Zuwendung werden. Vielleicht will Mt auch an das Wort von Hosea (6,6) erinnern, das Jesus schon zweimal genannt hat: „Barmherzigkeit will ich – nicht Opfer!" (Mt 9,13; 12,7). Lahme und Blinde kommen zu ihm in den Tempel und er heilt sie. Sie gehören zu den Wehrlosen und Hilfsbedürftigen, zu denen, die gering geschätzt und gerade noch geduldet werden. David hatte sie einst vom Haus Gottes ausgeschlossen (2 Sam 5,6-8). Doch der davidische Messias nimmt sich ihrer an und integriert sie wieder in das Volk Gottes. Die Heilungen werden von den Rufen der Kinder „Hosanna dem Sohn Davids!" begleitet. Auch sie gehören zur wahren Gemeinde Israel.

Doch jetzt tauchen plötzlich die Hohenpriester auf, die für den Tempel in besonderer Weise verantwortlich sind, und deren Feindschaft bereits in Mt 16,21 und 20,18 angekündigt war, sowie die Schriftgelehrten, die sich schon immer als Jesu Feinde präsentiert hatten. Bemerkenswert ist, dass sie nicht schon gegen seine Räumungsaktion im Vorhof des Tempels eingeschritten sind, sondern erst, als sie auf die Heilungen und auf die Hosanna-Rufe der Kinder aufmerksam werden. Sie beziehen diese Rufe auf Jesus und fragen ihn vorwurfsvoll, wie er so etwas zulassen kann. Jesus aber rechtfertigt die Rufe der Kinder als schriftgemäßes Gotteslob. Gott selbst bereitet sich das Lob aus dem Mund von Unmündigen und Säuglingen (Ps 8,3 LXX). Wenn diese Kleinen hier Jesus als Sohn Davids preisen, dann haben sie ihn als den von JHWH Beauftragten und Gesandten erkannt. Nach diesem Verweis auf ihre mangelnde Schriftkenntnis lässt er sie einfach stehen, verlässt die feindlich gesinnte Stadt, um in Bethanien zu übernachten.

Die Verfluchung des Feigenbaums und die anschließende Jüngerbelehrung: Mt 21,18-22

21 18 In der Frühe am Morgen aber, als er in die Stadt zurückkehrte, hatte er
Hunger. 19 Und er sah einen Feigenbaum am Weg, ging auf ihn zu und fand an
ihm nichts als nur Blätter. Da sagte er zu ihm: Nie mehr soll eine Frucht aus
dir wachsen – bis in Ewigkeit. Und auf der Stelle verdorrte der Feigenbaum. 20
Und als die Jünger (das) sahen, staunten sie und sagten: Wie konnte der Feigenbaum auf der Stelle verdorren?

21 Jesus aber antwortete ihnen und sagte: Amen, ich sage euch: Wenn ihr Glauben habt und nicht zweifelt, werdet ihr nicht nur das mit dem Feigenbaum tun, sondern auch, wenn ihr zu diesem Berg sagt: Heb dich hoch und wirf dich
ins Meer!, wird es geschehen. 22 Und alles, worum ihr im Gebet bittet, werdet
ihr erhalten, wenn ihr glaubt.

Zusammenhang: Die Verfluchung des Feigenbaums und sein sofortiges Verdorren löst zunächst Befremden aus. Sie scheint im Widerspruch zum sanften Friedenskönig und seiner heilenden Zuwendung zu den Blinden und Lahmen am Vortag im Tempel zu stehen. Überdies ist jetzt nicht die Jahreszeit, wo man an Feigenbäumen Früchte finden könnte. Offenbar kann diese Zeichenhandlung nur in Bezug auf die folgende Jüngerbelehrung verstanden werden. An deren Anfang und Ende steht jeweils ein Konditionalsatz: „Wenn ihr glaubt ...", der in V. 21 noch verstärkend ergänzt wird: „und nicht zweifelt."

Darin liegt der Schwerpunkt des ganzen Abschnitts. So kann man davon ausgehen, dass die Episode mit dem Feigenbaum die besondere Aufmerksamkeit der Jünger wecken und ihre Unterweisung vorbereiten soll.

Mt hat die Verfluchung des Feigenbaums bei Markus (11,12-14) gekürzt und die Jüngerbelehrung, die bei ihm nach der Tempelreinigung steht (Mk 11,20-26), stark verändert.

Am frühen Morgen des zweiten Tages geht Jesus mit seinen Jüngern wieder zur Stadt hinauf. Auf dem Weg dorthin spürt er Hunger und sucht bei einem Feigenbaum nach Früchten. Als er nur Blätter vorfindet, verflucht er ihn, sodass der Baum augenblicklich von der Wurzel bis zur Krone verdorrt und niemals mehr Früchte hervorbringen kann. Darüber geraten die Jünger ins Staunen und fragen ihn, wie das geschehen konnte.

Jesus geht nicht direkt auf ihre Frage ein und lenkt ihre Aufmerksamkeit auf die Kraft eines überzeugten Glaubens, der Unmögliches möglich macht, der etwas bewegen kann, was ihr Vorstellungsvermögen übersteigt, der – im Bild gesprochen – sogar Berge versetzen und im Meer versinken lassen kann (V. 21). Warum? Weil ein lebendiger überzeugter Glaube, ein unerschütterliches Sich-Festmachen in Gott, sie dem göttlichen Kraftfeld öffnet und damit verbindet. Dann kann gleichsam göttliche Energie ihren Glauben befähigen, etwas zu versetzen, das schon so lange und so unverrückbar wie ein Berg in der Landschaft gestanden hat. Einen solchen Glauben brauchen die Jünger, um in der Schicksalsgemeinschaft mit Jesus zu bestehen. „Wenn ihr Glauben habt und nicht zweifelt ..."

Die Frage nach der Vollmacht Jesu und das Gleichnis von den beiden ungleichen Söhnen: 21,23-32

21 23 Als er in den Tempel gegangen war und dort lehrte, kamen die Hohen-
priester und die Ältesten des Volkes zu ihm und sagten: In welcher Vollmacht
tust du das und wer hat dir diese Vollmacht gegeben? 24 Jesus aber antwortete
und sagte zu ihnen: Auch ich will euch eine Frage stellen. Wenn ihr mir dar-
auf antwortet, werde auch ich euch sagen, in welcher Vollmacht ich das tue. 25
Die Taufe des Johannes, woher war sie? Vom Himmel oder von Menschen? Da
überlegten sie bei sich und sagten: Wenn wir antworten: Vom Himmel, wird er
zu uns sagen: Warum habt ihr ihm dann nicht geglaubt? 26 Wenn wir aber sa-
gen: Von Menschen, fürchten wir die Volksmengen; denn alle halten Johannes
für einen Propheten. 27 Und sie antworteten Jesus: Wir wissen es nicht. Darauf
sagte er: Dann sage auch ich euch nicht, in welcher Vollmacht ich das tue.

28 Was aber meint ihr? Ein Mann hatte zwei Söhne. Und er ging zum ersten
und sagte: (Mein) Kind, geh heute und arbeite im Weinberg! 29 Er aber antwor-
tete und sagte: Ich will nicht! Später aber reute es ihn und er ging hin. 30 Er
ging zum zweiten und sagte (zu ihm) dasselbe. Dieser antwortete und sagte: Ja,
Herr – und ging (aber) nicht hin. 31 Wer von den beiden hat den Willen seines
Vaters getan? Sie sagten: Der erste. Jesus sagte zu ihnen: Amen, ich sage euch:
Die Zöllner und die Dirnen gelangen eher in das Gottesreich als ihr. 32 Denn

Johannes kam zu euch auf dem Weg der Gerechtigkeit und ihr habt ihm nicht geglaubt; aber die Zöllner und die Dirnen haben ihm geglaubt. Ihr aber habt es gesehen und es hat euch hinterher nicht gereut, sodass ihr ihm geglaubt hättet.

Zusammenhang: Das Streitgespräch über die Vollmacht Jesu (Mt 21,23-27) und das Gleichnis von den beiden ungleichen Söhnen (Mt 21,28-32) bilden eine zusammenhängende Texteinheit. Das Gleichnis schließt nahtlos an das Streitgespräch an und steht hier anstelle eines sonst üblichen Jesuswortes am Ende einer solchen Begegnung. Der erste Abschnitt ist viermal von dem Leitwort *exousía* (Vollmacht) durchwebt (V. 21.23f.27) und beide Abschnitte sind durch die Stichworte „Johannes" und „ihm nicht glauben" (V. 25f.32) zusammengehalten.

Mit geringfügigen Änderungen ist Mt im ersten Abschnitt seiner Markus-Vorlage 11,27-33 gefolgt, während der zweite Abschnitt vermutlich ein redaktionell bearbeitetes Traditionsstück ist.

1. Mt 21,23-27: Jesus kommt am Morgen des zweiten Tages wieder in den Tempel, aus dem er die Händler und Geldwechsler vertrieben und wo er die Blinden und Lahmen geheilt hatte. Dort, im religiösen Zentrum des Gottesvolkes, lehrt er die folgenden Tage bis zum Abschluss der Wehe-Rufe über die Schriftgelehrten und Pharisäer (Mt 23,39). Es dauert nicht lange, bis die höchsten Repräsentanten der Tempelaristokratie und des Volkes, die Hohenpriester und Ältesten, auf ihn zukommen und ihm mit der Frage nach seiner Vollmacht direkt konfrontieren. Sie wollen wissen, woher er letztlich seine Autorität und Vollmacht nimmt, den Geschäftsbetrieb mit den Opfertieren im Tempel lahmzulegen, Behinderte und Ausgegrenzte zu heilen, sowie dort auch noch zu lehren, was normalerweise nur bestimmten Autoritäten vorbehalten ist. Es geht damit (wieder) um die Identität Jesu, die sich in der Vollmacht seines Wirkens und der Autorität seiner Lehre manifestiert. Wie bei Streitgesprächen üblich, stellt Jesus ihnen eine Gegenfrage, die sie in große Verlegenheit bringt: Woher stammt die Taufe des Johannes? War sie von Gott oder von Menschen? Er knüpft seine Antwort an die Bedingung, dass sie sich zu seiner Frage eindeutig äußern.

Wenn sie die richtige Antwort geben würden, müssten sie auch Jesus als den vom Täufer angekündigten „Stärkeren" anerkennen (Mt 3,11); geben sie aber die falsche Antwort, müssten sie aus Angst vor der Volksmenge um ihre Machtstellung bangen. Beide möglichen Antworten stellen sie in ein Dilemma, in das sie sich durch ihren Unglauben verstrickt haben. So taktieren sie lieber und antworten in geheuchelter Aufrichtigkeit: „Wir wissen es nicht." So verweigert auch Jesus die Antwort auf ihre Frage und legt ihnen stattdessen ein Gleichnis vor.

2. Mt 21,28-32: Das Gleichnis erzählt von zwei Söhnen (wörtlich: Kindern) eines Weinbergbesitzers, die sich gegenüber der Bitte ihres Vaters anders verhalten, als sie ihm kundtun. Der erste, den er in den Weinberg schicken will, verweigert sich der Bitte des Vaters ohne Umschweife und ohne jede Entschuldigung. Später aber tut ihm sein Verhalten leid und er geht dann doch, um im Weinberg zu arbeiten. Nach der ersten Abfuhr versucht es der Vater mit dem anderen Sohn. Auf die gleiche Bitte bekommt er prompt eine positive Antwort. Sein Sohn redet ihn sogar ehrfürchtig mit „Herr" (kýrios) an. Doch scheint dieser nicht einmal die Absicht gehabt zu haben, sich an seine Zusage zu halten und bleibt dem Weinberg fern. Auf die Frage Jesu, wer von beiden den Willen des Vaters getan habe, geben die hohen Herren eine eindeutige Antwort und sprechen sich damit ihr eigenes Urteil: Mit einem feierlichen Amen-Wort bezieht Jesus das Gleichnis direkt auf sie: Die Zöllner und Dirnen, zwei Gruppierungen, die moralisch und religiös überhaupt kein gesellschaftliches Ansehen genießen, haben eher Zugang zum Reich Gottes als sie, die Führungselite, die sich über allen moralisch und religiös erhaben wähnt. Was sie vorher bei sich im Geheimen erwogen haben, dass die Taufe des Johannes „von Gott" sei, sie ihm aber nicht geglaubt und sich nicht wie die Zöllner und Dirnen bekehrt haben, das macht Jesus ihnen jetzt zum Vorwurf. Der Täufer kam zu ihnen „auf dem Weg der Gerechtigkeit". In seiner anspruchslosen Lebensweise (Mt 3,4) und seinem Gehorsam gegenüber JHWH (Mt 3,15) hat er die Menschen in göttlicher Vollmacht zur Umkehr bewegt (Mt 3,2.7-10). Die Hohenpriester und Ältesten des Volkes aber haben seine Vollmacht nicht anerkannt und ihr Verhalten auch im Nachhinein durch das Beispiel der verachteten Randgruppen weder bereut noch verändert.

Die positive Antwort des zweiten Sohnes. „Ja, Herr!" erinnert an Jesu Wort: „Nicht jeder, der zu mir sagt: „Herr! Herr!, wird in das Himmelreich eingehen, sondern nur, wer den Willen meines himmlischen Vaters tut" (Mt 7,21). Die direkte Anwendung des Gleichnisses auf die religiösen Führer, die vor ihm stehen, offenbart in eklatanter Weise ihr Fehlverhalten. Doch wie sie dem Täufer nicht geglaubt haben, so werden sie auch Jesu Autorität und Vollmacht „von Gott" nicht anerkennen.

Das Gleichnis von den Winzern: Mt 21,33-46

21 33 Hört ein anderes Gleichnis: Es war ein Hausherr, der pflanzte einen Wein-
berg an, zog ringsherum eine Mauer, hob eine Kelter aus, baute einen Turm
und verpachtete ihn an Winzer und reiste außer Landes. 34 Als aber die (Ernte)
Zeit der Früchte kam, schickte er seine Knechte zu den Winzern, um seine
Früchte in Empfang zu nehmen. 35 Die Winzer ergriffen seine Knechte; den
einen prügelten sie, den andern töteten sie, (wieder) einen anderen steinigten
sie. 36 Wiederum sandte er andere Knechte, mehr als das erste Mal; mit ihnen

machten sie es genauso. 37 Zuletzt aber sandte er seinen Sohn zu ihnen und
sagte: Vor meinem Sohn werden sie Achtung haben. 38 Als die Winzer den
Sohn sahen, sagten sie zueinander: Dieser ist der Erbe. Auf, wir wollen ihn
töten und sein Erbe in Besitz nehmen. 39 Und sie ergriffen ihn, warfen ihn aus
dem Weinberg und töteten ihn. 40 Wenn nun der Herr des Weinbergs kommt:
Was wird er mit jenen Winzern tun? 41 Sie sagten zu ihm: Er wird diese Bösen
auf böse Weise vernichten und den Weinberg an andere Winzer verpachten,
die ihm die Früchte abliefern, wenn es Zeit dafür ist.

42 Jesus sagte zu ihnen: Habt ihr nie in den Schriften gelesen:
Der Stein, den die Bauleute verworfen haben,
dieser ist zum Eckstein geworden;
vom Herrn her geschah das
und es ist wunderbar in unseren Augen?

43 Darum sage ich euch: Das Reich Gottes wird euch weggenommen und
einem Volk gegeben werden, das seine (des Himmelreiches) Früchte bringt. 44
Und wer auf diesen Stein fällt, wird zerschellen; auf wen er (der Stein) aber
fällt, den wird er zermalmen. 45 Als die Hohenpriester und die Pharisäer seine
Gleichnisse hörten, merkten sie, dass er von ihnen sprach. 46 und sie suchten
ihn zu ergreifen; sie fürchteten aber die Volksmenge, weil sie ihn für einen
Propheten hielt.

Zusammenhang: Nach einer sehr knappen erzählerischen Überleitung: „Hört ein anderes Gleichnis!" setzt Mt mit einem neuen Gleichnis seine Rede im Tempel fort. Die Adressaten sind wie vorher Mitglieder des Hohen Rates, die über Jesus das Todesurteil fällen werden (Mt 27,1). Später werden statt der Ältesten die Pharisäer genannt (V. 45), die nach Mt zusammen mit den Hohenpriestern als die entscheidenden jüdischen Gegner gelten und mit denen die Gemeinde(n) des Evangelisten nach der Zerstörung Jerusalems aktuell sich am meisten auseinandersetzen müssen. Im weiteren Umfeld muss man sich die Volksmengen dazu denken (V. 46), die schon am Vortag mit Jesus in den Tempel eingezogen waren. – Der Evangelist hat die Markus-Vorlage (12,1-12) gerafft und seine Anwendung um die Verse 43 und 44 erweitert.

1. Mt 21,33-41: In freier Anspielung auf das Lied vom Weinberg (Jes 5,1-7) erzählt Jesus von einem Hausherrn, der mit großer Sorgfalt einen Weinberg anlegt. Die geschilderten Einzelheiten veranschaulichen die Mühe, die der Besitzer sich damit macht. Er tut alles, was für die Anlage eines neuen Weinbergs notwendig ist und einen guten Ertrag erwarten lässt. Dann verpachtet er den Weinberg an Winzer und reist außer Landes.

Als nach einigen Jahren die erste Ernte herangereift ist, schickt der Besitzer seine Knechte zu den Winzern, um seinen im Pachtvertrag vereinbarten Anteil an den Früchten abzuholen. Aber die Winzer tun so, als gehöre ihnen der Weinberg. Sie reagieren auf die Knechte wie auf Eindringlinge: Sie verprügeln den einen, den anderen töten sie und einen dritten steinigen sie. Trotz dieser brutalen gewalttätigen Aktion unternimmt der Besitzer einen weiteren Versuch und schickt eine noch größere Gruppe von Knechten, um seinen Anteil an der Ernte einzufordern. Doch auch sie trifft das gleiche Schicksal. Allmählich wird auf dem Hintergrund der biblischen Tradition deutlich, dass mit den Misshandlungen, Tötungen und Steinigungen das Schicksal der Propheten in Israel gemeint ist. „Von dem Tag an, als eure Väter aus dem Land Ägypten auszogen, bis auf den heutigen Tag, sandte ich zu euch alle meine Knechte, die Propheten; mit Eifer habe ich sie immer wieder geschickt. Aber sie hörten nicht auf mich und neigten mir nicht das Ohr zu. Vielmehr verhärteten sie ihren Nacken und trieben es noch schlimmer als ihre Väter" (Jer 7,25f; 25,4f.). Vielleicht will Jesus auch an die Steinigung des Propheten Sacharja, dem Sohn des Priesters Jojada, im Hof des Tempels erinnern (2 Chr 24,19-21). Jerusalem ist die Stadt, die ihre Propheten tötet und die steinigt, die Gott zu ihr gesandt hat (vgl. Mt 23,37).

In unbegreiflicher Langmut und Güte riskiert er zuletzt, seinen Sohn zu den Pächtern zu schicken, um ihnen eine letzte Chance zur Umkehr zu geben. Als die Winzer den Sohn kommen sehen, erkennen sie ihre Chance, den Weinberg endgültig an sich zu reißen. Wie die Söhne Jakobs ihrem Bruder Josef auflauern, so beschließen sie den gemeinsamen Mord mit denselben Worten: „Auf, wir wollen ihn töten (Gen 37,20 LXX)!" Dann machen sie kurzen Prozess: Sie packen ihn, stoßen ihn aus dem Weinberg und töten ihn. Ihr Motiv erinnert auch an das Vorgehen des Herodes am Anfang der Geschichte Jesu (Mt 2). Aus Angst vor dem Verlust von Macht und Einfluss betreiben die religiös-politschen Führer die Hinrichtung Jesu, der von der pilgernden Volksmenge und später von den Kindern im Tempel als davidischer Messias gefeiert wurde (Mt 21,9.15). Wie schon beim vorausgegangenen Gleichnis (V. 31b) lässt Mt nach dem Vorbild der Nathanparabel (2 Sam 12,1-15) die Hohenpriester und Ältesten selbst die Folgerung aus dem Geschilderten ziehen und sich so ihr eigenes Urteil sprechen.

2. Mt 21,42-46: Jesus bestätigt das Urteil, indem er polemisch fortfährt und aus PS 117 LXX zwei Verse zitiert (V. 27f.): „Habt ihr nie gelesen ..." Jetzt sind aus den Winzern die *Bauleute* geworden, die den als unbrauchbar betrachteten *Eckstein* verworfen haben. Der *Eckstein* ist der jeweils an einer Ecke des Fundaments verankerte Stein, auf dem die Statik des ganzen Bauwerks ruht. Wer aber an diesem Stein rüttelt, wird sich selbst zerstören. Er wird auf dem Stein zerschellen oder von ihm zermalmt werden. Das Bild schaut einerseits voraus auf die Auferstehung Jesu: Vom Herrn ist dieser zum Eckstein geworden, ein Wunder in den Augen der Glaubenden. Ihre Absicht, Jesus von der römischen Besatzungsmacht hinrichten zu lassen und damit ihre Stellung zu behaupten, wird also scheitern. Jerusalem und der Tempel werden zerstört werden. Das Reich Gottes wird ihnen genommen und einem Volk (*éthnos*) gegeben, das Früchte bringt, die der Gottesherrschaft entsprechen und den Mühen, die der Weinbergbesitzer immer und immer wieder aufwendet. Vielleicht deutet sich mit der Wahl des Wortes *éthnos* hier auch schon an, dass es den jüdischen Führer im Prozess vor Pilatus gelingt, das „ganze Volk (Israel)" (*laós*) auf ihre Seite zu bringen und es in die Verantwortung für den Tod Jesu hineinzuziehen (Mt 27,25). So wird der Verlust der Gottesherrschaft (*basileía*) auch für sie Folgen haben.

Nachdem Jesus den Zöllnern und Dirnen eine größere Nähe zur Gottesherrschaft zugesprochen hat als den jüdischen Autoritäten (Mt 21,32), hat diese erneute Abrechnung mit seinen Gegnern (V. 42-44) noch an Schärfe zugenommen. Inzwischen haben sie gemerkt, dass Jesus auch mit diesem Gleichnis sie persönlich meint. Doch sie wagen aus Angst vor der Volksmenge noch nicht, ihn zu verhaften. Für das Volk ist er nach wie vor (Mt 21,11) der Prophet aus Nazareth in Galiläa.

Gleichnisse kann man immer wiederholen und neu aktualisieren. Sie wollen ja Handlungsimpulse für jeweils unterschiedliche Situationen und Adressaten geben. Das Schicksal der Knechte, die der Hausherr zu den Winzern seines Weinbergs schickt, trifft nicht nur die Propheten, sondern jeden, der mit der Nachfolge Jesu Ernst macht. Das Gleichnis kann überdies die meisten von uns direkt ansprechen, wenn wir es noch einmal unter der Rücksicht auf uns wirken lassen: Welche Menschen hat Gott uns auf den Weg geschickt, um unserem Leben eine bestimmte Richtung zu geben? Welche existenziellen Impulse haben mich immer wieder aufhorchen lassen und nachdenklich gemacht? Wie habe ich darauf reagiert? Welchen Widerstand habe ich als Pächter meines Lebens diesen „Gottesboten" entgegengesetzt – vielleicht unter dem Vorwand von Verantwortung? Welche dunklen Absichten nach Machterhalt und Selbstbehauptung, vielleicht auch welche Abgründe von Lüge und Gewalt haben sich dabei aufgetan? Wann habe ich Gott selbst als Konkurrenten „meines" Lebens empfunden und ihn auf subtile Weise bekämpft? Es ist offenbar möglich, dass wir in bestimmten Situationen um die ganze Wahrheit unseres Lebens wissen und dennoch nicht unserer Einsicht folgen oder sogar – wie die Winzer im Gleichnis – alles dransetzen, um die „Boten der Wahrheit" zu vernichten.

Das Gleichnis vom königlichen Hochzeitsmahl: Mt 22,1-14

22 1 Jesus antwortete und sprach wieder in Gleichnissen zu ihnen: 2 Das Him-
melreich gleicht einem König, der seinem Sohn die Hochzeit ausrichtete. 3 Und
er schickte seine Knechte, um die Eingeladenen zur Hochzeit zu rufen. Sie aber
wollten nicht kommen. 4 Wiederum schickte er andere Knechte und trug ihnen
auf: Sagt den Eingeladenen: Siehe, mein Mahl habe ich bereitet, meine Ochsen
und das Mastvieh sind geschlachtet, und alles ist bereit. Kommt zur Hochzeit!
5 Sie aber kümmerten sich nicht darum und gingen weg, der eine auf seinen
eigenen Acker, der andere in sein Geschäft. 6 Die übrigen aber ergriffen seine
Knechte, misshandelten und töteten sie. 7 Der König aber wurde zornig; er
schickte seine Heere, ließ die Mörder töten und ihre Stadt in Brand stecken. 8
Dann sagte er zu seinen Knechten: Das Hochzeitsmahl ist (zwar) vorbereitet,
aber die Eingeladenen waren nicht würdig. 9 Geht also an die Straßenübergän-
ge und ladet alle, die ihr trefft, zur Hochzeit ein! 10 Die Knechte gingen auf die
Straßen hinaus und holten alle zusammen, die sie trafen, Böse und Gute, und
der Festsaal füllte sich mit Gästen.

11 Als der König eintrat, um sich die Gäste anzusehen, sah er unter ihnen ei-
nen Menschen, der nicht mit einem Hochzeitsgewand bekleidet war. 12 Er sagte
zu ihm: Freund, wie bist du hier ohne Hochzeitsgewand hereingekommen? Der
aber verstummte. 13 Da befahl der König den Dienern: Bindet ihm Füße und
Hände und werft ihn hinaus in die äußerste Finsternis! Dort wird Heulen und
Zähneknirschen sein. 14 Denn viele sind gerufen, wenige aber auserwählt.

Zusammenhang: Im dritten Gleichnis wird die Abrechnung mit den Hohepriestern, Ältesten und Pharisäern fortgesetzt und noch einmal verschärft, sodass sich ihre Feindschaft gegenüber Jesus vertieft. Die Formulierungen „und er sandte seine Knechte" bzw. „wiederum sandte er andere Knechte" (V. 3f.) entsprechen wörtlich den Handlungsanweisungen des Hausherrn im vorausgegangenen Winzergleichnis (Mt 21,34.36). Das Senden spielt in allen drei Gleichnissen die entscheidende Vorgabe und macht darauf aufmerksam, dass man den *kairós* für die Teilnahme an der Gottesherrschaft (am „Himmelreich") verpassen kann, und zwar endgültig.

Eine Parallele zu Mt 22,1-10 findet sich bei Lk 14,16-24. Die Unterschiede zwischen den beiden Fassungen sind aber so groß, dass die Provenienzforschung bis heute strittig ist. Die Verse 11-13 sind weitgehend von mt Diktion geprägt. Der letzte V. 14, die Quintessenz aus allem, ist ein Logion aus der Jesustradition.

1. Mt 22,1-10: Auf die Reaktion seiner Zuhörer (Mt 21,46) antwortet Jesus mit einem Gleichnis, das die Wertschätzung und Zuneigung eines Königs zu seinen Notabeln und seine enge Verbundenheit mit ihnen veranschaulicht. Mt bezeichnet es als Gleichnis vom „Himmelreich" und macht damit deutlich, dass der Einladende *Gott* ist und nichts ihn daran hindern kann, sein Leben, seine Freiheit, seine Freude mit uns Menschen zu teilen. Am Ende zeigt sich, dass diese „königliche" Einladung allen ohne Ausnahme gilt und er um eine(n) jede(n) von uns wirbt, seiner Einladung, seinem Ruf, *jetzt* zu folgen.

Doch die Erstgeladenen wollen nicht kommen. Das ist hier im Imperfekt formuliert und betont damit ihr Desinteresse an diesem Fest und charakterisiert ihre Weigerung, der Einladung zu folgen, nicht nur als vorübergehende innere Einstellung. Das ist bei Gästen dieser Art ungewöhnlich, wenn nicht gar unverschämt. Doch der König lässt sich nicht beirren. Er wiederholt seine Einladung mit anderen Knechten (*doúloi*) und beauftragt sie sogar, seine Einladung besonders „schmackhaft" zu machen. Die Geladenen sollen wissen, was sie erwartet und dass der Zeitpunkt des Festes unmittelbar bevorsteht: „Alles ist bereit. Kommt zur Hochzeit!" Doch auf diesen überaus freundlichen und dringlichen Appell ihres Königs antworten die Geladenen wieder mit ostentativem Desinteresse. Sie gehen lieber ungestört ihrer Alltagsbeschäftigung nach oder verfolgen ihre unmittelbaren Interessen. Einige aber fallen über die Abgesandten des Königs her, misshandeln und töten sie. Als der König von diesem Verbrechen an seinen Leuten hört, reagiert er heftig. Er ordnet eine militärische Strafaktion an, lässt die Mörder töten und ihre Stadt in Schutt und Asche legen. Bestraft werden aber nur die Mörder (vgl. Ex 20,13; Dtn 5,12). Die anderen, die auch seiner wiederholten Einladung nicht gefolgt sind, lässt er gewähren.

Selbst dieser schmerzliche Fehlschlag ändert nichts an der Entschiedenheit des Königs, das Hochzeitsmahl für seinen Sohn auszurichten und alle einzuladen, die kommen *wollen*, „Böse und Gute" (V. 11) – in der Erwartung, dass die „Bösen" umkehren und sich dem Fest entsprechend „kleiden". So wie Jesus am Anfang seines öffentlichen Wirkens verkündet hat: „Kehrt um, denn das Himmelreich (die Gottesherrschaft) ist nahe herangekommen" (Mt 4,17). Die Einladung erinnert auch an das Wort Jesu aus der Bergpredigt, dass Gott seine Sonne aufgehen lässt über Böse und Gute und es regnen lässt über Gerechte und Ungerechte (Mt 5,45). Der König schickt seine Leute hinaus vor die Stadt, wo die Gassen der Stadt enden und die Landstraßen beginnen. Allmählich füllt sich der Festsaal mit allen möglichen Gästen.

2. Mt 22,10-14: Als alle Platz genommen und sich zum Mahl niedergelassen haben, kommt der König selbst, um sich die einzelnen Gäste „anzusehen" (*theáomai*), wohl auch, um sie persönlich zu begrüßen und sie näher kennenzulernen. Dabei trifft er auf jemand, der ohne Hochzeitsgewand an dem Fest teilnimmt. Er spricht ihn freundlich an und fragt, wie er hier ohne angemessene Kleidung hereingekommen sei. Darauf verstummt der Fremde, obwohl er jetzt die Möglichkeit hätte, Gründe für sein anstößiges Verhalten vorzubringen. Offenbar hat er keine. Weder Zeitmangel noch Armut noch Beschämung haben die übrigen Gäste daran gehindert, in entsprechender „Kleidung“ den Hochzeitssaal zu betreten. Das lässt auf sein fehlendes Interesse und seine mangelnde Bereitschaft schließen, das *eine* Notwendige für die Freude am gemeinsamen Feiern aufzubringen. Er hat sich verweigert und nicht getan, was allen Gästen im Saal möglich war.

Daraufhin lässt der König ihn von seinen Dienern (*diákonoi*) an Händen und Füßen fesseln und aus dem Saal werfen – nach *draußen*, wo *äußerste Finsternis* ist, *Heulen und Zähneknirschen*. An dieser Stelle wird klar, dass Jesus vom Endgericht spricht und die Diener des Königs seine Gerichtsengel sind. Alle, die seine Knechte, die Propheten, misshandelt und getötet haben, und alle, die seiner Einladung gefolgt, aber nicht von ihrem bösen Lebenswandel gelassen haben, müssen die Konsequenzen ihres Handelns und ihrer Verweigerung selbst tragen. Die Jahrhunderte lange besondere Zuwendung JHWHs zu seinem Volk Israel, die er in der Sendung der Propheten gezeigt und in der Sendung seines Sohnes in unüberbietbarer Weise kundgetan hat, wird enden und von der Sendung der Jünger in alle Welt (Mt 28,19f.) abgelöst werden. Damit ist aber die Heilsgeschichte Gottes mit Israel keineswegs an ihr Ende gekommen. Andererseits ist das Gleichnis eine Warnung, dass das Schicksal Israels für alle eine Möglichkeit ist, die sich der ganzen Wahrheit ihres Lebens verweigern.

Der letzte Vers zieht die Konsequenz aus dem ganzen Gleichnis und erinnert mit der Gegenüberstellung der „Vielen“ und der „Wenigen“ an die Warnung von den beiden Wegen aus der Bergpredigt (Mt 7,13f.). Gott hält weiterhin trotz Desinteresse und Ablehnung, Widerstand und Mord seine Einladung, seinen Ruf, an alle aufrecht und schließt niemanden selbst von seinem Heilsplan aus. Ausschließen kann sich nur, wer sich seinem Werben bis zuletzt hartnäckig verweigert.

Die Frage nach der kaiserlichen Steuer: Mt 22,15-22

**22 15 Da gingen die Pharisäer hin und fassten den Beschluss, ihn (Jesus) mit
einem Wort zu fangen. 16 Sie schickten ihre Jünger, zusammen mit den Anhän-
gern des Herodes zu ihm und sagten: Meister, wir wissen, dass du wahrhaftig
bist und den Weg Gottes in Wahrheit lehrst und dich nach niemanden richtest,
denn du achtest nicht auf das Ansehen der Menschen. 17 Sag uns also: Was
meinst du? Ist es erlaubt, dem Kaiser Steuer zu zahlen, oder nicht? 18 Jesus aber
erkannte ihre böse Absicht und sagte: Was versucht ihr mich, ihr Heuchler? 19
Zeigt mir die Münze, mit der ihr eure Steuern bezahlt! Da hielten sie ihm einen
Denar hin. 20 Und er sagte zu ihnen: Wessen Bild und Aufschrift ist das? 21 Sie
sagten ihm: Des Kaisers. Darauf sagte er zu ihnen: Gebt also dem Kaiser, was
dem Kaiser gehört, und Gott, was Gott gehört! 22 Als sie das hörten, staunten
sie, ließen ihn stehen und gingen weg.**

Zusammenhang: Nach dem Abschnitt mit den drei Gleichnissen (Mt 21,18-22,14) folgen die letzten Streitgespräche mit den jüdischen Autoritäten im Tempel von Jerusalem. Seine Gegner sind vor allem die Pharisäer (V. 15.34.41), die im Hintergrund agieren und jeweils ihre Jünger oder einen ihrer Schriftgelehrten vorschicken, um Jesus zu einer Aussage zu provozieren, die gegen ihn verwandt werden kann, vielleicht auch, um ihn mit bestimmten Fragen so in Verlegenheit zu bringen, dass er die Antwort schuldig bleibt. Das würde sein Ansehen und seinen Einfluss beim Volk untergraben, um das sie ihn so sehr beneiden. Bei der Auseinandersetzung über die Auferstehung (Mt 22,23-33) sind nur die Sadduzäer beteiligt, die Mt als Verbündete der führenden Pharisäer sieht.

Die Streitgespräche basieren wieder auf der Markus-Vorlage (12,13-37), auch in der von ihm vorgegebenen Reihenfolge. Am stärksten hat Mt bei der Frage nach dem wichtigsten Gebot (Mt 22,34-40 < Mk 12,28-34) seine Vorlage verändert.

1. Mt 22,15-17: Auf Grund eines gemeinsamen Beschlusses (vgl. Mt 12,14) versuchen die Pharisäer Jesus mit einer Fangfrage eine Schlinge zu legen – in der Hoffnung, dass er eine unbedachte Äußerung macht. Deshalb schicken sie ihre Schüler und die Anhänger des Herodes zu Jesus, die das Gespräch mit einem Kompliment beginnen: Meister, wir wissen, dass du wahrhaftig bist und den Weg Gottes in Wahrheit lehrst, ohne auf jemand Rücksicht zu nehmen, denn du siehst nicht auf die Person. Sie bezeugen ihm also ihre Anerkennung, dass er ohne Ansehen der Person seine Meinung sagt und außer Gott keine andere Autorität gelten lässt.

Das Lob soll Jesus unvorsichtig machen. Sie wollen ihn zu einer radikalen Äußerung provozieren, ohne dass er merkt, in welcher Gefahr er schwebt: „Ist es uns erlaubt, dem Kaiser Steuern zu zahlen oder nicht?“ Auch die Einleitung der Frage „Ist es erlaubt“, d.h. „Entspricht es dem Willen Gottes...“ gehört zur Hinterhältigkeit ihres Vorgehens. So befragt man eine anerkannte und weisungsbefugte Autorität. Die Absicht dieser Leute geht also darauf hinaus, Jesus entweder beim Volk und bei der radikalen Partei der Zeloten in Misskredit zu bringen oder bei den Herodianern und ihn so der römischen Besatzungsmacht auszuliefern.

Steuern an fremde Herrscher zu zahlen, wurde von den Zeloten strikt abgelehnt, weil man damit Götzendienst betreibe und das erste Gebot, Gott allein zu dienen, außer Kraft setze. Für das Volk waren die Steuerabgaben eine drückende Last. Sagt Jesus also *Ja*, dann ist er für das Volk und die religiös engagierten Gruppen des Volkes erledigt. Sagt Jesus *Nein*, dann gilt er bei den Herodianern und Römern als Aufrührer. Die Frage stellt ihn also vor ein unentrinnbares Dilemma.

2. Mt 22,18-22: Jesus durchschaut die fromme Heuchelei und die Hinterlist seiner Gegner. In souveräner Freiheit durchbricht er ihren ganzen Denkstil. Ohne sich auf einen schriftgelehrten Umgang mit der Tora einzulassen, fordert er die Fragesteller auf, ihm einen Denar zu *zeigen*, damit er ihn sehe. Der Denar trug auf der Vorderseite das Bild des Tiberius mit der Aufschrift: *„Tiberius, Kaiser, der anbetungswürdige Sohn des anbetungswürdigen Gottes"*.

Dieses Geldstück, Symbol kaiserlicher Macht und blasphemischer Anmaßung, – ausgerechnet diese Steuermünze tragen die Vertreter jüdischer Prominenz bei sich und zeigen damit, möglicherweise auch noch in Gegenwart des Volkes, dass sie es mit der strengen Gesetzesauslegung nicht so genau nehmen. Wie es scheint, ohne ihn zu berühren, bittet er seine Gegner, ihm Bild und Aufschrift der Münze zu erklären. Als sie nun bekennen, dass das Geld, das sie bei sich tragen, dem Kaiser gehört und so offenbar wird, dass sie mit seinem Geld selbst Steuern zahlen und Geschäfte machen, beendet Jesus den hintergründigen Dialog mit der Aufforderung: „Gebt also dem Kaiser zurück (*apodídomai*), was dem Kaiser gehört". Wer des Kaisers Geld benutzt, wird ihm wohl Steuern zahlen müssen.

Dann aber fügt Jesus noch etwas hinzu, wonach ihn niemand gefragt hat und wofür er leidenschaftlich und mit dem Einsatz seiner ganzen Persönlichkeit sich immer wieder riskiert hat: „Gebt Gott zurück, was Gott gehört!" Das „Zurückgeben", was Gott gehört, erinnert an die Früchte, die die bösen Winzer dem Besitzer des Weinbergs verweigern (Mt 21,34-39). Mögen also die politischen und wirtschaftlichen Belange ihre Notwendigkeit haben und mag der Kaiser seinen Anspruch auf die Kopfsteuer geltend machen, aber einen göttlichen Anspruch auf den Menschen hat er nicht. Wie das Bild des Kaisers in das Silber der Münze geprägt wurde, so hat Gott sein Bild dem Menschen eingeprägt. Wir sind und bleiben sein Eigentum. Darin besteht unsere Würde, und unsere Hoffnung liegt darin, in jedem sterblichen Menschen das unauslöschliche Abbild Gottes zu entdecken.

Das mag uns helfen, die Macht von Menschen über Menschen offenzulegen. Es kommt also vor allem darauf an, dass Gott gegeben werde, was ihm zusteht, d.h. ihn zu lieben aus ganzem Herzen, aus ganzer Seele und mit all unseren Kräften (Dtn 6,5). So hat Jesus die uneingeschränkte Herrschaft Gottes als oberste Priorität festgehalten und als Grundmotiv seines Handelns und seiner Lehre von der nahen Gottesherrschaft bekräftigt.

In dieser Szene kehrt Jesus mit hintergründigem Humor im Angesicht tödlicher Gefahr die ganze Dramatik der Begegnung um, indem er Gott ins Spiel bringt. Kein Wunder, dass seine Gegner völlig überrascht sind und wortlos wieder abziehen.

Die Frage nach der Auferstehung der Toten: Mt 22,23-33

22 23 An jenem Tag kamen zu ihm (Jesus) Sadduzäer, die sagen, es gebe
keine Auferstehung, und fragten ihn: 24 Meister, Mose hat gesagt: Wenn je-
mand stirbt und keine Kinder hat, (dann) soll sein Bruder mit dessen Frau
die Schwagerehe eingehen und seinem Bruder Nachkommen verschaffen. 25
Bei uns aber lebten sieben Brüder. Der erste heiratete und starb, und weil er
keine Nachkommen hatte, hinterließ er seine Frau seinem Bruder, 26 ebenso
der zweite und der dritte und so weiter bis zum siebten. 27 Zuletzt aber von
allen starb die Frau. 28 Wessen Frau von den sieben wird sie nun bei der Auf-
erstehung sein? Alle haben sie zur Frau gehabt. 29 Jesus aber antwortete und
sagte zu ihnen: Ihr irrt (euch), weil ihr weder die Schriften noch die Macht
Gottes kennt. 30 Denn bei der Auferstehung heiratet man nicht, noch wird man
geheiratet, sondern sie sind wie Engel im Himmel. 31 Habt ihr denn nicht über
die Auferstehung der Toten gelesen, was euch von Gott gesagt ist: 32 Ich bin
der Gott Abrahams und der Gott Isaaks und der Gott Jakobs? Er ist nicht der
Gott von Toten, sondern von Lebenden. 33 Als die Volksmenge das hörte, geriet
es außer sich (vor Staunen) über seine Lehre.

Zusammenhang: Auf die Konfrontation mit den Abgesandten der Pharisäer und den Herodianern folgt die Auseinandersetzung mit den Sadduzäern über die Auferstehung der Toten. Diese Gruppe hat großen Einfluss im Synedrium. Die Hohenpriester und Ältesten gehören zu ihr. Ihre Anhänger kommen hauptsächlich aus den vornehmen Priestergeschlechtern und dem Laienadel. Als Angehörige der besitzenden Klasse sind sie daran interessiert, die bestehenden Verhältnisse einigermaßen in Balance zu halten. Als Realisten der Macht sind sie auch bereit, sich mit den Römern zu arrangieren, wenn nur die Autorität der jüdischen Führungselite und die Disziplin des Volkes gewahrt bleiben. Beim Volk hatten sie wenig Rückhalt. Religiös halten sie an einem strengen Schriftprinzip fest und nehmen als einzige Glaubens- und Rechtsnorm, was in der Tora, in den fünf Büchern Mose, geschrieben steht. Für sie gibt es kein Fortleben nach dem Tod. Jesus geht mit dieser einflussreichsten jüdischen Gruppe sehr souverän um und widerlegt ihre Grundthese, indem er den Glauben an die Auferstehung aus dem zentralen Offenbarungstext des Buches Exodus (3,16) als schriftgemäß darstellt.

Das „Stichwort „Auferstehung“ (*anástasis*), das das Thema angibt, kommt im Text viermal vor (V. 23.28.30.31). – Zum Mt-Text gibt es noch eine Parallele bei Lk 20,27-40, die sich aus jeweils unabhängiger Redaktion erklären lässt.

Einige Sadduzäer treten an Jesus heran und versuchen mit einem konstruierten Fall den Auferstehungsglauben ad absurdum zu führen und ihn bei dieser Gelegenheit vor dem Volk bloßzustellen. Ironischerweise nehmen sie zu einem Thema Stellung, bei dem die Pharisäer mit Jesus im Wesentlichen übereinstimmen. Jesus geht aber nicht auf ihr konstruiertes Fallbeispiel ein und entgegnet ihnen, dass sie weder über eine ausreichende Schriftkenntnis verfügen noch eine Vorstellung von Gottes Macht (*dýnamis*) haben. Sie gehen nämlich davon aus, dass das Leben der Auferstandenen eine Fortsetzung des irdischen Lebens sei. Es gibt vielmehr einen fundamentalen Unterschied zwischen dem jetzigen und dem künftigen Leben. Wer dank der Auferstehung am Leben der künftigen Welt teilhat, gleicht den Engeln und hat Anteil am göttlichen Leben und seiner Herrlichkeit. Die Auferstehung ist etwas ganz anderes als die Fortsetzung des irdischen Lebens mit Heiraten und Verheiraten.

Um die Gegner auf ihrem eigenen Feld zu schlagen, wählt Jesus dann einen Text aus dem Pentateuch. In der Geschichte vom Dornbusch hatte JHWH selbst sich als Gott Abrahams, Isaaks und Jakobs zu erkennen gegeben und sich damit als ein Gott der Lebenden geoffenbart (Ex 3,6.15f.). Indem Jesus den zentralen Offenbarungstext JHWHs als von IHM selbst gesprochenes Wort beschreibt, gibt er ihm ein besonderes Gewicht. Es ist eine Grundüberzeugung Israels, dass auf dieser Selbstoffenbarung als Gott der Väter sein Bund mit dem Volk Israel beruht. JHWH kann den Vätern nur Gott sein, wenn sie auch leben. Der Glaube an die Auferstehung ergibt sich unmittelbar aus dem Glauben an den lebendigen Gott der Väter.

Vom Anfang der Schöpfung hat Gott sich dem Menschen zugesagt, um mit ihm eine persönliche Beziehung einzugehen und ihn teilhaben zu lassen an seinen Leben. Diese Beziehung kann von seiner Seite durch nichts, auch nicht durch den Tod aufgehoben werden. Indem Jesus dieser Stelle aus dem Pentateuch den Sadduzäern einen neuen Sinn erschließt, macht er deutlich, was ihn selbst in diesen gefährlichen Auseinandersetzungen vor seiner Passion trägt: die Gewissheit, Gott als liebenden Vater zu haben, so wie er ihn bei der Taufe im Jordan vor Beginn seines öffentlichen Wirkens erfahren hat: „Dieser ist mein geliebter Sohn, an dem ich Wohlgefallen gefunden habe!" (Mt 3,17).

Wenn es uns selbst möglich ist, dieser Gewissheit in unserem Herzen Raum zu geben, bedingungslos geliebt und unsterblich zu sein, welche Freiheit könnte sich da für uns auftun! Welche Kräfte der Versöhnung könnten sich in uns entfalten, wenn wir uns daran erinnern, dass wir Gott zu Herzen gehen, dass wir aus seiner Barmherzigkeit leben und zu ihm heimkehren! Welche Ehrfurcht könnte in uns aufkeimen, wenn wir in den Menschen um uns schon den Anfang der Ewigkeit sehen.

Unseren irdischen Leib legen wir eines Tages ab, wie der Schmetterling seinen Kokon. Wenn der Glaube an die Auferstehung uns zur Gewissheit wird, dass Gott unwiderruflich mit uns ist, kann sich unser Leben neu „ordnen".

Am Ende ist von den Sadduzäern nicht mehr die Rede. Erst später (Mt 22,34) wird berichtet, dass Jesus sie mit seiner Antwort zum Schweigen gebracht hat und sie wortlos verschwunden sind. Ihre Absicht, Jesus in Verlegenheit zu bringen, ist kläglich gescheitert. Die Volksmengen aber reagieren wie nach der Bergpredigt (Mt 7,28) und nach seiner Lehre in der Synagoge von Nazareth (Mt 13,54): Sie sind sehr betroffen und staunen. Seine Worte sind etwas ganz anderes als das, was sie bisher von den Schriftgelehrten gehört haben. Aber damit ist ihre Entscheidung für Jesus noch in der Schwebe geblieben.

Die Frage nach dem größten Gebot: Mt 22,34-40

22 34 Als die Pharisäer hörten, dass er (Jesus) die Sadduzäer zum Schweigen
gebracht hatte, versammelten sie sich am selben Ort, 35 und einer von ihnen,
ein Gesetzeslehrer, fragte ihn, um ihn zu versuchen: 36 Meister, welches ist das
größte Gebot im Gesetz? 37 Er sagte zu ihm:

Du sollst den Herrn, deinen Gott, lieben
mit deinem ganzem Herzen, mit deiner ganzer Seele
und mit deiner ganzen Einsicht (Dtn 6,5).

38 Das ist das größte und erste Gebot. 39 Ein zweites aber ist ihm gleich
(homoía):

Du sollst deinen Nächsten lieben wie dich selbst (Lev 19,18).

40 An diesen beiden Geboten hängt das ganze Gesetz und die Propheten.

Zusammenhang: Anders als bei Markus komponiert Mt die Frage nach dem größten Gebot konsequent in die abschließende Auseinandersetzung Jesu mit seinen Hauptgegnern, die auf Seiten der Pharisäer durchgängig von einer feindlichen und unversöhnlichen Atmosphäre geprägt ist.

Im griechischen Urtext steht wörtlich die Frage nach dem *entolé megále*, nach dem „großen Gebot". „Groß" kann aber auch einen Superlativ umschreiben.

Nach einer kurzen Überleitung und neuen Situationsbestimmung besteht das folgende Gespräch aus der Frage eines unbekannten „Gesetzes"(Tora)-lehrers (*nomikós*) und der Antwort Jesu, wobei das Stichwort „Gesetz"/Tora (*nómos*) am Anfang (V. 36) und am Ende (V. 40) eine Klammer (Inklusion) bildet.

Als die Pharisäer erfahren, dass auch die Sadduzäer mit ihrem Versuch gescheitert sind, ihre Überlegenheit gegenüber Jesus zu zeigen, fühlen sie sich erneut herausgefordert, ihren Beschluss umzusetzen und Jesus bei nächster Gelegenheit mit einer Frage in eine Falle zu locken (Mt 22,15). Diesmal schicken sie keine Jünger zu ihm, sondern einen Gesetzeslehrer aus ihren eigenen Reihen, um der neuen Begegnung ein größeres Standing zu geben. Einem Lehrer der Tora wird man nicht so leicht aushebeln können. Seine Frage: „Welches Gebot ist das größte in der Tora?“ scheint auf den ersten Blick nichts Doppelbödiges zu beinhalten. Jedoch auf dem Hintergrund der bisherigen Auseinandersetzungen mit den Pharisäern über das Halten des Sabbatgebotes (Mt 12,1-4) und der rituellen Reinheitsvorschriften sowie der Kontroverse über das, was „Überlieferung der Alten“ und was verbindliches Toragebot ist (Mt 15,1-20), scheinen die Gegner den Vorwurf abzuleiten, Jesus betone auf Kosten der Gottesliebe allzu sehr die barmherzige Zuwendung zu den Menschen, vor allem zu den religiös und gesellschaftlich Ausgegrenzten (Mt 9,10-13). Damit werde der obersten Priorität und der Verehrung des einen Gottes nicht genügend Rechnung getragen. Der Gesetzeslehrer aus dem Kreis der Pharisäer versucht also – in hintergründiger Absicht –, ihm eine Antwort zu entlocken, die eindeutig bekundet, dass die Verehrung JHWHs bei ihm nicht oberstes Gebot ist.

Jesus antwortet mit einem Vers aus dem sog. Sch^{e}ma Israel, das ein gläubiger Jude jeden Morgen und jeden Abend betet – bis zum heutigen Tag. Damit ruft er sich täglich das Evangelium des Gottesvolkes in Erinnerung: seine Befreiung aus der Knechtschaft und seine Berufung, anderen zum Segen zu werden. Israel kommt aus dem Segen JHWHs, es steht in seinem Segen und es soll allen ein Segen sein, die mit ihm in Berührung kommen (Gen 12,2f.). Aus der Erfahrung, dass Israel sich ganz und gar JHWH verdankt, will das größte Gebot den Menschen zu der Grundhaltung vor dem Geheimnis Gottes aufrufen, die das Alte Testament „Furcht Gottes“ nennt, d.h. Gott mit ganzem Herzen und mit ganzer Seele und mit allen Kräften des Geistes zu lieben. Das ist das Grundlegende und Entscheidende, „das größte und erste Gebot“ (V. 38).

Aber dann fügt er – wie bei der Frage nach der kaiserlichen Steuer (Mt 22,21c) – etwas hinzu, wonach er nicht gefragt ist, dass ein zweites Gebot mit dem ersten gleichrangig ist (Lev 19,18) und an diesen beiden Geboten die ganze Tora und die Propheten „hängen“. In dieser Gleichrangigkeit liegt die Pointe der Antwort Jesu und zugleich sein Vorwurf, dass die Pharisäer der Nächstenliebe in ihrer Praxis nicht den Stellenwert geben, der ihr von der Tora und den Propheten zugeschrieben wird. Die Liebe zu Gott realisiert sich im Gehorsam gegenüber seinem Willen, der zentral im barmherzigen Verhalten gegenüber dem jeweils Nächsten, besonders gegenüber den sozial Schwachen und religiös Ausgeschlossenen zum Ausdruck kommt (Mt 9,13; 12,7; 25,31-46). Tora und Propheten haben in der Goldenen Regel (Mt 7,12) ihre Mitte und ihr Fundament. Gottes- und Nächstenliebe sind nicht identisch, können aber auch nicht gegeneinander ausgespielt werden. Ebenso wenig können „die Tora und die Propheten“ auf das Doppelgebot reduziert werden, aber sie sind als Grundlage und Leitlinie für die Auslegung und die Gewichtung der einzelnen Gebote zentral.

Nach Lev 19,18 ist „Nächster" (*plesíon*), wer zur Gemeinschaft Israels gehört; auch die Fremden im Lande sind darin eingeschlossen (Lev 19,34). Die sechste Antithese von der Feindesliebe (Mt 5,43-48) und die bereits genannte Goldene Regel sprengen die traditionelle Begrenzung und beziehen alle Menschen mit ein. Darüber hinaus bringt die Jesustradition mit der Forderung nach Gewaltverzicht eine kaum mehr zu überbietende Radikalisierung der Nächstenliebe. „Für Matthäus sind die beiden großen Gebote nichts Neues gegenüber der Bibel Israels, sondern ihre Erfüllung" (U. Luz).

Die Frage nach der Sohnschaft des Messias: 22,41-46

22 41 Als aber die Pharisäer versammelt waren, fragte sie Jesus: 42 Was meint ihr über den Christus? Wessen Sohn ist er? Sie sagten zu ihm: (Der Sohn) Davids. 43 Er sagt zu ihnen: Wie kann ihn dann David im Geist „Herr" nennen? wenn er sagt:

44 Der Herr sprach zu meinem Herrn:
Setze dich zu meiner Rechten,
bis ich deine Feinde unter deine Füße lege (Ps 110,1).

45 Wenn nun David ihn „Herr" nennt, wie kann er (dann) sein Sohn sein?
46 Und niemand konnte ihm darauf etwas erwidern; auch wagte es keiner von diesem Tag an, ihm eine Frage zu stellen.

Zusammenhang: Nach dem Gespräch mit dem einen Gesetzeslehrer aus den Reihen der Pharisäer setzt Jesus die Auseinandersetzung mit seinen Gegnern im Tempel fort und stellt nun selbst eine Frage an die versammelten Pharisäer. So plötzlich wie der unbekannte Gesetzeslehrer aufgetaucht ist, so plötzlich verschwindet er wieder von der Handlungsebene. Auf die Antwort Jesu zu seiner Frage nach dem größten Gebot wusste er wohl nichts zu erwidern. Es wird für die gegnerische Seite schwer gewesen sein, diesen Autoritätsverlust hinnehmen zu müssen und selbst die von ihnen initiierte öffentliche Auseinandersetzung mit dem Rabbi aus Galiläa ungewollt zu beenden. Aber die Absicht, ihn zu vernichten (Mt 12,14), werden sie im Geheimen weiter betreiben.

Mt folgt weiter dem Markusfaden, hat aber den Monolog (Mk 12,35-37) zu einem kurzen Streitgespräch umgestaltet und mit einer neu formulierten Einleitung unmittelbar an das Vorausgehende angeschlossen.

Jesus ergreift nun selbst die Initiative, um die noch am selben Ort versammelten Pharisäer herauszufordern. Er fragt sie nach ihrer Meinung, wessen Sohn der Christus (Messias) sei. Die Frage nach seiner Herkunft zielt mitten in die Kontroverse über seine Identität und seine Vollmacht, die er im Tempel ausübt (vgl. Mt 21,23). Die Pharisäer antworten so, wie es allgemeine jüdische Überzeugung ist und in den Schriften steht (2 Sam 7,12; Jes 11,1.10ff; Jer 23,5f.; Ez 34,23f. u.ö.), dass der Messias der Nachkomme Davids ist. Mehr können die Pharisäer auch nicht wissen. Das griech. Wort *huiós* bedeutet „Sohn" und „Nachkomme". Als Sohn Davids im Sinne von Nachkomme hatten die Volksmengen Jesus beim Einzug in Jerusalem und die Kinder im Tempel begrüßt (Mt 21,9.15). Auch Menschen in Not hatten ihn mit diesem Titel angesprochen (Mt 9,27; 15,22; 20,30f.). Die Leser des Evangeliums wissen „vom Buch des Ursprungs Jesus Christi" (Mt 1,1-25) bereits, dass Jesus davidischer Abstammung ist, andererseits durch das Bekenntnis des Petrus, dass er auch „Sohn des lebendigen Gottes" ist (Mt 16,16). Die Pharisäer werden sich wohl noch daran erinnern, dass sie die im Volk geäußerte Vermutung, Jesus könne der Sohn Davids sein, mit dem Beelzebulvorwurf abzuwenden versucht haben.

Die Frage Jesu aber ist hintergründiger, als seine Gegner vermuten. Deshalb fragt er weiter, wie der Messias Sohn Davids sein könne, wenn David selbst als vom Heiligen Geist inspiriert ihn nicht „Sohn", sondern „Herr" nennt. Mit anderen Worten: Wie kann es möglich sein, dass König David als Autor von Ps 110 zu seinem Sohn „Herr" sagt, der von Gott als Herr zu seiner Rechten gesetzt wurde? Der Widerspruch kann doch nur dadurch aufgelöst werden, dass der Messias Sohn Davids *und* zugleich Davids Herr ist, also wie Gott über ihm steht.

Die Pharisäer stehen also vor einem Dilemma, dass sie zum Verstummen bringt. Ihre Reaktion offenbart ihr ganzes Unvermögen, in Fragen der Tora-Auslegung und der Messiaserwartung ausreichende Kompetenz an den Tag zu legen. Ihre Absicht, Jesus „mit einem Wort" zu kompromittieren, ist auf ganzer Linie gescheitert. Kein Wunder, dass von diesem Tag an keiner mehr von ihnen wagt, ihm eine Frage zu stellen. Jesus hat seine „Vollmacht", seine Autorität, auf überzeugende Weise demonstriert.

Trotz der gemeinsamen Schrifttradition ist das Band zwischen der Gemeinde des Mt und der Synagoge zerrissen. Das zeigen die Folgenden Wehe-Rufe über die Schriftgelehrten und Pharisäer (Mt 23,1-39). Mt ist es wichtig, mit der Frage nach der Sohnschaft des Messias ihnen gegenüber ein eigenständiges Christusbekenntnis zu formulieren. Damit verbindet sich sein Anliegen, ein religiös tieferes Verständnis von der Gottesherrschaft (des Himmelreichs) und der Person des Messias zu vermitteln. Wer Jesus Christus ist, wird man letztlich nur in der Nachfolge des ausgelieferten, gekreuzigten und auferweckten Menschensohnes erfahren.

Die Rede gegen die Schriftgelehrten und Pharisäer: Mt 23,1-39

Nachdem Jesus mit seiner Frage nach der Sohnschaft des Messias die Pharisäer definitiv zum Schweigen gebracht hat, wendet er sich zunächst an die immer noch anwesende Volksmenge und an seine Jünger. Die Szene spielt am gleichen Ort im Tempel. Im ersten Teil der Rede (V. 2-12) zeichnet der mt Jesus ein Bild vom öffentlichen Auftreten der Schriftgelehrten und Pharisäer und ihrer Auslegung der Tora, die im krassen Widerspruch zu ihrer tatsächlichen Glaubenspraxis steht. Dem stellt er das geschwisterliche und solidarische Verhalten, wie es in der christlichen Gemeinde sein soll, gegenüber und fasst seine Weisung in der Maxime zusammen: „Der Größte aber von euch soll euer Diener sein!" (V. 11). Der Hauptteil der Rede (V. 13-36) besteht aus sieben Weherufen, die er gegen die inzwischen abwesend gedachten Schriftgelehrten und Pharisäer schleudert – ein im hohen Maße polemischer und vernichtender Text, der mit seinen Pauschalurteilen maßgeblich zum „Zerrbild des Judentums" und seinen fatalen Folgen beigetragen hat. Der dritte Teil (V. 37-39) beschließt die Rede mit einer Klage über Jerusalem, die eine Parallele in Lk 13,34 hat, also der Logienquelle (Q) entstammt. Der Teil mit den Weherufen basiert im Wesentlichen auch auf dieser Quelle, während Mt den ersten Redeteil am stärksten redaktionell gestaltet hat. Vermutlich hat die Warnung vor den Schriftgelehrten bei Markus (Mk 12,37-40) den Evangelisten dazu veranlasst, die letzte Abrechnung mit seinen Hauptgegnern an dieser Stelle anzufügen.

Anspruch und Wirklichkeit: Mt 23,1-12

**23 1 Darauf sprach Jesus zu den Volksmengen und zu seinen Jüngern 2 und
sagte: Auf dem (Lehr)Stuhl des Mose haben sich die Schriftgelehrten und die
Pharisäer gesetzt. 3 Alles nun, was sie euch sagen, das tut und beachtet, nach
ihren Taten aber sollt ihr euch nicht richten; denn sie reden (nur), tun (es) aber
nicht. 4 Sie schnüren schwere und unerträgliche Lasten zusammen und legen
sie auf die Schultern der Menschen, sie selbst aber wollen sie nicht mit ihrem
Finger bewegen. 5 Alle ihre Werke tun sie, um von den Menschen gesehen zu
werden: Sie machen ihre Gebetsriemen breit und die Quasten an ihren Gewändern
groß, 6 sie lieben den Ehrenplatz bei den Gastmählern und die Ehrensitze
in den Synagogen 7 und wenn man sie auf den Marktplätzen grüßt und sie von
den Menschen Rabbi genannt werden.**

**8 Ihr aber sollt euch nicht Rabbi nennen lassen; denn nur einer ist euer
Meister, ihr alle aber seid Brüder. 9 Auch Vater sollt ihr niemanden auf Erden
nennen; denn nur einer ist euer Vater, der himmlische. 10 Auch sollt ihr euch
nicht Meister nennen lassen; denn nur einer ist euer Meister, Christus. 11 Der
Größte aber von euch soll euer Diener sein. 12 Denn wer sich selbst erhöht, wird
erniedrigt, und wer sich selbst erniedrigt, wird erhöht werden.**

1. Mt 23,1-7: Die Adressaten seiner Rede sind wieder die Volksmengen, die Jesus nach wie vor wohlwollend gegenüberstehen, und seine Jünger. Sie alle warnt er eindringlich vor den Schriftgelehrten und Pharisäern in ihrer Gesamtheit. Sie verkörpern die jüdischen Autoritäten und sind seine Hauptgegner. Sie beanspruchen für sich die Autorität des Mose und haben in der Zeit des Evangelisten die Lehrbefugnis in den Synagogen weitgehend an sich gezogen. Bereits in Mt 15,1-9 hatte Jesus ihre an der „Überlieferung der Alten" orientierte Lehre als Menschensatzungen abgetan und sie in Mt 15,12-14 als „blinde Blindenführer" bezeichnet. Außerdem hat er ihnen wiederholt ihre mangelnde Schriftkenntnis vorgehalten (Mt 9,13; 12,3.5-7; 19,4). Was kann es auf diesem Hintergrund bedeuten, dass Jesus hier sagt: „Alles, was sie euch sagen, das tut und haltet" (V. 3a)? Damit will Mt seine Gemeinde sicher nicht auf den Gehorsam gegenüber allem verpflichten, was die Schriftgelehrten und Pharisäer lehren. Vor allem aber soll man sich kein Beispiel an ihren Taten nehmen (V. 3b). Im Gesamtkontext könnte V. 3a eine eher ironische Bemerkung in dem Sinne sein: „Haltet euch meinetwegen an das, was diese Autoritäten euch sagen, hütet euch aber davor, ihrer praktischen Lebensführung zu folgen." So erscheint der Platz, den sie für sich in der Nachfolge des Mose beanspruchen, als groteske Anmaßung.

Diese Warnung begründet Jesus zunächst mit ihrer Auslegung der Tora, mit der sie vor allem der einfachen Landbevölkerung und den armen Leuten, den Kleinbauern und Tagelöhnern, „schwere Lasten" aufbürden. Das Geflecht von 248 Geboten und 365 Verboten war für sie kaum durchschaubar und die Opfergesetze sowie die Abgabe des Zehnten kaum durchführbar. Anstatt diesen Menschen zu helfen, wie sie den Willen Gottes erfüllen können, scheuen sie selbst jede Mühe, das zu tun, was sie anderen auferlegen. Sie erwecken einerseits den Eindruck großer Ernsthaftigkeit und Frömmigkeit, andererseits aber kommen sie diesen Anforderungen nicht einmal im Ansatz nach. Ihre ganze Aktivität ist darauf ausgerichtet, in der Öffentlichkeit zu beeindrucken und dadurch bei der Bevölkerung Ansehen und Einfluss zu gewinnen. Dazu legen sie sich gut sichtbare Gebetsriemen (T^{e}philin) an und tragen an den vier Seiten ihres Gewandes große Schaufäden (Quasten) aus blauer und weißer Wolle. Bei den Gastmählern, die normalerweise eine streng vorgegebene Sitzordnung haben, bevorzugen sie die Ehrenplätze und bei den Versammlungen in der Synagoge die ersten Sitze. Auch haben sie es gern, wenn man sie auf den Markplätzen grüßt und sie respektvoll „Rabbi" (mein Gebieter) nennt. Sie tun also alles, um sich in der Öffentlichkeit zu inszenieren und ihre Präsenz zu genießen.

2. Mt 23,8-12: Es folgen drei Mahnungen, die besonders an seine Jünger gerichtet sind und gegenüber der (überzogen) geschilderten Negativfolie dazu auffordern, das geschwisterliche und solidarischen Bild der christlichen Gemeinde zu skizzieren. Sie sollen konsequent auf alle Ehrentitel verzichten und sich weder Rabbi noch Meister oder Lehrer noch Vater nennen. Da alle Söhne und Töchter des himmlischen Vaters sind und alle Lehrautorität ihrem Lehrer und Meister Christus zusteht und er allein ihr Gebieter ist, sind alle Geschwister, besonders mit den „Kleinen", die leicht übersehen werden. Wer sich also in der Gemeinde selbst inszeniert, um Ansehen und Einfluss über andere zu gewinnen, verlässt den gemeinsamen Boden der Solidarität und das Beispiel, das der Menschensohn mit seinem Leben, Wirken und Sterben gegeben hat. Die Umkehr aller menschlichen Macht- und Herrschaftsverhältnisse, die Gott herbeiführen wird, soll wenigstens anfanghaft in der christlichen Gemeinde erfahrbar sein.

Es haben sich aber im Laufe der Geschichte kirchliche Macht- und Herrschaftsstrukturen herausgebildet, die vom Evangelium her nicht länger hingenommen werden können. Es gibt selbstverständlich bestimmte Aufgaben, Ämter und Befugnisse, die mit Autorität und Macht ausgestattet sind. Aber es kommt sehr darauf an, wie diese Autorität und diese Macht ausgeübt werden. Ignatius von Loyola lässt in der zweiten Vorübung zur abschließenden Kontemplation der Geistlichen Übungen den Übenden darum bitten, in allem (*en todo*) Gott lieben und dienen (*amar y servir*) zu können (Exerzitienbuch Nr. 233). Damit meint er die Ganzheitlichkeit, die Totalität der Lebensausrichtung auf den Gott und Vater Jesus Christi. Diese Bitte ist die innere Konsequenz eines individuellen Übungsprozesses, die sich im Verlauf der Betrachtungen der „Geheimnissen des Lebens Jesu" von der Menschwerdung bis zur Auferstehung herausgebildet hat. Sie entspricht der Maxime aus der Bergpredigt (Mt 5,17), den Willen Gottes in einem umfassenden Sinn ohne Abstriche zu verwirklichen. Es geht um eine unermüdliche Suche nach einem je wirkungsvolleren Dienst für Christus. Über eine solche gläubige Lebensausrichtung verfügt man *dann* nicht einfach. Man „hat" sie *dann* nicht ein für alle mal. Sie muss von uns vielmehr immer wieder neu erkämpft, durchlitten *und* geschenkt werden.

Die sieben Weherufe: Mt 23,13-36

23 [13] Aber: Weh euch, ihr Schriftgelehrten und Pharisäer, ihr Heuchler! Weil ihr das Himmelreich vor den Menschen verschließt. Denn ihr selbst geht nicht hinein und die, die hinein wollen, lasst ihr nicht hineingehen. [(14)]

[15] Weh euch, ihr Schriftgelehrten und Pharisäer, ihr Heuchler! Weil ihr über Meer und Land zieht, um einen einzigen Proselyten zu machen; und wenn er gewonnen ist, dann macht ihr ihn zu einem Sohn der Hölle, doppelt so schlimm wie ihr.

[16] Weh euch, ihr seid blinde Führer! Ihr sagt: Wer beim Tempel schwört, das ist nichts, wer aber beim Gold des Tempels schwört, ist verpflichtet. [17] Ihr

Dummköpfe (Törichte) und Blinde! Was ist den größer: das Gold oder der
Tempel, der das Gold heiligt? 18 (Auch sagt ihr) Wer beim Altar schwört, das
ist nichts, wer aber bei der Opfergabe schwört, die auf dem Altar liegt, ist ver-
pflichtet. 19 Ihr Blinden! Was ist größer: die Opfergabe oder der Altar, der die
Opfergabe heiligt? 20 Wer also beim Altar schwört, der schwört bei ihm und
allem, was darauf liegt. 21 Und wer beim Tempel schwört, der schwört bei ihm
und bei dem, der darin wohnt. 22 Und wer beim Himmel schwört, schwört beim
Thron Gottes und bei dem, der darauf sitzt. 23 Weh euch, ihr Schriftgelehrten
und Pharisäer, ihr Heuchler! Weil ihr den Zehnten gebt von Minze, Dill und
Kümmel und außer Acht lasst, was im Gesetz wichtiger ist: Recht, Barmherzig-
keit und Treue. Dies muss man tun, ohne das andere zu lassen. 24 Blinde Führer
seid ihr: Ihr siebt die Mücke aus und das Kamel verschluckt ihr.

25 Weh euch, ihr Schriftgelehrten und Pharisäer, ihr Heuchler! Weil ihr das
Äußere von Becher und Schüssel reinigt, innen aber sind sie voll Raub und
Maßlosigkeit. 26 Du blinder Pharisäer! Reinige zuerst den Becher von innen,
dann wird auch sein Äußeres rein.

27 Weh euch, ihr Schriftgelehrten und Pharisäer, ihr Heuchler! Ihr gleicht
getünchten Gräbern, die von außen schön aussehen, innen aber voll sind von
Totengebeinen und allerlei Unreinheit. 28 So erscheint auch ihr von außen den
Menschen gerecht, innen aber seid ihr voll Heuchelei und Gesetzlosigkeit.

29 Weh euch, ihr Schriftgelehrten und Pharisäer, ihr Heuchler! Weil ihr
Grabmäler der Propheten baut und die Grabstätten der Gerechten schmückt 30
und sagt: Wenn wir in den Tagen unserer Väter gelebt hätten, wären wir nicht
mit ihnen beteiligt gewesen am Blut der Propheten. 31 Damit bezeugt ihr selbst,
dass ihr die Söhne der Prophetenmörder seid. 32 Macht nur das Maß eurer
Väter voll! 33 Ihr Schlangen, ihr Natternbrut! Wie wollt ihr vor dem Strafge-
richt der Hölle fliehen? 34 Darum siehe, ich sende zu euch Propheten, Weise
und Schriftgelehrte; (einige) von ihnen werdet ihr töten und kreuzigen, und
(einige) von ihnen in euren Synagogen auspeitschen und von Stadt zu Stadt
verfolgen. 35 Auf dass über euch komme all das gerechte Blut, das auf Erden
vergossen wurde, vom Blut Abels, des Gerechten, bis zum Blut Sacharjas, des
Sohnes des Berechja, den ihr zwischen Tempel und Altar ermordet habt. 36
Amen, ich sage euch: Das alles wird über diese Generation kommen.

Zusammenhang: Die sieben Weherufe stehen in der Tradition der prophetischen Kritik, die mit einer Gerichtsdrohung verbunden ist (Jes 5,8-24; 10,1-11; Amos 5,7-27; Hab 2,6-20), hier aber erst zusammenfassend am Ende der Rede steht (Mt 23,34-36). Da die Pharisäer und Schriftgelehrten von sich aus keine weitere Auseinandersetzung mit Jesus riskieren und jedes Gespräch mit ihnen sich als sinnlos erwiesen hat, kann von jetzt an nur noch *über* sie geredet werden. Als unmittelbare Hörer kommen sie nicht mehr in Frage. So sind hier, wie zu Beginn der Rede, die Volksmengen und die Jünger seine direkten Adressaten. Es ist ein letzter eindringlicher Appell an die vielen Menschen, sich endgültig von den jüdischen Autoritäten abzuwenden. Verständlicher wird der harsche Text vielleicht auf dem Hintergrund der allmählich sich zuspitzenden Konkurrenz, als nach der Katastrophe von 70 n.Chr. die pharisäische Richtung zur dominierenden Führungskraft in Judentum wurde. Mit Ausnahme von V. 16 beginnen alle Wehrufe mit „Wehe Euch, Ihr Schriftgelehrten und Pharisäer, ihr Heuchler!" *hypokrités* bedeutet ursprünglich „Schauspieler" und meint im übertragenen Sinn Menschen, deren Verhalten im Widerspruch steht zu dem, was sie sagen und vorgeben zu sein. Daneben wird fünfmal der Vorwurf von Blindheit gegen sie erhoben (V. 16.17.19.24.26). Die Siebenzahl der Weherufe bedeutet, dass nun das Maß der Schriftgelehrten und Pharisäer voll ist und sie dem Gericht nicht mehr entkommen. „Hölle" (*géenna*) steht im letzten Satz (V. 33) und bildet mit demselben Wort am Anfang im zweiten Weheruf eine vernichtende Inklusion (V. 15).

1. Mt 23,13-15: Die *ersten beiden Weherufe* sind knapp und massiv formuliert. Sie charakterisieren mit wenigen holzschnittartigen Strichen die fatalen Folgen, die das Wirken der jüdischen Autoritäten für das Heil der Menschen hat. Sie versperren ihnen den Zugang dazu. Ihre minutiöse Auslegung der Tora und deren Sanktionierung hindern andere daran, die freisetzende Erfahrung der Gottesherrschaft (des „Himmelreichs") zu machen und sich von ihr anziehen zu lassen. Selbst aber zeigen sie keine Bereitschaft, von ihrer Machtposition zu lassen und ihren Einfluss zu reduzieren. Sie haben kein Interesse an einer Veränderung des bestehenden religiösen Systems. Sie betreiben aber einen Riesenaufwand und scheuen keine Anstrengung, wenn es darum geht, auch nur einen Einzigen zum jüdischen Glauben zu bekehren. Doch wenn sie jemand zum vollen Übertritt gewonnen haben, agiert der noch schlimmer als sie selbst. Die volle Mitgliedschaft gereicht ihm nicht zum Heil, sondern führt in die Hölle. Vollmitglied wird man durch das Ritual von Tauchbad und Beschneidung.

2. Mt 23,16-26: Es folgen drei Weherufe, die scharfe Kritik am Toraverständnis der Schriftgelehrten und Pharisäer üben. Sie werden im *dritten Weheruf* statt „Heuchler" als „blinde Führer" apostrophiert. So hatte sie der mt Jesus schon Mt 15,14 genannt, weil sie mit ihren „Menschensatzungen" ein Grundgebot des Dekalogs, den Eltern im Alter ein Leben in Selbstbestimmung und Würde zu ermöglichen, zugunsten des Tempelschatzes ausgehebelt haben. Auch hatten sie die Blindenheilungen Jesu als „Teufelswerk" abgetan (Mt 9,34; 12,24) und damit ihre geistige Blindheit offenbart. Sie sind also unfähig, Menschen von ihrer Blindheit zu befreien.

Wer nun – wie sie – zur Bekräftigung einer Aussage beim Gold des Tempels (Tempelschatz) oder bei der Opfergabe oder beim Altar oder beim Tempel oder selbst beim Himmel schwört, um aus Ehrfurcht vor JHWH seinen Namen in der Schwurformel zu vermeiden, kann mit diesen Ersatzformeln den Missbrauch des Gottesnamens nicht aus der Welt schaffen. Denn bei all diesen Ersatzformeln ist ein Bezug zu JHWH, dem Schöpfer des Himmels und der Erde, gegeben. Weil also nach damaliger Auffassung jeder Eid Gott bindet, ist jeder Schwur ein Missbrauch seines Namens. Stattdessen soll man überhaupt nicht schwören (Mt 5,33-37). Ein klares wahrhaftiges Wort, in gegenseitigem Vertrauen und in Aufrichtigkeit und Ehrfurcht vor Gott gesprochen, soll nicht mit einem Schwur bekräftigt werden.

Der *vierte Weheruf* nimmt das penible Verzehnten der kleinsten Gartenkräuter aufs Korn mit dem Vorwurf, ihre Auslegung der Tora führe zu einer falschen Gewichtung dessen, was im „Gesetz" wirklich wesentlich ist (*tà barútera*), nämlich Gerechtigkeit, Barmherzigkeit und Treue.

Die Abgabe des Zehnten dient dem Unterhalt der Priester und Leviten und war zugleich die Haupteinnahmequelle der Stadt Jerusalem. Dahinter steht die Überzeugung und die aus der Tradition hervorgehende Verpflichtung, dass der Unterhalt des Tempels und seines Kultes für ganz Israel von fundamentaler Bedeutung ist. Später wurden die Regelungen der Mischna für die Abgabe des Zehnten gegenüber den biblischen Geboten weiter ausdifferenziert und verschärft, sodass sie für die arme Landbevölkerung Galiläas zu einer Pflicht wurden, der sie nicht mehr nachkommen konnte. Jesus steht - auch auf dem Hintergrund seiner sozialen Herkunft - dem prophetischen Erbe Israels näher als dem priesterlich-kultischen. Mt stellt also hier mit den zentralen Grundwerten Gerechtigkeit, Barmherzigkeit und Treue das soziale Verhalten über die rituelle Observanz, ohne diese aufgeben zu wollen.

Der Vorwurf der geistigen Blindheit gegenüber den Schriftgelehrten und Pharisäern und ihre Unfähigkeit, geistig-geistliche Führung wahrzunehmen, unterstreicht der Kontrast von Mücke und Kamel. Beide gelten als unreine Tiere. Die Mücke ist ein sehr kleines Insekt, das Kamel eines der größten Tiere Palästinas. Man versuchte gewissenhaft vor dem Weintrinken mit einem Tuch kleine Mücken auszusieben, um sie ja nicht zu verschlucken und sich zu verunreinigen, während weitaus Größeres und Wichtigeres, wie die Liebe zu Gott, zum Nächsten und zu sich selbst, dabei aus dem Blick geraten.

Der *fünfte Weheruf* führt die Polemik gegen die akribische Beachtung der Reinheitsvorschriften und eine falsche Gewichtung von Toraweisungen weiter und erinnert an Mt 15,1-20. Da hatte Jesus bereits gegen die Jerusalemer Pharisäer und Schriftgelehrten deutlich gemacht, dass die Frage von „rein" und „unrein" sich nicht an äußeren Riten und Vorschriften festmachen lasse. Sie entscheide sich vielmehr daran, welche Absichten und Motive das Herz eines Menschen bewegen und was daraus für das eigene Handeln resultiert. Hier macht er klar, dass ein nur an äußeren Vollzügen orientiertes Verständnis kultischer Reinheit der Tora nicht entspricht. Wer auf Kosten anderer einen genusssüchtigen und aufwendigen Lebensstil führt, missachtet die sozialen Prinzipien der Tora. *arpagné* bedeutet eine gewinnsüchtige und unredliche Weise, zu Geld zu kommen, und ist mit Raub oder räuberischer Erpressung gleichzusetzen. *akrasía* ist ein Mangel an Selbstkontrolle und Enthaltsamkeit, der sich in maßlosem Essen und sexuellen Begierden äußert. Jesus prangert also die mangelnde Unterscheidung und verkehrte Gewichtung in ihrer Toraauslegung an, die die ethisch-soziale „Unreinheit" außer Acht lässt und das kultische Reinhalten von Essgeschirr (und das Händewaschen vor den Mahlzeiten) als zentral in den Vordergrund stellt. Der Wehruf schließt mit einer Aufforderung an „den blinden Pharisäer", das „Innere des Bechers", d.h. sein Herz, zu läutern und seinen Mitmenschen in lauterer Gesinnung als „Nächsten" zu begegnen. Dann wird er auch zu einer ganzheitlichen, Ritus und Ethos umfassenden, Einheit finden, die sein Herz und sein Handeln bestimmt.

3. Mt 23,27-35: Die beiden letzten Weherufe heben noch einmal den Widerspruch zwischen beabsichtigtem äußeren Erscheinungsbild und tatsächlicher innerer Wirklichkeit hervor und charakterisieren diese Diskrepanz als Heuchelei und Gesetzlosigkeit. Die äußerlich sichtbare Gerechtigkeit der Schriftgelehrten und Pharisäer vergleicht Jesus mit Gräbern, die in weiß leuchtendem Stein (oder Stuck) von außen schön aussehen und einen guten Eindruck machen. Doch die schöne Fassade kann nicht darüber hinwegtäuschen, dass sie voller Totengebeine und ganz und gar unrein sind. Der Kontakt mit ihnen macht unrein und führt in die Gesetzlosigkeit (*anomía*). Sie ist der Inbegriff von frevelhaftem Handeln.

Im *siebten und letzten Weheruf* offenbart sich der Widerspruch zwischen äußerlich sichtbarem Tun und tatsächlicher Gesinnung darin, dass die Schriftgelehrten und Pharisäer den Propheten Grabmäler bauen, die Gräber der Gerechten schmücken und sich von denen, die sie verfolgt und getötet haben, mit der Behauptung distanzieren, sie würden sich nie an solchen Bluttaten beteiligt haben, hätten sie zur Zeit ihrer Väter gelebt. Indem sie sich aber als Söhne der Prophetenmörder bezeichnen, bilden sie eine Art Schuldkontinuum mit ihrer Vätergeneration, das sich im Schicksal Johannes' des Täufers zu ihrer Zeit fortsetzt. So wie ihre Väter mit den Gottesboten umgegangen sind, so haben sie sich gegen den Täufer und seine Umkehrpredigt zur Wehr gesetzt. Wie Johannes bezeichnet sie nun Jesus als „Schlangenbrut" und kündigt ihnen das Strafgericht der „Hölle" an (vgl. Mt 3,7-10). Und diese ihre blutige Spur wird sich bis in die aktuelle Gegenwart fortsetzen: „Siehe, ich sende zu *euch* Propheten, Weise und Schriftgelehrte ..." und sie alle werden das gleiche Schicksal erleiden. So machen sie das (Sünden)Maß ihrer Väter voll, besonders wenn sie „den Propheten Jesus, aus Nazareth in Galiläa" (Mt 21,11), ans

Kreuz bringen. Die Schuld der Schriftgelehrten besteht vor allem darin, wie sie in Gegenwart mit den Gottesboten umgehen.

Die Formulierung, alles vergossene Blut der Gerechten „von Abel bis Sacharja“ meint kein Resumé der Geschichte Israels, auch keine Kollektivschuld, sondern charakterisiert die jetzigen Schriftgelehrten und Pharisäer als die Vertreter der Autoritäten, die immer schon Gerechte und Gottesboten nicht ertragen konnten, weil sie sich von ihnen in ihrem Selbstwert und ihrem Ansehen, in ihrer Macht und ihrem Einfluss bedroht fühlten. So werden auch die jetzigen Verantwortlichen Israels dem Gericht nicht entkommen können. Da Jerusalem samt Tempel schon zerstört ist, kann diese Androhung vom Evangelisten auch als ein letzter Appell verstanden werden, auf die von Gott gesandten „Propheten, Weisen und Schriftgelehrten“ zu hören und umzukehren, um nicht noch mehr Märtyrerblut zu vergießen.

Jesu Weissagung über Jerusalem: M7 23,37-39

23 [37] Jerusalem, Jerusalem, (die Stadt) die tötet die Propheten und steinigt, die
zu ihr gesandt sind. Wie oft habe ich deine Kinder sammeln wollen, wie eine
Vogelmutter ihre Jungen unter ihre Flügel sammelt, und ihr habt nicht gewollt.
[38] Siehe, euer Haus wird euch öde (leer) gelassen. [39] Denn ich sage euch: Von
jetzt an werdet ihr mich nicht mehr sehen, bis ihr sagt: Gepriesen sei, der
kommt im Namen des Herrn (Ps 118,26).

Zusammenhang: Nach dem letzten Weheruf und der Ankündigung des Gerichts (Mt 23,29-36) schließt Mt das Kapitel mit einer Wehklage über die Stadt Jerusalem, die die Propheten steinigt und die zu ihr Gesandten tötet. Der Verweis auf die Zerstörung des Tempels (V. 38) unterstreicht das unerbittliche Schicksal der Gegner Jesu.

Der letzte Abschnitt ist mit dem vorausgehenden (V. 34-36) durch die Stichworte „Propheten“, „senden“, „töten“ und „Gesandte“ verbunden.

Jesus wendet sich nun an die ganze Stadt. In der eindringlichen Doppelanrede kommt sein ganzer Schmerz über die Verstockung Jerusalems und der Ernst seiner Klage über sie zum Ausdruck. Alle Bemühungen Gottes, seine widerspenstigen Bewohner zu sammeln und ihnen Zuflucht und Sicherheit zu geben, sind gescheitert. Bis zuletzt haben sie sich verweigert: „Ihr habt nicht gewollt!“ Das Wort erinnert an die Ablehnung der Geladenen zum königlichen Hochzeitsmahl (Mt 22,3.5) und an die Reaktion der Winzer (Mt 21,35-39) in den beiden Gleichnissen. Auf die Klage der Zurückweisung folgt die Ankündigung des Gerichts über den Tempel. Das Haus Gottes ist „euer Haus“ geworden, das „öde“ zurückgelassen wird. Gott verlässt den Tempel und gibt ihn der Zerstörung preis (vgl. Ez 9-11). Aus dem heiligen Ort der

Gegenwart Gottes wird schließlich der „Ort des Greuels der Verwüstung“ (Mt 24,15).

Die Ankündigung, dass Gott aus ihrer Mitte weggehen und sie ihrem Schicksal überlassen wird, verbindet Jesus mit seinem Verlassen des Tempels. Es ist das letzte Wort, das er hier spricht. Jerusalem wird ihn erst wiedersehen, wenn er zur Parusie kommt. Dann werden sie ihn mit den Worten aus Ps 118,26 begrüßen, mit denen die Priester im Alten Israel die Festpilger auf dem Tempelberg begrüßten (vgl. Mt 21,9), und ihn als Weltenrichter anerkennen, „der kommt im Namen des Herrn“. Aber dann wird es – wie der vorausgegangene Kontext nahelegt – für die Verantwortlichen zu spät sein: „Das Reich Gottes wird von euch weggenommen werden“ (Mt 21,43).

Wo immer eine attraktive Idee oder ein Ideal durch Menschen konkrete Gestalt oder Formen annimmt und über längere Zeit existiert und weitergeben wird, bilden sich bestimmte Verantwortlichkeiten heraus, die von Menschen unterschiedlicher charakterlicher Prägung wahrgenommen werden. Je mehr man sich zeitlich vom Ursprung entfernt, desto eher ist die Gefahr gegeben, das gemeinsame Ziel und die eigene Vorgehensweise bei neuen Herausforderungen anders zu gewichten und mit anderen Interessen zu verbinden. Diese Gefahr ist vor allem gegeben, wenn sich im Laufe der Zeit Hierarchien gebildet haben und festgeschrieben wurden. So entwickeln sich bestimmte Machtstrukturen und Einflussbereiche. Es entsteht eine Institution, die mit anderen Institutionen kooperiert oder sich von ihnen abgrenzt. Nicht selten kommt es dann dazu, dass bei den Repräsentanten und Trägern der gegenwärtigen Institution die ursprüngliche Idee oder das Ideal, das am Anfang Einzelne oder kleinere Gruppen inspiriert und umzusetzen versucht haben, nach und nach verdunstet. Gelegentlich besinnen sich Einzelne oder kleinere Gruppen auf ihre Ursprünge und beginnen, die gegenwärtige Institution oder Bewegung von Neuem zu dynamisieren. Manchmal ist aber die gegenwärtige Institution an einigen Stellen so stark korrumpiert und in ihren Strukturen so verkrustet und intransparent, dass nur eine leidenschaftliche und machtvolle Konfrontation zu neuen Innovationen führen kann. Dafür steht die prophetische Tradition des Alten und Neuen Testaments. Im Einzelnen ist dieser Prozess von den Anfängen bis in die Gegenwart noch viel komplexer.

Überall wo Menschen sind, „menschelt“ es. So scheint mir diese leidenschaftliche und harsche Konfrontation mit den sieben Wehrufen gegen die Schriftgelehrten und Pharisäer und mit der Weissagung Jesu über Jerusalem auch ein eindringlicher Appell, dem sich gegenwärtige Repräsentanten und Träger kirchlicher Strukturen und gläubige Christen nicht entziehen dürfen, wenn sie ihre Glaubwürdigkeit nicht verspielen wollen. Das ganze 23. Kapitel ist m.E. auch eine Herausforderung für jeden Getauften und Gefirmten bzw.

Konfirmierten, ob er oder sie für das Heil von Menschen überhaupt noch relevant ist, ob er oder sie anderen zum Segen ist (Gen 12,2f.), zu mehr innerer Freiheit, Kraft und Weite inspiriert, die zu „Gerechtigkeit, Barmherzigkeit und Treue“ im Miteinander führen (Mt 23,23), oder sich schon in den Streusand allgemeiner Belanglosigkeit verloren hat.

Die große endzeitliche Rede: Mt 24,1-25,46

Die letzte der fünf großen Reden hält Jesus unmittelbar vor der Passion. Sie richtet sich an seine Jünger, gilt aber in gleicher Weise allen Menschen aus allen Völkern (Mt 24,14; 25,32). Die Rede gliedert sich nach der erzählerischen Einleitung (Mt 24,1-3) in drei Hauptteile. Zunächst schildert er die Ereignisse bis zur Ankunft des Menschensohnes mit großer Macht und Herrlichkeit (Mt 24,4-31), die sich (später) in der Darstellung des Endgerichts über alle Völker fortsetzt (Mt 25,32-46). Dazwischen hat Mt einen großen Mittelteil komponiert (Mt 24,32-25,30), der mit anschaulichen Vergleichen und drei großen Gleichnissen zur Wachsamkeit und Stetsbereitschaft im Blick auf die nicht kalkulierbare Parusie des Menschensohnes auffordert. Diese Mahnung zieht sich als Leitmotiv durch den ganzen Mittelteil der Rede.

Der erste Abschnitt der Rede basiert hauptsächlich auf der Markusvorlage 13,3-17; ebenso der Anfang des Mittelteils 24,32-36 auf Mk 13,28-32. Im weiteren Verlauf (Mt 24,37-25,30) arbeitet der Evangelist verschiedene Texte aus der Logienquelle (Q) und seinem Sondergut in die Rede ein. Zu seinem Sondergut gehört auch die Darstellung des Endgerichts.

Man kann bei Mt immer wieder beobachten, dass er bemüht ist, für den ihm zugänglichen Stoff der Jesustradition in der Komposition seines Evangeliums einen geeigneten Platz zu finden.

1. Die Ereignisse bis zur Ankunft des Menschensohnes: Mt 24,1-31

24 1 Und Jesus ging aus dem Tempel und seine Jünger wandten sich unterwegs
an ihn, um ihn auf die Bauten des Tempels aufmerksam zu machen. 2 Er aber
antwortete und sagte zu ihnen: Seht ihr das (nicht) alles? Amen, ich sage euch:
Hier wird kein Stein auf dem andern bleiben, der nicht niedergerissen wird.
3 Als er aber auf dem Ölberg saß, kamen die Jünger, die mit ihm allein
waren, zu ihm und fragten: Sag uns, wann wird das geschehen und was ist
das Zeichen für deine Ankunft und das Ende der Welt? 4 Und Jesus antwortete
und sagte zu ihnen: Gebt Acht, dass euch niemand irreführt! 5 Denn viele werden unter meinem Namen auftreten und sagen: Ich bin der Messias! und sie
werden viele irreführen. 6 Ihr werdet von Kriegen und Kriegsgerüchten hören.
Gebt Acht, lasst euch nicht erschrecken! Denn es muss geschehen, aber es ist
noch nicht das Ende. 7 Denn Volk wird sich gegen Volk und Reich (wörtlich:

Königsherrschaft) gegen Reich erheben, und es wird da und dort Hungersnöte und Erdbeben geben. [8] Doch das alles ist (erst) der Anfang der Wehen.

[9] Dann wird man euch der Bedrängnis ausliefern und sie werden euch töten und ihr werdet von allen Völkern gehasst werden um meines Namens willen. [10] Und viele werden Anstoß nehmen und einander ausliefern und einander hassen. [11] Und viele falsche Propheten werden auftreten und sie werden viele irreführen. [12] Und weil die Gesetzlosigkeit überhand nimmt, wird die Liebe bei vielen erkalten. [13] Wer aber bis zum Ende durchhält, der wird gerettet werden. [14] Und dieses Evangelium von der Gottesherrschaft (wörtlich: von der Königsherrschaft) wird auf der ganzen Welt verkündet werden – zum Zeugnis für alle Völker; und dann wird das Ende kommen.

[15] Wenn ihr dann den (unheilvollen) Greuel der Verödung, von dem durch den Propheten Daniel vorhergesagt wurde (Dan 9,27; 11,31; 12,11), am heiligen Ort stehen seht – wer es liest, merke auf –,[16] dann sollen die Bewohner von Judäa in die Berge fliehen; [17] wer (gerade) auf dem Dach ist, soll nicht hinabsteigen, um etwas aus seinem Haus zu holen, [18] und wer auf dem Feld ist, soll nicht zurückkehren, um seinen Mantel zu holen. [19] Weh aber den Frauen, die in jenen Tagen schwanger sind oder (ein Kind) stillen! [20] Betet darum, dass eure Flucht nicht bei stürmischem Wetter (im Winter) oder an einem Sabbat geschieht!

[21] Dann wird eine große Drangsal sein, wie es sie vom Anfang der Welt bis jetzt nicht gegeben hat, und auch nie mehr sein wird. [22] Und wenn jene Tage nicht verkürzt würden, dann würde kein Mensch gerettet; doch um der Auserwählten willen werden jene Tage verkürzt werden.

[23] Wenn dann jemand zu euch sagt: Siehe, hier ist der Messias! oder: Da ist er!, so glaubt es nicht! [24] Denn es werden falsche Messiasse und falsche Propheten auftreten und sie werden große Zeichen und Wunder wirken, um, wenn möglich, auch die Auserwählten irrezuführen. [25] Siehe, ich habe es euch vorausgesagt. [26] Wenn sie also zu euch sagen: Siehe, er ist in der Wüste!, so geht nicht hinaus; siehe, er ist im Innern des Hauses!, so glaubt es nicht. [27] Denn wie der Blitz im Osten aufflammt und bis zum Westen hin leuchtet, so wird die Ankunft des Menschensohnes sein. [28] Wo ein Aas ist, da werden sich die Geier sammeln.

[29] *Sogleich aber nach der Drangsal jener Tage*
wird die Sonne sich verfinstern
und der Mond wird nicht mehr scheinen;
die Sterne werden vom Himmel fallen
und die Kräfte des Himmels werden erschüttert werden (Jes 13,10; 34,4).

[30] Und dann wird das Zeichen des Menschensohnes am Himmel erscheinen; dann werden alle Völker (wörtlich: alle Stämme) der Erde trauern und wehklagen und sie werden den Menschensohn auf den Wolken des Himmels kommen sehen, mit (großer) Kraft und Herrlichkeit. [31] Und er wird seine Engel aussenden mit lautem Posaunenschall und sie werden seine Auserwählten aus allen vier Wind(richtung)en zusammenführen, von einem Ende des Himmels bis zum andern.

Zusammenhang: Beim ersten Teil der Rede ist zu berücksichtigen, dass die Zerstörung des Tempels bereits einige Zeit zurückliegt, sodass Mt sie von den Ereignissen, die der Parusie vorausgehen, klar abgrenzt. Die Frage nach der Wiederkunft Jesu greift zurück auf seine Ankündigungen vom Kommen des Menschensohnes (Mt 10,23; 13,42; 16,27; 19,28) und auf sein letztes Wort im Tempel (Mt 23,39). Die schon erfolgte Zerstörung der prachtvollen Tempelanlage kann für die mt Gemeinde als deutlicher Hinweis auf die noch ausstehenden Ereignisse bis zur Wiederkunft des Menschensohnes verstanden werden.

1. Mt 24,1-14: Das Verlassen des Tempels hat für Jesus eine Tiefendimension, die von den Jüngern nicht erfasst wird. Sie haben nicht verstanden, dass die eindrucksvollen Bauten des Tempels und seine zentrale Bedeutung für den Glauben des jüdischen Volkes keine Zukunft mehr haben. So bekräftigt er seine Ankündigung (Mt 23,38), dass alles, was sie noch mit großer Bewunderung bestaunen, in Schutt und Asche sinken wird. Von all dem wird kein Stein auf dem anderen bleiben.

Wann immer Steine und Strukturen, Riten und Bräuche nicht mehr Ausdruck der Leidenschaft Gottes für den Menschen sind, werden sie hineingezogen in die Vergänglichkeit alles Geschöpflichen. Wann immer sie aufgehört haben, davon zu vibrieren, dass wir hineingenommen sind in das Kraftfeld Gott, in den Einziehungsbereich seiner Nähe und Liebe, seiner Barmherzigkeit und Treue, verlieren sie ihre Ausstrahlung und Anziehungskraft. Wann immer sie nicht mehr daran erinnern und dazu ermutigen, dass unser Leben in eine Vision, in den Sinnhorizont der Gottesherrschaft hineingestellt ist und wir uns dafür in Dienst nehmen lassen, mit anderen den Weg in die Weite und Freiheit seiner Gottesherrschaft zu gehen, können sie den Menschen nicht mehr über sich hinausführen.

Als die Jünger dann mit Jesus allein auf dem Ölberg sind und auf die Tempelanlage herunterschauen, fragen sie ihn zunächst nach dem Zeitpunkt der Tempelzerstörung. Er beginnt seine Antwort mit einer Mahnung zur Wachsamkeit und zu nüchternem Realitätssinn. Diese Warnung durchzieht wie ein Leitmotiv (V. 11.23-26) die beiden folgenden Abschnitte (6-14 und 15-28). Jesus warnt vor Menschen, die in Zeiten großer Verunsicherung mit messianischem Anspruch auftreten und eine Gewissheit verbreiten, die viele täuschen und dann enttäuschen wird. Selbst wenn sie von Kriegen, Hungersnöten und Naturkatastrophen hören, bedeutet das alles nicht das Ende von allem. Diese furchtbaren Geschehnisse resultieren aus einer komplexen Zwangsläufigkeit, die noch einmal von Gottes Heilsplan umfangen ist.

Nach der allgemein gehaltenen Schilderung der endzeitlichen Gefährdung für jedermann richtet sich sein Blick nun auf das Schicksal der Jünger. Jesus hatte die Zwölf bei der Aussendung zu den verlorenen Schafen des Hauses

Israel nicht nur auf den Widerstand und die Feindschaft der etablierten Autoritäten, sondern auf eine breite Ablehnungsfront eingestimmt, die selbst heftige Konfrontation und Zerwürfnisse im engsten Familienkreis auslösen kann (Mt 10,16-23). Bei der universalen Mission müssen sie nun mit dem gleichen Schicksal rechnen: Sie werden „von allen Völkern" gehasst (V. 9). Bei einer solchen Gefahrenlage ist Glaubensabfall keine Ausnahme mehr. Viele werden nicht standhalten, andere denunzieren und in ihrem Hass aufeinander losgehen. Vermutlich stehen hinter dieser Aussage (V. 10) konkrete Erfahrungen mit ehemaligen Gemeindemitgliedern. Mt schildert nüchtern das Gefährdungsszenario einer in ihrem inneren Zusammenhalt nicht gefestigten Gemeinde. Er warnt vor allem vor Leuten aus den eigenen Reihen, die mit prophetischem Anspruch viele täuschen und in neue Ausweglosigkeiten führen. Weil niemand mehr dem anderen trauen und sich auf ihn verlassen kann, wird das Zusammenleben durch Gesetzlosigkeit und Lieblosigkeit zu einem gefährlichen Miteinander. „Gesetzlosigkeit" bedeutet hier ein Handeln, das der von Jesus ausgelegten und erfüllten Tora widerspricht. Wer aber dieses kollektive Misstrauen und Gefährdungspotential im Vertrauen auf Gottes Mit-Sein und im Ausblick auf das Kommen des Menschensohnes aushält, wird gerettet. „Aushalten" (*hypoméno*) verlangt ein nüchtern überlegtes und entschiedenes Verhalten. Der Dienst am Sendungsauftrag Jesu, die glaubwürdige Verkündigung der Gottesherrschaft „zum Zeugnis für alle Völker" hat trotz Widerstand und Ablehnung, Verfolgung und Martyrium Priorität und wird so zum Salz der Erde und zum Licht für die ganze Welt (vgl. Mt 5,13-16). Das Ende kommt erst, wenn die frohe Botschaft von der Gottesherrschaft alle Menschen und Völker erfasst hat.

2. Mt 24,15-28: Der zweite Abschnitt skizziert die Ereignisse vor dem Ende im Blick auf Jerusalem und Judäa: „Der Greuel der Verwüstung" (*bdélygma tes eremóseos*) am heiligen Ort erinnert einerseits an den 168 oder 167 von den Seleukiden unter Antiochus IV. Epiphanes im Jerusalemer Tempel errichteten Zeus-Altar (vgl. 1 Makk 1,54; 6,7) und bezieht sich andererseits auf nicht näher bestimmbare Ereignisse im Tempel während des jüdisch-römischen Krieges (66-70 n.Chr.). Dieses Zeichen signalisiert für die christusgläubigen Gruppen den Zeitpunkt der sofortigen Flucht in die umliegenden Berge. Angesichts der gebotenen Eile und der schwierigen Umstände vor allem für Frauen, die schwanger sind oder einen Säugling zu stillen haben, sollen die Jünger darum bitten, dass die Flucht nicht noch durch weitere Erschwernisse beeinträchtigt wird. Die Schrecken der hereinbrechenden Heimsuchung werden alles bisher Dagewesene so sehr in den Schatten stellen, dass kein Mensch diese große Drangsal überleben würde, wenn jene Tage nicht abgekürzt werden. Ein deutliches Merkmal der endzeitlichen Drangsal ist das gehäufte Auftreten von falschen Messiassen und Propheten, die mit „großen Zeichen und Wundern“ ihren Anspruch zur Geltung bringen und auch die Auserwählten in ihrer Treue zum Weg Jesu erschüttern können. Die Aufforderung zur Wachsamkeit (V. 25) unterstreicht noch einmal, dass die Jünger nicht von der großen Prüfung ausgenommen sind.

Das Kommen des Menschensohnes aber wird ein auf dem weiten Erdenrund blitzartig wahrnehmbares Ereignis sein, das jeden Zweifel ausschließt. Der Vergleich mit dem Aas und den Geiern unterstreicht noch einmal, dass sein Kommen von allen Lebenden wahrgenommen wird. Ebenso wenig wie die Geier einen Kadaver verfehlen, können die Menschen die Wiederkunft Christi ignorieren.

3. Mt 24,29-31: Die Parusie des Menschensohnes setzt mit kosmischen Zeichen ein, die den gesamten Kosmos erschüttern. Das Erscheinen des Menschensohnes wird angesichts des unausweichlichen Endgerichts bei allen Völkern der Erde Trauer und Wehklagen auslösen. Seine Präsenz steht plötzlich ohne Vorwarnung für alle Lebenden „im Raum“ und kann weder überhört noch übersehen werden. Wer aber in Treue zum Herrn durchgehalten hat, wird dann von überall her von seinen Boten zusammengeführt.

Jesus hat sich also von der Frage nach den Zeichen, an denen man den Zeitpunkt seiner Wiederkunft und das Ende dieser Welt kalkulieren kann, gelöst. Vielmehr stellt er unmissverständlich klar, dass er selbst das einzige Zeichen ist, das urplötzlich ohne Vorankündigung wie ein Blitz am Himmel aufleuchtet und damit die Erfahrung von Raum und Zeit definitiv beendet ist.

2. Der unbekannt nahe Zeitpunkt seines Kommens und die Mahnung zur Wachsamkeit: Mt 24,32-42

**24 32 Vom Feigenbaum aber lernt das Gleichnis! Wenn sein Zweig zart ist und
Blätter hervortreibt, erkennt ihr, dass der Sommer nahe ist. 33 Ebenso erkennt
auch ihr, wenn ihr das alles seht, dass er (der Menschensohn) nahe vor den
Türen ist. 34 Amen, ich sage euch: Diese Generation wird nicht vergehen, bis
das alles geschieht. 35 Himmel und Erde werden vergehen, aber meine Worte
werden nicht vergehen.**

**36 Doch über jenen Tag und die Stunde weiß niemand (etwas), weder die
Engel im Himmel noch der Sohn, nur der Vater allein.**

**37 Denn wie in den Tagen des Noah wird die Ankunft des Menschensohnes
sein. 38 Wie sie (die Menschen) nämlich in jenen Tagen vor der großen Flut
aßen und tranken, heirateten und verheiratet wurden, bis zu dem Tag, an dem
Noah in die Arche ging, 39 und nichts ahnten, bis die Flut (über sie) hereinbrach
und alle hinwegraffte, so wird auch die Ankunft des Menschensohnes sein. 40
Dann werden zwei (Männern) auf dem Feld sein, einer wird (mit)genommen**

und einer zurückgelassen. [41] Und zwei (Frauen werden) an der Mühle mahlen, eine wird (mit)genommen und eine zurückgelassen.

[42] Seid also wachsam! Denn ihr wisst nicht, an welchem Tag euer Herr kommt.

Nach dem Redeteil über die Ereignisse bis zur Ankunft des Menschensohnes (Mt 24,4-31) ist der folgende Abschnitt von der Spannung zwischen der angekündigten Nähe der Parusie (V. 32-34) und der nicht aufhebbaren Ungewissheit über den Zeitpunkt seines Kommens (V. 35-39) durchzogen. Mit dem Gleichnis vom Feigenbaum versucht Jesus die Nähe des Endes zu verdeutlichen: Wie man an seinen hervortreibenden Blättern auf die Nähe des Sommers schließen kann, so ist „das alles" ein deutlicher Hinweis, dass sein Kommen unaufhaltsam bevorsteht. „Wenn ihr *das alles* seht" bezieht sich vermutlich auf den „Greul der Verwüstung" im Tempel und auf alles, was mit der Eroberung und Zerstörung Jerusalems zusammenhängt. Das feierliche Amen-Wort bekräftigt, dass die jetzt lebende Generation „das alles" noch durchmachen muss. Die Betonung, dass alle seine Worte noch über das Ende seines Kommens hinaus ihre Gültigkeit behalten, betrifft alle vorausgegangenen Ankündigungen. Sie bleiben aktuell – auch in den Wehen der Endzeit und sind nicht in das Vergehen von Himmel und Erde einbezogen.

Der folgende Vers 36 ist eine klare Absage an alle Versuche, irgendwelche Terminspekulationen anzustellen. Das Wissen um die Nähe der Parusie und die Ungewissheit über ihren Zeitpunkt gehören zusammen. Die Christusgläubigen sollen in ihrer Treue zum Evangelium auf den plötzlichen Einbruch des Endes gefasst sein. Die Gnade für diese Stetsbereitschaft im Wissen um sein Mit-Sein reicht immer für *einen* Tag – wie das Manna für die Exodusgeneration auf ihrem langen Weg durch die Wüste ins Gelobte Land. Jesus illustriert den unerwartet plötzlichen Einbruch der Parusie mit ihren katastrophalen Begleiterscheinungen für den gesamten Kosmos mit dem Verhalten der Generation um Noah (Gen 19,1-29) und warnt eindringlich davor, in den Dingen des Alltäglichen, im familiären, sozialen Leben, aufzugehen, ohne zu bedenken, dass all dies einmal ein unerwartet schnelles Ende haben kann. Menschen, die ihre Leben nicht vom Ende her sehen und gestalten, werden von dem Unheil so unausweichlich getroffen, wie die Zeitgenossen Noahs von der großen Flut.

Die zwei Beispiele aus dem Alltag von Mann und Frau betonen noch einmal die Plötzlichkeit des zum Endgericht kommenden Menschensohnes. Er trennt unerbittlich zwischen denen, die ihrem Unheilsgeschick überlassen und denen, die von ihm „genommen" werden (vgl. Mt 24,31). Die definitive Trennung geht mitten durch das familiäre und soziale Beziehungsgeflecht hindurch. Deshalb im Folgenden wieder die eindringliche Mahnung zur Wachsamkeit. Christliche Existenz und Naherwartung gehören also zusammen wie die beiden Seiten einer Münze. Wer dies vergisst, ist – vielleicht ohne es zu merken – dabei, Nachfolge im Sinne von Mt zu zerstören.

3. Die beiden Gleichnisse vom Hausherrn und vom guten und bösen Knecht: Mt 24,42-51

24 [43] Bedenkt: Wenn der Hausherr wüsste, zu welcher Nachtwache der Dieb
kommt, würde er wachen und (es) nicht zulassen, dass in sein Haus einge-
brochen wird. [44] Deshalb haltet auch ihr euch bereit! Denn der Menschensohn
kommt zu einer Stunde, in der ihr es nicht erwartet.
[45] Wer ist denn der treue und kluge Knecht, den der Herr über sein Gesinde
(ein)setzte, damit er ihnen die Nahrung gebe zur rechten Zeit? [46] Glückselig der
Knecht, den der Herr, wenn er kommt, bei solchem Tun antrifft! [47] Amen, ich
sage euch: Er wird ihn über sein ganzes Vermögen (ein)setzen.
[48] Wenn aber jener Knecht böse ist und in seinem Herzen sagt: Mein Herr
lässt sich Zeit! [49] und anfängt, seine Mitknechte zu schlagen, und mit Be-
trunkenen isst und trinkt, [50] dann wird der Herr jenes Knechtes an einem Tag
kommen, an dem er es nicht erwartet, und zu einer Stunde, die er nicht kennt;
[51] und der Herr wird ihn zweiteilen und ihm seinen Platz unter den Heuchlern
zuweisen. Dort wird Heulen und Zähneknirschen sein.

1. Mt 24,43-44: Die Aufforderung zur Wachsamkeit (V. 42) bezieht sich als Leitmotiv auch auf die gesamte Gleichniskomposition (Mt 24,42-25,30). Dieses Wachsein kann nur lebendig bleiben in einer persönlichen Beziehung zu Christus und schließt die Bereitschaft zum Leiden mit ein (Mt 26,41). Die Jünger sollen wie ein verantwortungsbewusster Hausherr stets damit rechnen, dass der Herr wie ein Dieb in der Nacht zu einer unvorhersehbaren Zeit kommt, und so ihr Anwesen vor jedem Einbruch zu schützen wissen.

Der Dieb kann aber auch ein Hinweis auf die Gefährdung sein, der die Glaubenden durch die Anfechtungen und Bedrohungen ihrer Umwelt ausgesetzt sind, auf all das, was sie daran hindert, in der Gegenwart und Erwartung des Herrn zu leben.

2. Mt 24,45-51: Das Gleichnis vom treuen und klugen Verwalter kann wie die beiden vorausgegangenen Vergleiche in besonderer Weise für die Verantwortlichen der Gemeinden gelten. Zu den Aufgaben eines Verwalters gehört vor allem, dass er während der Abwesenheit seines Herrn dem Gesinde zur rechten Zeit zuteilt, was der Einzelne braucht und was ihm zusteht. Das Gespür für die Bedürfnisse der Leute und für das, worauf sie ein Anrecht haben, erhält die Diener in der Treue zu ihrem Herrn.

Der Verwalter muss sich immer bewusst bleiben, dass er nur eine „geliehene Autorität" hat, ein Amt auf Abruf. Bleibt er seinem Auftrag treu (*pístis*) und handelt er klug (*phrónimos*) im Sinne seines Herrn, wird dieser sich an Großzügigkeit nicht übertreffen lassen.

Ganz anders wird es dem Verwalter ergehen, der beim Ausbleiben des Herrn seine Macht missbraucht und anfängt, die Diener seines Herrn zu drangsalieren und das anvertraute Gut seiner persönlichen Genusssucht zu opfern. Er wird bei der unerwartet plötzlichen Wiederkehr des Herrn entzwei gehauen und sein Los mit den „Heuchlern" (vgl. Mt 23,13-29) teilen. Das drastisch geschilderte Gericht ist eine ernste Warnung an alle, die ihr geistliches und pastorales Leitungsamt zum eigenen Vorteil missbrauchen und so nicht mehr an den wiederkehrenden Herrn erinnern. Sie werden im Endgericht den unversöhnlichen Gegnern Jesu gleichgestellt. „Heulen und Zähneknirschen" ist Ausdruck und Metapher für unendlichen Schmerz (vgl. Mt 8,12; 13,42.50; 22,13; 25,30). Das Entscheidende ist also: mit seinem ganzen Sein an den wiederkehrenden Herrn zu erinnern.

Ignatius von Loyola empfiehlt in seinen Geistlichen Übungen (Nr. 186/187) vor einer wichtigen Entscheidung, die Alternativen vom Ende her zu betrachten, d.h. aus der Sicht der Todesstunde oder vom Tag des Gerichts her. Es ist schon existenziell bedeutsam, das eigene Leben vom Ende her zu sehen und zu gestalten. Das mag im fortgeschrittenen Alter vielleicht leichter gelingen als in früheren Jahren. Aber wichtig ist es für jedes bewusst gelebte Lebensalter.

4. Das Gleichnis von den zehn Jungfrauen: Mt 25,1-13

25 1 Dann wird das Himmelreich zehn Jungfrauen gleichen, die ihre Fackeln
nahmen und hinausgingen, um dem Bräutigam zu begegnen. 2 Fünf von ihnen
aber waren töricht und fünf waren klug. 3 Die Törichten nahmen ihre Fackeln
mit, aber kein Öl, 4 die Klugen aber nahmen mit ihren Fackeln (auch) Öl in den
Gefäßen mit. 5 Als aber der Bräutigam sich Zeit ließ, nickten sie alle ein und
schliefen.

6 Mitten in der Nacht aber gab es Geschrei: Siehe, der Bräutigam! Geht
hinaus, ihm entgegen! 7 Da standen die Jungfrauen alle auf und machten ihre
Fackeln zurecht. 8 Die törichten aber sagten zu den klugen: Gebt uns von eurem
Öl, sonst gehen unsere Fackeln aus! 9 Die Klugen erwiderten und sagten: Dann
reicht es nicht für uns und für euch; geht lieber zu den Händlern und kauft es
euch selbst!

10 Als sie aber weggegangen waren, um es zu kaufen, kam der Bräutigam,
und die bereit waren, gingen mit ihm hinein zur Hochzeit und die Tür wurde
verschlossen. 11 Später kamen auch die anderen Jungfrauen und riefen: Herr,
Herr, mach uns auf! 12 Er aber antwortete ihnen und sagte: Amen, ich sage
euch: Ich kenne euch nicht.

13 Seid also wachsam! Denn ihr kennt weder den Tag noch die Stunde.

Zusammenhang: Dieses Gleichnis hat eine Entsprechung in dem Gleichnis vom klugen und törichten Mann am Ende der Bergpredigt, der jeweils ein anderes Fundament für seinen Hausbau wählt (Mt 7,24-27). Es deutet zugleich an, worum es bei dem vorausschauenden Verhalten im Angesicht der Parusie geht: In der Treue zum Wort Jesu stets bereit zu sein für sein überraschendes Kommen.

1. Mt 25,1-5: *Zehn junge Frauen*, die ihre *Fackeln* nehmen und hinausgehen, um dem *Bräutigam* zu begegnen ... Die Zahl 10 ist Symbol für Ganzheit (vgl. 10 Drachmen: Lk 15,8-10), für Erfüllung und Vollendung (vgl. 10. Stunde: Joh 1,39). Hier im Gleichnis geht es um den endzeitlichen Aspekt der Gottesherrschaft, um den Tag und die Stunde, in der die Zeit sich erfüllt und die Gottesherrschaft zur Vollendung kommt.

Das also ist das Ziel: dem Bräutigam zu begegnen, das Kommen des Menschensohnes in einer Weise zu erwarten, dass der konkrete Zeitpunkt seiner Ankunft belanglos wird. Dazu sind *alle* berufen.

Die Hälfte der jungen Frauen wird als *töricht* oder *dumm* bezeichnet. Das griech. Wort *morós* bedeutet so viel wie unsensibel, stumpfsinnig sein, d.h. die Sensibilität, die inneren Wahrnehmungsorgane sind stumpf geworden. Im übertragenen Sinn heißt das Wort dann auch fade, ohne Geschmack, schließlich gottlos. Die andere Hälfte der jungen Frauen wird als *klug* charakterisiert. Das griech. Wort *phrónimos* bedeutet bei Sinnen, bei vollem Bewusstsein, bei Verstand zu sein, besonnen, präsent, einsichtig, verständig, klug.

Die Klugheit oder Dummheit der jungen Frauen wird danach beurteilt, ob sie Öl für ihre Fackeln mit auf den Weg nehmen. Was bedeutet das: Öl für die Fackeln? Mit *lampádes* sind nicht Öllampen (*lýchnoi*) gemeint, sondern sog. Gefäßfackeln, bei denen ölgetränkte Lappen auf einer Stange als „Brennstoff" dienen und eine entsprechende Außenbeleuchtung ermöglichen. Sie qualmen und sind feuergefährlich, deshalb für Innenräume ungeeignet.

Offenbar brechen alle bei Tag auf und alle rechnen damit, dass der Weg sich hinziehen wird und sie auch bei Nacht und Dunkelheit noch unterwegs sein könnten. Sonst würden sie ja ihre Fackeln nicht mitnehmen. Die Zeit wird lang. Der Bräutigam lässt auf sich warten, so dass alle jungen Frauen müde werden und einschlafen, auch die klugen. Das Mühen um ein Leben nach den Worten Jesu, um unser Ganzwerden und unsere Vollendung zieht sich hin, braucht Zeit.

2. Mt 25,6-13: Als sich dann plötzlich mitten in der Nacht das Kommen des Bräutigams ankündigt, bemerkt die eine Hälfte der jungen Frauen beim Herrichten der Fackeln ihre *Unachtsamkeit* und verlangt von der anderen Hälfte, dass sie dafür aufkommen soll. Die Unachtsamkeit dieser Frauen setzt sich also fort und gefährdet auch das Ziel, das Lebensziel der anderen. Die Unachtsamkeit, diese unsensible Art von Sorglosigkeit auf Kosten anderer, scheint also bei den „Dummen" eine durchgehende Haltung zu sein, und zwar eine gefährliche. Mangelnde Sensibilität, Stumpfsinn ist gefährlich.

Die anderen Frauen verstehen sofort, was los ist, und grenzen sich klar ab: Niemals! Sie können den anderen nicht geben, was sie selbst zur Erreichung ihres Lebensziels nötig haben. Es gibt etwas in unserem Leben, das unteilbar ist, und dafür ist jeder selbst verantwortlich.

Als der Bräutigam schließlich kommt, trifft er nur *die* jungen Frauen, die ihn wirklich erwartet haben, die bereit sind, mit ihm zum Hochzeitsfest zu gehen. Nach ihnen wird die Tür verschlossen. Die „Dummen" haben ihre Chance, ihren *Kairos* verpasst.

Wer also – so sagt das Gleichnis – wie die klugen Jungfrauen von Anfang an Öl bei sich hat, weil der Bräutigam jederzeit kommen und die Tür jederzeit verschlossen werden kann, der wird zur Ganzheit, zur Erfüllung und Vollendung finden; biblisch ausgedrückt: teilhaben an der Gottesherrschaft.

Es kommt also letztlich auf die Bewährung, auf das Durchhalten in der Treue zum Wort des Herrn an, also auf das Öl, das man mit sich trägt. Wer Öl bei sich hat, kann – wie die klugen Frauen – ruhig zum Zeitpunkt der Parusie eingeschlafen sein. Der ungewisse Zeitpunkt wird für die, die im Herzen wach und auf die Begegnung mit dem Herrn ausgerichtet sind, gleichgültig. Sie brauchen nicht ständig in ängstlicher Erwartung zu leben, um ja nicht überrascht zu werden.

Außerdem: Eine Hochzeit zu feiern, ist ein freudiges Ereignis, und dazu eingeladen zu sein, etwas Beglückendes. Es geht um Menschwerdung, um Ganzwerdung in der Begegnung mit dem Herrn durch alle Lebensphasen hindurch, und dass wir dieses Lebensziel nur mit anderen erreichen, die auch Öl mit sich tragen. Nach Paulus ist es der wichtigste Augenblick im Leben eines Menschen, in dem er sich ganz für Christus öffnet. Unser Leben ist eine Pilgerfahrt zu diesem Augenblick. Auf das Öl kommt es an!

5. Das Gleichnis von den anvertrauten Talenten: Mt 25,14-30

25 [14] Es (das Himmelreich) gleicht einem Mann, der auf Reisen ging. Er rief
seine Knechte und vertraute ihnen sein Vermögen an. [15] Dem einen gab er
fünf Talente, einem anderen zwei, (wieder) einem anderen eines, jedem nach
seinen Fähigkeiten, und reiste ab. Sogleich [16] ging der, der die fünf Talente
erhalten hatte, hin, wirtschaftete mit ihnen und gewann noch fünf weitere
dazu. [17] Ebenso gewann der, der zwei erhalten hatte, noch zwei weitere dazu.
[18] Der aber, der das eine Talent erhalten hatte, ging hin, grub die Erde auf und
versteckte das Geld seines Herrn.

19 Nach langer Zeit aber kommt der Herr jener Diener (zurück) und hält Abrechnung mit ihnen. 20 Da kam der, der die fünf Talente erhalten hatte, brachte fünf weitere und sagte: Herr, fünf Talente hast du mir gegeben; sieh her, ich habe noch fünf dazugewonnen. 21 Sein Herr sagte zu ihm: Gut, du guter und treuer Knecht. Über Weniges warst du treu, über Vieles werde ich dich setzen. Geh ein in die Freude deines Herrn! 22 Dann kam der Knecht, der zwei Talente erhalten hatte, und sagte: Herr, zwei Talente hast du mir gegeben; sieh her, noch zwei habe ich dazugewonnen. 23 Sein Herr sagte zu ihm: Gut, du guter und treuer Knecht. Über Weniges warst du treu, über Vieles werde ich dich setzen. Geh ein in die Freude deines Herrn!

24 Es kam aber auch der Knecht, der das eine Talent erhalten hatte, und sagte: Herr, ich wusste, dass du ein harter Mensch bist; du erntest, wo du nicht gesät hast, und sammelst, wo du nicht ausgestreut hast; 25 weil ich Angst hatte, habe ich dein Talent in der Erde versteckt. Sieh her, da hast du das Deine. 26 Sein Herr aber antwortete und sagte zu ihm: Du böser und träger Knecht! Du hast gewusst, dass ich ernte, wo ich nicht gesät habe, und sammle, wo ich nicht ausgestreut habe. 27 Du hättest mein Geld den Geldwechslern geben sollen, dann hätte ich es bei meiner Rückkehr mit Zinsen zurückerhalten. 28 Nehmt ihm also das Talent weg und gebt es dem, der die zehn Talente hat! 29 Denn jedem, der hat, dem wird gegeben werden, und er wird Überfluss haben; wer aber nicht hat, dem wird auch, was er hat, noch weggenommen. 30 Und werft den nichtsnutzigen Knecht hinaus in die äußerste Finsternis! Dort wird Heulen und Zähneknirschen sein.

Zusammenhang: Bei diesem Gleichnis liegt der Akzent auf dem Dialog mit dem dritten Knecht. Die ausführlicher erzählte Abrechnung mit ihm veranschaulicht, dass wir in einer Weise schuldig werden können, dass nichts und niemand anders dafür verantwortlich gemacht werden kann, außer wir allein. Es geht hier also wieder um die Wiederkunft des Herrn, um das Endgericht und damit um die Ermutigung, das eigene Leben der Vitalität und Entfaltungskraft der Gottesherrschaft (des Himmelreiches), des Weizenkorns auszuliefern.

1. Mt 25,14-18: Zu Beginn des Gleichnisses übergibt ein reicher Mann sein Vermögen treuhänderisch einigen seiner Leute – „einem jeden nach seiner Fähigkeit". Ein Talent ist eine große Summe Geldes. Es entspricht 6000 Denaren, wobei in Palästina 1 Denar der übliche Tageslohn für einen Arbeiter war. Der Herr traut seinen Leuten sehr viel zu. Selbst der Mann mit den bescheidensten Fähigkeiten hat über ein großes Kapital zu verfügen. Die unterschiedlichen Fähigkeiten bedeuten keinen höheren oder niederen Wert der Person und begründen in der Gemeinde auch keine Über- und Unterordnung (Mt 20,27f.; 23,11f.).

Im Bild vom Verteilen der Talente liegt die Frohe Botschaft, dass *jeder* Mensch mit seinem Leben über ein großes Kapital verfügt, dass Gott uns von seinem Vermögen, von seinem Leben, von seinen Möglichkeiten etwas anvertraut hat. Im Verteilen der Talente liegt deshalb die Einladung, sich auf diese Zusage Gottes einzulassen und sich von aller letzten Angst um sich selbst befreien zu lassen.

In dem Gleichnis gehen zwei der Leute unverzüglich (*eutheos)* daran, das Kapital für ihren Herrn in Umlauf zu bringen. Sie denken nicht an sich und sind dabei sehr erfolgreich. Sie scheinen zu wissen, dass der Dienst, den der Herr ihnen anvertraut hat, sehr wichtig und wertvoll ist. Nur der dritte ist um sein Wohlergehen und vor allem um seine Sicherheit besorgt. Er riskiert nichts für seinen Herrn. Ängstlich will er den anvertrauten Reichtum durch die lange Zeit des Wartens so hindurchretten, wie er ihn empfangen hat. Niemand soll da herankommen, niemand soll davon profitieren, und niemand darf von seinem Reichtum erfahren. Darum vergräbt er in aller Heimlichkeit sein Talent. Sein Kapital bleibt tot. Sein Leben gleicht einer versiegenden Quelle, und die Angst um sich selbst bleibt ihm auch.

2. Mt 25,19-30: Bei der unvermuteten Rückkehr des Herrn gewinnen die beiden selbstlos handelnden Knechte eine neue Existenz und werden mit noch größeren Aufgaben betraut. Wo Gottes Gabe und Verheißung schon fruchtbar geworden sind, erfahren sie sein noch größeres Gelingen. Ignatius formuliert diese paradoxe Gesetzmäßigkeit einmal mit anderen Worten:

> *„Wenige Menschen ahnen,*
> *was Gott aus ihnen machen würde,*
> *wenn sie sich seiner Führung rückhaltlos anvertrauen,*
> *und sich Gott ganz überantworten,*
> *damit er ihr Leben in seinen Händen forme."*

Der Knecht aber, der sich in seiner Angst zum entscheidenden Einsatz nicht aufraffen konnte, sucht sein Verhalten mit der Einschätzung seines Herrn als *harten* (*sklerós*) *Mann* zu rechtfertigen, eine Charakterisierung, bei der einem Worte wie *hart*herzig und unbarmherzig einfallen. Er hat deshalb das Talent so sicher wie nur möglich verwahrt, um es dann ohne Verlust zurückzuerstatten. Welche Illusion! Der Herr konfrontiert ihn mit der Frage, warum er aus Angst vor möglichen Konsequenzen versäumt habe, das Geld zu den Wechslern zu bringen, um es wenigstens mit etwas Gewinn wieder abheben zu können. Nicht einmal das hat er gewagt. Die Absicherung, aus Angst nichts zu riskieren, ist als Lebensverweigerung zu verstehen. Dieser Knecht hat seine Möglichkeiten nicht ins Spiel gebracht, sein Leben nicht gelebt. Er spürt das, kann es sich aber nicht eingestehen. Darum macht er seinen Herrn dafür verantwortlich, dass aus seinem Leben nichts geworden ist. So verliert er schließlich alles: das Talent und die Teilnahme an der Freude seines Herrn. Wo Gottes Gabe und Verheißung unfruchtbar bleiben, gehen sie verloren. In der schroff wirkenden Antwort des Herrn liegt die zentrale Botschaft des Gleichnisses: Wer die Rückkehr des Herrn erwartet und Gottes Nähe unter den Menschen mit all seinen Möglichkeiten erfahrbar macht, wird schon jetzt Glück und Erfüllung in seinem Leben spüren, einen Vorgeschmack des Lebens, das der Herr für ihn bereithält, wenn er wiederkommt.

Es fehlt in diesem Gleichnis der Mensch, der sein Leben voll gewagt, aber geirrt und alles verloren hat. Es sieht so aus, als würde jeder, der sein „Talent" einbringt und riskiert, niemals betrogen, und als verlöre er nichts, wie sehr er auch im Einzelnen geirrt haben und wie sehr er von Missgeschick getroffen sein mag. Eine Frömmigkeit, die primär auf die eigene Sicherheit bedacht ist und ja nichts falsch machen will, bleibt unfruchtbar.

In diesem Zusammenhang ist auffallend, wie oft Jesus in den Evangelien eine das ganze Leben bestimmende Grundentscheidung verlangt: „*Wer sein Leben retten will, wird es verlieren. Wer sein Leben verliert, um meinetwillen und des Evangeliums willen, wird es retten*" (Mt 16,25).

Das Gleichnis von den Talenten kann auch eine Einladung sein, sich zu fragen: Wo liegt in meinem Leben totes Kapital? Wo habe ich aus Angst um mich selbst ein Talent vergraben, an das niemand herankommen soll, von dem niemand erfahren und profitieren soll? Wo laufe ich Gefahr, mein Leben zu verlieren, weil ich nicht loslassen oder nichts riskieren will? Ein außerbiblisch überliefertes Jesuswort sagt: „*Werdet kundige Geldwechsler!*" Mit anderen Worten: Bringt euer Leben in Umlauf, damit ihr es gewinnt!

6. Das Weltgericht: Mt 25,31-46

25 31 Wenn aber der Menschensohn in seiner Herrlichkeit kommt und alle En-
gel mit ihm, dann wird er sich auf den Thron seiner Herrlichkeit setzen. 32 Und
alle Völker werden vor ihm versammelt werden und er wird sie voneinander
trennen, wie der Hirt die Schafe von den Böcken trennt. 33 Und er wird die
Schafe zu seiner Rechten stellen, die Böcke aber zur Linken.
34 Dann wird der König denen zu seiner Rechten sagen: Kommt her, ihr Ge-
segneten meines Vaters, empfangt die Königsherrschaft als Erbe, die euch seit
der Grundlegung der Welt bereitet ist! 35 Denn ich war hungrig und ihr habt
mir zu essen gegeben; ich war durstig und ihr habt mir zu trinken gegeben;
ich war fremd und ihr habt mich aufgenommen; 36 ich war nackt und ihr habt
mir Kleidung gegeben; ich war krank und ihr habt mich besucht; ich war im
Gefängnis und ihr seid zu mir gekommen. 37 Dann werden ihm die Gerechten
antworten und sagen: Herr, wann haben wir dich hungrig gesehen und dir zu
essen gegeben oder durstig und dir zu trinken gegeben? 38 Und wann haben wir
dich als Fremden gesehen und dich aufgenommen oder nackt und dir Kleidung
gegeben? 39 Und wann haben wir dich krank oder im Gefängnis gesehen und
sind zu dir gekommen? 40 Und der König wird ihnen antworten: Amen, ich

sage euch: *Was ihr einem meiner geringsten Brüder getan habt, das habt ihr mir getan.*

41 Dann wird er zu denen auf der Linken sagen: Geht weg von mir, ihr Verfluchten, in das ewige Feuer, das dem Teufel und seinen Engeln bereitet ist! 42 Denn ich war hungrig und ihr habt mir nichts zu essen gegeben; ich war durstig und ihr habt mir nichts zu trinken gegeben; 43 ich war fremd und ihr habt mich nicht aufgenommen; ich war nackt und ihr habt mir keine Kleidung gegeben; ich war krank und im Gefängnis und ihr habt mich nicht besucht.
44 Dann werden auch sie antworten: Herr, wann haben wir dich hungrig oder durstig oder fremd oder nackt oder krank oder im Gefängnis gesehen und haben dir nicht geholfen? 45 Dann wird er ihnen antworten: Amen, ich sage euch: *Was ihr für einem dieser Geringsten nicht getan habt, das habt ihr auch mir nicht getan.* 46 Und diese werden weggehen zur ewigen Strafe, die Gerechten aber zum ewigen Leben.

Zusammenhang: Nach der Schilderung der Ereignisse bis zur Ankunft des Menschensohnes (Mt 24,4-31) setzt Mt diesen Teil der großen endzeitlichen Rede mit der Darstellung des Endgerichts über alle Völker fort (Mt 25,32-46). Dazwischen hat er einen längeren Mittelteil eingefügt, der mit anschaulichen Vergleichen und Gleichnissen zur Wachsamkeit und Stetsbereitschaft im Blick auf die zeitlich nicht voraussagbare Parusie des Menschensohnes auffordert. Bei dem letzten Abschnitt der Rede handelt sich um die letzte Unterweisung Jesu an seine Jünger vor der Passionsgeschichte. Sie hat deshalb besonderes Gewicht und kann als „eine Zusammenfassung der Lehre und Forderung des ganzen Evangeliums im Blick auf das Gericht“ verstanden werden. „In der Richtergestalt des Messias gipfelt das Christusbekenntnis der Kirche“ (Wolfgang Trilling). Der gesamte vorausgehende Abschnitt mit seiner Mahnung zur Wachsamkeit, zu nüchternem Realitätssinn und Stetsbereitschaft würde ins Leere laufen, wenn er nicht mit dem Ausblick auf das Endgericht für alle Menschen und Völker, und damit auch für die Gemeinde, enden würde.

Gericht bedeutet, dass jeder Mensch für sein Leben verantwortlich ist und jeder sich in seinem Tun und Lassen letztlich vor niemand anderem zu verantworten hat als vor Gott. Der Menschensohn „wird jedem (!) nach seinem Verhalten“ vergelten (Mt 16,27). Nach Mt 13,37-43 gibt es in Bezug auf das Gericht keinen Unterschied zwischen Gemeinde und Welt. Der Herr zieht jeden Menschen zur Rechenschaft, wie es seiner Gerechtigkeit und seiner Barmherzigkeit entspricht.

1. Mt 25, 31-40: Das ganze Szenario vom Endgericht kann nur in Bildern entworfen werden, die in unserer Vorstellungswelt schon angesiedelt sind oder aus ihnen kombiniert werden können, und die dennoch etwas vermitteln wollen, das jenseits von Raum und Zeit liegt und unseren Vorstellungshorizont gänzlich überschreitet: „Wenn der Menschensohn in seiner Herrlichkeit kommt und alle Engel mit ihm, dann wird er sich auf den Thron seiner Herrlichkeit setzen“ (V. 31) – Bilder von Hoheit und Macht, von Souveränität und glanzvoller Ausstrahlung, von absoluter Wahrhaftigkeit und Präsenz, vor der alle Lüge und Gewalt, alle Selbsttäuschung und Manipulation, alle Scheinformen des Lebens nicht verborgen bleiben können. So lösen Bilder vom Gericht Gottes und Gedanken, dass wir unser Leben vor ihm verantworten müssen, auch Unbehagen aus. Andererseits ist die Gewissheit des kommenden Gerichts auch eine Hoffnung für die Opfer von Willkür und struktureller Gewalt, für die Opfer von Lüge und der Gnadenlosigkeit medialer Tribunale, Hoffnung für alle, deren Personwürde verletzt und untergraben wurde, Hoffnung für Menschen, die sich wirklich durchs Leben plagen und aus eigener Kraft ihr Schicksal nicht wenden können.

Die gesamte Menschheit ist vor dem Richter versammelt. Das entspricht der universalen Ausrichtung des Evangeliums, auf dem ganzen bewohnten Erdkreis Menschen für Jesus Christus und seine Botschaft zu gewinnen. Er teilt die Vielen in zwei Blöcke ein, einen zu seiner Rechten, den anderen zu seiner Linken, und macht damit deutlich, dass er mit der Trennung bereits sein Urteil gefällt hat. Anders als ein menschlicher Richter braucht er kein Verhör, um die Wahrheit herauszufinden. Hier wird nun entfaltet, was bereits in Mt 16,27 angekündigt wurde.

Das Bild vom Menschensohn changiert mit dem Bild des Hirten und des Königs. Das Bild vom Hirten erinnert an Ez 34,2-31, wo JHWH als Hirte auftritt, um für Recht und Gerechtigkeit zwischen den Schafen zu sorgen. Als Hirte hatte Jesus sich in besonderer Weise der verlorenen Schafe des Hauses Israel angenommen und war ihnen unermüdlich nachgegangen. Jetzt ist er der königliche Hirte in Vollmacht, der mit seinem Stab jedem seinen Platz zuweist. Zu Beginn des Dialogs mit den beiden Blöcken wendet er sich zunächst an die Menschen zu seiner Rechten und nennt sie die Gesegneten seines Vaters, denen die Teilnahme an der Königsherrschaft Gottes seit Anbeginn der Welt bereitet ist – ein Bild, das wiederum alle menschlichen Begriffe und Vorstellungen weit hinter sich lässt. Er begründet sein Urteil mit dem, was einer dem anderen, besonders den „Geringsten“ an barmherziger Zuwendung gegeben hat. Für die Gemeinde galt bereits, dass jeder, der einen Jünger Jesu aufnimmt und mit dem Nötigsten versorgt, nicht nur Jesus selbst aufnimmt, sondern sogar den, der ihn gesandt hat (Mt 10,40-42). Jetzt wird diese Regel auf alle Menschen ausgedehnt. Jeder Einzelne ist Bruder Christi, ob er es wusste oder nicht. Die Werke der Barmherzigkeit, die der Richter hier nennt, sind exemplarisch zu verstehen. Die erstaunte Reaktion der Angesprochenen zeigt, dass sie bei ihrer Zuwendung zu den Geringsten allein den Menschen in seiner Not gesehen haben. Die Pointe liegt in den abschließenden Amen-

Worten: Im Gericht ist allein die Lebenspraxis entscheidend. Das hatte Jesus bereits mit der kleinen Gerichtsankündigung gegen Ende der Bergpredigt gesagt (Mt 7,21-23).

2. Mt 25,41-46: Dann wendet sich der Richter an die zu seiner Linken und weist sie von sich mit den Worten: „Ihr Verfluchten, in das ewige Feuer!" Er begründet sein Urteil damit, dass sie sich von der Not der Bedürftigen nicht haben berühren lassen und ihnen nicht geholfen haben. Damit haben sie ihr Leben verfehlt, und zwar endgültig: „Was ihr einem von diesem Geringsten nicht getan habt, habt ihr auch mir nicht getan!" (V. 46). Die Möglichkeit, durch eigenes Versagen sein Leben zu verfehlen, ist eine reale Möglichkeit.

Das Thema „Gericht" gehört zum Realismus der Verkündigung Jesu. Gerichtsworte und Gerichtsgleichnisse machen in den synoptischen Evangelien einen beträchtlichen Teil des überlieferten Redegutes aus, bei Mt sogar mindestens ein Viertel. Wenn man die Gerichtsaussagen Jesu ausblendet oder verharmlost, „ist seine Botschaft nur ein unverbindliches Angebot, das man annehmen oder ablehnen kann. Aber für ein unverbindliches Angebot endet man nicht am Kreuz" (Marius Reiser). Die Botschaft Jesu hat in ihrer Unbedingtheit etwas Freisetzendes.

Nach dem Johannes-Evangelium kommt die Endzeit nicht irgendwann und steht auch nicht unmittelbar bevor, sondern ist bereits angebrochen. Es verlegt Endgericht und ewiges Leben in die Gegenwart und überschreitet damit die eschatologische Perspektive der Synoptiker.

Passion, Tod und Auferstehung Jesu: Mt 26,1-28,20

Der Evangelist erzählt eine zusammenhängende Abfolge von Ereignissen, wie Jesus sie in seinen drei Ankündigungen von Passion, Tod und Auferstehung (Mt 16,21; 17,22f.; 20,18f.) vorausgesagt hat. Er schildert einen geografisch und zeitlich ineinander greifenden Geschehensablauf und orientiert sich dabei an der Passionsgeschichte und dem Auferstehungsbericht des Markus. Das dürfte seine einzige schriftliche Quelle gewesen sein.

Die Einleitung zur Passion: Mt 26,1-16

Zusammenhang: Die drei kurzen Erzählungen am Anfang der Passion (Mt 26,1-16) bilden eine Art Ausgangsdisposition für das dramatische Geschehen, das sich im Folgenden entfaltet. Die Hauptakteure, ihre Rollen und Positionen sind benannt: Jesus erscheint als der souveräne Herr, der die Ereignisse bestimmt und trotz seines Schweigens nicht Opfer seiner Feinde ist. Die Hohenpriester und Ältesten des Volkes werden in ihrer „bösen Absicht" charakterisiert, wobei Judas Iskariot als eine Nebenfigur ins Spiel kommt. Alles, was am Pessachfest geschieht, wird sich Schritt für Schritt nach Gottes Plan erfüllen – in einem unentwirrbaren Geflecht von Bosheit und menschlichem Versagen. Doch im Zentrum der Einleitung zur Passion leuchtet in der Gestalt der unbekannten Frau im Haus des von seinem Aussatz geheilten Simon eine Haltung auf, die zentral für die Schicksalsgemeinschaft mit Jesus ist.

1. Der Todesbeschluss des Hohen Rates: Mt 26,1-5

26 1 Und es geschah, als Jesus alle diese Worte beendet hatte, sagte er zu seinen
Jüngern: 2 Ihr wisst, dass nach zwei Tagen das Pessachfest ist und der Men-
schensohn ausgeliefert wird, um gekreuzigt zu werden.
3 Da versammelten sich die Hohenpriester und die Ältesten des Volkes im
Palast des Hohepriesters, der Kajaphas hieß, 4 und sie berieten miteinander, um
Jesus mit böser Absicht zu ergreifen und zu töten. 5 Sie sagten aber: Nicht am
Fest, damit kein Aufruhr im Volk entsteht.

Mit dem überleitenden Vers, dass Jesus *alle* diese Worte beendet hat, meint der Evangelist die gesamte Lehrtätigkeit (der fünf großen Reden) Jesu. Jetzt beginnt, was die Zwölf unterwegs „sehr traurig" werden ließ (Mt 17,23) und was ihrer Meinung nach auf keinen Fall mit ihm geschehen darf (Mt 16, 22). Deshalb ergreift Jesus selbst zu Beginn der Passion das Wort und erinnert sie an das, was sie längst wissen, was aber nach wie vor wie eine dunkle Wolke ihr Verstehen überschattet: „Der Menschensohn wird ausgeliefert, um gekreuzigt zu werden." Dass die Kreuzigung nicht das Letzte sein wird, hatte Jesus ihnen bereits in seinen Leidensankündigungen vorausgesagt und geschieht deshalb nach Gottes Willen. Doch das Licht der Auferstehung kann ihr Herz noch nicht erreichen. Das Dunkel der Passion bleibt letztlich rätselhaft, schrecklich und trotz aller theologischen Bemühungen undurchdringlich. Die schwersten Stunden müssen allein durchgestanden werden. Das gilt auch für die, die Jesus am nächsten sind.

Das Zusammenkommen der Hohenpriester und Ältesten des Volkes im Palast der Hohenpriesters Kajaphas scheint einen konspirativen Charakter zu haben und keine offizielle Versammlung des Hohen Rates zu sein. Es sieht so aus, als würde die breite Sympathie, die Jesus beim Volk genießt, sie nun nicht mehr daran hindern, ihre Absicht durchzusetzen, ihn in ihre Gewalt zu bringen und von der römischen Besatzungsmacht hinrichten zu lassen. Seit er die Händler aus dem Tempel vertrieben und das Volk dort gelehrt hat (Mt 21,23), treten sie gemeinsam als seine Gegner auf. Seine Auslegung der Tora und die politische Situation in der Stadt sind zu brisant, als dass sie noch länger zuwarten wollen. Viel Zeit bleibt ihnen nicht mehr. Dabei wollen sie ihre böse Absicht mit List so durchsetzen, dass es zu keinem Aufruhr in der

Stadt kommt. Das Fest wäre auf keinen Fall ein geeigneter Zeitpunkt für den Zugriff. Doch das weitere Geschehen liegt nicht in ihrer Hand.

2. Die Salbung Jesu im Haus Simons des Aussätzigen: Mt 26,6-13

**[6] Als aber Jesus in Betanien im Haus Simons des Aussätzigen war, [7] kam eine
Frau zu ihm, die ein Alabastergefäß mit sehr teurem (wohlriechenden) Salböl
bei sich hatte, als er zu Tisch lag, und goss es über seinem Haupt aus. [8] Als
aber die Jünger das sahen, wurden sie unwillig und sagten: Wozu diese Ver-
schwendung? [9] Denn man hätte das Salböl teuer verkaufen und (das Geld) den
Armen geben können. [10] Jesus erkannte ihren Unwillen und sagte zu ihnen:
Was macht ihr der Frau Schwierigkeiten? Sie hat ein gutes Werk an mir getan.
[11] Denn die Armen habt ihr immer bei euch, mich aber habt ihr nicht immer.
[12] Als sie das Salböl auf meinen Leib goss, tat sie es zu meinem Begräbnis. [13]
Amen, ich sage euch: Wo immer dieses Evangelium in der ganzen Welt ver-
kündet wird, wird man auch erzählen, was sie getan hat, zu ihrem Gedächtnis.**

In scharfem Kontrast zur bösen Absicht und dem konspirativen Tun der Hohenpriester und Ältesten des Volkes steht das „gute Werk" der unbekannten Frau im Hause Simons des Aussätzigen unweit von Jerusalem. Sie erscheint plötzlich beim Mahl, wo Jesus zu Gast ist, geht auf ihn zu mit einem Alabastergefäß, das mit einem sehr teuren Gemisch aus verschiedenen edlen Ölen (*mýron*) gefüllt ist, und gießt den ganzen Inhalt über sein Haupt, sodass der Duft dieses kostbaren Parfüms sich im Raum ausbreitet. Dabei sagt sie kein Wort, das ihr Tun erklärt, auch später nicht zu ihrer Verteidigung, als die Jünger ihr Vorwürfe machen. Es hat den Anschein, als müsste sich ihre Tat aus sich selbst erklären.

Das Unbehagen der Jünger und ihr Vorwurf einer unverantwortlichen Verschwendung liegt ganz auf der Linie, die sie bei Jesus gelernt haben, dass bei Wohltaten die Hinwendung zu den wirklich Bedürftigen Priorität hat (Mt 6,19-24; 19,21; 25,35f.). Doch ohne die Grundhaltung der Jünger in Zweifel zu ziehen, weist er ihre Kritik zurück und macht sie darauf aufmerksam, dass es Situationen gibt („allezeit – nicht allezeit"), in denen die Werke der Barmherzigkeit gegenüber einer anderen Priorität zurückstehen. Hier ist es der Liebesdienst der Salbung als vorweggenommene Salbung des Gekreuzigten, der vor seiner Grablegung nicht mehr einbalsamiert werden kann (Mt 27,57-60). Diese unbekannte Frau ist die einzige im ganzen Evangelium, von der Jesus ein „gutes Werk" erfahren hat. Die Salbung von Betanien zeigt, dass vor dem Pessachfest noch etwas anderes am Werk ist als Bosheit und List, dass Jesus auf seinem Weg in die Passion auch verschwenderische Liebe erfährt. Und darum wird ihre Tat vor Gott und den Menschen nicht in Vergessenheit geraten. In dieser Frau ist die Beziehung zu Jesus, der Glaube und die Hingabe an ihn, bespielhaft lebendig. Überall dort, wo das Evangelium die Menschen erreicht, wird auch an diese namenlose Frau und ihre verschwenderische Liebe zu Jesus erinnert. Für sie war ihre Beziehung zu Jesus das Wichtigste in ihrem Leben.

3. Die Vereinbarung des Judas mit den Hohenpriestern: Mt 26,14-16

14 Da ging einer von den Zwölf, der Judas Iskariot hieß, zu den Hohenpriestern
15 und sagte: Was wollt ihr mir geben, dass ich ihn euch ausliefere? Und sie
zahlten ihm dreißig Silberstücke aus. 16 Und von da an suchte er nach einer
günstigen Gelegenheit, ihn auszuliefern.

Judas aus dem engsten Kreis der Jünger ergreift die Initiative und geht zu den Hohepriestern, um ihnen Jesus in die Hände zu spielen und dafür Geld zu nehmen. Mehr sagt Matthäus nicht über diesen ungeheuerlichen Vorgang. Die enge Beziehung zu Jesus hat ihn nicht vor seiner Tat bewahrt. Welche Abgründe können sich im Menschen auftun! Ein so rätselhafter Verrat ist ohne Vorgeschichte kaum denkbar. Irgendwann gab es einen Riss in der Beziehung zu Jesus und zum gemeinsamen Leben der Zwölf, während äußerlich noch alles beim Alten blieb.

Die Frage des Judas, wie viel die Hohenpriester ihm zahlen, lässt darauf schließen, dass Geld das Motiv seines Verrats war. Dreißig Silberstücke zahlen sie ihm aus, ein Geldbetrag, den der Besitzer eines Rindes für einen Sklaven als Schadenersatz zahlen musste, der durch das Tier getötet wurde (Ex 21,32). In diesem „Sklavenpreis" liegt eine Geringschätzung Jesu, die ganz im Gegensatz zu der Wertschätzung steht, die ihm durch die Salbung der unbekannten Frau mit teurem Öl zuteilwurde. Nun geht es Judas nur noch darum, in naher Zukunft eine passende Gelegenheit zu finden.

Das letzte Pessachmahl: 26,17-29

Zusammenhang: Mt hat Mk 14,12-16 stark gekürzt und alles gestrafft, was vom Auftrag Jesu ablenkt. Er hat den Text theologisch durchkomponiert und Jesus mit seinem Pessachmahl ganz in den Mittelpunkt gestellt.

1. Die Vorbereitung des Pessachmahles: Mt 26,17-19

26 17 Am ersten (Tag des Festes) der ungesäuerten Brote gingen die Jünger zu
Jesus und fragten: Wo willst du, dass wir für dich das Pessachmahl vorberei-
ten? 18 Er antwortete: Geht in die Stadt zu dem und dem und sagt zu ihm: Der
Meister lässt dir sagen: Meine Zeit ist da; bei dir will ich mit meinen Jüngern
das Pessach(-mahl) feiern. 19 Die Jünger taten, wie Jesus ihnen aufgetragen
hatte, und bereiteten das Pessachmahl vor.

Es ist der „erste (Tag des Festes) der ungesäuerten Brote". Eigentlich beginnt das Fest der ungesäuerten Brote nach dem Pessachfest. Mt aber hat die ganze mit dem Pessach beginnende Zeit als Fest der ungesäuerten Brote bezeichnet. Das Pessachmahl beginnt mit einer heilsgeschichtlichen Perspektive, in der alles Folgende zu betrachten ist: Das große Fest der Juden wird in der ersten Vollmondnacht nach der Frühjahrs-Tag-und-Nachtgleiche zum Gedächtnis an die Befreiung Israels aus Ägypten und in der Hoffnung auf endgültige Erlösung gefeiert (vgl. Ex 12,1-14). Das JHWH-Pessach ist ein Mahl „im Vorübergehen", das Signal zum entschlossenen Aufbruch aus allen pharaonischen Nöten und Zwängen.

Das Fest der ungesäuerten Brote, Mazzot, schließt sich unmittelbar an. Es ruft den *eiligen* Aufbruch der Israeliten in Erinnerung, bei dem der Brotteig ungesäuert mitgenommen werden musste (vgl. Ex 12,15-20).

Es war ein Aufbruch aus entwürdigender Abhängigkeit in die Freiheit, ein Wagnis, bei dem man alles verlieren konnte. Der Exodus verlangte allen eine neue Lebensweise ab: Aus sesshaften Sklaven wurden wieder freie, ungesicherte Nomaden. Dieser eilige Aufbruch der Israeliten bei Nacht stützte sich allein auf die Zusage JHWHs, er werde für sein Volk da sein, er werde mit ihm ziehen und es durch alle Gefahren von Wasser und Wüste in das Land der Verheißung führen.

Wenn die Passion Jesu mit der Erinnerung an dieses alttestamentliche Geschehen eingeleitet wird, dann ist damit gesagt: Dieser Weg ist nur möglich in der Treue JHWHs, in dem Vertrauen, dass der Vater im Dunkel des rätselhaften Leidens und Sterbens mit ihm geht. Gleichzeitig liegt in dieser heilsgeschichtlichen Perspektive der Hinweis: Erlösung, Heil erfüllt sich ganz anders, als Menschen es sich vorstellen und erwarten.

Die Jünger gehen zu Jesus und fragen ihn, wo sie für ihn *(soi)* das Pessach vorbereiten sollen. Es geht also jetzt um ihn und um das letzte Pessach, das er mit ihnen feiern will. Er bezeichnet eine gewisse Person, ohne sie zu benennen, und schickt sie zu ihm mit dem Auftrag: „Meine Zeit ist nahe. Bei dir will ich mit meinen Jüngern das Pessachmahl feiern!" „Meine Zeit ist nahe" meint den Zeitpunkt der Passion nach zwei Tagen (Mt 26,2) und den Willen Gottes, der in seinem Leiden und in seinem Handeln durch ihn zur Erfüllung kommt. Jesus verfügt souverän über die Möglichkeiten seines ungenannten Gastgebers und erfährt von seinen Jüngern exemplarischen Gehorsam.

2. Das Mahl: Mt 26,20-25

20 Als es Abend geworden war, legte er sich mit den zwölf Jüngern zu Tisch. 21
Und während sie aßen, sprach er: Amen, ich sage euch: Einer von euch wird
mich ausliefern. 22 Da wurden sie sehr traurig und sie begannen einer nach
dem andern ihn zu fragen: Doch nicht etwa ich, Herr? 23 Er aber antwortete

und sagte: Der mit mir die Hand in die Schüssel eintaucht, wird mich ausliefern. [24] Der Menschensohn geht zwar dahin, wie über ihn geschrieben steht, aber weh dem Menschen, durch den der Menschensohn ausgeliefert wird! Für ihn wäre es besser, wenn er nicht geboren worden wäre. [25] Judas aber, der ihn auslieferte, antwortete: Doch nicht etwa ich (bin es), Rabbi? Er antwortete: Du hast es gesagt.

Als es spät geworden und sie beim festlichen Essen waren, deckt Jesus plötzlich die innere Situation des Zwölferkreises auf. Mit dem Amen-Wort kündigt er an, dass einer von ihnen ihn ausliefern wird. Sein Wort löst große Betroffenheit aus. Sie wurden „sehr" traurig und einer nach dem anderen fragt ihn: „Doch nicht etwa ich, Herr?" Keiner ist seiner selbst sicher und niemand versucht in der prekären Situation, einen anderen zu belasten. Es sieht so aus, als würde jeder den Verrat an Jesus im eigenen Herzen für möglich halten. Dann geht Jesus einen Schritt weiter und präzisiert seine Ankündigung: Ausliefern wird ihn, wer seine Hand mit ihm in die gemeinsame Schüssel mit dem Fruchtmus eintaucht.

Das von Markus unverändert übernommene Menschensohnwort hat hier die Bedeutung von „sterben". Sein Tod entspricht dem Zeugnis der Schrift und damit letztlich dem Heilswillen Gottes. Doch das ändert an der Schuld des Auslieferers nichts. Jesus betont sogar die Schwere des Vergehens noch mit der Bemerkung, dass es für ihn besser wäre, er wäre gar nicht gezeugt worden. Judas aber tut so, als könne er nach dieser Enttarnung noch den Ahnungslosen spielen, und er stellt wie die anderen Jünger die Frage: „Doch nicht etwa ich, Rabbi?" Diese gegenüber einem Schriftgelehrten übliche Anrede befremdet hier. Doch Jesus bestätigt ohne Umschweife, dass Judas der Verräter ist. Seine kurze Antwort scheint Distanz anzudeuten. Judas taucht erst bei der Gefangennahme Jesu wieder auf (V. 47). Wir wissen nicht, wann er sich aus dem Kreis der das Pessachmahl Feiernden entfernt hat. Auch wenn es schwer vorstellbar ist, dass er dabei geblieben ist, der Text sagt darüber kein Wort.

3. Die Stiftung des Neuen Bundes: Mt 26,26-29

[26] Während sie aber aßen, nahm Jesus das Brot und sprach den Lobpreis, brach es, gab es den Jüngern und sagte: Nehmt, esst; das ist mein Leib. [27] Dann nahm er den Kelch, sprach das Dankgebet, gab ihn den Jüngern und sagte: Trinkt alle daraus; [28] denn das ist mein Blut des Bundes, das für viele vergossen wird zur Vergebung der Sünden. [29] Ich sage euch aber: Ich werde von jetzt an nicht mehr von diesem Gewächs des Weinstocks trinken, bis zu jenem Tag, an dem ich mit euch von Neuem davon trinke im Reich meines Vaters.

Noch während des Mahles nimmt Jesus Brot und spricht den Lobpreis, dann bricht er das Brot und reicht es den Jüngern mit den Worten: „Nehmt, esst; das ist mein Leib!" Leib (*sóma)* bedeutet hier die ganze Person: Das bin ich!

Umgeben von List und Verrat, im Wissen, dass einer seiner engsten Freunde leugnen wird, ihn zu kennen, und alle ihn in dieser Nacht noch verlassen, gibt Jesus sich diesen Menschen; ihn selbst empfangen sie und gewinnen im Brot eine neue personale Gemeinschaft mit ihm. Das Deutewort über den Becher verdeutlicht, dass es die Gemeinschaft mit dem ist, der sein Leben für sie und für alle in den Tod gibt zur Vergebung der Sünden. Hier kommt neben dem Bundesschluss am Sinai (Ex 24,1-11) vor allem die Gottesknechtstheologie in Erinnerung. Im babylonischen Exil, in dieser schwersten Zeit, die das alttestamentliche Gottesvolk durchzustehen hatte, kam Israel zu der Erkenntnis, dass es selbst in seiner Gottesferne, in seiner Passion das Opfer der Menschheit vor dem Angesicht JHWHs sei. Es wird auf den Gottesknecht angespielt, der „die Sünden der vielen getragen hat" (Jes 43,11). Nicht zuletzt klingt die Verbindung von Sündenvergebung und Bund in der Verheißung des Neuen Bundes bei Jeremia an (Jer 31,31-34). Angesichts der zu erwartenden Katastrophe, die über Jerusalem kommen wird, und trotz der Erfolglosigkeit seines Wirkens, weiß Jeremia um einen neuen Anfang, um einen neuen Bund. „Denn ich werde ihre Vergehen verzeihen und ihrer Sünden nicht mehr gedenken" (Jer 31,34d).

Die beiden unscheinbaren Worte „für viele" sind wie ein Schlüssel zum Verständnis des Einsetzungsberichts. Alle bekommen Anteil an der versöhnenden Kraft des Todes Jesu und werden so zu Gliedern des neuen Bundesvolkes. Es ist der neue Bund mit den Menschen, in dem sich der alte erfüllt. In dieser Stunde vor dem Aufbruch nach Gethsemani berührt Jesus gleichsam die tiefsten Schichten seiner Liebe zu den Menschen und gibt ihnen sein bedingungsloses Ja.

Mit einem prophetischen Abschiedswort setzt Jesus das gegenwärtige Mahl mit dem endzeitlichen Mahl in Verbindung: „Ich sage euch aber: ich werde von jetzt an nicht mehr von diesem Gewächs des Weinstocks trinken, bis zu jenem Tag, an dem ich mit euch von Neuem davon trinke im Reich meines Vaters." Dann wird er fortsetzen, was er hier durch seinen Tod unterbrechen muss. Das letzte Wort Jesu vor dem Aufbruch in die Nacht seines Leidens ist durchstimmt von endzeitlichem Jubel. Sein Hingehen steht schon im Licht jenes Mahles, bei dem alles menschliche Sehnen und Hoffen seine Erfüllung findet.

Gethsemani: Mt 26,30-56

Zusammenhang: Das Gespräch Jesu mit den Elf auf dem Weg zum Ölberg verbindet das letzte Mahl mit den Ereignissen in Gethsemani. Es offenbart in letzter Schärfe das ganze Unvermögen der Jünger, Jesus zu verstehen. Bis zuletzt bleiben sie ahnungslos, ohne ein Gespür für das Geschick, das unaufhaltsam über ihn kommt. Jesus erfährt hier die schmerzlichste Distanz zu den Menschen, die ihm am nächsten sind.

1. Jesus kündigt den Abfall der Jünger an: Mt 26,30-35

> **26 30 Nachdem sie den Lobgesang gesungen hatten, gingen sie hinaus zum Öl-**
> **berg. 31 Da sagte Jesus zu ihnen: Ihr alle werdet an mir in dieser Nacht Anstoß**
> **nehmen; denn in der Schrift steht: Ich werde den Hirten schlagen, und die**
> **Schafe der Herde werden sich zerstreuen. 32 Aber nach meiner Auferweckung**
> **werde ich euch nach Galiläa vorausgehen. 33 Petrus antwortete und sagte zu**
> **ihm: Wenn alle an dir Anstoß nehmen – ich werde niemals an dir Anstoß neh-**
> **men! 34 Jesus sagte zu ihm: Amen, ich sage dir: In dieser Nacht, ehe der Hahn**
> **kräht, wirst du mich dreimal verleugnen. 35 Petrus sagte zu ihm: Und wenn ich**
> **mit dir sterben müsste – ich werde dich nicht verleugnen. Ähnlich sprachen**
> **auch alle Jünger.**

Nachdem sie die zum Pessachmahl gehörenden Hallel-Psalmen (Psalmen 113-118) gesungen hatten, beginnt Jesus auf dem Weg zum Ölberg mit der für sie bestürzenden Ankündigung, dass sie alle „in dieser Nacht" an ihm zu Fall kommen. Er verstärkt seine Ankündigung noch mit einem Schriftzitat aus Sach 13,7, wobei Gott ausdrücklich als der benannt wird, der den Hirten (tödlich) „schlägt" und die Herde auseinanderläuft. Das alttestamentliche Bild zeigt neben dem geschlagenen Hirten nur die zerstreute Herde – eine Situation, in der jeder nur seine eigene Haut retten und sich fluchtartig in Sicherheit bringen will. Doch ihr Auseinanderlaufen wird nur von kurzer Dauer sein. Der auferstandene Herr wird ihnen nach Galiläa vorausgehen und sie dort von Neuem sammeln. Er wird auf die zugehen, die ihn im Stich gelassen haben, die aus Enttäuschung und Angst um ihr Leben der Situation nicht gewachsen waren. Sie bekommen eine neue Chance. Doch Petrus hat nur den ersten Teil der Ankündigung im Ohr und weist sie für seine Person mit Nachdruck zurück.

Auf das entschiedene „niemals" antwortet Jesus mit einer zweiten Ankündigung, die nur ihn betrifft und noch viel gravierender ist: „Amen, ich sage dir: In dieser Nacht, ehe der Hahn kräht, wirst du mich dreimal verleugnen." Petrus ist in seiner Selbstsicherheit (noch) unerschütterlich: Selbst wenn er mit ihm sterben müsste, würde ihn das in seiner Treue zu Jesus nicht ins Wanken bringen. Wie sehr Petrus mit seiner Behauptung den Nerv getroffen hat, zeigt die Reaktion „aller“ übrigen Jünger. Alle Beteuerungen spiegeln eine Treuebereitschaft, die sich ausschließlich auf die eigene Kraft stützt und deshalb scheitern muss. Was den Menschen allein rettet, ist die Verheißung Jesu, sein Vorausgehen durch Passion und Tod zum Vater, sein Vorausgehen nach „Galiläa“.

2. Das Gebet in Gethsemani: Mt 26,36-46

> [36] Darauf kommt Jesus mit ihnen zu einem Grundstück, das Gethsemani ge-
> nannt wird, und sagt zu den Jüngern: Setzt euch hier, bis ich dorthin gegangen
> bin und gebetet habe! [37] Und er nahm Petrus und die beiden Söhne des Zebe-
> däus mit sich. Da fing er an, traurig zu werden und sich zu ängstigen [38] und er
> sagt zu ihnen: Meine Seele ist zu Tode betrübt. Bleibt hier und wacht mit mir!
> [39] Und er ging ein wenig weiter, fiel auf sein Angesicht und betete: Mein Vater,
> wenn es möglich ist, gehe dieser Kelch an mir vorüber. Aber nicht wie ich will,
> sondern wie du willst. [40] Und er ging zu den Jüngern zurück und findet sie
> schlafend. Da sagte er zu Petrus: So konntet ihr nicht eine Stunde mit mir wa-
> chen? [41] Wacht und betet, damit ihr nicht in Versuchung geratet! Der Geist ist
> willig, aber das Fleisch ist schwach. [42] Wieder ging er weg, zum zweiten Mal,
> und betete: Mein Vater, wenn dieser Kelch an mir nicht vorübergehen kann,
> ohne dass ich ihn trinke, geschehe dein Wille. [43] Als er zurückkam, findet er
> sie wieder schlafend, denn die Augen waren ihnen schwer geworden. [44] Und er
> ließ sie, ging wieder weg und betete zum dritten Mal mit denselben Worten. [45]
> Danach kommt er zu den Jüngern zurück und sagt zu ihnen: Schlaft ihr immer
> weiter und ruht euch aus? Siehe, die Stunde ist nahe herbeigekommen und
> der Menschensohn wird in die Hände der Sünder ausgeliefert. [46] Steht auf, wir
> wollen gehen! Siehe, der mich ausliefert, ist nahe.

Als sie das Grundstück mit Namen Gethsemani (Ölkelter) erreichen, zieht Jesus sich mit Petrus und den beiden Zebedäussöhnen zurück, um zu beten. Diese drei Vertrauten waren es auch, die seine Verwandlung auf dem „hohen Berg“ miterlebt hatten (Mt 17,1-13). Bisher war ihnen Jesus immer souverän begegnet. Doch jetzt zeigt er auf einmal im Ringen um sein Todesschicksal sehr menschliche Züge. Ihn erfasst eine abgrundtiefe Traurigkeit, die ihn „bis zum Tod“ erschüttert, sodass er seine drei Gefährten bittet, bei ihm zu bleiben und mit ihm zu wachen. Dieser unbegreifliche Gegensatz zur Verklärung wird sie tief verstört haben. Jesus fällt wie Abraham auf sein Angesicht (Gen 17.3.17) und bittet den Vater, dass der Kelch des Todes an ihm vorübergeht, wenn sein Heilswille auf diese Weise geschehen könne. Danach kehrt er zu den drei Gefährten zurück und muss entdecken, dass sie nicht in der Lage waren, auch nur eine Stunde des Leidens und schrecklicher Anfechtung wach und schweigend mit ihm zu teilen. So fordert er sie ausdrücklich auf, wachend und betend die nächtliche Gefahr mit ihm zu bestehen. Wer hat nicht in Stunden unerträglicher Not die Gemeinschaft, die physische Nähe von Vertrauten gesucht und Menschen gefunden, die unfähig waren, mit ihm zu fühlen und seine Einsamkeit noch leidvoller machten?

Nach dieser eindringlichen Ermahnung geht Jesus zurück ins Gebet. Er ringt um Gleichförmigkeit mit dem Willen des Vaters. Er will auch diese schwerste Stunde in die Grundhaltung seines ganzen Lebens einbringen: „Mein Vater, wenn dieser Kelch an mir nicht vorübergehen kann, ohne dass ich ihn trinke, geschehe dein Wille." Als er bei seiner Rückkehr seine Jünger wieder eingeschlafen findet, zieht er sich schweigend von ihnen zurück und erneuert mit den gleichen Worten seine Bereitschaft, den Leidensweg zu gehen. Die Feststellung, dass die Jünger immer noch schlafen, kommentiert er mit einer ironischen Bemerkung. Von seiner seelischen Erschütterung und Verzagtheit ist nichts mehr zu spüren. Eine neue Entschlossenheit spricht aus seinen Worten. In gewohnter Souveränität macht er sie auf den Ernst der Situation aufmerksam: „Nahe herbei gekommen ist die Stunde (Mt 26,18), da der Menschensohn in die Hände der Sünder ausgeliefert wird." Der Verräter ist bereits in ihrer unmittelbaren Nähe.

3. Die Gefangennahme Jesu: Mt 26,47-56

47 Als er noch redete, siehe, da kam Judas, einer der Zwölf, und mit ihm eine
große Volksmenge mit Schwertern und Knüppeln von den Hohenpriestern und
den Ältesten des Volkes. 48 Der ihn aber auslieferte, gab ihnen ein Zeichen und
sagte: Den ich küssen werde, der ist es; nehmt ihn fest! 49 Sogleich ging er auf
Jesus zu und sagte: Sei gegrüßt, Rabbi! und er küsste ihn. 50 Jesus aber sagte
zu ihm: Freund, dazu bist du gekommen? Da gingen sie auf Jesus zu, ergriffen
ihn und nahmen ihn fest. 51 Und siehe, einer von denen, die Jesus begleiteten,
streckte die Hand aus, zog sein Schwert, schlug auf den Diener des Hohen-
priesters ein und hieb ihm das Ohr ab. 52 Da sagt Jesus zu ihm: Steck dein
Schwert an seinen Platz; denn alle, die zum Schwert greifen, werden durch
das Schwert umkommen. 53 Oder meinst du, dass ich nicht meinen Vater bitten
kann und er würde mir sogleich mehr als zwölf Legionen Engel schicken? 54
Wie sollten dann aber die Schriften erfüllt werden, dass es so geschehen muss?
55 In jener Stunde sagte Jesus zu den Volksmengen: Wie gegen einen Räuber
seid ihr ausgezogen mit Schwertern und Knüppeln, um mich festzunehmen.
Tag für Tag saß ich im Tempel und lehrte und ihr habt mich nicht verhaftet. 56
Das alles aber ist geschehen, damit die Schriften der Propheten erfüllt würden.
Da verließen ihn alle Jünger und flohen.

Noch beim Aufbruch von Gethsemani erreicht Judas mit dem Verhaftungskommando der Hohepriester und Ältesten des Volkes die Gruppe um Jesus. Er geht direkt auf ihn zu, begrüßt ihn mit „Rabbi" und küsst ihn. Das war das verabredete Zeichen, um eine Verwechslung in der Dunkelheit auszuschließen. Noch einmal führt Mt Judas als „einen der Zwölf" ein und betont damit die Ungeheuerlichkeit seines Verrats. Seine erneute Anrede Jesu mit „Rabbi" zeigt wieder, dass er nicht mehr dazu gehört, doch sein Kuss ist ein deutliches Zeichen der Verehrung und der Zugehörigkeit zu ihm. Judas hat es missbraucht. Aber auch die Reaktion Jesu auf diese Begegnung ist keineswegs als Ausdruck von Nähe zu verstehen. Seine Anrede „Freund, Genosse" (*hetairos*) und seine Feststellung: „Dazu (also) bist du gekommen" drücken Distanz aus und entlarven ihn. Er hat das Ende der Freundschaft mit Judas nicht verhindern können.

Erst jetzt geht das Verhaftungskommando auf Jesus zu und nimmt ihn fest. Dabei zieht einer aus dem Umkreis Jesu das Schwert und haut einem Knecht des Hohepriesters ein Ohr ab. Sofort gebietet Jesus dem gewalttätigen Widerstand Einhalt und unterstreicht seine Forderung mit der Erfahrung, dass die Anwendung von Gewalt noch größeren Schaden nach sich ziehen wird. Darüber hinaus deutet Mt die Gefangennahme als bewussten Verzicht Jesu auf jede Machtdemonstration, die nicht von Gott geboten ist (vgl. Mt 4,5-7). Zentral bleibt für ihn, dass der in den Schriften angekündigte Heilswille zur Erfüllung kommt.

Nachdem Jesus die gewalttätige Aktion eines Begleiters zurückgewiesen hat, richtet er seine Worte jetzt gegen das Verhaftungskommando. Er wirft ihnen vor, dass sie sich ihm gegenüber wie einem Schwerverbrecher verhalten, obwohl er täglich in aller Öffentlichkeit des Tempels gelehrt hat. Aber da haben sie ihn aus Angst vor den Volksmengen nicht verhaftet. Die Ereignisse zu Beginn (Mt 1,22) und am Ende des Weges Jesu setzt er jetzt in umfassender Weise („dies alles") mit den „Schriften der Propheten" in Beziehung.

Die Lage ist jetzt so bedrohlich geworden, dass alle Jünger Jesus verlassen und weglaufen. Die Verheißung aus Sach 13,7 erfüllt sich schneller, als einer von ihnen wahrhaben wollte.

Das Bekenntnis Jesu vor dem Hohen Rat und die Verleugnung des Petrus: Mt 26,57-74

26 57 Die aber Jesus ergriffen hatten, führten ihn weg zu Kajaphas, dem Ho-
henpriester, wo die Schriftgelehrten und die Ältesten sich versammelt hatten.
58 Petrus aber folgte ihm von Weitem bis zum Palast des Hohenpriesters; er
ging hinein und setzte sich zu den Dienern, um zu sehen, wie es ausgehen wür-
de. 59 Die Hohenpriester und der ganze Hohe Rat suchten nach einem falschen
Zeugnis gegen Jesus, um ihn zu töten. 60 Aber sie fanden nichts, obwohl viele
falsche Zeugen auftraten. Zuletzt kamen zwei 61 und behaupteten: Dieser hat
gesagt: Ich kann den Tempel Gottes niederreißen und in drei Tagen (wieder)
aufbauen. 62 Da stand der Hohepriester auf und sagte zu ihm: Antwortest du
nichts auf das, was diese gegen dich bezeugen? 63 Jesus aber schwieg. Da sagte

der Hohepriester zu ihm: Ich beschwöre dich bei dem lebendigen Gott, dass du
uns sagst, ob du der Christus bist, der Sohn Gottes? 64 Jesus sagte zu ihm: Du
hast es gesagt. Aber ich sage euch: Von nun an werdet ihr den Menschensohn
zur Rechten der Allmacht sitzen und auf den Wolken des Himmels kommen
sehen. 65 Da zerriss der Hohepriester sein Gewand und rief: Er hat Gott gelästert!
Was brauchen wir noch Zeugen? Siehe, jetzt habt ihr die Gotteslästerung
gehört. 66 Was meint ihr? Sie antworteten und sagten: Er ist des Todes schuldig.
67 Dann spuckten sie ihm ins Gesicht und schlugen ihn mit Fäusten. Andere
ohrfeigten ihn 68 und sagten: Weissage uns, Christus: Wer hat dich geschlagen?

69 Petrus aber saß draußen im Hof. Da kam eine Magd auf ihn zu und sagte:
Auch du warst mit Jesus, dem Galiläer. 70 Doch er leugnete (es) vor allen und
sagte: Ich weiß nicht, wovon du redest. 71 Als er aber zum Tor hinausging, sah
ihn eine andere (Magd) und sagte zu denen, die dort standen: Dieser war mit
Jesus dem Nazoräer. 72 Wieder leugnete er und schwor: Ich kenne den Menschen
nicht. 73 Wenig später kamen die Leute, die dort standen, und sagten zu
Petrus: Wahrhaftig, auch du bist einer von ihnen, denn deine Sprache verrät
dich. 74 Da fing er an zu fluchen und zu schwören: Ich kenne den Menschen
nicht. Und sogleich krähte ein Hahn, 75 und Petrus erinnerte sich an das Wort,
das Jesus gesagt hatte: Ehe der Hahn kräht, wirst du mich dreimal verleugnen.
Und er ging hinaus und weinte bitter.

Zusammenhang: Mt folgt im weiteren Verlauf des Passionsgeschehens der Markusvorlage, ändert aber einige Details. Der Prozess vor dem Hohen Rat kommt erst mit dem Todesurteil Jesu und seiner Auslieferung an den römischen Statthalter Pilatus (Mt 27,1f.) zum Abschluss.

1. Petrus folgt Jesus von Weitem: Mt 26,57-58

Während Jesus zum Palast des Hohenpriesters Kajaphas abgeführt wird, wo die eigens erwähnten Schriftgelehrten und die Ältesten des Volkes sich zum Prozess gegen ihn versammelt haben, wird der Blick zunächst noch einmal auf Petrus gelenkt. Er hatte sich wie die übrigen Jünger einer möglichen Festnahme durch Flucht entzogen, war aber dem Verhaftungskommando mit Jesus aus sicherer Entfernung bis zum Palast des Hohenpriesters gefolgt und hatte sich incognito dort unter das Gesinde gemischt, um den Ausgang des Prozesses in Erfahrung zu bringen. Seine Nachfolge (*akolouthein*) „von weitem“ hat ihn auf einen Weg gebracht, den er selbst nicht mehr versteht. Seine Bereitschaft, „mit Jesus“ zu sterben (V. 35), steht in schmerzlicher Spannung zu dem Unvermögen, nicht mehr mit ihm zu sein. Wie die anderen Jünger war er in Gethsemani eingeschlafen und hatte Jesus in seiner Todesangst allein gelassen. Wie die anderen musste er mit ansehen, wie Jesus sich ohne Kampf festnehmen und abführen ließ. Petrus kann nur noch „von weitem“ folgen. Der räumliche Abstand ist wie ein Bild für die innere Distanz, die sich zwischen ihn und seinen Herrn gelegt hat. So ohnmächtig und ratlos wie in dieser Nacht hatte Petrus sich noch nicht erfahren seit dem Tag, da er mit seinen Gefährten die Netze verließ, um Jesus nachzufolgen (Mt 4,20). Und doch ist er auf dem Weg ins eigene Versagen, in der Nacht seines tiefsten Falls gehalten und getragen von der Verheißung Jesu (V. 32). Solange er noch nicht an sich erfahren hat, wie sehr er selbst auf Erbarmen und Vergebung angewiesen ist, kann er nicht mit den Schwachen fühlen. Solange diese Erschütterung und Bekehrung noch aussteht, bleibt seine Nachfolge eine gefährliche Täuschung.

2. Das Bekenntnis Jesu vor dem Hohen Rat: Mt 26,59-68

Während seiner Jerusalemer Lehrtätigkeit hatten Vertreter des Hohen Rates vorher vergeblich versucht, Jesus mit einer Fangfrage eine Falle zu stellen (Mt 22,15-40), sodass sie nun bei diesem Prozess von Anfang an die Absicht verfolgen, Jesus durch ein Falschzeugnis zum Tode zu verurteilen. Auf der Grundlage der Tora war es unmöglich, eine Anklage gegen ihn zu erheben. Der Prozess ist also ein Scheinprozess, dessen Urteil längst feststeht (Mt 26,4.59). Trotzdem scheitert die Prozessstrategie zunächst, bis der Hohepriester selbst das Verfahren in die Hand nimmt und Jesus beim lebendigen Gott beschwört, dem Hohen Rat zu sagen, ob er der Messias, der Sohn Gottes ist. Jesus löst nun sein Schweigen und bestätigt indirekt seine messianische Würde. Zugleich verweist er darüber hinaus auf seine künftige Rolle als Herrscher und Richter der Welt. Für die Autoritäten des Synedriums bedeutet Jesu Antwort eine massive Drohung: Wenn der zur Rechten Gottes sitzende Menschensohn als Weltenrichter „auf den Wolken des Himmels“ kommt, wird er die richten, die ihn jetzt verurteilen wollen. Auf dieses Bekenntnis hin zerreißt der Hohepriester als Ausdruck der Abscheu und des Entsetzens sein Gewand (Lev 24,16) mit den Worten: „Er hat Gott gelästert!“ und verzichtet auf weitere Zeugenvernehmung. Die Ratsmitglieder votieren auf Todesstrafe. Doch bevor der formelle Beschluss von allen gefasst wird, lassen sie die mehr oder weniger gewahrte Form fallen und beteiligen sich an einer brutalen Verspottung des Angeklagten. Verachtung, Hass und Überlegenheitsgefühle lassen den bisher unterdrückten Aggressionen freien Lauf. Einige spucken ihm ins Gesicht und setzen ihm mit Faustschlägen zu. Andere ohrfeigen ihn und wollen von ihm wissen, wer ihn geschlagen hat (vgl. Jes 50,6).

3. Die Verleugnung des Petrus: Mt 26,69-75

Während Jesus im Innern des Palastes sich vor dem Hohen Rat zu seiner messianischen Würde bekennt und seine künftige Rolle als Weltenrichter offenbart, während er dort verspottet und misshandelt wird, sitzt Petrus draußen im Hof, als eine Magd ihn unvermittelt als Anhänger des Galiläers Jesus identifiziert. Da bekommt es Petrus mit der Angst zu tun, sodass er vor „allen" Anwesenden abstreitet, ihn zu kennen. Er tritt den Rückzug an, wird aber beim Hinausgehen von einer anderen Magd erkannt. Sie macht die Umstehenden auf ihn aufmerksam und bezeichnet ihn als jemand, den sie mit Jesus, dem Nazoräer (vgl. Mt 2,23), gesehen hat. Petrus fühlt sich in die Enge getrieben und das traurige und demütigende Schauspiel seiner Verleugnung nimmt seinen Lauf. Diesmal streitet er sogar unter Eid ab, „den Menschen" zu kennen. Vergeblich! Kurz darauf kommen andere, die im Hof standen, auf Petrus zu und erhärten die Aussage der Frau, weil er als Galiläer an seinem Dialekt zu erkennen ist. Da beginnt Petrus zu fluchen und zu schwören. Er ruft Gott zum Zeugen an, dass er diesen Menschen nicht kennt und nichts mit ihm zu tun hat. Gleich darauf kräht ein Hahn und Petrus erinnert sich an Jesu Wort auf dem Weg nach Gethsemani. Jäh wird er sich der dunklen, lange nicht zugelassenen Seite seines Charakters bewusst. Die Erinnerung an Jesu Wort lässt ihn die Schwere seines Versagens erkennen, das selbst verschuldete Ende einer Beziehung, auf die er sein Leben gebaut hatte. Erst jetzt wird Petrus sich seiner tiefsten Beschämung und Ohnmacht bewusst. „Und er ging hinaus und weinte bittere Tränen." In der weiteren Passionserzählung tritt Petrus nicht mehr in Erscheinung.

Petrus hat die Macht des Bösen an sich erfahren. Er hatte seine innere Zwiespältigkeit und Widersprüchlichkeit erkannt, die unter all seinen Treuebekundungen abgrundtief in ihm verborgen war und die sich zeigt, wenn die Angst um das nackte Überleben nach ihm greift. Mit der Erinnerung an Jesu Wort beginnt seine Umkehr. Nun kann er zurückfinden zu der Verheißung, die Jesus auch ihm gegeben hat. Noch einmal wird er Jesus dort begegnen, wo alles mit ihm begonnen hat. Aber noch ist es Nacht und Petrus ist allein.

Die Übergabe an Pilatus und das Ende des Judas: Mt 27,1-10

**27 1 Als es Morgen wurde, fassten die Hohenpriester und die Ältesten des
Volkes gemeinsam den Beschluss, Jesus hinrichten zu lassen. 2 Sie ließen ihn
fesseln und abführen und lieferten ihn dem Statthalter Pilatus aus.**

**3 Als nun Judas, der ihn ausgeliefert hatte, sah, dass Jesus verurteilt worden
war, bereute er. Er brachte den Hohenpriestern und den Ältesten die dreißig
Silberstücke zurück 4 und sagte: Ich habe gesündigt, ich habe unschuldiges
Blut ausgeliefert. Sie aber sagten: Was geht das uns an? Sieh du zu. 5 Da warf
er die Silberstücke in den Tempel; dann ging er weg und erhängte sich. 6 Die
Hohenpriester nahmen die Silberstücke und sagten: Es ist nicht erlaubt, sie in
den Tempelschatz zu tun; denn es ist der Preis für Blut. 7 Sie beschlossen aber,
von dem Geld den Töpferacker zu kaufen als Begräbnisplatz für die Fremden. 8
Deshalb wird dieser Acker bis heute Blutacker genannt. 9 So erfüllte sich, was**

durch den Propheten Jeremia gesagt worden ist: Sie nahmen die dreißig Silberstücke – das ist der Preis, den er den Söhnen Israels wert war – [10] und gaben das Geld für den Töpferacker, wie mir der Herr befohlen hatte.

Als Judas erfährt, dass Jesus vom Hohen Rat zum Tode verurteilt worden ist, erkennt er, was er angerichtet hat, und bereut seine Tat zutiefst. Er bringt dem Hohen Rat die dreißig Silberstücke zurück und bekennt, dass er ihnen einen Unschuldigen ausgeliefert hat. Es ist schon erstaunlich, mit welcher Eindeutigkeit er vor den Vertretern der höchsten gerichtlichen Instanz seine Schuld eingesteht und die Unschuld Jesu ausdrücklich bestätigt. Aber seine furchtbare seelische Verfassung scheint sie nicht zu berühren. Auf sein Schuldbekenntnis reagieren sie gänzlich unsensibel und wollen mit ihm nichts mehr zu tun haben. Für sie zählt allein, dass sie die Gelegenheit bekamen, Jesus zu ergreifen und nach ihrem Gesetz zu verurteilen. Jetzt hoffen sie, dass der römische Statthalter das Urteil akzeptiert und vollstrecken lässt. Der Verrat lastet schwer auf Judas und als es ihm zur Gewissheit wird, dass er seine Tat nicht rückgängig machen kann, sieht er keinen anderen Ausweg als das Geld in den Tempel zu werfen und seinem Leben ein Ende zu setzen. Da aber an den dreißig Silberstücken Blut klebt, wollen die Hohenpriester das Geld nicht im Tempel belassen. Sie beschließen, davon ein Grundstück zu kaufen als Begräbnisstätte für Fremde. Es sieht so aus, als wolle Mt mit dieser nüchternen Beschreibung die Bosheit der jüdischen Führung noch unterstreichen. Dem Evangelisten ist noch wichtig, das ganze Geschehen als Erfüllung in dem Sinn zu charakterisieren, dass auch das Böse, das der Hohe Rat zu verantworten hat, in Gottes Heilsplan einen Platz hat.

Der Prozess vor dem römischen Statthalter und die Verspottung durch die röm. Soldaten: Mt 27,11-31

27 [11] Jesus aber wurde vor den Statthalter gestellt und der fragte ihn: Bist du der König der Juden? Jesus aber antwortete: Du sagst es. [12] Und als er von den Hohenpriestern und Ältesten angeklagt wurde, antwortete er nichts. [13] Da sagte Pilatus zu ihm: Hörst du nicht, wieviel sie gegen dich bezeugen? [14] Er aber antwortete ihm auf kein einziges Wort, sodass der Statthalter sich sehr verwunderte.

[15] Zum Fest aber pflegte der Statthalter der Volksmenge einen Gefangenen freizulassen, welchen sie wollten. [16] Sie hatten aber damals einen berüchtigten Gefangenen, der Jesus Barabbas hieß. [17] Als sie nun versammelt waren, sagte Pilatus zu ihnen, welchen wollt ihr, dass ich euch freilasse, Jesus Barabbas oder Jesus, den sogenannten Messias? [18] Er wusste nämlich, dass sie ihn aus Neid ausgeliefert hatten.

[19] Als Pilatus aber auf dem Richterstuhl saß, sandte seine Frau zu ihm und ließ ihm sagen: Habe du nichts zu schaffen mit jenem Gerechten! Ich habe nämlich heute seinetwegen im Traum viel gelitten.

[20] Die Hohenpriester und die Ältesten aber überredeten (inzwischen) die Volksmenge, den Barabbas zu fordern, Jesus aber zu vernichten. [21] Der Statthalter fragte sie (nun): Welchen von beiden wollt ihr, dass ich euch freilasse? Sie riefen: Barabbas! [22] Pilatus sagte zu ihnen: Was soll ich dann mit Jesus tun, den sogenannten Messias? Sie sagten alle: Er soll gekreuzigt werden! [23] Er aber erwiderte: Was hat er denn Böses getan? Sie aber schrien noch mehr: Er soll gekreuzigt werden!

[24] Als Pilatus sah, dass er nichts erreichte, sondern der Tumult immer größer wurde, nahm er Wasser, wusch sich die Hände vor der Volksmenge und sagte: Ich bin unschuldig am Blut von diesem. Seht ihr zu! [25] Und das ganze Volk antwortete: Sein Blut – über uns und unsere Kinder! [26] Da ließ er Barabbas frei, Jesus aber ließ er geißeln und lieferte ihn aus, dass er gekreuzigt werde.

[27] Da nahmen die Soldaten des Statthalters Jesus mit in das Prätorium und versammelten um ihn die ganze Kohorte. [28] Sie zogen ihn aus und legten ihm einen scharlachroten Mantel um. [29] Sie flochten einen Kranz aus Dornen, setzten ihn auf seinen Kopf und gaben ihm ein Rohr in seine rechte Hand. Sie fielen vor ihm auf die Knie und verspotteten ihn und sagten: Sei gegrüßt, König der Juden! [30] Und sie spuckten ihn an, nahmen das Rohr wieder und schlugen (damit) auf seinen Kopf. [31] Nachdem sie (so) ihren Spott mit ihm getrieben hatten, zogen sie ihm den Mantel aus und zogen ihm seine eigenen Kleider (wieder) an und führten ihn hinaus, um ihn zu kreuzigen.

Zusammenhang: Nach dem Einschub mit der Reue des Judas und seinem tragischen Ende hat Mt durch die Intervention der Frau des Pilatus und mit dem von ihm öffentlich inszenierten Ritus des Händewaschens dem Prozess sein eigenes Gepräge gegeben. Hinzukommt, dass er das versammelte Volk mit der Verantwortung für das Todesurteil schwer belastet, ohne jedoch die jüdischen Autoritäten und den römischen Statthalter zu entlasten.

1. Der Prozess vor Pilatus: 27,11-18

Pilatus eröffnet den Prozess mit der politisch relevanten Frage an Jesus, ob er der „König der Juden" sei. Er will wissen, ob mit dem Messiasanspruch (Mt 26,63) ein politischer Anspruch verbunden ist, der die römische maiestas, d.h. das Ansehen und die Oberhoheit des römischen Imperiums verletzt und seiner politischen Ordnungsmacht entgegenwirkt. Die jüdischen Autoritäten haben bei der Auslieferung Jesu offenbar den religiösen Vorwurf der Gotteslästerung verschwiegen und ihn dem römischen Statthalter als „Königsprätendent" überantwortet. Mit dieser ins Politische umgebogenen Anklage hoffen sie, ihn definitiv erledigen zu können. Die Bezeichnung Jesu als „König der Juden" weist zurück auf die Frage der Magier aus dem Osten nach dem neugegorenen „König der Juden", die damals König Herodes und „ganz Jerusalem" in Schrecken versetzte (Mt 2,2). Jesus bejaht indirekt mit den distanzierenden Worten: „Du sagst es“, wie er vorher dem Hohenpriester Kajaphas geantwortet hat (Mt 26,64). In seiner Antwort auf Pilatus scheint eine Zurückweisung des politischen Inhalts der Frage mitzuklingen. Auf die dann heftig vorgetragenen Anklagen der Hohenpriester und Ältesten des Volkes reagiert er ebenso mit Schweigen wie auf das erstaunte Fragen des Statthalters. Der findet es offenbar befremdlich, dass dieser Angeklagte in keinster Weise sich darum bemüht, sein Leben vor ihm als Richter zu retten. Sein Schweigen scheint er jedenfalls nicht als Schuldeingeständnis zu interpretieren. Diesen rätselhaften „König“ betrachtet er wohl nicht mehr als einen politischen Aufrührer. In der Pessach-Amnestie sieht er einen Ausweg, die jüdischen Autoritäten, mit denen er während des ganzen Prozesses kein Wort spricht, taktisch auszuhebeln. Er glaubt das Volk auf seiner Seite, weil ihm nicht verborgen geblieben ist, dass Jesus bei vielen sehr geschätzt ist und die jüdischen Verantwortlichen ihn wegen dieser überaus positiven Resonanz „aus Neid“ an ihn ausgeliefert haben. So wendet er sich direkt an das vor dem erhöhten Richterpodium versammelte Volk und stellt es vor die Alternative, ob er ihnen den Jesus Barabbas, einen bekannten (berüchtigten) Gefangenen, oder Jesus, den „sogenannten Messias“ freilassen soll. Die (heidnische) Bezeichnung „König“ verwendet er in diesem Zusammenhang nicht.

2. Die Unterbrechung des Prozesses und die Entscheidung für Barrabas: Mt 27,19-26

Doch bevor das Volk seine Meinung äußeren kann, kommt es zu einer Unterbrechung durch die Frau des Pilatus, die von einem nächtlichen Traum beunruhigt ihren Mann davor warnen lässt, dass diesem „Gerechten“ Unheil widerfährt. In dieser Zwischenzeit nutzen die religiösen Autoritäten ihre Chance und überreden die Volksmenge, die Freiheit für Barabbas zu fordern. Als Pilatus dann seine Alternative wiederholt, wird er mit dem Ruf nach Barabbas überrumpelt, sodass er zunächst nicht weiß, was er mit Jesus anfangen soll und die Menge auf seine Frage kategorisch verlangt, dass er gekreuzigt werde. Sein letzter Anlauf, Jesus freizubekommen, scheitert an dem nicht mehr umzustimmenden Geschrei der Menge: „Er soll gekreuzigt werden!“ Die von Pilatus verlangte Begründung bleibt das Volk schuldig. Als der Statthalter einsehen muss, dass seine Strategie gescheitert ist, das Ansinnen der Hohenpriester und Ältesten ins Leere laufen zu lassen, versucht er mit einem plötzlich inszenierten Ritual, den immer größer werdenden Tumult zu dämpfen und die Verantwortung für das drohende Schicksal des Angeklagten von sich zu weisen. Doch er kann seine Hände nicht in Unschuld waschen, weil er die Kreuzigung des Unschuldigen nicht verhindert. Der Gewaltlose muss dem Gewalttätigen weichen. Das „ganze“ Volk antwortet auf sein vergebliches Bemühen: „Sein Blut (komme) über uns und unsere Kinder!"

Im Verlauf des wirren Prozesses ist offenbar geworden, welche Abgründe im Menschen sind. In Jesus scheint etwa Unzerstörbares, Würdevolles, von keiner irdischen Gewalt Antastbares auf: das göttliche Bild vom Menschen. Im ohnmächtigen, von allen verlassenen „König der Juden" wird eine Verheißung sichtbar, um deretwillen es möglich und verantwortbar ist, sich dem Geheimnis der Passion zu öffnen.

3. Geißelung und Verspottung Jesu durch die römischen Soldaten: Mt 27,27-31

Pilatus überlässt Jesus ohne formelles Urteil den Soldaten zur Geißelung, um ihn dann kreuzigen zu lassen. Wie Jesus nach dem Todesurteil des Hohen Rates verspottet und misshandelt wird, so auch hier nach der Entscheidung des Statthalters. Der Bericht verzichtet darauf, die Qualen der Geißelung zu schildern, die manch einer der Verurteilten nicht überlebt hat. Dann wird der so Zugerichtete von den Soldaten ins Innere des Prätoriums geführt. Man ruft die ganze Kohorte zusammen, um mit dem wehrlosen und gequälten Opfer eine Posse zu spielen. Die Soldaten inszenieren eine Huldigungsszene mit Jesus als Judenkönig. Dazu ziehen sie ihm die Kleider vom Leib und staffieren ihn mit Ersatzstücken königlicher Requisiten aus: Sie legen ihm einen scharlachroten Mantel um, setzen ihm einen aus Dornen geflochtenen Kranz auf den Kopf als Symbol für den goldenen Kranz, den Klientelfürsten bei öffentlichen Anlässen tragen, und geben ihm ein Rohr als Szepter in die Rechte. Dann geht das brutale spöttische Treiben mit dem verkleideten Schmerzensmann erst richtig los. Sie fallen vor ihm auf die Knie und huldigen ihm als König der Juden. Dabei spucken sie ihm ins Gesicht und schlagen ihm mit dem Rohrstock auf den Kopf. „Wie einer, vor dem man das Gesicht verhüllt, war er verachtet ... Er wurde bedrängt und misshandelt, aber er tat seinen Mund nicht auf ... Durch Haft und Gericht wurde er dahingerafft, doch wen kümmert sein Geschick?" (Jes 53,3.7f.) Als das grausame Spiel zu Ende ist, nehmen die Soldaten ihm den roten Mantel wieder ab und ziehen ihm seine eigenen Kleider wieder über den wunden Leib. Der Kreuzweg beginnt.

Durch den konzentrischen Aufbau der Verspottungsszene steht der Spottruf: „Sei gegrüßt, König der Juden!" in der Mitte des Textes. So wird das Verhöhnungsritual zum Hinweis auf Jesu verborgene Königswürde. Der Evangelist sieht in dem gedemütigten Schmerzensmann den Gottesknecht, der die Sünden der vielen trug und für die Schuldigen und Abtrünnigen eintrat (vgl. Jes 53,9-12). Er ist das „Lösegeld für die vielen" (Mt 20,28).

Der Weg nach Golgotha, die Kreuzigung und Verspottung Jesu: Mt 27,32-44

27 32 Als sie aber hinausgingen, fanden sie einen Mann aus Kyrene mit Namen
Simon; diesen zwangen sie, dass er sein Kreuz trage. 33 Und als sie an einen Ort
gekommen waren, der Golgota genannt wird, das heißt Schädelhöhe, 34 gaben
sie ihm Wein zu trinken, der mit Galle vermischt war. Als er (davon) gekostet
hatte, wollte er nicht trinken. 35 Als sie ihn gekreuzigt hatten, verteilten sie
seine Kleider, indem sie das Los warfen. 36 Dann setzten sie sich nieder und
bewachten ihn dort. 37 Über seinem Kopf brachten sie eine Aufschrift an, die
seine Schuld angab: Dieser ist Jesus, der König der Juden. 38 Da wurden zwei
Räuber mit ihm gekreuzigt, einer zur Rechten und einer zur Linken.

39 Die Vorübergehenden aber beschimpften ihn, schüttelten ihre Köpfe 40 und
sagten: Der du den Tempel niederreißt und in drei Tagen (wieder) aufbaust, rette
dich selbst und wenn du Gottes Sohn bist, steig herab vom Kreuz! 41 Ebenso ver-
spotteten ihn auch die Hohenpriester mit den Schriftgelehrten und Ältesten und
sagten: 42 Andere hat er gerettet, sich selbst kann er nicht retten. Er ist (doch)
der König von Israel! Er soll jetzt vom Kreuz herabsteigen und wir werden an
ihn glauben. 43 Er hat auf Gott vertraut, der soll ihn jetzt retten, wenn er an ihm
Gefallen hat. Er hat ja gesagt: Ich bin Gottes Sohn. 44 Ebenso beschimpften ihn
die beiden Räuber, die zusammen mit ihm gekreuzigt worden waren.

Zusammenhang: Der Weg vom Prätorium zur außerhalb der Stadt gelegenen Hinrichtungsstätte und die Kreuzigung werden äußerst nüchtern und knapp berichtet. Alles ist auf das unbedingt Notwendige zusammengedrängt. Mit großem Einfühlungsvermögen zeigt die Erzählung jene hohe Kunst der Andeutung von dem, was im Innern der Personen vor sich geht und lässt so den Lesern und Hörern viel Raum, das dramatische Geschehen mitzuerleben

1. Kreuzweg und Kreuzigung Jesu: Mt 27,32-38

Als das Exekutionskommando mit dem offenbar durch die Misshandlungen geschwächten Jesus aus der Stadt herauskommt, treffen sie zufällig auf einen gewissen Diasporajuden Simon, der aus Kyrene stammt, und zwingen ihn, das „patibulum", den Kreuzbalken Jesu nach Golgotha zu tragen. Obwohl ihm dieser Frondienst aufgezwungen wird, scheint die Begegnung mit dem Verurteilten nicht ohne Folgen geblieben zu sein. Jedenfalls deutet die Nennung seines Namens darauf hin, dass er sich später der christgläubigen Bewegung in Jerusalem angeschlossen hat. Nicht selten kommt man recht zufällig des Weges, der zum Kreuz führt. Und manchmal braucht es lange, bis man entdeckt, wessen Gefährte man auf dem beschwerlichen Weg war.

An der Hinrichtungsstätte angekommen, verabreichen die Soldaten ihm mit Galle vermischten Wein, einen bitteren Trank, der nicht zur Betäubung dient, sondern ihn weiter quälen und verspotten soll. Als Jesus davon gekostet und ihn dann abgelehnt hat, wird er gekreuzigt. Die Kreuzigung selbst, die in der römischen Antike als die grausamste und schändlichste Hinrichtungsart galt, wird nur kurz erwähnt. Dann nehmen sie ihm das Letzte, was er noch auf dem Leib hat, und verteilen durch Los seine Kleider unter sich. An der Spitze des Kreuzstammes über seinem Haupt bringen sie die Schuldtafel mit der Aufschrift an: „Dieser ist Jesus, der König der Juden." Was immer für Absichten mit diesem Titulus verbunden waren, die christliche Gemeinde sieht in diesen Worten die tiefste Wahrheit ausgesprochen.

Erst jetzt werden die beiden „Räuber" genannt, die zusammen mit ihm gekreuzigt werden. „*lästai*" können gewöhnliche Straßenräuber sein oder Zeloten, nationalistische Gewalttäter. Jesus, der auf jede Gewalt und politische Macht verzichtet hat, wird zwischen zwei Gewaltverbrechern hingerichtet. Schon darin liegt eine weitere Verspottung seiner Person und seines ganzen Wirkens. Er wurde unter die Verbrecher gezählt (vgl. Jes 53,12). Dieser Hinweis auf den Gottesknecht und die Anspielungen auf die Leidenspsalmen (Ps 22 und 69) bezeugen, das Jesus in der mt Passionsgeschichte den Weg geht, den Gott ihm durch sein Wort vorgezeichnet hat. Selbst im tiefsten Dunkel seines Leidens bleibt er präsent und lässt seinen „geliebten Sohn" (Mt 3,17) nicht allein. Auf diese verborgene Spur will der Text hinweisen.

Ausgeliefert in die Hände von Menschen (Mt 17,22) ist Jesus nun dort, wo sie ihn haben wollen: Weg von ihren Straßen und Plätzen, heraus aus ihren Synagogen, ausgeschlossen von allem, was Menschen gemeinsam haben können – ohnmächtig den Blicken aller ausgesetzt. Von den Menschen, die am Kreuz in seine Nähe kommen, erfährt er nichts als gemeinen Spott. Sie wollen ihm nicht einmal einen Rest persönlicher Identität lassen. Soweit geht ihr Vernichtungsdrang.

2. Die Verspottung Jesu: Mt 27,39-44

Die Vorübergehenden, die eigentlich nichts mit ihm zu tun haben, beschimpfen ihn und schütteln aus Verachtung und Spott ihren Kopf über ihn. Sie greifen das Falschzeugnis aus dem Prozess vor dem Hohen Rat auf, dass Jesus den Tempel zerstören und in drei Tagen wieder aufbauen könne (Mt 26,61). Er solle seine Vollmacht unter Beweis stellen und sich selbst retten. Wenn er der Sohn Gottes sei, solle er vom Kreuz herabsteigen. Die Formulierung: „Wenn du der Sohn Gottes bist" erinnert an dieselben Worte des Teufels in der Versuchungsgeschichte vor Beginn seines öffentlichen Wirkens (Mt 4,3.6). Am Ende seines Weges übernehmen seine jüdischen Gegner die Rolle des teuflischen Versuchers. Jesus besteht sie auch diesmal und erweist sich gerade dadurch als Sohn Gottes, dass er in seinem Sterben dem Willen des Vaters verfügbar bleibt und seine Rettung allein in seine Hände legt.

Am ausführlichsten und perfidesten ist der Spott der *jüdischen Führer.* Hier werden dieselben Gruppierungen genannt, die auch den Prozess gegen Jesus betrieben haben (Mt 26,57.59) und schon vorher von ihm in seiner ersten Leidensankündigung benannt wurden (Mt 16,21). Sie haben schon eine lange Konfliktgeschichte mit ihm, die sie viel Glaubwürdigkeit beim Volk gekostet hat und die ihre Feindschaft gegenüber dem Rabbi aus Nazareth bis ins Boshafte gesteigert hat. Ohne Jesus direkt anzureden, machen sie ihm zum Vorwurf, dass er andere aus Krankheit und Elend gerettet hat, sich selbst aber nicht aus seiner hoffnungslosen Lage befreien kann, obwohl er doch der „König Israels" ist. Wenn er aber wider Erwarten sich doch noch vom Kreuz befreit, dann wollen sie an ihn als ihren Messias glauben. So ähnlich hatte auch König Herodes den Magiern aus dem Osten versichert, er wolle den neugeborenen König der Juden verehren (Mt 2,8). Schließlich identifizieren sie sich mit den gottlosen Spöttern: Jesus habe auf Gott vertraut; der solle ihn jetzt retten, wenn er sein Wohlgefallen hat (Ps 22,9). Dabei verweisen sie auf die in ihrem Prozess von ihm behauptete Gottessohnschaft. Gerade weil er der Möglichkeit entsagt, sich dem Leiden zu entziehen, um den Willen des Vaters zu entsprechen, erweist er sich als der Sohn Gottes. Der Gehorsam des Gottessohnes ist ein wichtiges Leitmotiv der mt Christologie.

Ähnlich wie bei Markus beteiligen sich auch *die beiden Mitgekreuzigten* an der Verspottung und schließen ihn damit aus der von Schicksal gefügten Gemeinschaft aus. Jesus gehört nicht einmal zu den Gefährten seines Elends.

Das Ungeheuerliche seiner Verlassenheit liegt darin, dass er sich nicht in einen inneren Raum privater Sicherheit vor dieser Bosheit zurückziehen kann. „Wo man die anderen hasst und verachtet, wo man innerlich gegen die Bosheit der anderen Widerstand leistet, ... wo man sich distanzierend von ihnen unterscheidet, da hat man noch eine Situation, in der man sich vor dieser todbringenden Gemeinheit retten kann" (K. Rahner). Jesus aber kann das nicht. Er ist „Lösegeld für viele" (Mt 20,28). Er „muss" ihre Sünden tragen und für die Schuldigen eintreten (vgl. Jes 53,12).

Der Tod Jesu: Mt 27,45-56

45 Von der sechsten Stunde an kam aber eine Finsternis über die ganze Erde bis zur neunten Stunde. 46 Um die neunte Stunde aber schrie Jesus mit lauter Stimme: Eli, Eli, lema sabachtani?, das heißt: Mein Gott, mein Gott, warum hast du mich verlassen? 47 Einige aber von denen, die dabeistanden und es hörten, sagten: Der ruft den Elija. 48 Sogleich lief einer von ihnen hin, füllte einen Schwamm mit Essig, steckte ihn auf ein Rohr und versuchte, ihm zu trinken zu geben. 49 Die anderen aber sagten: Lass uns sehen, ob Elija kommt

**und ihn rettet. 50 Jesus aber schrie wieder mit lauter Stimme und gab den Geist
auf. 51 *Und siehe*, der Vorhang des Tempels zerriss von oben bis unten in zwei
Teile. Die Erde bebte und die Felsen spalteten sich. 52 Die Gräber öffneten sich
und viele Leiber der Heiligen, die entschlafen waren, wurden auferweckt. 53
Sie kamen aus ihren Gräbern heraus – nach seiner (Jesu) Auferstehung – und
kamen in die Heilige Stadt und erschienen vielen. 54 Als aber der Hauptmann
und die Männer, die mit ihm zusammen Jesus bewachten, das Erdbeben und
die Geschehnisse sahen, erschraken sie sehr und sagten: Wahrhaftig, Gottes
Sohn war dieser! 55 Es waren aber viele Frauen dort, die von Ferne zusahen.
Sie waren Jesus von Galiläa aus nachgefolgt und hatten ihm gedient. 56 Unter
ihnen waren Maria aus Magdala, Maria, die Mutter des Jakobus und des Josef,
und die Mutter der Söhne des Zebedäus.**

1. Die universale Finsternis und das Sterben Jesu: Mt 27,45-50

Seit der sechsten Stunde, also vom Mittag an, breitet sich eine totale Finsternis über die ganze Erde und schlägt alles in Bann. Diese den ganzen Kosmos erfassende und durchdringende Dunkelheit ist eine göttliche Reaktion auf das welterschütternde Geschehen, das sich nun anbahnt. Es sieht so aus, als halte alles drei Stunden lang den Atem an. Die universale Finsternis kann auch ein Zeichen für die reale Macht des Bösen sein, für die Gottlosigkeit, die Jesu Sterben umgibt und gegen die er „mit lauter Stimme" die Klage seiner inneren Gottverlassenheit herausschreit: „Eli, eli, lema sabachtani? (d.h. Mein Gott. mein Gott, warum hast Du mich verlassen?)" Es sind die Anfangsworte aus Psalm 22. Er schreit seine Not nicht in ein anonymes Nichts hinein, sondern er wendet sich in vorgegebener Gebetssprache an den einen, der da ist und sein Schreien hört, den er aber in seiner Erfahrung nicht mehr berührt. Diese Gebetsworte, die vom Glauben vieler verantwortet sind, gehören zu dem Gebetsschatz, aus dem er lebt. Sie drängen sich auf seine Lippen, weil sie ausdrücken, was er aktuell in seiner Beziehung zu Gott erlebt. Zuerst verrät ihn Judas, dann verlassen ihn alle Jünger und Petrus leugnet wiederholt, ihn überhaupt zu kennen. Schließlich ist er ganz allein seinen Feinden ausgeliefert und scheint nun auch von Gott verlassen zu sein. Von ihm bekommt er keine Antwort.

Einige Anwesende erwidern den Gebetsruf Jesu mit einer weiteren Verspottung. Sie verdrehen ihn böswillig als Ruf nach Elija, dem Nothelfer in schwierigen Situationen. Dieser soll ihn offenbar aus seiner verzweifelten Lage retten, aus der er sich selbst nicht befreien konnte. Einer von ihnen holt noch schnell einen Essigschwamm und hält ihn Jesus an den Mund (vgl. Ps 69,22). Die anderen aber winken ab und sagen, lass sehen, ob Elija kommt und ihn rettet! Dass Elija ihm tatsächlich zu Hilfe kommt, damit rechnen die Spötter aber auf keinen Fall. Jesus ruft ein letztes Mal mit „lauter Stimme" und stirbt. Mt versteht diesen Schrei im Rückgriff auf V. 46 als Gebetsruf. Jesus stirbt als Beter, der sich an „seinen" Gott wendet. Sein Tod ist schrecklich. Sogar der innerste Bereich seiner Beziehung zu Gott wird in das Dunkel der Gottesferne gezogen.

2. Die Ereignisse nach dem Tod Jesu: Mt 27,51-56

Mit dem Signalwort „Und siehe" (*kai idoú*) weist Mt darauf hin, dass etwas Neues beginnt. Er setzt also in seiner Erzählung deutlich von einander ab, was vor dem Tod Jesu geschieht, und dann, was unmittelbar danach sich ereignet. Man hat den Eindruck, als würden sich die Ereignisse überstürzen. Sie stehen alle im Passiv. Damit deutet der Evangelist an, dass Gott es ist, der jetzt handelt*. Der Tempelvorhang wird von oben bis unten in zwei Stücke zerrissen, also definitiv zerstört. Das Allerheiligste, das durch ihn den Blicken aller verborgen blieb, steht nun offen da. Die Mitte des Gottesvolkes, der Ort der Gottesbegegnung, ist nun nicht mehr der Tempel, sondern Jesus, der sich in seinem Sterben dem heidnischen Centurio und seinen Soldaten als Sohn Gottes erschließt. Das Zerreißen des Tempelvorhangs kündigt (möglicherweise) das Ende des Tempelkults und das beginnende Gericht über Jerusalem und seine Bewohner an.

Dann ereignet sich ein Erdbeben, bei dem die Felsen sich spalten, sodass die Gräber geöffnet werden und „viele Heilige", gemeint sind Gerechte und Propheten, von den Toten auferweckt ihre Gräber verlassen, in die Heilige Stadt kommen und dort vielen Bewohnern erscheinen. Das ist als Zeichen des kommenden Gerichts zu verstehen. Vieles von dem, was die Adressaten des Evangeliums für die Endzeit erwarten, geschieht bereits jetzt. Zugleich gibt das Öffnen der Gräber eine Vorahnung für das auch mit einem Erdbeben verbundene Öffnen des Grabes Jesu (Mt 28,2)**.

Als der Centurio und seine Soldaten von dem Erbeben überrascht werden und sehen, was nach dem Tod Jesu geschieht, reagieren sie mit Schrecken und interpretieren das Geschehen als Offenbarung Gottes: „Wahrhaftig, Gottes Sohn war dieser!" Hier deutet sich schon an, dass das Evangelium zu allen Völkern kommt (Mt 28,19). Vieles spricht dafür, dass die Leser und Hörer die Reaktion der Soldaten als volles christliches Bekenntnis verstanden haben, das im Gegensatz zum Spott der Juden steht (V. 40 und 43). Damit wird be-

* Alles, was Mt in dem Abschnitt 27,51-53 im Passivum Divinum darstellt, versteht er als Selbstoffenbarung Gottes.

** Die etwas befremdlich erscheinende Bemerkung „nach seiner (Jesu) Auferweckung" in V. 53 ist wohl dem Bemühen geschuldet, Jesu eigene Auferweckung in die geschilderte Ereignisfolge einzubinden.

reits sichtbar, „welche Wege Gott nach Ostern geht und wo die Zukunft des Glaubens liegt“ (U. Luz).

Die kurze Bemerkung am Ende des Passionsberichts, dass „viele Frauen“ von Weitem das Geschehen auf Golgotha mit verfolgt haben, lässt erkennen, dass es doch eine starke Gruppe von vertrauten Menschen gab, die schon in Galiläa mit Jesus unterwegs waren und in Jerusalem nicht weggelaufen sind, als es gefährlich wurde. Drei werden namentlich genannt, von denen Maria aus Magdala und „die andere Maria“, d.h. die Mutter des Jakobus und Josef, Zeugen seiner Grablegung und des leeren Grabes am Ostermorgen sind.

Die Grablegung Jesu und die Bewachung seines Grabes: Mt 27,57-66

> **27 57 Als es Abend geworden war, kam ein reicher Mann aus Arimathäa mit
> Namen Josef; er selbst war auch ein Jünger Jesu. 58 Dieser ging zu Pilatus und
> bat um den Leichnam Jesu. Da befahl Pilatus, dass er ihm übergeben werde,
> 59 und Josef nahm den Leichnam und wickelte ihn in ein reines Leinentuch 60
> und legte ihn in ein neues Grab, das er in den Felsen hatte hauen lassen. Er
> wälzte einen großen Stein vor den Eingang des Grabes und ging weg. 61 Es
> waren aber dort auch Maria aus Magdala und die andere Maria; sie saßen dem
> Grab gegenüber.**
>
> **62 Am nächsten Tag aber, der auf den Rüsttag folgt, versammelten sich die
> Hohenpriester und die Pharisäer bei Pilatus 63 und sagten: Herr, wir haben uns
> erinnert, dass dieser Betrüger, als er noch lebte, gesagt hat: Nach drei Tagen
> werde ich auferstehen. 64 Gib also den Befehl, dass das Grab bis zum dritten
> Tag gesichert wird, damit nicht seine Jünger kommen, ihn stehlen und dem
> Volk sagen: Er ist von den Toten auferweckt worden. Und dieser letzte Betrug
> wäre (noch) schlimmer als der erste. 65 Pilatus antwortete ihnen: Ihr sollt eine
> Wache haben. Geht und sichert das Grab, wie ihr es versteht! 66 Darauf gingen
> sie und sicherten das Grab mit der Wache und versiegelten den (Roll-)Stein.**

Zusammenhang: Mt hat den Markus-Text stark gekürzt und verändert. Die Grablegung durch Josef von Arimathea wird ganz kurz geschildert. Hier ist er nicht Mitglied des Hohen Rates, sondern Jünger Jesu, der aber bisher nicht in Erscheinung getreten ist.

Der letzte Abschnitt von Kap. 27 mit den römischen Grabwächtern ist mt Sondergut. Er ist durch die Ankündigung Jesu: „Der Menschensohn wird im Herzen der Erde drei Tage und drei Nächte sein“ (Mt 12,40) vorbereitet, an die sich die jüdischen Autoritäten erinnern. Historisch an der Geschichte ist das von ihnen in Umlauf gesetzte Gerücht, die Jünger hätten den Leichnam Jesu aus dem Grab gestohlen und behauptet, er sei von den Toten auferstanden. Die Episode spiegelt also die aktuelle Konfliktsituation und Auseinandersetzung der mt Gemeinden mit der Synagoge. Die Fortsetzung der Geschichte in Mt 28,11-15 ist eine ähnliche Komposition.

1. Die Grablegung Jesu durch Josef von Arimathea: Mt 27,57-61

Mit dem Abend des Hinrichtungstages kommt die Erzählung von der Passion Jesu zum Abschluss. Josef, ein reicher, aus Arimathäa stammender Jünger Jesu, bittet Pilatus um den Leichnam Jesu, um ihn zu bestatten. Pilatus gewährt dies problemlos, sodass Josef gleich nach Golgotha gehen kann, wo die römischen Soldaten ihn vielleicht schon vom Kreuz abgenommen haben. Er nimmt den Leichnam in Empfang und wickelt ihn in ein reines Leinentuch. Von einer Waschung oder Salbung des Leichnams wird nichts gesagt. Da die unbekannte Frau die Salbung beim Mahl im Haus Simons des geheilten Aussätzigen in Bethanien bereits vorweggenommen hatte (Mt 26,12), muss das nicht mehr geschehen. Josef bringt den Leichnam in ein offenbar in der Nähe gelegenes Grab, das er für sich selbst hatte aus dem Felsen hauen lassen und bestattet ihn dort. Dann verschließt er das Felsengrab mit einem großen (Roll-)Stein und geht weg. Wie bei Joh 19,38-42 kommt er nur an dieser Stelle vor. Mt legt Wert darauf, dass Jesus ein würdiges, ehrenvolles Begräbnis erhält, und zwar von einem Jünger, der ihm sein eigenes Grab zur Verfügung stellt, um ihn dort als ersten zu bestatten.

Wieder sind es Frauen, Maria von Magdala und die Mutter des Jakobus und Josef, die in ihrer Treue gegenüber dem Grab Platz genommen haben und bei dem ganzen Geschehen anwesend sind. Sie sind auch die ersten, die zu Zeugen der Auferstehung Jesu bestellt werden (Mt 28,6f.). So geht der Tag zu Ende und die Nacht bricht herein. Ihre Dunkelheit legt sich auf alles, was in den Herzen so vieler Menschen durch Jesus aufgelebt ist. Aber alle Hoffnungen, die noch den Keim von Tod und Verwesung in sich tragen, müssen noch durchkreuzt und begraben werden. Es gibt keinen anderen Weg zum Osterglauben. Während in Jerusalem im Gedenken an den Exodus aus Ägypten das Pessachfest und das Fest der ungesäuerten Brote (Mt 26,2.17) gefeiert wird, bereitet sich außerhalb der Stadt ein neuer Exodus vor.

2. Die römische Wache vor dem Felsengrab Jesu: Mt 27,62-66

Am Tag nach der Kreuzigung, d.h. am höchsten Feiertag des Jahres, werden die Hohenpriester und mit ihnen die Pharisäer, die bereits Mt 12,14 beschlossen hatten, Jesus umzubringen, beim Statthalter Pilatus vorstellig. Sie haben es offenbar sehr eilig, eine römische Wache vor dem Grab Jesu zu verlangen, um einem Diebstahl seines Leichnams zuvorzukommen. Der Grund für ihre Besorgnis ist der Einfluss, den seine Jünger weiterhin auf das Volk haben könnten, wenn sie die Gelegenheit hätten, den Leichnam zu stehlen und dann zu behaupten, er sei von den Toten auferstanden. Das wäre noch weitaus schlimmer als alles, was „dieser Betrüger“ vorher angerichtet hat. Pilatus willigt auch diesmal ohne Weiteres ein und bemerkt, sie sollten das Grab so sichern, wie sie es verstehen. Das klingt in den Ohren der christlichen Gemeinden ironisch. Denn mit dem Verstehen der jüdischen Gegner Jesu war es bisher nicht weit her. Wie sollen sie mit ihrem Sicherungsmaßnahmen etwas gegen Gottes Macht ausrichten können! Sie verlassen den Sitz des Statthalters, versiegeln den „großen" Stein und lassen die Wache am Grab zurück. Was als Sicherung gedacht war, wird zum Zeugnis für die Auferstehung Jesu gegen sie.

Die Frauen am leeren Grab und die Erscheinung des Auferstandenen: Mt 28,1-10

28 1 Nach dem Sabbat aber, bei der Dämmerung des ersten Wochentages, ka-
men Maria aus Magdala und die andere Maria, um nach dem Grab zu sehen. 2
Und siehe, es geschah ein großes Erdbeben; denn ein Engel des Herrn kam vom
Himmel herab, trat (an das Grab) heran, wälzte den Stein weg und setzte sich
auf ihn. 3 Sein Aussehen war wie der Blitz und sein Gewand weiß wie Schnee.
4 Aus Furcht vor ihm erbebten die Wächter und wurden wie tot. 5 Der Engel
aber sagte zu den Frauen: Fürchtet euch nicht! Denn ich weiß, dass ihr Jesus,
den Gekreuzigten, sucht. Er ist nicht hier; denn er ist auferweckt, wie er gesagt
hat. Kommt her, seht den Ort, wo er lag! 7 Und geht schnell und sagt seinen
Jüngern: Er ist auferweckt von den Toten, und siehe, er geht euch voraus nach
Galiläa, dort werdet ihr ihn sehen. Siehe, ich habe es euch gesagt. 8 Und sie
gingen schnell vom Grab weg mit Furcht und großer Freude und liefen, um es
seinen Jüngern zu verkünden.

9 Und siehe, Jesus begegnete ihnen und sagte: Seid gegrüßt! Sie gingen auf
ihn zu, ergriffen seine Füße und huldigten ihm. 10 Da sagte Jesus zu ihnen:
Fürchtet euch nicht! Geht und verkündet meinen Brüdern, dass sie nach Gali-
läa gehen, und dort werden sie mich sehen.

Zusammenhang: Die Erzählung schließt unmittelbar an die Grablegung Jesu an, die beide Frauen genau beobachtet hatten. Dann aber haben sie während des Sabbats ihren Platz gegenüber dem Grab wieder verlassen und sind nun erneut dorthin zurückgekehrt. V. 4 weist zurück auf die römischen Soldaten, die den Auftrag hatten, das versiegelte Grab drei Tage lang zu bewachen.

1. Mt 28,1-4: Gegen Ende des Sabbats in der Dämmerung des ersten Wochentages kommen Maria von Magdala und die andere Maria zurück, um nach dem Grab zu schauen. Sie werden hier zum dritten Mal genannt (Mt 27,56.61), was ihre Bedeutung für das Zeugnis der jungen Kirche besonders hervorhebt. Sie waren mit Jesus aus Galiläa nach Jerusalem gekommen und hatten mitansehen müssen, wie ihre Hoffnungen, die sie mit Jesus verbanden, gekreuzigt und zu Grabe getragen wurden. Sie erwarten ein verschlossenes und versiegeltes Felsengrab, das von römischen Soldaten bewacht wird, als plötzlich ein gewaltiges Beben die Erde erschüttert, weil ein „Engel des Herrn" leibhaftig in ihrer raum-zeitlichen Welt erscheint, das Grab öffnet und als Zeichen des Triumphs über den Tod sich auf den großen Verschlussstein setzt. Das Grab ist leer; wann und wie Jesus es verlassen hat, bleibt ungesagt. Der Text lässt darauf schließen, dass der Auferstandene das Grab bereits verlassen hat, als es noch verschlossen war. Die Auferweckung Jesu ist ein Ereignis, das in der Zeit geschieht, aber weder mit unseren Sinnen adäquat erfasst noch mit unseren Worten annähernd beschrieben werden kann. Ebenso ist die leibliche Wirklichkeit des Auferstandenen kategorial nicht näher zu bestimmen.

Das „Aussehen" des Engels, gemeint ist wohl sein Antlitz, leuchtet „wie ein Blitz" (Dan 10,6) und sein Gewand ist weiß wie Schnee. Die Beschreibung ist Ausdruck seiner himmlischen Herkunft und erinnert an die Verwandlung Jesu vor den drei Jüngern auf einem „sehr hohen Berg" (Mt 17,2). Die numinose Erscheinung löst bei den Wachsoldaten eine so tiefe Erschütterung aus, dass sie zu Boden fallen und wie tot liegen bleiben. Sie bekommen also von dem weiteren Geschehen nichts mehr mit. Doch was sie an diesem frühen Morgen erlebt haben, genügt, um zu bezeugen, dass das Grab nicht durch den Diebstahl der Jünger Jesu leer ist, sondern auf Grund göttlichen Eingreifens.

2. Mt 28,5-8: Der Engel wendet sich nun an die beiden Frauen und versucht ihnen den numinosen Schauder mit den Worten zu nehmen: „Fürchtet euch nicht!" Fast überall, wo in der Heiligen Schrift Gott oder sein Engel den Menschen begegnet, muss er ihnen das Entsetzen nehmen. Dann hören die Frauen noch einmal das eigentliche Ziel ihres trostlosen Bemühens: „Ihr sucht Jesus, den Gekreuzigten." In diesem Satz ist die Bewegung ihrer bisherigen Geschichte mit Jesus zusammengefasst und wie zum Schlusspunkt gekommen. Jetzt hören sie, dass mit ihm das unerbittliche Gesetz des Todes durchbrochen ist. Sie werden aufgefordert, mit eigenen Augen sich davon zu überzeugen, dass seine Ankündigung (Mt 16,21; 17,22; 20,18) sich nun erfüllt hat und er auferweckt wurde. Für Mt ist die Auferweckung die göttliche Bestätigung seiner Verheißung und seines Weges. Deshalb sollen die Frauen nun schnell (*tachú*) zu den Jüngern gehen und ihnen die Osterbotschaft verkünden: „Er ist von den Toten auferweckt worden." Das ist die wörtliche Wiedergabe von Mt 27,64. Was die jüdischen Autoritäten als betrügerisches Gerücht von Seiten der Jünger befürchtet haben, wird nun den Frauen vom Engel des Herrn als authentische Botschaft an die Jünger aufgetragen. Die beiden Frauen stehen gleichsam am Ursprung des österlichen Glaubens

3. Mt 28,9-10: Dann erinnert der Engel sie daran, dass der Auferstandene den Jüngern nach Galiläa vorausgeht und sie ihn dort sehen werden. Die Verheißung auf dem Weg zum Ölberg (Mt 26,32) beginnt sich zu erfüllen. Über all ihrem Versagen und Schuldigwerden bricht die Nachfolge nicht ab, sondern sie kann erst jetzt richtig beginnen. Der Auferstandene sammelt seine durch das Kreuzes-Geschehen entwurzelte und verstreute Jüngerschaft wieder. Er stellt die Gemeinschaft mit denen wieder her, die ihn im Stich gelassen haben und bestellt sie zu Zeugen seines Weges und seines Evangeliums. Die Jünger sollen nach Galiläa gehen, zurück zum Ursprung des Evangeliums – dorthin, wo ihr Weg mit Jesus begonnen hat.

Die Frauen reagieren sofort (*tachú*) und verlassen das Grab „voll Furcht und großer Freude". Es braucht noch Zeit, bis sie das Erschrecken über die himmlische Erscheinung verlieren und die Freude über das Erlebte ihr Herz ganz erfüllt und durchdringt. Plötzlich, als sie zu den Jüngern eilen, begegnet ihnen der Auferstandene und begrüßt sie. Sie erkennen ihn sofort, gehen ohne Furcht auf ihn zu und umfassen mit einer Geste der Ehrfurcht und Anbetung seine Füße. Das Ergreifen der Füße kann auch ein Hinweis auf die Leiblichkeit des Auferstandenen sein. Jesus wiederholt den Auftrag des Engels und nennt zum ersten Mal an dieser Stelle des Matthäusevangeliums die Jünger seine „Brüder" (vgl. Mt 12,49f.; 25,40). Seine Auferweckung bedeutet eine grundlegende Veränderung der Beziehung zwischen ihm und seinen Jüngern. Das neue furchtlose Verhältnis zum Auferstandenen ist ein wichtiger Teil der mt Osterbotschaft.

Der Betrug der Hohenpriester: Mt 28,11-15

28 [11] Als sie (die Frauen) aber hingingen, siehe, da kamen einige von den Wächtern in die Stadt und berichteten den Hohenpriestern alles, was geschehen war. [12] Und als diese sich mit den Ältesten versammelt und einen Beschluss gefasst hatten, gaben sie den Soldaten genügend Silberstücke [13] und sagten: Erzählt: Seine Jünger kamen bei Nacht und haben ihn gestohlen, während wir schliefen. [14] Wenn der Statthalter davon hört, werden wir ihn überzeugen und dafür sorgen, dass ihr nichts zu befürchten habt. [15] Sie aber nahmen die Silberstücke und machten alles so, wie man sie gelehrt hatte. Und dieses Gerücht verbreitete sich bei den Juden bis auf den heutigen Tag.

Zusammenhang: Die Episode mit dem Betrug der Hohenpriester ist wieder mt Sondergut und im Kontext von Mt 27,62-66 zu sehen. V. 11 nimmt den Erzählfaden von Mt 28,4 wieder auf. Die Verbreitung des Gerüchts vom Leichendiebstahl „bis auf den heutigen Tag" lässt darauf schließen, dass Matthäus und seine Gemeinde(n) in einem jüdisch geprägten Umfeld lebten und sich damit auseinandersetzen mussten.

Während die beiden Frauen zu den untergetauchten Jüngern eilen, sind die Wächter am Grab wieder zu sich gekommen und einige von ihnen zu den Hohepriestern in die Stadt gelaufen, um ihnen die Ereignisse zu berichten, die sie in der Frühe am Grab erlebt haben. Da sie wie tot zu Boden gefallen waren, konnten sie nur von dem gewaltigen Erdbeben, der numinosen Erscheinung und dem leeren Grab erzählen. Alarmiert durch diese Nachricht berufen die Hohenpriester sofort mit den Ältesten eine Versammlung ein und beschließen, die Soldaten mit reichlich Geld zu bestechen. Wider besseres Wissen geben sie ihnen die Anweisung, das Gerücht vom Diebstahl des Leichnams Jesu durch die Jünger zu verbreiten – mit der Begründung, sie seien eingeschlafen, sodass seine Anhänger unbemerkt handeln konnten. Dabei müsste es doch klar sein, dass schlafende Zeugen nicht glaubwürdig sein können. Die Soldaten nehmen das gut dotierte Bestechungsgeld und handeln, wie man ihnen aufgetragen hatte, nachdem die Hohenpriester ihnen versichert hatten, sie würden die Sache schon in Ordnung bringen, falls Pilatus sie belangen sollte.

Mt kommt es also darauf an, die Böswilligkeit der jüdischen Autoritäten bis zuletzt deutlich herauszustellen. Obwohl ihnen das Zeichen des Jona (Mt 12,40) gegeben wurde und die Zeugen dafür nicht aus dem Kreis der Jünger kommen, verweigern sie ihre Zustimmung. Wie sie am Anfang des Evangeliums in der Heiligen Schrift bei Micha den Beleg für die Geburt des Messias in Bethlehem finden, aber nicht glauben, dass er dort geboren ist (2,1-6), so geschieht es auch hier, dass sie trotz eindeutiger Zeugenschaft nicht glauben. Es steht zu viel für sie auf dem Spiel.

Der Auftrag des Auferstandenen: Mt 28,16-20

**28 [16] Die elf Jünger aber gingen nach Galiläa auf den Berg, wohin Jesus ihnen
(zu gehen) befohlen hatte. [17] Und als sie Jesus sahen, fielen sie vor ihm nieder
(und beteten ihn an), einige aber zweifelten. [18] Und Jesus ging auf sie zu und
sagte zu ihnen: Mir ist alle Vollmacht gegeben im Himmel und auf der Erde.
[19] Geht nun hin und macht alle Völker zu (meinen) Jüngern; tauft sie auf den
Namen des Vaters und des Sohnes und des Heiligen Geistes [20] und lehrt sie,
alles zu befolgen, was ich euch geboten habe. Und siehe, ich bin mit euch alle
Tage bis zum Ende der Welt.**

Zusammenhang: Dieser letzte Abschnitt, den Mt weitgehend selbst gestaltet hat, ist der Höhepunkt des ganzen Evangeliums, auf den wichtige theologische Linien der vorausgegangenen Erzählung zulaufen. Sie endet mit dem universalen Auftrag des Auferstandenen, das Evangelium in alle Welt zu tragen und die Menschen für eine persönliche Beziehung zu Jesus Christus und sein Evangelium zu gewinnen.

1. Mt 28,16: Die elf geflohenen Jünger haben der Auferstehungsbotschaft der beiden Marien Glauben geschenkt und sind auf ihr Wort hin, ohne Jesus zu sehen, nach Galiläas zu dem Berg aufgebrochen, den er ihnen genannt hatte. *Galiläa* ist das Land, wo Jesus sein öffentliches Wirken begann und ein beeindruckend positives Echo fand (Mt 4,23-25). Aus Galiläa stammen auch die Jünger und dort formte Jesus ihre Gemeinschaft. Galiläa steht wie bei Markus im Gegensatz zu Jerusalem. Dorthin war er schon gekommen, weil man dem neugeborenen „König der Juden" nach dem Leben trachtete. Auch nach der Kreuzigung des „Königs der Juden" vor den Toren Jerusalems war die Feindschaft gegen seine Anhänger ungebrochen, sodass Galiläa für sie sicherer war. So sollte dieses Land im Norden Israels zum Ausgangspunkt des Evangeliums werden über Israel hinaus zu allen Völkern hin.

Welcher *Berg* es ist, zu dem die Jünger unterwegs sind, um Jesus zu „sehen", wird nicht gesagt. Am naheliegensten ist wohl der Berg, auf dem Jesus seine programmatische Rede mit den Seligpreisungen und den Antithesen (Mt 5,1-7,29) gehalten hat. In Mt 28,20a verpflichtet er nämlich seine Jünger, die Völker alles zu lehren, was er ihnen geboten hat. Auch der „sehr hohe Berg" käme in Frage, wo der Teufel bei seiner dritten Versuchung Jesus die Weltherrschaft angeboten hat (Mt 4,8-10). Nun aber ist ihm von *Gott* nicht nur alle Vollmacht auf Erden, sondern auch im Himmel gegeben (Mt 28,18b). Nicht zuletzt könnte der Berg der Verklärung gemeint sein (Mt 17,1-9), wo Jesus den drei Jüngern für einen Augenblick in seiner österlichen Herrlichkeit aufscheint.

2. Mt 28,17-20: Als die Jünger den Auferstandenen sehen, fallen sie vor ihm nieder und beten an, wie damals im Boot nach dem Seesturm (Mt 14,33). Einige aber zweifelten. Der Glaube der Jünger, dass Jesus es ist, dem sie begegnen, „ist bei Matthäus nicht eine über alle Zwiespältigkeit erhabene Gewissheit" (U. Luz). Der Zweifel wird auch vom Auferstandenen nicht ein für alle Mal überwunden. Mt hat die Jünger öfters als Zweifelnde und Kleingläubige dargestellt (Mt 6,30; 8,24-26; 14,29-31; 16,8; 17,19f.). Der Auferstandene geht auf sie zu und hebt die durch seine Passion und ihr Versagen entstandene Trennung auf. Seine universale Vollmacht (V. 18a) und sein unbegrenztes Mitsein (V. 20b) sind das „Prinzip und Fundament" für ihren universalen Sendungsauftrag. Sie sollen die „Tatsachen" durchkreuzen mit einer Entschiedenheit von Menschen, die einen Blick haben für das, was bleibt und Zukunft hat – wie Jesus es getan hat. Sie sollen – wie er – beharrlich weitergehen, bis die Irrtümer sich verbrauchen und der Kreislauf von Angst und Täuschung zerbricht.

Seine Vollmacht und sein Mitsein bedeuten eine Belebung und Vertiefung ihres Glaubens an die Verlässlichkeit und Wirkmächtigkeit seiner Worte. Sie sind jetzt nicht mehr nur an die „verlorenen Schafe des Hauses Israel" gerichtet (Mt 10,6), sondern an die Völker der ganzen Welt. Hier klingt die Abraham gegebene Verheißung des Völkersegens wieder an (Gen 12,3), der nun zur Erfüllung kommen soll, und die Bezeichnung der Jünger als „Salz der *Erde*" und als „Licht der *Welt*" (Mt 5,13-16). Mt verbindet die messianische Identität Jesu als Sohn Davids mit der Hinwendung zu Israel und als Sohn Abrahams mit der universalen Völkermission, von der Israel nicht ausgeschlossen ist.

Jünger Jesu wird man durch Taufe und Unterweisung (V. 19.20a). Für die Gläubigen aus den Völkern ist die Taufe der einzige Initiationsritus, mit der sie in die Kirche aufgenommen werden. Mit der Taufe ist die Vergebung der Sünden verbunden (Mt 26,28). Zur Taufe gehört die Unterweisung. Deshalb bleiben die fünf großen Reden bei Mt von grundlegender Bedeutung. Das gilt besonders für die Bergpredigt (Mt 5-7). Sie beinhalten das „Evangelium vom Reich" für die Gegenwart bis ans Ende der Zeit. Indem die Jünger unterwegs bleiben, um alle zu Jüngern zu machen, bleibt der Auferstandene gegenwärtig. Kein Abschied, kein Verschwinden. Er ist von Anfang an der Immanuel, die Gegenwart Gottes, und er bleibt bei uns alle Tage, bis alles Suchen und Finden sich erfüllt und wir ihn schauen von Angesicht zu Angesicht.

Literatur in Auswahl

Beutler, Johannes, Die Bergpredigt, Vorlesungsmanuskript, Frankfurt 1996. Siehe https://www.sankt-georgen.de/fileadmin/user_upload/personen/Beutler/beutler4.pdf

Gnilka, Joachim, Das Matthäusevangelium I (Kap 1,1–13,58), Herders Theologischer Kommentar zum Neuen Testament, Freiburg i.Br. 1986

Ders., Das Matthäusevangelium II (Kap 14,1-28,20), Herders Theologischer Kommentar zum Neuen Testament, Freiburg i.Br. 1988

Massimo Grilli/Cordula Langner, Das Matthäusevangelium. Ein Kommentar für die Praxis, Stuttgart 2010

Peter Köster, Glauben und leben. Das apostolische Glaubensbekenntnis und das Vaterunser, Gnadenthal 2006

Ders., Freiheit und Weisung. Die Zehn Gebote, Gnadenthal 2007

Matthias Konradt, Das Evangelium nach Matthäus, Göttingen 2015

Meinrad Limbeck, Matthäus-Evangelium, Stuttgarter Kleiner Kommentar, Neues Testament 1, Stuttgart ^{4}1995

Gerhard Lohfink, Jesus von Nazaret – Was er wollte, wer er war, Freiburg i.Br. ^{3}2012

Luz, Ulrich, Das Evangelium nach Matthäus (Evangelisch-katholischer Kommentar zum Neuen Testament III/1–4)

1. Teilband: Mt 1-7, Zürich/Neukirchen-Vluyn ^{3}1992
2. Teilband: Mt 8-17, Zürich/Neukirchen-Vluyn 1990
3. Teilband: Mt 18-25, Zürich/Neukirchen-Vluyn 1997
4. Teilband: Mt 26-28, Zürich/Neukirchen-Vluyn 2002

Ders. Die Jesusgeschichte des Matthäus, Neukirchen 1993

Reiser, Marius, Der unbequeme Jesus (Biblisch-Theologische Studien 122), Neukirchen-Vluyn ^{3}2013

Schockenhoff, Eberhard, Die Bergpredigt. Aufruf zum Christsein, Freiburg i.Br. 2014

Schweizer, Eduard, Das Evangelium nach Matthäus (Neues Testament Deutsch 2), Göttingen ^{13}1973

Trilling, Wolfgang, Das Evangelium nach Matthäus (Geistliche Lesung 1/1), Düsseldorf ^{3}1965

Ders. Das wahre Israel. Studien zur Theologie des Matthäusevangeliums (Erfurter Theologische Studien 7), Leipzig [3]1975

Vögtle, Anton, Was Ostern bedeutet. Meditation zu Mt 28,16-20, Freiburg i. Br. 1976

Wolbert, Werner, Was sollen wir tun? Biblische Weisung und ethische Reflexion (Studien zur theologischen Ethik 112), Fribourg/Freiburg i.Br. 2005